Der
Inbegriff
der
Rechtswissenschaft
oder
Juristische Encyclopädie und Methodologie.

Von

Dr. K. Th. Pütter,
ordentl. Professor der Rechte an der Königl. Universität
zu Greifswald.

Die Geschichte lehrt das Recht,
Die Wissenschaft begreift es.

Berlin, 1846.
Verlag von G. Reimer.

Vorwort.

Die juristische Encyclopädie und Methodologie soll — nach dem natürlichen Wortsinn *ἐν κύκλῳ* oder *ἐγκύκλιος παιδεία καὶ μεθοδολογία* — ein gemeinfasslicher Unterricht im Rechte und in der Rechtserkenntniss seyn, also ein Inbegriff der ganzen Rechtswissenschaft, woraus das Wesen, das Ziel und der Weg derselben deutlich erkannt werden mag. *)

In neuerer Zeit hat man diesen Unterricht in zwei- oder dreierlei Weisen gegeben: entweder in einer kurzen Aufzählung und Beschreibung der Hauptheile der Rechtsgelahrtheit — sogenannte äussere Encyclopädie; oder in sogenannter innerer Encyclopädie den ganzen Stoff oder doch den Hauptinhalt, die wichtigsten Rechtsgesetze und Lehren selbst zusammengedrängt; oder endlich beides mit einander zu verbinden gesucht in sogenannter gemischter

---

*) Bei den alten Hellenen hiess *ἐγκύκλιος παιδεία* bekanntlich der gemeinfassliche Unterricht in den gemeinen (Schul-) Kenntnissen — *ἐγκύκλια μαθήματα*. In neueren Sprachen wird Encyclopaedie auch für vollständige Sammlungen von Kenntnissen einer gewissen Art gebraucht.

Encyclopädie. Wenn das gelänge, würde der Zweck dieser An- und Einleitung allerdings erreicht zu seyn scheinen. Allein die Deutsche Rechtsgelahrtheit ist so gross und reich, dass der eigentliche Stoff und Inhalt, die Rechtsgesetze und Lehren kaum in den sämmtlichen auf sechs Halbjahre vertheilten Vorträgen oder bändereichen Werken mitgetheilt und aufgenommen werden kann, ein Auszug aber oder Fünftelsaft (Quintessenz) der einzelnen Disciplinen für den Anfänger noch viel unverständlicher seyn muss, als die einzelnen rechtswissenschaftlichen Vorlesungen oder Werke, weil diese doch die Lehren in ihrer vollständigen Entwicklung und ganzen Breite mit allen Gründen, Beweisen und Beispielen darlegen.

Darum aber, weil solche innere und gemischte Encyclopädie nicht gemeinfasslich seyn kann, darf sich die Einleitung in die Rechtswissenschaft doch auch nicht auf die äussere, blosse Uebersicht und Inhaltsanzeige der zu hörenden Vorlesungen beschränken. Wenn das Ziel ein äusserliches, irdisches, und der Weg im Raum zu durchlaufen wäre, so möchte es vielleicht genügen, so von aussenher darauf hinzuweisen und die Stufen oder Abfolge des Zuerlernenden nebst den etwaigen Hülfs- oder Förderungsmitteln anzugeben. — Aber eine solche äusserliche Anweisung würde nicht nur äusserst geistlos und sehr langweilig, sondern auch wenig geeignet seyn den Zweck zu erfüllen.

Der Zweck der Encyclopäpie und Methodologie ist aber kein geringerer als die akademische Freiheit — der eigenen Wahl und Entscheidung, der Selbstbestimmung in den rechtswissenschaftlichen Arbeiten auf der Universität zu begründen. Zur freien Selbstbestimmung gehört aber nicht nur die verfassungsmässige Unabhängigkeit des Rechtsbeflissenen in der Wahl der Lehrer und der Abfolge der Vorlesungen, welche man hören, der Bücher, welche man lesen will; sondern auch die Fähigkeit sie zu gebrauchen, die wirkliche und wahrhafte Selbstbestimmung d. h. die Bestimmung des Willens — nicht durch Zufall oder fremden Willen und Rath oder eigne Laune oder äusserliche Beweggründe, sondern durch sich selbst, d. i. durch eignes vernünftiges Denken, durch freien vernünftigen Entschluss. Um sich daher zur Erlernung des Rechts überhaupt und für eine besondere Art derselben so selbstbestimmen, vernünftig entschliessen zu können, bedarf es der vernünftigen Einsicht, der wahrhaften Erkenntniss des eigentlichen innersten Wesens des Rechtes und der verschiedenen Lehr- und Lernweisen desselben. Diese vernünftige Einsicht soll und muss die juristische Encyclopädie und Methodologie gewähren und kann es, wenn sie der allgemeine Inbegriff der Rechtswissenschaft oder wissenschaftlicher Unterricht — Lehre des Rechts und der Rechtserkenntniss ist Denn die Wissenschaft geht auf das Wesen der Dinge (wie Aristoteles in Metaph. XII. Anf. sagt) und erkennt die Wahrheit, indem sie Gehalt und Gestalt, Bestand und Bewegung derselben durch vernünftiges Denken und Nachdenken erforscht und ihre Gründe und Ursachen erfasst und begreift, dass diese allgemeine vernünftige Gedanken und Begriffe sind und, dass die Dinge in ihrer natürlichen Entwicklung und Gestaltung, in ihrem gegenseitigen Verhalten und Bewegen den allgemeinen Gesetzen der Vernunft mit derselben Nothwendigkeit folgen, wie das Denken mit seinen Begriffen, Schlüssen und Urtheilen. So hat nun auch die Rechtswissenschaft das innerste Wesen des Rechtes ergründet und begriffen: Sie hat die natürliche Entstehung und Entfaltung des Rechtes zu gemeinsamer Ordnung, Verfassung und Gesetzen der Staaten, seine Erhebung zur heilsamen Allgewalt über die Völker und Fürsten sorglich erforscht und verzeichnet, sie hat der allgemeinen Begriff, Grund und Zweck des Rechts in dem allgemeinen vernünftigen Willen gefunden und festgestellt und aus der unbefangenen Vergleichung beider ihre vollständige Uebereinstimmung: dass diese wirkliche Gestalt und Gewalt des Rechts in Staat und Gesetz dem allgemeinen vernünftigen Rechtsbegriff, — ihre geschichtliche Entwicklung und Entfaltung dem allgemeinen vernünftigen Denkgesetz folgt, und damit nicht nur die Nothwendigkeit des Rechts, sondern auch ihre eigene Wahrheit erkannt und begründet, — begriffen.

Da sich nun das innere Wesen des Rechts in der Rechtswissenschaft als ein allgemeines, vernünftiges: mit Nothwendigkeit gedachtes und gewordenes und seyendes offenbart hat, so muss es möglich seyn, einen allgemeinen Inbegriff der Rechtswissenschaft zu geben, woraus das innerste Wesen des Rechts und die sicherste Lernweise desselben zumal und zugleich erkannt werden mag und muss, ehe man sich auf die einzelnen juristischen Disciplinen mit Erfolg legen kann. Die grössten, geistvollsten und gebildetsten Gelehrten sind davon am innigsten überzeugt gewesen. *).

*) Darum schrieb G. W. Leibnitz, den das Orakel seiner Zeit, die Pariser Akademie, obgleich er ein Deutscher sey, als Genie anerkannte, eine Nova methodus discendae docendaeque jurisprudentiae in zwei Theilen, einem allgemeinen und einem besondern juristischen, worin sich eine tiefe wissenschaftliche Auffassung des Rechtes nicht verkennen lässt. Hätte er darnach gelehrt, so würde die Rechtsgelahrtheit vielleicht schon damals einen bedeutenden Um- und Aufschwung genommen haben. Dan. Nettelbladt meinte in seinem Systema elementare universae jurisprudentiae das Beste gegeben zu haben, was er wusste und J. St. Pütter's Entwurf (1757) und Neuer Versuch einer juristischen Encyclopädie und Methodologie, Gott 1767

Der allgemeine Inbegriff der Rechtswissenschaft muss die Rechtswissenschaft in sich begreifen und begreifen lehren: er muss also den wesentlichen Inhalt derselben — in der ihr wesentlichen — wissenschaftlichen Form erfassen und darstellen.

---

hat die Rechtswissenschaft vielleicht nicht minder gefördert, als seine grossen Werke die Erkenntniss des Deutschen Reichs- und Staatsrechts.

Dagegen sind die jurist. Encyclopädieen und Methodologieen von A. J. Thibaut 1797 und von C. F. Mühlenbruch 1807 fast unbeachtet vorübergegangen, — gewiss nicht darum allein, weil sie wie Leibnitz als Jüngling geschrieben, und Albr. Hummel's Encyclopödie des gesammten positiven Rechts, 4. Bde. Giessen 1804, scheint ebenso sehr wegen seiner philosophischen Schulsprache wie wegen der speculativ-philosophischen Gedanken keinen rechten Eingang gefunden zu haben.

Am meisten sind, erst Schott's, dann Hugo's und neuerdings Falck's Encyclopädie benutzt worden, worin das Stoffliche überwiegend hervortritt, die Wissenschaft aber nicht zu ihrem Rechte der Alleinherrschaft kommt. Da nun derselbe Stoff in derselben Art und Abfolge - nur vollständiger und also auch verständlicher in den akademischen Vorlesungen mitgetheilt wird, so ist diese und die juristische Encyclopädie und Methodologie überhaupt als etwas unpraktisches, unnöthiges und unnützes in jüngster Zeit fast ganz in Abgang gekommen. Es bedarf jetzt einer praktischen Encyclopädie und Methodologie, welche den Rechtsbeflissenen gleich im Anfang und Eingang die richtige Einsicht in das eigentliche Wesen des Rechts und in die Nothwendigkeit der Rechtswissenschaft gewährt, dass nicht die Kenntniss der Gesetze etc. allein, sondern vielmehr sein vernünftiges Wissen und Denken ihn in den Stand setzt, als Richter, Anwalt oder Staats- und Geschäftsmann das Rechte zu thun, — dass nur die Wissenschaft praktisch ist. Das weiss Jeder, dass der noch kein Arzt ist, der einige oder viele Krankheitsfälle heilen sehen und die Mittel weiss, wonach dieser oder jener Kranke genesen ist, — und der noch kein Feldherr, der in vielen Kriegen und Schlachten mitgefochten, sondern dass jener die Arzenei- dieser die Kriegswissenschaft inne haben muss, um auch nur — Erfahrungen machen zu können. Allein in Staat und Recht, wie in Kirche und Religion wähnt Jeder ohne Weiteres mitreden und thun zu können, wenn er nur eine äusserliche Kenntniss ihrer Einrichtungen und Lehren hätte.

Er geht daher nothwendig, weil das Begreifen ohne Begriff unmöglich ist, von dem allgemeinen Begriff des Rechtes aus, der im ersten Abschnitt gesucht und entwickelt werden muss.

Dann ist — im zweiten Abschnitt, in der allgemeinen Weltrechtsgeschichte die natürliche Entstehung, Entfaltung und Gestaltung des Rechtes in den Sitten und Gewohnheiten, in den Gesetzen und Einrichtungen der Völker und Staaten zur lebendigen Anschauung zu bringen und — im dritten Abschnitt der gegenwärtige Rechtszustand besonders in Deutschland darzustellen; worauf dann — im vierten Abschnitt Begriff und Wesen der Rechtswissenschaft als der Einheit des wirklichen Rechtes und des allgemeinen vernünftigen Willens mit der Methodologie den Beschluss macht.

Diese Eintheilung und Abfolge liegt so sehr in der Natur der Sache, dass sie im Allgemeinen in jeder juristischen Encyclopädie und Methodologie stattfindet und insbesondere zur Begründung und Bewährung der praktischen, historisch-dogmatischen Jurisprudenz schlechthin nothwendig erscheint. Zur Rechtfertigung des Neuen, dieser Darstellung etwa Eigenthümlichscheinenden, mögen einige Erläuterungen dienen.

I. Der Begriff des Rechts steht an der Spitze aller juristischen Encyclopädieen. In den ältern ist er gleich in seiner Entfaltung zum Naturrechts-System oder in seiner Abtheilung zu göttlichem Recht, welches in das Vernunft- oder Natur-Recht und die geoffenbarten Gebote Gottes zerfällt, und menschlichem oder positivem Rechte. Die Neueren haben sich zumeist auf eine Beschreibung oder Umschreibung — äusserliche Definition — beschränkt, woraus man sich wohl eine Vorstellung vom Deutschen Preussischen u. a. Rechte aber nicht die Einsicht gewinnen kann, was recht und das Recht ist. Diese Einsicht aber soll und muss der Begriff gewähren, wenn er zum Begreifen, zur wahrhaften Erkenntniss des Rechts und der Rechtswissenschaft dienen soll. Nun hat aber die wissenschaftliche Begriffsbestimmung ihre grossen Schwierigkeiten: Sie kurzweg aus der Philosophie zu entlehnen, ist höchst bedenklich, weil die Anfänger der grössten Mehrzahl nach die Philosophie auch erst anfangen sollen und daher die philosophische Begriffsbestimmung nicht begreifen noch verstehen würden. Der Unterricht muss sich auch hier an das schon Bekannte anschliessen Daher ist hier ein neuer Versuch gemacht worden, den Sinn und Begriff des Wortes Recht zunächst sprachlich zu ermitteln und dann auch wissenschaftlich zu entwickeln und festzustellen. Im mündlichen Vortrage hat sich diese Weise stets bewährt; und die Zuhörer sogleich mit der Wichtigkeit und Schwierigkeit der Rechtswissenschaft auch ihre Nothwendigkeit erkennen lassen. Ein vollständiges Naturrechtssystem würde sich auf solche gemeinfassliche Weise nicht geben lassen. Auch bedarf es eines solchen nicht; wenn und weil sich der natürlichen Entwicklung des Rechtes in der Geschichte ohne Mühe als vernünftige Fortbestimmung des Rechtsbegriffs aufweisen und erkennen lässt.

II. Die Geschichte des Rechtes wird jetzt allgemein als das vorzüglichste, von Vielen als das einzige Mittel angesehen das Recht, seine Natur und seine Macht, sein Wesen nnd seinen gegenwärtigen Bestand kennen zu lernen. Wenn sie aber den encyclopädischen oder wissenschaftlichen Lehrzweck erfüllen, eine lebendige Anschauung der natürlichen Entstehung, Entwicklung und Entfaltung des Rechtes geben soll, woraus das allgemeine Gesetz der Rechtsbildung erkannt werden mag, so muss sie vollständig seyn, alle Stufen und Gestalten derselben von der ersten Entstehung bis zu der jetzigen Gestaltung umfassen.

Nun muss zwar jedes freie Volk vom Anfang seines gemeinsamen Lebens bis zu seinem gegenwärtigen Rechtszustande alle diese Stufen der Rechtsbildung durchlaufen haben; denn in der natürlichen Rechtsentwicklung sind ebensowenig unregelmässige Sprünge denkbar, wie in dem übrigen Geistes- oder Naturleben. Allein wir können nicht alle Stufen bei allen Völkern geschichtlich nachweisen. Namentlich ist die Geschichte des Römischen Volkes und Rechtes im Anfang höchst dunkel und zweifelhaft. Die Kritik der Römischen Geschichts-Erzählungen von der Erbauung Roms bis auf die Gesetzgebung der zwölf Tafeln hat dargethan, dass die Begebenheiten und Einrichtungen nicht so gewesen seyn können, wie die späteren Römer gemeint und gesagt; aber wie sie gewesen, darüber gibt es bis jetzt nur mancherlei mehr oder minder wahrscheinliche Meinungen, Vermuthungen und Ansichten; — Hypothesen sind aber keine Geschichte.

Das Deutsche Recht, welches uns zunächst angeht, ist zwar, zumal wenn man die alten Nordischen Sagen zu Hülfe nimmt, in seinen ersten Anfängen bekannter. Allein, bekanntlich ist es seit der grossen Völkerwanderung durch den Einfluss des Christenthums und der Kirche und später durch die Einmischung des Römischen Rechtes gar vielfach in seiner natürlichen Entwicklung unterbrochen worden, so dass viele Stufen der Rechtsbildung wenn nicht ganz ausgefallen, so doch nicht wieder zu erkennen sind.

Weil sie also **keine** vollständige Entwicklung des Rechtes darbieten, das allgemeine Rechtsbildungsgesetz nicht erkennen lassen, so darf sich die Encyclopädie nicht auf die Römische und Deutsche Rechtsgeschichte beschränken, wiewohl sie dieselben als vorzüglich wichtig anerkennt und behandelt.

Die vollständige Entwicklung des Rechts kann und muss in der **allgemeinen Weltgeschichte** gesucht und gefunden werden. Sie ist da zu suchen, denn die Weltgeschichte umfasst alle Völker der Welt auf allen Stufen wie ihrer allgemeinen so auch ihrer Rechtsbildung vom Anfang der Zeiten bis auf unsere Tage, und es unterliegt keinem Zweifel, dass bei den ersten, ältesten Völkern in ihrer ungestörten Entwicklung das erste einfachste Recht natürlich entstanden und bestanden, wie bei den gebildeten das reichere, ihrer Bildung und ihren Verhältnissen entsprechende. Und so finden wir es wirklich. Die Entstehung der ältesten Urstaaten geht zwar in die dunkelste Urzeit zurück, und weit über unsere geschichtlich sichere Kunde hinaus. Allein ihre Sitten und Rechte, ihr Staat und ihr Glaube sind uns, da sie in die geschichtliche Zeit hinüberreichen, aus fremden und eignen Schriften und Denkmälern genugsam bekannt, und ihre alten Sagen erweisen sich nicht nur durch ihre Einfachheit sondern auch durch ihre Uebereinstimmung mit dem bekannten Recht und Glauben, die ältesten auch dadurch als wahr, dass sie auf einen vorstaatlichen Zustand hinweisen, den wir ganz so bei den nichtstaatlichen Völkern oder Horden finden. Ueber das Leben und Recht der Horden aber haben wir sehr gute alte Nachrichten in der heiligen Schrift, welche mit allen Beschreibungen auch der neuesten Reisenden im Wesentlichen übereinstimmen und uns erzählen, dass sie, wie es auch der Augenschein lehrt, aus der Familie stammen, welche sich als einzige Lebensgemeinschaft bei den Fischern und Jägern findet, also as der erste einfachste und ursprünglichste Rechtszustand erweist. Verfolgen wir nun die Rechtsbildung durch die Welt und Weltgeschichte, so ergibt sich, dass die weltgeschichtlichen Völker und Staaten wie in ihrer Gesammtbildung und Gesittung so auch im Rechte eine fortschreitende Abfolge bilden, in welcher jedes von der früheren und von der spätern Stufe ebensosehr oder mehr noch verschieden ist, als die Horde von der Fischerfamilie und dem Urstaate.

Dass diese lebendige Anschauung der natürlichen Entstehung, Entwicklung und Gestaltung des Rechts in der Weltgeschichte schon an sich sehr lehrreich und für die richtige Würdigung der geschichtlichen Rechtsgeschichte und des Rechts höchst nützlich und nothwendig sey, erkennen auch die ausgezeichnetsten praktischen Rechtsgelehrten an *).

---

*) Weil es nur zu gewöhnlich ist, dass die Anfänger diese alte Weltrechtsgeschichte für unnütz und unpraktisch halten, mag hier der Ausspruch eines Rechtslehrers angeführt werden, welcher in der ganzen juristischen Welt als der am meisten und durchaus praktische Rechtsgelehrte anerkannt und berühmt ist: Thibaut sagt: „denn das ist nicht die wahre, belebende Rechtsgeschichte, welche mit gefesseltem Blick auf der Geschichte eines Volkes ruht, aus dieser alle Kleinigkeiten engherzig herauspflückt und mit ihrer Mikrologie der Dissertation eines grossen Praktikers über das etc. gleicht. Wie man den Europäischen Reisenden, welche ihren Geist kräftig berührt und ihr Innerstes umgekehrt wissen wollen, den Rath geben sollte, nur ausser Europa ihr Heil zu versuchen, so sollten auch unsere Rechtsgeschichten, um wahrhaft pragmatisch zu werden, die Gesetzgebungen aller andern alter und neuer Völker umfassen. Zehn geistvolle Vorlesungen über die Rechtsverfassung der Perser und Chinesen würden in unseren Studirenden mehr juristischen Sinn wecken, als hundert über die jämmerlichen Pfuschereien, denen die Intestat-Erbfolge von Augustus bis Justinian unterlag." In gleicher Weise hatte J. St. Pütter das Studium der Rechtsgeschichte alter erloschener Völker, wovon man damals noch sehr wenig wusste, dringend empfohlen in s. Encyclop. §. 45. u. 130.

Diese Weltrechtsgeschichte kann natürlich nur eine allgemeine seyn. Nächst den natürlichen Grundlagen des Rechts, kann nur das Wesentliche hervorgehoben werden. Der wesentliche Inhalt besteht aber in den allgemeinen Ordnungen der gegenseitigen Verhältnisse, Verfassungen, Sitten und Gesetze der weltgeschichtlichen Völker. Sie müssen, je entlegener und fremder sie uns sind, desto vollständiger dargestellt werden; die neueren und bekannten sind kürzer zu behandeln. Zur wesentlichen Form der Rechte und Staaten gehört aber vor allen Dingen das Rechtsbewusstseyn: die Meinung und Vorstellung, welche die Völker von dem Grund und Ursprung ihrer Verfassungen und Gesetze, ihrer Ordnungen und Rechte haben. Darin vorzüglich tritt die Verschiedenheit der morgenländischen Naturstaaten und der abendländischen Freistaaten von einander und von dem christlichen Rechte hervor, dass die ersten ihre Staaten und Rechte, wie die Natur und den Menschen als unmittelbare göttliche Schöpfung und Stiftung verehrt, die andern das göttliche Recht von dem Rechte der Menschen im Staate gesondert und dies als menschliche Ordnung betrachtet und behandelt haben, während wir Christen fühlen und wissen, dass Recht und Staat weder göttliche Satzung noch menschliche Willkür, sondern sowohl göttliches als menschliches Gesetz: nothwendige Bestimmung des freien Willens des Geistes ist.

Schon wegen dieses innigen Zusammenhangs des Rechts und Rechtsbewusstseyns mit dem Gottes- und dem Selbstbewusstseyn hat unsere allgemeine Weltrechtsgeschichte nicht allein das bisher fast ganz übersehene göttliche oder heilige Recht, das Gesetz des Verhaltens zur Gottheit, sondern auch dessen Grund und Halt, den Glauben: die Meinung der Völker von dem Wesen und Walten ihrer Gottheit, und neben der Politik und Ethik auch die Philosophie, die Grundlage derselben und der Jurisprudenz, in den Kreis ihrer Forschung aufnehmen und kurz darstellen müssen. Allein auch der eigentliche und Hauptzweck der Weltrechtsgeschichte und der gesammten Encyclopädie erfordert es. Denn der Jünger der Rechtswissenschaft soll und kann hier den natürlichen und wesentlichen Zusammenhang des Rechtes — als des vernünftigen — nothwendigen und freien Willens mit der Religion und der Philosophie, als dem vernünftigen Gefühl und Gedanken und den stetigen Fortschritt des sittlichen Geistes in der Weltgeschichte selbst sehen und das allgemeine Gesetz desselben und der Rechtsbildung insbesondere selbst finden und feststellen.

III. Das gegenwärtige Recht, zu dessen gründlicher wissenschaftlicher Erkenntniss alle übrigen Kenntnisse und Bemühungen, Weltrechtsgeschichte und Philosophie als Hülfswissenschaften und -Mittel dienen sollen und müssen, hat hier gleichfalls nur eine allgemeine Darstellung finden können, woraus eben nur das Wesen, aber auch das ganze Wesen des gegenwärtigen und des Deutschen Rechts insbesondere erkannt werden mag.

Der wesentliche Inhalt des gegenwärtigen und des Deutschen Rechtes ist indess aus der allgemeinen weltrechtsgeschichtlichen Entwicklung genugsam bekannt und im Allgemeinen vernünftig erkannt und begriffen. Es bedarf daher an sich nur noch einer kurzen Zusammenfassung desselben nach den Haupttheilen des Rechtes.

Allein wir finden das Recht in der bestimmten Form von Gesetzen, Gewohnheiten und Gebräuchen, welche offenbar einen — den andern Theil seines Wesens ausmachen, da der Richter nur nach dem darin, als dem wirklich geltenden, allgemein anerkannten Rechtsgesetz verfahren, urtheilen, richten darf.

In diesem Abschnitt ist daher hauptsächlich die Frage zu beantworten, welche Rechtsnormen gelten in Deutschland?

Da wir nun finden, dass neben den in und aus dem Deutschen Volks- und Staatsleben selbst erwachsenen Rechtsgesetzen auch ausländische in einer todten Sprache abgefasste Gesetzbücher, namentlich das päbstliche Corpus juris canonici und das Corpus juris civilis oder Romani nebst den Langobardischen Lehnrechtsbüchern und zwar vornehmlich als Gemeines Deutsches Recht zur Anwendung kommen, so müssen wir zunächst zeigen, wann, wie und wodurch diese fremden Gesetzbücher zu dieser Ehre gekommen sind und dann, wie sie ausgelegt und angewandt worden und werden müssen. Der erste Theil mag mit dem jetzt allgemein üblichen Namen der äusseren Rechtsgeschichte bezeichnet werden, denn, obwohl die Formen der Gesetzgebung und der Rechtsbildung überhaupt keineswegs etwas dem Rechte äusserliches sondern vielmehr das Innerlichste, Wesentlichste sind, so erscheint doch das Römische und zum Theil auch das Canonische Gesetzbuch als ein dem Deutschen Rechte von aussenher zugekommenes, zu- und angewachsenes, und würde ihm wirklich nur äusserlich seyn, wenn es nicht durch die Rechtsgeschichte und Rechtsgelahrheit zum Deutschen Rechte geworden wäre.

Diesem historischen Theil muss daher, weil die Rechtsgelahrtheit die Anwendbarkeit und Anwendung der fremden Gesetzbücher auf unsere Deutschen Rechtsverhältnisse hauptsächlich vermittelt, ein dogmatischer Theil folgen, welcher lehrt, wie die fremden Gesetze aus der fremden Sprache übertragen, erklärt und angewendet zu werden pflegen, und wie sie verstanden und bearbeitet werden müssen, um in unseren Gerichten als wahrhaftes Recht zur Anwendung kommen zu können.

IV. Die Aufgabe der Rechtswissenschaft: die vernünftige Erkenntniss des Rechtes, als der nothwendigen Bestimmung des freien Willens und ihrer selbst als Wahrheit, kann hier natürlich nicht in der Vollständigkeit gelöst werden, dass alle einzelnen Gesetze etc. als vernünftig aufgewiesen — gerechtfertigt würden; wohl aber muss die Weise, die Möglichkeit und Nothwendigkeit dieser Erkenntniss des Rechts und ihrer Erkenntniss im Allgemeinen dargethan und aufgezeigt werden. Die Weise ist die allgemeine wissenschaftliche: Wir erkennen die Nothwendigkeit und Wahrheit in der Uebereinstimmung oder Einheit der allgemeinen Möglichkeit des vernünftigen Gedankens und Denkens mit der vernünftigen Wirklichkeit in der Geschichte und in der Gegenwart.

Die Uebereinstimmung der geschichtlichen und natürlichen mit der vernünftigen Entwicklung des Rechtes, als des nothwendigen Willens der freien Völker, kann aus der allgemeinen Weltrechtsgeschichte erkannt, in diesem 4. Abschnitt also auf den 1. und 2. Abschnitt verwiesen worden.

Die Erkenntniss des gegenwärtigen Rechtes, als des vernünftigen Willens der christlichen und der Deutschen Völkerschaften insbesondere ist durch den 2. und 3. Abschnitt angebahnt; aber die Vergleichung des gegenwärtig geltenden Rechtes mit dem Natur- oder Vernunftsystem hat hier nicht gegeben werden können, weil zum Verständniss des einen die genauste geschichtliche und statistische Kenntniss der Rechte und Gesetze, zu dem des anderen philosophische Bildung durchaus erforderlich ist. Es kann daher nur darauf hingewiesen und dadurch die allgemeine Anweisung zur Rechtswissenschaft: Methodologie begründet werden, welche der Hauptzweck dieses 4. Abschnitts ist.

Die Methode muss sich freilich in und an der Encyclopädie erproben und bewähren; allein als ein Beispiel wissenschaftlicher Behandlung und Bearbeitung des Rechts kann sie, selbst mit der Geschichte der Rechtsgelahrtheit im 3. Abschnitt nicht hinreichen, um die vernünftige Erkenntniss davon zu gewähren, was zur wissenschaftlichen Erlernung und Erkenntniss des Rechtes gehört.

Daher musste im 4. Abschnitt gezeigt werden, dass, weil die Rechtswissenschaft die vernünftige Erkenntniss des Rechts als eines vernünftigen, nämlich des vernünftigen Willens in den gegenseitigen Verhältnissen der Menschen ist, der Jünger derselben vor allen Dingen vernünftig seyn und denken, dann die Kenntniss des Rechtes, wie es sich geschichtlich ausgebildet und gestaltet: die Rechtsgelahrtheit erwerben muss und endlich mitgetheilt, welche Hülfsmittel unsere juristischen Facultäten und Universitäten dazu bieten und, wie sie zu benutzen sind, um sich die Rechtswissenschaft — durch eignes Denken und Nachdenken — anzueignen.

Dagegen schien es dem Zwecke einer allgemeinen An- und Einleitung nicht entsprechend den gelehrten Apparat von Citaten etc. hier beizufügen. Akademische Lehrer, welche diese Schrift ihren Vorlesungen zum Grunde legen wollen, bedürfen desselben nicht, um das Mangelnde zu ergänzen, das Fehlende zu verbessern. Anfänger aber könnten dadurch leicht verleitet werden, die angeführten Schriften nachlesen und durch solches Selbststudium sich des fleissigen Besuchs der Vorlesungen überheben zu wollen. Darum sind namentlich auch keine Lehrbücher angeführt.

Damit aber der vorgesetzte Zweck desto leichter erreicht werden könne, ist hier eine ausführliche Inhaltsanzeige beigefügt und über den Seiten angegeben, was im Texte verhandelt wird. Nur im ersten Bogen fehlen diese Seitenüberschriften, weil der Verfasser beim Eingang des ersten Correctur-Bogens sterbenskrank und ausser Stande war, diese Einrichtung sogleich zu treffen Beim zweiten sind dieselben leider verkehrt gesetzt, was nicht dem kranken Verfasser zur Last gelegt werden mag.

Ausserdem sind einige entstellende Druckfehler stehen geblieben und gleich zu verbessern:

S. 6 Z. 4 statt wie lies: ein.
- 9 - 2 v. u. statt der lies: oder.
- 10 - 7 Recht, als seine Feststellung und Ausführung dessen lies: Recht, seine Feststellung und Ausfuhrung als dessen.
- 13 - 10 statt nur lies: nun.
- 14 - 5 - einige lies: einiche.
- 30 §. 49 Z. 3. statt Rechtsbildung und Vernunft lies: Vernunft- und Rechtsbildung.
- 31 Z. 7 statt Allon lies: Alle.
- 89 §. 157 Z. 4 statt Gegenstände lies: Gegengründe.
- 90 Z. 4 statt entsinnlicht lies: entsittlicht.
- 120 - 1 v. u. nach Praetori lies: Ad Populum PlebemVe.
- 145 - 2 v. u. statt Juvinae lies: Juvenal.
- 255 §. 473 Z. 5 - gemeinschaftlichen lies: gemeinrechtlichen.
- 303 Z. 12 v. u. statt Paragraphrasiren lies: Paraphrasiren.
- XVI. statt Vernunftssystem lies: Vernunftrechtssystem.

Uebersicht.

Einleitung.

Was ist RECHT?

Persischer Glaube.

Persische Weisheit.

Zweites Hauptstück.

Die Abendländischen Freistaaten.

I. Hellas.

Der althellenische Glaube.

Zweite Epoche.

Die Kirche als Gemeinheit im Röm. Reich.

Vom Edict von Mailand 313 bis zur fünften allgemeinen Kirchenversammlung 553.

Dritte Epoche.

Die Staatskirchen.

Von der fünften ökumenischen Synode 553 bis zur Auflösung des Carolingischen Weltreichs und zur Trennung der Römischen und der Griechischen Kirche 888.

Die Deutschen.

Zweiter Zeitraum.

Vom Zerfall des Carolingischen Weltreichs bis zum ewigen Landfrieden 888—1495.

Das heilige Röm. Reich im Mittelalter.

Erste Epoche.

Lehnreich und Kirche.

Von Arnulf bis Albrecht I. u. Verlust des heil. Landes 888—1298.

Zweite Epoche.

Kirche und bürgerliche Gesellschaft.

Vom Verlust des heil. Landes bis zum ewigen Landfrieden 1298—1495.

Dritter Abschnitt.
Das geltende, Gemeine Deutsche Recht.

Erstes Hauptstück.
Aeussere Deutsche Rechtsgeschichte.

Erster Zeitraum.
Von der Urzeit bis zum Zerfall des Fränkischen Getreuen Weltreichs 888.

Erste Epoche.
Urzeit bis zur Völkerwanderung.

Vierter Abschnitt.

Von der Rechtswissenschaft und Methodologie.

Erstes Hauptstück.

Von der Wissenschaft.

Allgemeiner

Inbegriff

der

Deutschen Rechtswissenschaft.

Einleitung.

Was ist RECHT?

1. Was **RECHT** sey, ist allgemein bekannt. Unser Rechtsgefühl spricht sich unmittelbar und unabweislich über alle unsere Thaten aus, ob sie recht oder unrecht sind. Wir sind uns des Rechtes ebenso gewiss bewusst wie unser selbst, — unseres Daseyns und unseres Denkens und Wollens. Ja! das Rechtsgefühl ist der beste, innerste Kern, der eigentliche Gehalt unseres Selbstbewusstseyns, denn an und in ihm hat das Gewissen sein Gesetz und Maass. Daher geschieht es diesem unmittelbaren Rechtsbewusstseyn gemeinlich, dass es sich auch für unvermittelt, allgemein natürlich und angeboren hält. Wenn es das wäre, so müssten alle Völker und alle Menschen über jedes streitige Verhältniss dasselbe Urtheil fällen. Aber davon sind sie weit entfernt. Nicht nur halten viele alte und fremde Völker Vieles für recht, was wir verwerfen und verabscheuen, und umgekehrt, sondern auch in demselben Lande stimmen die meisten Menschen höchstens darin überein, dass sie, wenn etwas Widerrechtliches geschieht, es für — unrecht erkennen. Allein, wenn auch Alle und Jeder, durch sein Rechtsgefühl und Gewissen erkennt und sagen kann, was unrecht ist, so dürfen doch nur Wenige auch den Anspruch machen, zu wissen und aussprechen zu können, was in einem streitigen Verhältnisse Recht sey: das Rechtsgefühl oder unmittelbare Rechts-

bewusstseyn weiss, was unrecht, nicht auch, was Recht ist. Diese Fähigkeit und Erkenntniss beruht vielmehr auf einer anderweitigen — verständigen Kenntniss des Verhältnisses und des Rechts.

2. Indess besitzt jeder in und zur menschlichen Gesellschaft erzogene Gebildete in der Regel nicht allein eine gewisse Kenntniss von den Verhältnissen, Sitten und Gesetzen, in und unter welchen er lebt, sondern auch eine Vorstellung vom Rechte überhaupt, wie von dem Rechte seines Landes insbesondere. Wenn vom Preussischen Rechte gesprochen wird, denkt man gewöhnlich an das Allgemeine Preussische Landrecht nebst Gerichtsordnung und Gesetzsammlung, beim Oestreichischen Recht an die Oestreichischen Gesetzbücher, beim Französischen an die cinq codes, beim gemeinen deutschen Recht an die corpora juris civilis und canonici, die Reichsgesetze und — alle Gewohnheiten und Gebräuche etc., welche in Deutschland Rechts- und Gesetzeskraft haben. Das Recht wird also vorgestellt, als eine Sammlung von Gesetzen, Vorschriften, Gewohnheiten und anderen Regeln, wonach die Menschen sich richten oder gerichtet werden sollen.

3. Nun geschieht es aber wohl, besonders bei alten, langvererbten Gesetzen und Rechten, dass das geltende Recht eines Landes oder einzelne Gesetze desselben jenem allgemeinen, unmittelbaren Rechtsbewusstseyn des Volks oder einzelner Stände oder Glieder desselben, welche gerade davon betroffen werden, entgegen und zuwider sind, und es erhebt sich dann die schwierige und wichtige Frage, ob denn solches Gesetz oder Recht wirklich oder wahrhaft recht sey?

Dieser Widerspruch findet häufig und nicht etwa blos zwischen den Berechtigten und den Verpflichteten statt, sondern er ist ein dem Rechte und dem Menschen inwohnender, innerlicher.

Der Verstand muss nämlich jedes in gesetzlicher Weise erworbene Recht als wirkliches Recht und jedes in verfassungsmässiger oder gesetzlicher Form erlassene Gesetz als Rechtsgesetz anerkennen und so lange für allgemein verbindlich halten, bis es in gesetzlicher oder verfassungsmässiger

Form wieder aufgehoben ist. Das Rechtsgefühl beruft sich dagegen — zwar nicht auf Gründe, aber mit desto grösserer Festigkeit – auf sich selbst, auf die Nothwendigkeit, welche ihm so gewiss ist, wie das eigne Daseyn selbst.

4. Wenn nun ein solcher Widerspruch des Rechtsgefühls und des Verstandes eintritt, so ist dadurch das Recht oder die Rechtspflege selbst gehemmt und aufgehoben; denn der Richter darf eben so wenig gegen sein Gewissen als gegen das Gesetz urtheilen oder Recht sprechen! Das Natürlichste und das Gewöhnliche ist nun freilich, dass die Gesetze in verfassungs- oder gesetzmässiger Weise verbessert werden. Aber, wenn dies nun nicht geschieht?, wenn die höchste und gesetzgebende Obrigkeit in Staate die alten, ihr selbst vortheilhaften oder vortheilhaftscheinenden Gesetze und Rechte nicht abändern mag?

5. Im Leben der Völker pflegen solche Entwicklungsknoten des vergangenen und des werdenden Rechtes mit dem Schwerte zerhauen, in Blute gelöst oder auch fester gezogen zu werden. Sie gehen durch Empörung zur Gesetzlosigkeit und in Zwingherrschaft über, bis sich dann allmählig in der allgemeinen Ruhe und Ordnung der Furcht vor dem Gewaltigen ein neuer besserer Rechtszustand entwickelt und feststellt.

6. Im denkenden Geiste dagegen führt dieser Zweifel und Zwiespalt des unmittelbaren und des verständigen Rechtsbewusstseyns aufs Neue zu der alten Frage: Was ist Recht? was ist das rechte, wahre Recht? und damit zu der höchsten: was ist wahr? was ist Wahrheit? und wie ist sie zu erkennen?

Wahrheit ist die vollkommne Uebereinstimmung oder Einheit der allgemeinen Möglichkeit des vernünftigen Denkens und Gedankens, des Begriffs mit der vernünftigen Wirklichkeit des Dinges oder gedachten Gegenstandes.

Wenn dieser Gegenstand ein irdisches sinnliches Ding, eine Sache ist, so kann es ungewiss seyn, ob er ganz und gar im Begriff aufgeht; *) denn es bleibt noch etwas zurück,

*) Eigentlich wird die Sache als solche als Gegenstand sinnlicher Wahrnehnung nicht begriffen, sondern nur nach Merkmalen vorge-

was unserem Denken undurchdringlich ist, der Stoff, die Materie im Gegensatz zum Denken und zu Gott. Das Recht aber ist nicht sinnlich, körperlich, sondern geistig — Geist von unserem Geiste, wie aus dem Denken und Gedanken hervorgegangenes Ding und selbst Gedanke. Es muss daher, weil es ganz und gar im Gedanken und Denken besteht und aufgeht, durch Denken und Nachdenken vollkommen erkannt, begriffen werden können.

7. Wir haben also, um das wahre Recht zu finden, die allgemeine Möglichkeit des vernünftigen Denkens und Gedankens, den Begriff des Rechts mit der vernünftigen Wirklichkeit des Rechts, wie es sich in der Geschichte und Gegenwart mit höchster Macht und Gewalt in den Völkerstaaten geltend gemacht hat, mit einander zu vergleichen, und aus der wissenschaftlichen Einheit beider die Wahrheit und Nothwendigkeit des Rechtes zu erkennen.

Daher bestimmen wir

I. Den Begriff des Rechts, — im ersten Abschnitt, zeigen dann

II. die Wirklichkeit des Rechtes in der Geschichte, — im zweiten Abschnitt und in der Gegenwart, besonders im Gemeinen Deutschen Rechte, — im dritten Abschnitt auf und

III. die Uebereinstimmung beider in der Rechtswissenschaft, — im vierten Abschnitt.

---

stellt und bezeichnet, begriffen wird sie nur sofern sie einen vernünftigen Zweck — also — Gedanken in sich hat oder gegenständlicher Gedanke ist.

Erster Abschnitt.

Begriff des Rechts.

Einleitung: Ueber die Ermittelung des Begriffs des Rechts.

8. Der Begriff kann als der einfache Ausdruck des Begriffenen eigentlich nur das Endergebniss des Begreifens seyn. Da jedoch jeder wissenschaftliche Unterricht von dem Begriff des zu Erkennenden ausgehen muss, weil nur, wenn aus ihm als Haupt- und Obersatz alle folgenden Lehr- und Rechtssätze hergeleitet worden, das gesammte Recht zu der wissenschaftlichen gegliederten Einheit — zum Systeme erhoben wird, so scheint der Begriff eben nur aufgestellt und vorläufig auf Treu und Glauben angenommen werden zu können. Und so geschiehts gewöhnlich: Man pflegt den Begriff des Rechts von Altersher aus dem Römischen Corpus juris, oder bei dem tiefern wissenschaftlichen Streben der neuern Zeit aus der Philosophie zu entlehnen, oder auch selbst nach eigner Ansicht aufzustellen. Es ist jedoch ein gar zu arger Uebelstand von einem unbegriffenen Begriff als Haupt- und Grundsatz auszugehen. Denn dem Anfänger muss es nicht nur unheimlich in solcher Wissenschaft werden, sondern diese bleibt ihm natürlich eben so unbegreiflich wie der Grundbegriff, bis er das

ganze Material und System durchgearbeitet und verstanden hat. Begreifen wird er den Begriff und das System erst bei der zweiten Durcharbeitung.

9. Der Begriff des Rechts muss also gleich hier klar und deutlich bestimmt, gemeinfasslich entwickelt und begründet werden. Die philosophische Begriffsbestimmung und Begründung wäre ohne Zweifel die beste, weil allein erschöpfende und befriedigende. Allein zu ihrem Verständniss würde eine philosophische Vorbildung erforderlich sein, wie sie bei dem Anfänger der Rechtswissenschaft in der Regel nicht vorauszusetzen ist. Dürfen wir hier nun aber auch noch keine philosophische Begriffsbestimmung unternehmen, so können und müssen wir doch fragen: Was heisst, was bedeutet das Wort Recht?

10. Und auf diese Frage dürfen wir eine klare und bestimmte Antwort erwarten, wenn wir

1) die Bedeutung des Wortes Recht im deutschen Sprachgebrauch feststellen,
2) den Wortsinn von Recht nach Wurzel, Stamm und Entwicklung ermitteln und
3) die Uebereinstimmung beider in der wissenschaftlichen Begriffsbestimmung erkennen.

Denn der allgemeine Sprachgebrauch entspringt und entspricht dem Gemeingefühl des Volks, der Gegenwart; das Sprachgesetz, woraus der Wortsinn sich entwickelt, entspringt und entspricht dem natürlichen, nach ewig nothwendigen — wenn auch ihm selbst noch unbekannten — Vernunftgesetzen denkenden und sprach- und rechtbildenden Verstande des Volkes und seiner Geschichte. Die Einheit Beider, welche sich aus ihrem scheinbaren Gegensatz und Widerspruch heraustreibt, muss daher das Vernünftige — den Begriff ergeben.

Erstes Hauptstück.

Sprachgebräuchliche Bedeutung von Recht.

Im Sprachgebrauch des gewöhnlichen Lebens unterscheiden sich drei Bedeutungen von Recht.

11. 1) *Ein* Recht, welches einem Menschen zusteht (s. g. Recht im subjectiven Sinne) ist eine nöthigenfalls durch das Gericht mit Gewalt zu schützende und geltend zu machende Befugniss etwas zu thun oder zu unterlassen oder zu fordern, dass ein Anderer etwas thue oder unterlasse. Diese andere Seite des Rechtsverhältnisses wird gewöhnlich Pflicht oder Verpflichtung, richtiger Obliegenheit und Verbindlichkeit genannt.

12. 2) *Das* Recht, welches in einem Lande gilt, (s. g. Recht im objectiven Sinne) ist die Gesammtheit aller Gesetze, Ordnungen und anderer Regeln und Vorschriften, wonach die Menschen in ihren gegenseitigen oder Rechtsverhältnissen sich richten und gerichtet werden sollen (das s. g. positive Recht).

13. 3) Recht (als Eigenschaftswort) bedeutet endlich auch das Rechte — Richtige — Gute — Zweckmässige — Wahre.

Dem Rechten in diesem Sinne wird das positive, geltende und jedes einzelne (subjective) Recht nicht selten gegenüber und entgegengestellt in der Frage: ob dies Recht und das Landesrecht auch recht sey? Das allgemeine Rechtsbewusstseyn oder Rechtsgefühl jedes Menschen und jedes Volkes stellt diese unabweisliche Forderung an das Recht und jedes Recht, dass es recht sey und die Sprache unterstützt und bestärkt sie, indem sie für alle drei Gedanken nur Ein Wort gebraucht. Wir haben daher zu untersuchen, welchen Sinn der Grundgedanken sie mit demselben ausdrückt.

Zweites Hauptstück.

Wortsinn von RECHT in sprachlicher und geschichtlicher Entwicklung.

14. Das Wort RECHT stammt von Richten her, dessen Ergebniss, Grundlage und Endzweck es ist. Ein offenbarer Widerspruch: denn wenn auch das Recht als die Grundlage alles Richtens und das einzelne Recht, als seine Feststellung und Ausführung, dessen Endzweck und Ergebniss anerkannt werden mag, so kann das Recht selbst, wonach gerichtet wird, doch nicht erst das Ergebniss des Richtens seyn. In der That ist auch gerichtet worden, ehe das — Wort Recht vorhanden war und nur dieses das Wort ist neu. Die alten Deutschen gebrauchten statt dessen ursprünglich das alte Wort E oder A auch Aewa oder Ewa, wovon noch unser Ehe, echt, Ehre etc. stammt und welches freilich alles umfasst, was recht ist in den gegenseitigen Verhältnissen nicht nur der Menschen zu einander, sondern auch zu der Gottheit (z. B. de olle und de neue E d. h. das alte und das neue Testament) gleichwie das Römische: Jus und das Hellenische *Ἔθος*. Das Wort Recht ist wirklich erst ein Ergebniss des Richtens wie das Römische: Aequitas, welches von aequare gleichen = gleichmachen = richten herstammt.

15. Das Richten wird ursprünglich bei den alten Deutschen dem Könige oder seinem Gewaltboten und Beamten, dem Grafen, Vogt etc. beigelegt, der davon auch allein Richter heisst; weil er berufen ist, das Unrechte nach dem Rechte auszugleichen oder das bestehende vorliegende Verhältniss dem Rechte zu gleichen, gleichzumachen. Er bediente sich dazu, wo Recht und Friede gebrochen worden — zur Strafe der Verbrecher des Scharf- oder Nachrichters.

Das Recht aber musste sich der Königliche Richter im alten Ding oder Thing, d. i. Gericht weisen lassen von den Dingleuten, Schöffen oder Urtheilern. Diese wiesen ihm das Recht, indem sie das vorliegende Rechtsverhältniss mit dem Rechtsgesetz verglichen und die Uebereinstimmung oder den Unterschied feststellten und aussprachen, wie er aufzuheben sey.

16. Jetzt, wo fast alle Staaten Gesetzbücher oder Sammlungen haben, scheint diese Vergleichung gar leicht, — ist's aber nicht. Denn es sind nicht für alle einzelnen Fälle Gesetze gegeben noch auch zu geben. Die zur Entscheidung einzelner Fälle erlassenen Gesetze erweisen sich bald als die allerunzweckmässigsten, weil dieser selbe Fall mit allen seinen eigenthümlichen Beziehungen selten oder nie in gleicher Weise wieder vorkommt. Die Gesetze müssen vielmehr einfache und allgemeine Regeln seyn, weil sie alle Fälle dieser Gattung unter sich befassen sollen. Wenn sie aber einfach und allgemein sind, lässt sich auch das einzelne Gesetz nicht so unmittelbar (mechanisch) auf den einzelnen Fall anwenden oder draufpassen, weil eben kein Rechtsfall oder Verhältniss einfach und allgemein, sondern jeder ein besonderer und eigenthümlicher — aus diesen oder jenen Beziehungen zusammengesetzter ist. *)

17. Weil nun diese verschiedenen Beziehungen, wodurch jeder einzelne Fall seine bestimmte Eigenthümlichkeit erhält, unter verschiedene allgemeine Gesetze fallen, so müssen diese alle zugleich und zusammen angewandt werden, was schon darum grosse Schwierigkeiten zu haben pflegt, weil die Gesetze als allgemeine sich einander in ihrer Allgemeinheit ausschliessen, — nicht so — als allgemeine neben und mit einander zur Anwendung kommen können. Es muss vielmehr aus allen diesen Gesetzen (oder eigentlich aus dem gesammten Rechte) die Rechtsregel für diesen Fall oder diese Art von Fällen erst gebildet werden, welche aus allen soviel enthält wie der Rechtsfall selbst. Wie schwer dies ist, zeigt sich in den Urtheilsgründen vieler nach Gesetzen erkennenden Ge-

---

*) Aristotel. Eth. Nic. V. 14 (8) *Αἴτιον δ' ὅτι ὁ μὲν νόμος καθ' ὅλου πᾶς, περὶ ἐνίων δ' οὐχ οἷόν τε ὀρθῶς εἰπεῖν καθ' ὅλου, τὸ ἁμάρτημα οὐκ ἐν τῷ νόμῳ οὐδ' ἐν τῷ νομοθέτῃ, ἀλλ' ἐν τῇ φύσει τοῦ πράγματός ἐστιν.*

richte, wodurch, weil sie nicht zutreffend und genügend sind, die Parteien nicht selten zur Fortsetzung des Rechtsstreits verleitet werden; obgleich jeder einzelne Rath wie das ganze Gericht das Rechte gefühlt und ausgesprochen. Denn im allgemeinen Rechtsgefühl besonders der gebildeten und geübten Richter stellt sich die hier zur Anwendung kommende Rechtsregel auch mit grosser Bestimmtheit fast unmittelbar heraus.

18. Im Alterthum gab es noch keine Gesetze, selbst die alten Recht- oder Richtbücher entstanden erst spät aus früheren Rechtssprüchen. Die Dingleute, welche zum Rechtsprechen berufen und bestellt, daher aber auch darin geübt waren, mussten das Rechtsgesetz, welches in dem zur Entscheidung vorliegenden Falle anzuwenden war, allemal erst schaffen, [woher sie auch Schöffen oder Schöppen (scapini s. scabini) genannt wurden], Rechtweisen *legem dicere* und dann erst das Urtel finden — *veritatem dicere* — Recht setzen — legen — theilen. Davon hiessen die Schöppen auch Urtheiler.

19. In dem Wort Urtheilen ist aber eigentlich auch das Suchen und Finden des Rechtsgesetzes ausgesprochen.*) Theilen heisst nämlich: ein Ganzes in seine natürlichen Theile oder Glieder scheiden oder unterscheiden, wie sie an und für sich beschaffen sind, und wie sie in ihrer innigen Beziehung oder Verbindung mit einander dieses Ganze ausmachen,**) oder: die Theile und ihr gegenseitiges Verhältniss zu einander

*) Sollte auch das Wort urtheilen neu seyn und anfänglich nichts anders als theilen geheissen und bedeutet haben, was wegen des sehr alten ordal im Angelsachs. Rt. und urteili in L. Bajuvar, de pop. leg. 79 (?) d. i. Gottesurtheil nicht anzunehmen seyn möchte, so ist damit doch jedenfalls mehr gesagt als mit unserem ertheilen, vertheilen und austheilen, nämlich judicare. Vgl. J. Grimm d. Rt. Alth. S. 786, 908.

**) Denn die Theile unterscheiden sich von den Stücken einer Sache durch die wesentlichen Beziehungen oder Verhältnisse zu einander und zu dem — ungetheilten Ganzen, während die Stücke schlechthin für sich sind und ein Ganzes nur ausgemacht haben — gewesen sind.

und zu dem Ganzen erkennen (vergl. νόμος Gesetz von νέμω theilen).

Ur ist ursprünglich. Ursprünglich ist aber nur Geist oder Vernunft und Natur. Sie sind die Urbestandtheile oder Urtheile aller Dinge, auch aller Rechte. — Im Rechte steht aber Vernunft und Natur nicht neben oder gegeneinander, sondern auch die natürlichen sinnlichen Gegenstände oder Sachen, kommen im Rechte nur als Dinge in Betracht. Die Sache wird nämlich dadurch zum Ding erhoben, dass sie für einen vernünftigen Zweck bestimmt wird; denn dieser ist nur ihr Begriff. Daher aber, weil also auch das Natürliche vernünftig gemacht ist, muss es möglich seyn, durch vernünftiges Denken und Nachdenken der vernünftigen Gedanken: Begriffe, Zwecke in den menschlichen Verhältnissen und Dingen die Urtheile derselben, wie an sich, so auch in ihrer Beziehung zu einander und zum Ganzen zu erfassen und somit das Ding oder Verhältniss selbst in seinem innersten Wesen zu erkennen.*) Daher heisst das Urtheil auch „Erkenntniss." Das eigentliche vernünftig erkannte Rechtsverhältniss, d. h. der richtige Begriff des Rechtsverhältnisses ist das Rechtsgesetz des Verhältnisses.

20. Das Wort Gesetz wird gewöhnlich für obrigkeitliche Vorschrift, Verordnung gebraucht und meist für gleichbedeutend mit gesetzt (positiv) angesehen. Es ist aber weder von gesetzt noch überhaupt von setzen herzuleiten, sondern von Satz und Ge. Zuerst erscheint es bei den Meistersängern in der Form Gesätz oder Gesäss für eine Reihe von Sätzen, welche in bestimmten Versmassen und Zahlen zusammen geordnet und geeinigt sind, also wie die Hellenische Strophe. Die Vorsilbe Ge giebt den Wörtern, welchen sie

---

*) Die Alten sagten: Alles erkennende Denken ist analytisch! αναλυειν heisst aber auflösen. So „hat man die Theile in der Hand! Nur leider fehlt das geistige Band." Im Urtheilen wird das geistige Band der gegenseitigen Beziehung bewahrt. Also: Alles erkennende Denken ist urtheilend!

vorgesetzt wird, den Begriff des Zusammen und Zugleich, der Verbindung und Vereinigung. *) Das *Gesetz* ist also die *geordnete, geeinigte Gesammtheit unterschiedlicher Wesen* oder auch die *vernünftig* oder *natürlich* einige *Ordnung einer Gesammtheit unterschiedlicher Wesen* oder, die *vernunftnothwendige Ordnung des gegenseitigen Verhältnisses unterschiedlicher Wesen*.

21. Sonach besteht zwischen Gesetz und Begriff des Rechtsverhältnisses kein anderer Unterschied, als, dass in dem Begriffe die Theile eines Dinges oder Verhältnisses zum Zweck ihrer Erkenntniss auch und zunächst jeder an sich oder für sich selbst und allein, als selbstständiges Wesen und dann in ihrer nothwendigen Beziehung zu einander und zum Ganzen betrachtet werden, — während im Gesetze an sich selbstständige Wesen durch ihre gegenseitigen Beziehungen zu Gliedern und Theilen des Ganzen einer einigen Gesammtheit verbunden erscheinen.

22. Das Rechtsgesetz oder *das Recht*, als das Gesetz wonach zwischen Menschen gerichtet wird, ist also die nothwendige Ordnung der gegenseitigen oder Rechtsverhältnisse der Menschen als Theile oder Glieder einer Gesammtheit — Gesellschaft — eines Volkes; welches eben durch diese vernünftige, nothwendige Ordnung zu einem stätigen Ganzen, zum *Staate* wird; *das Recht ist demnach die vernünftige Ordnung der gegenseitigen Verhältnisse der Menschen als Mitglieder eines Staats*.

---

*) Ge ist das Lateinische con, das Hellenische ξυν oder συν, das Indische sam. Sie bilden Indisch: Samaja die Zeit — also Naturgesetz, Hellenisch: συνταξις das Sprachgesetz (συνταγμα), Römisch: constitutio das Staatsgesetz. Deutsch Gesetz das Sanggesetz und allgemein Gesetz verhält sich zu Satz, wie Gebälk zu Balken, wie Geblüt zu Blut, wie Gehege zu Hegen, wie Gerippe zu Rippe etc.

Drittes Hauptstück.

Wissenschaftliche Begriffsbestimmung von Recht.

23. Die so eben sprachlich gefundene Begriffsbestimmung von Recht und Rechtsgesetz möchte für den nächsten Zweck einer allgemeinen vorläufigen Erkenntniss vielleicht genügen, — wenn sie nicht mit dem gewöhnlichen Sprachgebrauch der das Rechtsgesetz zunächst als Staatsgesetz, als Vorschrift der höchsten Gewalt auffasst, im Widerspruch stände. Denn als Staatsgesetz oder Gebot erscheint das Rechtsgesetz als freie Willensbestimmung der höchsten oder Staatsgewalt, welche den Willen der Unterthanen bestimmt und nöthigenfalls zwingt — also ihre Freiheit zu thun und zu unterlassen beschränkt. Wenn dagegen das Recht oder Rechtsgesetz als vernunftnothwendige Ordnung gefasst wird, so erscheint dasselbe ebenso auch als Willensbeschränkung und — Bestimmung für die höchste und Staatsgewalt und somit — alle menschliche Freiheit vernichtet, soweit das Rechtsgesetz reicht. Dies war denn auch noch vor Kurzem die gewöhnliche Ansicht der Gelehrten, wie der Ungelehrten. Man tröstete sich über den Verlust der Freiheit damit, dass es nun doch einmal nicht anders seyn könne, wenn die Menschen in Gesellschaft leben wollten und dass man dafür ja Sicherheit der Person und des Eigenthums eingetauscht habe, worauf am Ende doch alles Glück, auch das Gedeihen der Künste und Wissenschaften und so vieler anderer guten Sachen beruhe. In unserer Zeit mag man sich daran nicht mehr genügen lassen, sondern verlangt ausser oder zu allen diesen Lebensgütern — auch die Freiheit, als das höchste Gut und Recht.

„Der Mensch ist freigeschaffen, ist frei!
„Und wär' er in Ketten geboren!"

24. Es fragt sich nun, wie verträgt, oder wie verhält sich die menschliche Freiheit zu der Nothwendigkeit des Rechtes? Da die Freiheit wesentlich in der Selbstbestimmung

des Willens besteht, die Nothwendigkeit des Rechtes aber wesentlich vernünftige oder Vernunftnothwendigkeit ist, so können wir diese Frage auch so ausdrücken: Wie verhält sich der Wille zur Vernunft, zu dem Denken nach (vernunft)nothwendigen Gesetzen?

Was ist wollen? Wollen ist setzen, vorsetzen und durchsetzen eines Zweckes, eines zu Bewirkenden oder zu Bewerkstelligenden. Dies Setzen und Vorsetzen ist die That des Denkens, oder aus sich herausstrebendes Denken, der Zweck selbst ist Gedanke der Veränderung, der — That, welche das Mittel zur Verwirklichung, ausgeführter Wille ist. Die That verhält sich also zum Willen, wie der Wille zum Denken: der Wille ist auch Denken aber werkthätiges, praktisches Denken. Der Wille muss etwas („setzen, vorsetzen und durchsetzen") wollen. Wenn der Wille gar Nichts (thun oder setzen) will, so ist er nicht Wille sondern nur Gedanke — des Willens oder auch theoretisches Denken des Denkens als Wollens oder auch Wille des Denkens.

25. Ist nun aber das Wollen auch Denken, so ist der Wille, indem er durch das Denken bestimmt wird, nicht von einem Andern, Fremden abhängig oder bestimmt sondern nur von oder durch sich selbst bestimmt, also frei! Denn die Freiheit ist die Selbstbestimmung, welche die Unabhängigkeit von allem Andern schon voraussetzt und in sich begreift. Jeder Mensch ist nun zwar freigeschaffen, — aber Keiner frei geboren. Er ist frei geschaffen, d. h. er hat die Freiheit zu seinem Wesen, Grund und Zwecke, indem er seiner Natur nach denkend*) und somit fähig und berufen ist, sich selbst d. i. seinen Willen durch sein Denken zu bestimmen. Aber in diesem Sinne freigeboren wird der Mensch nicht. Denn, obgleich er schon als neugebornes Kind, wie Mensch so auch

*) Der wundersame Tiefsinn und Verstand der deutschen Sprache zeigt sich auch in: Mensch, welches a. h. d. menisco, Indisch, manuschi von man denken, manami, μιμνημι, memini-mens, manu, Μινως, mannus. (Tacit. Germ. 2)

denkend und nur denkend ist, so dass er selbst das Saugen an der Mutterbrust und das Saugen wollen erst lernen muss, — nicht von selbst, wie die Thiere aus Instinkt oder Naturtrieb und Kraft — die nährende Mutterbrust sucht und findet, so ist er doch eben deshalb in jeder Beziehung von Anderen abhängig. Erst durch die Erziehung und die Bildung des Denkens und Willens wird er frei — und immer freier, je reiner er seinen Willen durch sein vernünftiges Denken bestimmt.

Nach dem Maass dieser Selbstbestimmung des Willens durch das vernünftige Denken und somit nach dem Maass der Vernunftbildung treten folgende wesentliche Unterschiede und Stufen der Freiheit im Leben des Menschen und der Menschheit hervor:

26. 1) Die Unabhängigkeit oder das Nichtbestimmtseyn von Anderen ist allerdings die natürliche Voraussetzung aller wirklichen Freiheit oder Selbstbestimmung. Allein der natürliche und unabhängige Mensch ist darum, dass sein Wille nicht von anderen Menschen bestimmt wird, doch noch nicht frei. Denn, obwohl er wirklich denkt und will, sich Zwecke setzt und erreicht und, obwohl er sich daher selbst frei fühlt, so wird sein Wille doch nicht durch sein vernünftiges Denken, sondern sein Denken und also auch sein Wille durch etwas Anderes bestimmt und hingerissen; ohne dass er es weiss, weil sein Denken selbst überhaupt noch ein seiner unbewusstes, — nur ein unmittelbares, — Fühlen ist und daher in der äusseren Erscheinung viele Aehnlichkeit mit dem Leben und Treiben der Thiere hat.

Der nur unmittelbar-, unbewusst-denkende oder fühlende Mensch wird entweder

a) durch einen äusseren Gegenstand: Speis, Trank, Weib etc. angereizt und bestimmt, ihn erlangen und — geniessen zu wollen; oder

b) durch den natürlichen leiblichen Trieb genöthigt oder bewogen, Befriedigung oder vielmehr einen Gegenstand zu suchen, der sein Bedürfniss befriedigen kann. Dies ist allerdings ein höheres als die Bestimmung durch den Reiz, denn der Mensch hat den Trieb in sich selbst und wird von demselben angeregt zu denken, dass und womit er seinen Hunger, Durst etc. stillen könne und — wolle. Aber es ist nicht das eigentlich menschliche, denkende, vernünftige Ich, nicht die Vernunft und das Denken, wovon diese Bewegung und Bethätigung des Denkens ausgeht, sondern der Leib hat dieses Bedürfniss und diesen Trieb.

c) Endlich kann er auch durch Neigung und durch Gewohnheit zu gedankenlosem Wollen oder Thun bestimmt werden, und somit darin, obwohl die Neigung und Gewohnheit Richtungen der Seele sind, unfrei seyn.

27. 2) Freier ist schon der verständige Mensch, wenn und weil er weiss, dass dieser — seine Sinne reitzende — Gegenstand nicht der einzige zur Befriedigung dieser Begierde oder dieses Triebes und Bedürfnisses geeignete ist, sondern auch ein anderer und dritter und, dass er nicht nur diesen Sinn und Trieb, diese Begierde oder Bedürfniss zu befriedigen hat, sondern mehrere.

28. a) Er hat und übt zwischen den mehreren Bedürfnissen und zwischen verschiedenen Befriedigungsmitteln die Wahl des Willens — Wahlwill (Willwahl) oder Willkür. Aber seine Freiheit ist so beschränkt wie seine Wahl, und sein Wille ist doch durch diese Begierden und diese Befriedigungsmittel hervorgerufen und durch die diesem oder jenem beiwohnende grössere oder geringere Stärke bedingt und bestimmt — also unfrei.

29. b) Er kann sich aber auch die Befriedigung aller seiner Bedürfnisse, Triebe, Begierden, Neigungen etc. als Ein Ganzes — seine Gesammtbefriedigung — Glückseligkeit zum Ziel und Zwecke setzen. Die Glückseligkeit ist ein höherer Zweck und Wille, weil sie wesentlich und nur Gedanke ist. Denn die Befriedigung aller Bedürfnisse, Triebe, Begierden etc. insgesammt, zugleich und zumal ist nicht möglich, weil die Befriedigungen und Genüsse, selbst wenn alle Mittel dazu stets zur Hand wären, sich einander theils ausschliessen theils beschränken, während die Begierden und Wünsche oder die

Bedürfnisse durch ihre Befriedigung wachsen und sich mit dieser gegenseitig immerfort steigern. Die Gesammtbefriedigung kann nur so als Ganzes gedacht werden, dass die Bedürfnisse und die Befriedigungen so gewählt werden, dass der Mensch sich im Ganzen befriedigt fühle. Sie kommt also, wiewohl sie Gedanke ist, wieder auf die Willkür oder Willwahl und damit auf die Begierden etc. und die Befriedigungsmittel zurück, wodurch dieser und jener Entschluss bedingt und bestimmt wird. Auch der Glückseligste ist und bleibt von seinem Leibe und seinen Sinnen (Genussfähigkeit) und von den Gegenständen welche sich zum Genuss darbieten abhängig und bestimmt; also — unfrei.

30. 3) Nur erst der vernünftige, sich seiner, seines Denkens und Willens bewusste Mensch gelangt zur vollen und wahren Freiheit, indem er

31. a) seinen Willen durch sein vernünftiges Denken allein bestimmen will, und weiss, dass er in dieser seiner Willensbestimmung von allem Anderen — Aeusseren unabhängig ist, weil er nicht nur auf diese oder jene Genüsse, Begierden, Triebe und deren Befriedigungen verzichten, sondern alles Aeusseren, auch seines Leibes und Lebens sich entschlagen — es nicht mehr wollen, aufgeben kann *)

32. b) Diese Unabhängigkeit des Willens von der Aussenwelt ist allerdings die nothwendige Voraussetzung der Freiheit, aber an sich oder für sich allein ist sie doch nicht die Freiheit, — denn diese ist Selbstbestimmung (— activ —), sondern nur Nichtbestimmbarkeit durch Aeusseres — (negativ), also nur Möglichkeit der Freiheit (δυναμει ἐλευθερια, potentiâ libertas). Die Entsagung, Entäusserung alles Irdischen im Widerstand gegen fremde Bestimmung des Willens ist allerdings auch eine That des freien Willens, eine wirkliche und werkthätige Selbstbestimmung; aber im gewöhnlichen Leben und

*) Sprichwort: Wer sterben kann, ist frei! d. h. er kann nicht gezwungen, — sein Wille nicht durch Anderes bestimmt werden, weil er das, was ihm nehmen mag, selbst aufgibt.

Verlauf der Dinge bedarf es eines solchen gänzlichen Verzichtes auf alles Daseyende und auf das eigene Daseyn nicht, sondern nur der Fähigkeit dazu und des Bewustseyns derselben. Der Mensch muss daseyn um hienieden zu denken, zu wollen und zu wirken, und zu seinem Daseyn — Leben auf Erden — bedarf er der irdischen, daseyenden Dinge. Er hat also in den Widerspruch und Widerstreit mit der Natur und mit seiner eignen Natur oder Natürlichkeit einzugeben: er muss die Nothwendigkeit der irdischen Dinge zur Befriedigung seiner Bedürfnisse und ihre Nothwendigkeit zur Erhaltung seines Lebens und Wirkens erkennen und anerkennen und doch soll er darin und dagegen seine Freiheit behaupten und bewähren, seinen Willen als sich selbst und allein durch das Denken bestimmenden bethätigen und wissen. Dies thut der verständige gebildete Mensch in doppelter Art:

33. *α*) er beherrscht und bestimmt die natürlichen Dinge, deren er zu seinem Lebensunterhalt und Wohlseyn bedarf, durch seinen Verstand, indem er dieselben in seine Gewalt bringt und sie für seine Zwecke bestimmt und bereitet. Die Gesittigung (Civilisation), welche durch die gegenseitige Steigerung der Bedürfnisse und der Befriedigungen (— comforts —) immerfort gesteigert wird, hat und ist diese Macht über die äussere Natur, dass wir jetzt Nichts mehr, wie es aus ihrer Hand kommt, gebrauchen und geniessen, als etwa ein Glas Wasser und einen — veredelten Apfel. Das Wesentliche ist die Zweckbestimmung, wodurch alle brauchbaren natürlichen — äusserlichen Sachen, einen Begriff, ein vernünftiges Inneres erhalten haben — Dinge geworden sind.

34. *β*) Demnächst aber und zumeist bethätigt der vernünftige Wille seine Freiheit darin, dass ihm alle diese Sachen oder äusserlichen Dinge nicht Ziel und Endzweck, sondern nur Mittel zur Befriedigung seiner Bedürfnisse und diese ebenso nur Mittel zur Erhaltung seines irdischen Lebens und Daseyns oder mit und gleich diesem Mittel zur Verwirklichung des freien Willens sind. Gleichwohl hat der Wille an diesen natürlichen Gegenständen einen ihm fremden Inhalt und da-

mit, weil ihre Erreichung doch einmal, wenn auch nur vorübergehend Zweck ist und seyn muss, — eine Schranke und Bestimmung — durch Anderes.

Der freie vernünftige Wille ist nur dann ganz und vollkommen frei wenn er, dieses und jedes Andern entledigt, nur sich selbst, diesen vernünftigen freien Willen zu seinem Zwecke, Gegenstand und Inhalt, wie zu seinem Mittel und Werkzeug hat; denn dann ist er ganz und allein durch sich selbst bestimmt, da das vernünftige Denken, wodurch er sich bestimmt, kein Anderes, sondern er selbst, auch Denken, Gedanke ist (s. oben 24).

35 Dieser freie, vernünftige Wille in seiner allgemeinen Möglichkeit des vernunftnothwendigen Denkens und Gedankens ist das Recht, die nothwendigen Bestimmungen dieses freien Willens sind die Rechtsgesetze.

Das Recht ist also der allgemein mögliche oder vernunftnothwendige Gedanke, — das Gesetz des freien Willens in seinem Verhältniss zum freien Willen oder in den gegenseitigen Verhältnissen der vernünftigen freien Menschen.

36. In der vernünftigen Wirklichkeit soll und muss sich dieser wirklich vernünftige, freie Wille als der vernünftig wirkliche, — allgemeine Wille der vernünftigen freien Menschen bethätigen, setzen und wissen; wenn das Recht und unser Begriff des Rechts als des freien sich selbst wollenden Willens Wahrheit haben soll.

Nun zeigen sich aber in der Wirklichkeit des gemeinen Lebens zunächst viele einzelne Willen oder Wollende, deren Jeder seine freie Willensbestimmung und sich als einen den freien Willen Wollenden will und — als Recht will. Und er hat ein Recht dazu, wenn und weil der freie Wille ja Recht ist.

Daneben erscheint dann das Recht selbst als eine allgemeine über allen Einzelnen und ihren Willensbestimmungen stehende Macht und Gewalt und zwar in doppelter Form: im Innern als Gewissen, äusserlich als Gericht; und nicht selten mit den einzelnen Willen wie diese unter sich im Widerspruch.

Indess liegt dieser nicht sowohl im Wesen, als in der äusseren Erscheinung der freien Willensbestimmung. Allerdings ist auch der einzelne freie Wille und seine Bestimmungen wirklich berechtigt: Recht und Rechte, aber freilich nur der wirklich freie d.h. der vernünftige Wille und seine vernünftigen Bestimmungen. Die einzelnen vernünftigfreien Willen stehen auch einander nicht entgegen; sondern wenn und weil die Vernunft und der vernünftige Wille allgemein und allen diesen Wollenden gemein ist, so muss der freie Wille in seinem Verhältniss und Verhalten zum — andern freien Willen als zu sich selbst, mit sich selbst übereinstimmen, — dieselbe allgemeine Regel, dasselbe Gesetz befolgen.

Das gemeinsame Leben vieler Menschen oder Personen unter dem Rechte, — Gericht und Polizei, — zum Schutz aller Rechte — Sicherheit der Person und des Vermögens ist in neuerer Zeit bürgerliche Gesellschaft — (société civile) genannt worden. Eigentlich und ursprünglich ist das aber die Menge der Menschen, welche bürgerliche Gewerbe, Handel, Handwerk, Ackerbau etc. treiben, um sich ihren Lebensunterhalt zu erwerben. Jeder will nur — für sich — sein Wohlseyn arbeiten; muss aber, um die zur Befriedigung seiner mannichfachen Bedürfnisse nöthigen von Andern hervorgebrachten Gegenstände von diesen zu erhalten für sie arbeiten, ihnen etwas zur Befriedigung ihrer Bedürfnisse Brauchbares dafür darbieten, geben, leisten, so dass die bürgerliche Gesellschaft ein natürliches System der Bedürfnisse und Befriedigung Aller durch Alle ausmacht — ohne es zu wissen und zu wollen.

Sie bedarf allerdings des Schutzes des Rechts durch Gericht und Polizei gegen sich selbst, gegen die stets wachsende und übergreifende Begier Aller auf die Güter der Andern, welche in ihrer natürlichen Ungebundenheit die Sicherheit des Vermögens und der Person gar sehr gefährden würde.

Allein, wiewohl die Existenz der bürgerlichen Gesellschaft augenscheinlich und unleugbar ist, ja viele, sehr viele unserer Händler, Schneider, Schuster und Handschuhmacher etc. das Recht nur als eine Schranke eigner und fremder Freiheit, nur als Mittel zum Schutz ihres irdischen Gutes und Lebens betrachten, so ist doch eine solche bürgerliche Gesellschaft für sich allein selbstständig und wirklich nie und nirgends gewesen.

Ebensowenig hat die Kirche und die Religion, welche als Trägerin und Bildnerin des Gewissens bei uns als Ergänzung und Gegensatz der bürgerlichen Gesellschaft erscheint, indem sie die ewige, himmlische also jenseitige Seligkeit, wie diese die irdische Glückseligkeit zu ihrem Inhalt und Endzweck hat, irgendwo oder irgendwann für sich allein noch auch in Verbindung mit der bürgerlichen Gesellschaft wirklich bestanden.

Ueberall, wo die Menschen zum gemeinsamen Leben im Rechte oder unter dem Rechte vereinigt sind, haben sie immer das Bewusstseyn gehabt und gehegt, dass das Recht und die allgemeinen Gesetze nothwendige Willensbestimmung und deren Freiheit Selbstzweck der Gemeinschaft ist.

37. Die vernünftige Gemeinschaft eines Volkes im Rechte, welche sich des Rechtes als nothwendigen und allgemeinen Willens und Zweckes bewusst ist — und somit die vernünftige Wirklichkeit des Rechtes ausmacht, ist der Staat.

Der Staat ist also der wirklich allgemeine sich selbst setzende und wollende vernünftige Wille eines freien Volkes.

Insofern nun das Recht der freie und nothwendige — weil vernünftige Wille des Volkes ist, und dieses sein Recht als allgemeinen und nothwendigen Willen will und weiss, hat das Volk im und am Staate sein vernünftiges Selbstbewusstseyn, oder: der Staat ist stets sich seiner selbstbewusst. Allein dies staatliche Selbstbewusstseyn ist wie das Selbstbewusstseyn und Bewusstseyn überhaupt bei den verschiedenen Völkern ebenso verschieden, wie die allgemeine Willens- und Geistesbildung.

Das Selbstbewusstseyn des Staats kann

1) ein nur unmittelbares seyn, ein Selbstgefühl des Rechts und der Pflicht, welches sich in der Vaterlandsliebe, im Nationalstolz und in der willigen Hingebung der Genossen an den Staat äussert, dass Jeder für sein Recht nach seinem

Gesetz und Gebot lebt und stirbt, Gut und Blut, Leib und Leben mit Freudigkeit opfert. Dies unmittelbare sittliche Selbstbewusstseyn ist allen Staaten, ältesten und neusten gemein; denn ohne dasselbe möchte ebensowenig ein Staat bestehen wie ohne Rechtsgefühl — *ΔΙΚΗ ΚΑΙ ΑΙΔΩΣ.*

2) Das verständige Selbstbewusstseyn des Staates, welches die Gesetze als freie Willensbestimmungen des Volkes zu seinem allgemeinen Wohl erkannt, steht so hoch über dem unmittelbaren — Selbstgefühl, wie das verständige Denken und Erkennen über dem blossen Fühlen und Ahnen; schliesst dasselbe aber nicht nothwendig, sondern nur dann aus, wenn das Volk nicht das Recht als seinen allgemeinen Willen und das Staatswohl als Zweck, sondern seine Willkür als Recht und das äussere Wohlbefinden seiner Bürgerschaft als Staatszweck betrachtet und geltend macht.

3) Das vernünftige Selbstbewusstseyn des Staats hat beides, das sittliche Selbstgefühl und die verständige Selbsterkenntniss zu seiner Voraussetzung und besteht in der vernünftigen Einsicht in das Wesen des Rechts und des Staates, dass es der vernünftige, freie und nothwendige Wille ist, der in der vernünftigen Gemeinschaft des Volkes sich selbst setzt, weiss und will.

Diese vernünftige Einsicht und Erkenntniss soll die Staats- und Rechtswissenschaft gewähren, zunächst durch verständige Erkenntniss des geschichtlichen Rechts.

Zweiter Abschnitt.

Allgemeine Weltrechtsgeschichte.

Einleitung: Ursprung und Bildung des Rechts.

38. Wiewohl das Recht seinen Grund in dem vernünftigen Denken, seinen Ursprung in dem vernünftigen, freien Willen hat, so ist es doch nicht aus dem vernünftig gedachten Willen oder freien Entschlusse der Menschen oder der Völker entsprungen. *)

---

*) Im achtzehnten s. g. philosophischen Jahrhundert stellten sich die meisten Politiker, wie auch noch jetzt viele Anfänger, die Entstehung des Staates so vor, als ob irgend wer den Staat und das Recht erdacht und gemacht hätte, dass etwa die Menschen den Gesellschaftsvertrag — pactum sociale geschlossen, sich vereinigt: pacto unionis, — ihre gegenseitigen Verhältnisse und Rechte durch Gesetze geordnet: pacto ordinationis — und sich zur Aufrechthaltung dieser Ordnung einer Obrigkeit unterworfen hätten: — pacto subjectionis. In gleicher Weise und mit demselben Rechte ward die Entstehung der Sprache auf eine ausdrückliche Uebereinkunft einer gewissen Anzahl Leute: Volk zurückgeführt, dass sie zusammengekommen und einer etwa gesagt hätte, lasst uns den Baum Baum, den Strauch Strauch, den Fisch Fisch nennen, ein anderer beantragt, dass unter Ich jeder sich selbst, unter Du den Andern, unter Er Sie Es den dritten verstehen sollte: — Alles ehe sie sprachen und sich verständigen konnten!

39. Die ältesten oder Urmenschen haben weder Staat noch Recht machen wollen; denn, wie vollkommen, rein etc. man sich dieselben auch vorstellen mag, so konnten sie doch Staat und Recht nicht wollen, nicht zum Zweck ihres Denkens und Strebens machen, weil sie keine Kenntniss noch Erkenntniss davon hatten, bevor dieselben da waren.

40. Das Recht entsteht ohne Vorwissen der Völker, natürlich — aus ihrer Vernunft, welche durch sich selbst oder durch ihre innerliche Thatkraft und Thätigkeit (— *ἐνεργεια* —), die eben ihre eigentliche Natur ist, zur Verwirklichung ihrer Selbst, ihres Willens in der Welt getrieben wird, und dem gemeinsamen Leben und Daseyn der Menschen je länger, desto stärker und klarer ihre vernünftige Form und Gestalt, und — damit dem Willen und Denken Gesetz und Gehalt gibt. Allerdings geschieht dies nicht ohne Zuthun der Menschen und Völker, sondern durch sie; denn diese rechtsetzende Vernunft ist ja ihre Vernunft, aber sie helfen nur mittelbar dazu, indem sie an sich — oder — für sich selbst — nicht sowohl das Recht oder die Freiheit des Willens, als vielmehr die Befriedigung ihrer natürlichen Triebe, Begierden, Bedürfnisse: — ihre Erhaltung und Wohlfahrt, — dann ihre Glückseligkeit wollen; sondern nur darum, weil sie, als Menschen, auch dieses, zu ihrem Daseyn allerdings Nothwendige nur denkend oder vernünftig wollen können, ihrem gemeinschaftlichen Leben, unwissentlich die vernünftige Form, Ordnung und Einheit geben, welche demselben nothwendig und ihr allgemeiner — an sich — unbewusst — freier Wille ist.

41. Daher, weil die Menschen nicht Staat und Recht, sondern ihr natürliches Leben und Wohlseyn wollen, schliesst sich die Rechts- und Staatsbildung zunächst, und zwar zuerst am engsten an die Natur, an die natürlichen Lebensverhältnisse und weisen an: die Urstaaten sind naturwüchsig — Naturstaaten

42. Ebendeshalb, weil die naturwüchsigen Urrechte und

Staaten ohne Vorwissen und Wollen der Völker entstanden und fortgebildet sind, können diese sich des Staats und Rechts nicht als That und Ergebniss ihres Willens bewusst seyn oder werden. Sie haben nur ein unmittelbares, aber darum desto bestimmteres, unwandelbares Bewusstseyn oder Gefühl von der Nothwendigkeit des Staats und von der Heiligkeit des Rechts; so dass sie sich dasselbe als ein unveränderliches, stets so sich selbst gleiches und — gleichgewesenes — ursprüngliches, ewiges Gesetz und als unausweichliches Machtgebot eines — fremden — höheren Willens vorstellen.*)

43. Die edleren Völker, in deren gemeinsamem Leben das Recht schon eine selbstständige, auch über den Fürsten erhabene Macht und Gewalt erlangt hat, schliessen von diesem höheren Willen auf ein höheres Denken und Seyn oder Wesen, welches der Grund oder Urgrund alles Gesetzes und Seyns in allem Daseyenden sey — auf die Gottheit und stellen sich demgemäss ihren Staat als göttliche Schöpfung oder Stiftung, ihr Recht als göttliche Satzung vor.

44. Auf dieser ersten Stufe der Staats- und Rechtsbildung in dem nur unmittelbaren Bewusstseyn des Rechts und seiner Wahrheit sind die alten morgenländischen Urstaaten beharrt und — erstarrt. Sie haben sich dabei Jahrhunderte lang

---

*) Das vernünftige Denken beginnt erst mit und in dem Nachdenken über Staat und Recht; daher haben die Urvölker von den vernünftigen Rechtszuständen und Veränderungen der Vorzeit kein Gedächtniss. Wenn sie aber auch von einzelnen Thaten, Reden und Ereignissen ein Gedächtniss bewahrt haben, so pflegt dieses doch wesentlich Erinnerung zu seyn: d. h. diese Thaten etc. sind ihnen innerlich geworden und mit ihrem Innern — im Fortschritt der Zeit und des Rechtes umgebildet worden, denn das Innere hat immer das jedesmal geltende Recht des gegenwärtigen Staats zu seinem wesentlichen Gehalt und Grund seines Bewusstseyns und Denkens und Wollens. Auf dieser Veränderung des Gemeinbewusstseyns mit und in der Veränderung des Staats und Rechts beruht u. A. auch die verschiedenartige Auffassung, Darstellung, welche dieselben Volkssagen und Mythen in verschiedenen Zeiten erfahren haben. Sie werden von und zu dem jedesmaligen Rechtsgefühl umgebildet.

im Ganzen wohlbefunden, weil ihr Recht zum Theil wirklich vortrefflich und vernünftig und ganz für ihre Verhältnisse und gesammte Bildung geeignet ist Aber ihre Vorstellung vom Rechte und Staate ist offenbar mit einem Fehler behaftet: ihre Ansicht, dass das Recht eine fremde Satzung — Gebot eines anderen, göttlichen Willens und Wesens sey, — ist falsch.

45. Es ist nothwendig und darum der nächste Fortschritt der Weltgeschichte, dass dieser Fehler, das Irrige in der Vorstellung vom Rechte, als ob es fremde Satzung wäre, erkannt und verbessert worden. Dies geschieht von den Abendländischen Völkerschaften — von Hellas und Rom. — Denn, nachdem sie die erste Stufe — der Naturwüchsigkeit oder des Naturstaats und — Rechts durchlaufen und überschritten: durch Selbstgesetzgebung und Selbstregierung Freistaaten geworden sind, erkennen sie das Recht als ihren eignen freien Willen und sich als frei im Staate. Die Hellenen und die Römer (am Ende der Republik) verfallen jedoch in einen andern den entgegengesetzten Fehler. Weil sie nämlich ihr Selbstgesetzgebungs- und Regierungsrecht eine Zeitlang nach Abwägung der Gründe für und wider ein Gesetz oder Gebot oder Urtheil, dann nach Belieben geübt, betrachtet das Volk es als die unbeschränkte Befugniss, alles zu beschliessen und zu gebieten, was ihm oder dem grösseren Haufen nur irgend beliebt und in Folge dessen das Gesetz und das Recht als menschliche oder Volks-Willkür und Satzung. Daran sind die Freistaaten des Alterthums zu Grunde gegangen!

46. Das Recht ist ebensowenig blosse menschliche Willkür als es blosse göttliche Satzung ist. Diese beiden widersprechenden Vorstellungen haben sich daher auch durch ihr Zusammentreffen in den von den freien abendländischen Völkern, Hellenen und Römern unterworfenen und umgebildeten Naturstaaten des Morgenlandes — vornehmlich in Judäa verbessert, von ihrer Einseitigkeit gereinigt und die wahrhafte Erkenntniss der Freiheit als der göttlichen Nothwendigkeit des vernünftigen Denkens und Willens und — des Rechtes als ih-

res göttlich-menschlichen Gesetzes in Christo Jesu vorbereitet. *)

Auf diesem ewigen Grund der rechten Wahrheit erbaut sich das neue wahre Recht und das vernünftig sittliche Reich des selbsbewussten Geistes: der **freie Staat**.

P l a n.

47. Diese drei Stufen: 1) des Urrechts und des Naturstaats, 2) des Freistaats und des menschlichen Rechts und 3) des christlichen Rechts und des freien Staats — sind nun in den drei Hauptstücken möglichst kurz aber doch so ausführlich darzustellen, dass die nothwendige Entwicklung des Rechts und der Freiheit klar und deutlich erkannt werden mag.

Erstes Hauptstück.

Vom Urrecht und Naturstaat.

48. Grund und Urquell des Rechts und alles gemeinsamen Lebens im Recht ist die **Liebe**. Sie erscheint zwar zunächst als natürlicher Trieb zur Begattung und zur Fortpflanzung des Menschengeschlechtes, dem thierischen Instinkte ähnlich. Aber sie ist doch in Wahrheit vernünftig, wie und weil der Mensch nicht mit Instinkt begabt, sondern nur denkend-ver-

*) Wenn der Name des Herrn Jesu in staats- und rechtswissenschaftlichen Entwicklungen genannt wird, argwohnt man gewöhnlich, der Verfasser möchte die Schwäche seiner wissenschaftlichen Begründung und Bewährung unter dem starken Hort oder dem Mantel des Glaubens verbergen oder verstecken wollen — „dem Leser ins Gewissen schieben." Hier soll aber auch kein Glauben in dem Sinn von „für wahr annehmen oder gelten lassen" gefordert, sondern Alles so dargestellt und bewiesen werden, dass es vernünftig eingesehen und begriffen und als wahr erkannt und anerkannt werden kann und muss.

nünftig ist, — wenn gleich nur vernünftiges Gefühl: oder unmittelbares Bewusstseyn der Einheit der Unterschiedenen. Denn in der Familie, welche durch die Liebe begründet und erhalten wird, fühlt und will, denkt also auch jedes Glied nicht für sich allein sondern auch für die Anderen — also vernünftiges und vernünftig: für ihr Leben und Wohlseyn in dieser natürlichen Gemeinschaft, welche eben dadurch zur vernünftigen — sittlichen Gemeinschaft erhoben und als solche, die natürliche Grundlage aller rechtlichen Gemeinschaft wird.

Familienrecht.

Hausfrieden. Besitz.

49. Das Recht und die Ordnung, welche in und mit der natürlichen Familien-Gemeinschaft zugleich entsteht und da ist, erscheint zwar auf dieser ersten niedrigsten Stufe der Rechtsbildung und Vernunft auch noch hart und roh und keineswegs unseren Begriffen von Liebe, Ehe und Familie entsprechend. Denn der Mann ist Herr, das Weib seine Magd, ihre Kinder Beider Diener. Aber der Mann und Vater schützt und ernährt die Seinigen auch durch seine Jagd oder Fischfang etc. Sie alle arbeiten und leben für einander und vertheidigen Jeder ein Jedes mit eigner Leibes- und Lebensgefahr, — sie sind und fühlen sich einig.

50. Diese ersten, nur in der Familie lebenden Menschen erscheinen uns aber dennoch als Wilde, als vom Geist abgewandte, entfremdete, schier thierähnliche, weil sie selbst nur auf die Befriedigung ihrer natürlichen Triebe und Bedürfnisse, besonders des Hungers bedacht sind. Indess ist ihnen doch das Gesetz der Liebe, in welcher sie miteinander leben, alsbald so sehr zur Sitte und anderen Natur geworden, dass es sich auf die Stäte ihres Daseyns überträgt: die Höhle, die Hütte, das Haus heiligt, befriedet. Auch die rohesten Wilden halten den Hausfrieden heilig: lassen den Fremden, der ohne Feindseligkeit in ihre Hütte kommt, an ihrer Gemeinschaft und ihrem Mahle theil nehmen und schonen selbst des Todfeinds.

Der Hausfrieden ist das erste Recht oder allgemeine Gesetz des freien vernünftigen Willens Aller.

51. An den Hausfrieden schliesst sich dann die Sicherheit des Besitzes der im Hause befindlichen Sachen und der — Thiere, die in und an das Haus gewöhnt, — Hausthiere geworden sind.

Hordenrecht.

Hürdenfrieden. Eigenthum und Vertrag.

52. Wenn also der Besitz der Hausthiere gesichert ist, fangen die nun zusammenbleibenden — Horden, wo sich das Land dazu eignet, an, sich auf Viehzucht zu legen. Sie können nun nicht mehr so leicht in die Gefahr kommen Hunger und Noth zu leiden, wie die grossen Jäger- und Fischerfamilien, welche sich trennen müssen, wenn das Wild etc. selten wird, dass es nicht mehr für Alle zureicht. Ihre gemeinschaftlichen Wohn- oder Lagerplätze — Hürden, sind nun ebenso befriedet, wie sonst das einzelne Haus, der Hausfriede erweitert sich zum Hürdenfrieden, während er für die einzelnen Familien und Hütten mit ihrem Hab und Gut fortbesteht und noch erhöht und bestärkt wird.

53. Der Hürdenfrieden ist eine höhere Stufe der Rechts- und Vernunftentwicklung. Die Gemeinschaft ist:

1) an sich eine höhere; nicht sowohl, weil sie grösser als vielmehr, weil sie freier, — nicht so ganz wie die Familie durch die Natur und die Verwandtschaft hervorgerufen, bedingt und bestimmt, sondern durch den freien Willen der Genossen zusammengehalten, als solche von Allen gewollt, gesetzt ist und Alle und Jeder mit eigner Leibes- und Lebensgefahr Allen und Jeden gegen äussere Feinde vertheidigt etc.

54. 2) Dann hat sie auch eine freiere, vernünftigere — ihr nothwendige Ordnung und Einheit: einen Oberen und Anführer des Zugs und im Kampfe, der schon nicht mehr immer der Altvater, sondern der Erfahrenste, Tüchtigste, Tapferste seyn soll und muss, und daher auch oft gewählt wird;

weil die Wohlfahrt der Horde, ihre Sicherheit und der Sieg gegen andere Horden und Feinde zumeist von seiner Umsicht abhängt.

55. 3) Endlich ist zur Erhaltung des inneren Friedens der Hürde und der Horde ein Gericht nöthig, welches nicht wie in der Familie der Hausherr und Vater nach Liebe und Belieben entscheidet, sondern nach dem Rechte urtheilen soll, und daher, wo Glieder verschiedener Familien in Streit gerathen, nur aus dem oder den Obern bestehen kann.

Das Recht aber, welches sich in der Horde und Hürde durch und als allgemeinen Willen gesetzt hat, kann im Allgemeinen als Eigenthum bezeichnet werden.

56. Der ausschliessliche Gebrauch und Genuss der Sachen und Thiere, welcher durch den Hausfrieden als Besitz herausgetreten und wie dieser durch die Sitte und die eigne Kraft der Hausgenossen gesichert war, wird durch die allgemeine Anerkennung aller die Horde bildenden Familien und Genossen und durch ihren Schutz desselben gegen die Angriffe jedes Anderen — durch den Hürdenfrieden zum Recht des ausschliesslichen Gebrauchs — zum Eigenthum an diesen Sachen und Thieren.

57. Zu diesem Gebrauchsrecht gehört auch die Veräusserung — die Auf- und Hingebung des Eigenthums: des Willens und der Sache, des Thieres also die Entlassung, Tödtung und Vernichtung desselben und die Ueberlassung — Uebergabe an einen Anderen, der sie fortan haben soll und will: also Vertrag. Am gewöhnlichsten mag der Tauschvertrag seyn, dass Jeder dem Andern etwas — das Eigenthum einer Sache — (Kuh etc) überlässt und dafür ein anderes Eigenthum (Vieh etc.) erhält. Aber nicht nur in diesem, sondern auch in der Schenkung, wo nur einer gibt und ein anderer empfängt und in jedem anderen Vertrag erscheinen zwei Willen als berechtigt und einig: bethätigen und erkennen sich auch gegenseitig als frei.

58. Diese gegenseitige Anerkennung der Freiheit und

des Eigenthums macht sich besonders auch in den Leihverträgen geltend, wodurch Einer dem Andern seine Sache z. B. seinen Stier zum vorübergehenden Besitz, zum einmaligen Gebrauch überlässt; denn das Thier etwa wegen dieser freiwilligen Ueberlassung des Besitzes — als Eigenthum — behalten zu wollen, wird von dem wirklichen Eigenthümer nicht nur, sondern auch von dem Anderen und an seiner Statt von dem Gericht als Scheinrecht als Unrecht anerkannt und ausgesprochen und beseitigt: das Recht durch Rückgabe des Eigenthums hergestellt.

59. Ausser diesem einfachen Unrecht, welches auch auf Irrthum und Missverständniss beruhen kann, kennen sie aber auch das Verbrechen und die Strafe. Verbrechen ist gewaltsame Verletzung des Rechts, wodurch der Hürdenfrieden gebrochen wird, also jede widerrechtliche Verletzung des Eigenthums: Besitzergreifung oder Zueignung von Sachen oder Vieh, welche einem andern Genossen als Eigenthum gehören, mit Gewalt (Raub) oder List (Diebstahl) und jede gewaltthätige Störung des Hausfriedens, welchen der Hürdenfrieden ebenso zum wirklichen Rechte erhoben hat.

60. Die Strafe, welche über den verbrecherischen Genossen vom Hordengerichte verhängt wird, ist in der Regel dieselbe, welche den äusseren fremden feindlichen Angreifer bei und in der Vertheidigung des Hauses oder der Hürde oder des Viehs trifft, nämlich: der Tod! Später ist Sühne möglich und wird unter Vermittlung des Gerichts in Vieh geleistet.

61. Wenn nun daneben die Verletzung und die Tödtung eines Genossen in oder ausser der Hürde nicht als Verbrechen betrachtet und bestraft wird, sondern der eignen Abwehr und der Blutrache der Familie überlassen — Privatsache — ist, so kann uns das — von unserem Standpunkt aus — schier noch befremdlicher erscheinen, als dass es bei den Horden, welche die Wüste durchziehen, Recht und Pflicht der Söhne ist, ihre alten Eltern zu tödten, wenn sie zu schwach sind, dem Zuge zu folgen; denn wir sehen den Grund ein, dass sie in der Wüste zurückbleiben und sich selbst überlassen, küm-

merlich verdursten oder verhungern müssten. Allein auf dieser Stufe der Rechtsentwicklung und Bildung ist das Eigenthum wirklich und nothwendig das höchste Recht, seine Verletzung das höchste Verbrechen: nicht sowohl deshalb, weil das Vieh, das Werkzeug etc. zum Lebensunterhalt des einzelnen Nomaden nothwendig ist, denn als Lebensmittel müsste es ihm selber geringer erscheinen, als der Zweck: das Leben selbst, noch auch weil das gemeinschaftliche Leben in und mit der Horde dadurch bedingt ist, denn die Hirten trennen sich, wenn die Weide nicht zureicht — um der Erhaltung des Viehes willen, sondern diese Erscheinung hat ihren Grund in dem Wesen des Nomaden, dass er in diese Sache seinen Willen, sein thätiges Denken, sein Ich gelegt und daher in und an ihm sein Selbstbewusstseyn, das Bewusstseyn seines Willens, seiner Freiheit und — Geistigkeit hat.

Glaube der Horden. Zauberei.

62. Dieses höhere geistige Selbstbewusstseyn kommt dann auch sogleich in dem Glauben dieser rohen Naturvölker, welcher gewöhnlich Naturreligion genannt wird, in der That aber weder Religion d. h. Beziehung zu einem Höheren noch natürlich, sondern geistigen Wesens und Ursprungs ist, und am wenigsten als Religion Anbetung oder Verehrung der Natur aufgefasst werden darf, da ihr Glaube im Gegentheil auf der Geringschätzung der Natur und der eigenen Selbstachtung beruht. *)

Sie glauben nämlich, wie die einzelnen natürlichen Dinge Holz, Vieh, Wild etc. so auch Wind, Wetter und andere Naturkräfte mit ihrem Willen und Befehl beherrschen, zu ihrem Dienste zwingen, — zaubern — zu können**) und

---

*) Vgl. Rosenkranz, die Naturreligion. (Iserlohn, 1831.)

**) Es ist ein grosser Irrthum, wenn manche ältere Reisende berichtet haben, die Wilden beteten z. B. zu dem Fluss, den sie überschreiten, durchschwimmen wollten: Sie beschwören ihn, d. h. bedrohen ihn, schlagen ihn auch wohl mit Ruthen, trommeln, lär-

2) dass nach dem Tode der Menschen der gute und böse Wille und Sinn — die thätige Seele fortdauere und den Ueberlebenden wohl- und wehethue, Nutzen und Schaden — Krankheit und Tod bringen können. (Werwolf, Vampir etc.)

Schon Herodot II. 32, 33 hatte von solchen Zaubervölkern in Afrika gehört, welche in neuerer Zeit wiedergefunden worden. Auch die Sagen und Geschichten der Nordischen Völker sind voll davon, namentlich sollen die Finnen gar zaubermächtig gewesen seyn. Jede Familie pflegt einen Zauberer in sich zu haben, der dann für die anderen Genossen mitdenkt, dessen Willensmeinung gilt und entscheidet, ob die Familie etwas — dies oder jenes — unternehmen oder unterlassen soll etc. Wenn sich bei den Nomaden-, Hirten-, Reiter- und Räuberhürden ein höherer Glauben findet, so haben sie ihn von höhergebildeten — in Staaten lebenden — Völkern entlehnt.

63. Auf dieser ersten und untersten Stufe der Rechts- und Glaubensbildung sind die geistesarmen Völker, welche unter der drückenden Sonne des Gleichers im heissen Sande der Wüste von Oase zu Oase ziehen und diejenigen, welche in dem ewigen Eise und Schnee am Nordpol mit ihren Rennthieren und Hunden umherirren, Jahrtausende lang stehen geblieben. Das Land lässt die Bildung nicht aufkommen und nicht einmal fortbestehen, weil die Menschen immerfort und

---

men etc. So ist es auch mit den s. g. Fetischen und Amuletten etc.: sie sind nicht Götzen oder höhere Wesen, sondern Knechte, Mittel, wodurch der Mensch etwas erreichen will, und die er daher, wenn sie nicht wohldienen, sich unzweckmässig erweisen, wegwirft, wie Zauberstäbchen und Trommel, wenn die Beschwörung vollbracht ist. Doch kann diese auch durch blosse Worte und Geberden vollbracht werden, wodurch sich der Zauberer ausser sich setzt — in Ekstase, dass ihm nur das abstrakte, unbestimmt allgemeine Bewusstseyn seines Willens bleibt. Nur in verderbten Staaten und unsittlichen Völkern, welche auf diese niedrigste Stufe zurückgefallen, findet sich die Zauberei mit dem Aberglauben und Gebet an höhere unsittliche Mächte verbunden. Der s. g. Naturmensch fühlt sich schon uber die Natur erhaben und als ihr Herr.

ängstlich mit der Noth des täglichen Lebensunterhalts zu ringen haben, — nichts anders denken nnd sagen können, als dass und was sie essen mögen.

Zu einer höheren Rechts- und Vernunftbildung scheinen die Horden als solche d. h. so lange sie das umherschweifende Hirten- und Jäger-, Reiter- und Räuberleben fortsetzen, sich aus eigner Kraft nicht emporschwingen zu können; wenigstens sind die uns jetzt noch oder wieder bekanntgewordenen Horden unter der glühenden Sonne des Gleichers und am eisigen Nordpole, so weit unsere Kunde von ihnen reichen mag, auf derselben untersten Stufe der Gesittung und Sittlichkeit, so wie des Rechts und des Glaubens stehen geblieben.

Naturstaaten.

64. Neben ihnen — oft im Verkehr, gewöhnlich im Streite mit diesen stets wilden Horden finden sich edlere höher gebildete Völker, welche Ackerbau und Gewerbe getrieben und Staaten gebildet haben, so weit die Geschichte sie kennt.

65. Die Entstehung der ältesten Staaten liegt aber weit über unsere beglaubigte Geschichte hinaus, und die heiligen Sagen der Völker enthalten so viel offenbar unmögliches und erweislich unrichtiges, dass aus ihnen nur weniges mit höchster Vorsicht entnommen werden mag.

Kaum einige dunkle Spuren von einem früheren anderen Aufenthalte und Zustande, von einer andern Heimath und Lebensweise des Volkes, eine halbverlorne Kunde von Zügen und Kriegen ist uns von ihnen überkommen.

Aber, wenn wir auch noch weniger oder gar nichts von dem Ursprung und Bildungsgang der urältesten Völker und Staaten wüssten, so könnten wir doch schon daraus, dass sie selbst kein verständiges Bewusstseyn oder Gedächtniss von dem Ursprung ihres Rechtes haben, den allgemeinen Schluss ziehen, dass ihre Rechte und Staaten ohne ihr Vorwissen und Wollen natürlich entstanden und erwachsen, — naturwüchsig — Naturstaaten sind.

Ihre eigenthümliche Beschaffenheit im Gegensatz zu den antiken Freistaaten rechtfertigt diese Auffassung und die wesentliche Verschiedenheit dieser Staaten und Rechte lässt sich als natürliche Stufenfolge und Fortschritt der natürlichen Rechts- und Vernunftbildung erkennen. Hierzu kommt noch, dass die Abfolge der Bildung dieser Staaten in der Zeit wie im Raum von Morgen nach Abend (wie später von Mittag nach Mitternacht) aufsteigt.

66. Demgemäss kann die Entstehung der Urstaaten und ihr Unterschied oder Fortschritt in Rechts- und Vernunftbildung als eine vernünftige Naturgeschichte aufgefasst werden.

67. 1) Die erste Ansiedlung der Hirten-Horden und Familien mag zunächst dadurch veranlasst worden seyn, dass die Menschen, nachdem sie das Getreide, — vielleicht zuerst durch ihre kornfressenden Hausthiere, — kennen und schätzen gelernt und gesehen haben, wie es aus den verstreuten Körnern in neuer, reicher Fülle zu bestimmten Zeiten emporwächst, den Saamen in den Schlamm des ausgetretenen Stroms gestreut und zur Ernte anfangs vielleicht mit ihren Heerden aus den Bergen zurückgekehrt, dann, als sie sich zureichend erwies, gleich in der Nähe geblieben sind und sich feste Hütten gebaut haben. Gewiss ist, dass die ältesten Ackerbauländer von solchen regelmässig austretenden Flüssen durchströmt sind und, dass der zurückgebliebene Schlamm vom Anfang der geschichtlichen, wie auch in unserer Zeit reichliche Ernten gibt.

Wenn sich nun die Horden ansiedeln, so haben und behalten sie zunächst ihr Hordenrecht; aber der Hürdenfrieden wird zum Landfrieden, der nicht nur Haus und Hof nebst den Hausthieren, sondern auch den Acker und die Ackergeräthschaften umschliesst und schützt; so dass das Eigenthum erweitert und sicherer wird, zumal die Verhältnisse selbst klarer und dem Gericht bekannter, das Gericht gerechter und stärker wird, je länger und enger sich das Volk zu gemeinsamem Leben im Rechte zusammenschliesst und sich des Rechts bewusst wird. Dagegen tritt die persönliche Kraft, Körperstärke und Muth, je länger das Volk in Ruhe und Frieden fortlebt, desto mehr in den Hintergrund — gegen die allgemeine sittliche Grundlage der Gemeinschaft, die Familienordnung und Sitte, welche sich nun im Gesammtleben des Volkes als Staatsverfassung und Rechtsgesetz geltend macht. So bilden sie denn Familienstaaten, und das ist das Ziel und Ende ihres Fortschritts, -denn zu höherer Sittlichkeit und Erkenntniss gelangen sie nicht, obwohl ihre äussere Bildung und Gesittung (Civilisation) so lange und soweit sich entwickelt bis sie sich mit der Natur des Landes in Einklang gesetzt, d. h. sich dieselbe, soweit es zur Befriedigung ihrer natürlichen und der durch die Befriedigung und durch die Gesittung, Lebensweise und Meinung hervorgebrachten künstlichen Bedürfnisse nöthig ist, möglichst unterthänig und dienstbar gemacht haben.

68. 2) Zu einer höheren Stufe aber steigen die so gesitteten und gebildeten Ackerbau-Völker empor, wenn sie sich ganz oder theilweis — etwa wegen Uebervölkerung ihrer gegenwärtigen Wohnsitze — in ein anderes Land übersiedeln.

Durch die Uebersiedelung, welche, wenn das erkorene Land schon von anderen Völkern bewohnt ist, oder bedeutenden Horden als Weide und Jagdplatz dient, selten ohne Kampf und Krieg stattfinden mag, lockeren sich die Bande des Familienstaats und Rechts, wie die der natürlichen Familie, wenn die Kinder das Vaterhaus verlassen; weil die eigne That und Thätigkeit zur Begründung und Erhaltung eines eignen Hauswesens vorwaltet und überwiegt. Wie die Familie, indem die erwachsenen, selbstständigen Glieder derselben verschiedene Gewerbe und Erwerbszweige ergreifen und treiben, zur bürgerlichen Gesellschaft auseinander geht, so entsteht diese durch die Mehrheit und Theilung der Geschäfte, auch bei einem sich übersiedelnden Volke, und erstarrt, weil das natürlich sittliche Gefühl und Recht der Familie überwiegt und weil daher die Gewerbe in den Familien erblich werden, zum — Kastenstaat.

Auch der Kastenstaat erhält sich, nachdem er sich mit der Natur seines Landes in Einklang gesetzt, stets auf derselben

Stufe der Rechtsbildung und Vernunft. Wie wohl diese nun allerdings reicher und höher ist, als die vorige, so erscheint sie doch schon in der Form mangelhaft, dass ihrem Kastenstaate die Einheit fehlt.

69. 3) Der weitere Fortschritt ist durch neue — stärkere Bewegung bedingt und zwar zunächst durch Uebersiedlung eines kriegerischen durch den Krieg zum Heere umgestalteten Volkes in das eroberte Land eines schon gebildeten Volkes und die Verbindung beider zu Einem Staate, dessen Adel und Herrscher das erobernde Volk und sein Fürst ist, und dem ganzen Gemeinwesen zum Zweck der Vertheidigung gegen äussere Feinde die staatliche Einheit der Heeresordnung gibt, zum Heerstaat. Die Staats- und Rechtsbildung ist desto höher und besser, je gebildeter die mit einander verbundenen Völker schon waren und je fester und inniger sie sich in dem neuen Staate vereinigen.

70. Die Völker, welche zuerst in der Welt solche Naturstaaten gebildet und daher, weil sie in dieser Form zu ihrer Zeit die reichste Fülle des Geistes besassen und bethätigten, die ihnen bekannte Welt beherrscht haben, erscheinen als weltgeschichtliche und als Weltreiche,

1) durch Ansiedlung der Horde ist der Familienstaat des Chinesischen Reichs

2) durch Uebersiedlung eines Familienstaats in ein anderes Land, der Kastenstaat in Indien, Aegypten, Chaldäa etc. entstanden;

3) durch Krieg und durch Verbindung eines kriegerischen Familienstaats mit dem Kastenstaat hat sich der Heerstaat des Medisch-Persischen Weltreichs gebildet; durch Verbindung und Vermischung eines Heerstaats mit Familienstaaten, mit Kastenstaaten und mit anderen Heerstaaten die abendländischen Naturstaaten in Hellas und Italien.

Es gibt auch noch Vor- und Zwischenstufen dieser drei Hauptgestalten des Naturstaats, die wir hier jedoch nur im Vorbeigehen erwähnen können, wo sie eintreten.

I. Der Familienstaat in China.

71. Das Chinesische Volk ist nach einer sehr alten und ganz wahrscheinlichen Nachricht bald nach der grossen Fluth (2300 a. Chr. n.) von den Wild- und Weidereichen Bergen in das grosse fruchtbare Blachfeld (Houan 34° 43′ N. B. und 130° 15′ O. L.) hinabgezogen, welches von zwei Riesenströmen (Hoangho und Kiang: der gelbe und der blaue) umflossen und jetzt (seit Konfutsee 500 a. Chr.) von 15 Landschaften umgeben ist, welche Europäischen Königreichen vergleichbar sind.

72. Die Natur des Landes ist ebenso sehr geeignet, eine schnelle Entwicklung hervorzurufen, als sie auf einer bestimmten Stufe festzuhalten: Im Norden, Süden, Westen ist es von hohen, fast unübersteiglichen Gebirgen, im Osten vom Weltmeer umgeben, welches hier nirgends von der Küste ab, sondern immer wieder zu ihr zurückführt. Die einzige Seite, woher wilde Reiter- und Räuberhorden eindringen mochten, ward früh (c. 300 a. Chr. n.) durch die ungeheure Chinesische Mauer geschlossen.

73. So konnte das Chinesische Volk, geschützt gegen fremde und fremdartige Einflüsse, sich ungestört zu seiner höchsten Blüthe und Bildung entwickeln und entfalten, und seine Freiheit: Verfassung und Recht bis auf unsere Tage bewahren; denn die Eroberung des Landes durch die Mongolischen Horden im 13. Jahrhundert und durch die Mandschu-Tatarn im 17. Jahrhundert, hatte zwar den Wechsel der herrschenden Familie zur Folge, aber keine wesentliche Veränderung, weil die Eroberer ganz in Recht und Sitte der Unterworfenen eingegangen sind. Sie konnten und mussten darin eingehen, weil sie hier im Familienstaat ausgesprochen und ausgebildet vorfanden, was ihnen selbst im dunkeln Gefühl als nothwendig vorgeschwebt, was sie selbst durch ihre Niederlassung werden mussten.

---

*) K. Ritter, Erdkunde IV. Thl. 2. Buch, Asien. 3. Band. §. 81. Anm. 1 und 2.

74. Die Verfassung des Reiches ist die Familien-Ordnung, sein Recht die natürliche Familiensitte und Kindesliebe (Pietät): aber als rechtliche Ergebenheit. Es nennt sich auch das Reich der hundert Familien. (Daraus soll das ganze Volk bestehen und nur 100 Namen seyn.)

Der Kaiser ist Selbst- und Alleinherrscher, wie der Herr und Vater im Hause und wird auch All- und Altvater oder Grossvater genannt, seine Statthalter, Beamten von ihren Untergebenen Väter.

Er übertrifft aber auch — nicht nur nach der Meinung, sondern nach dem Gesetze und gewöhnlich auch in der Wirklichkeit alle seine Unterthanen ebensoweit an Weisheit, Tugend und Geschicklichkeit wie der Vater seine Kinder. Indess hat er zu seiner Unterstützung in allgemeinen Reichsangelegenheiheiten seinen hohen Rath, der aus den Präsidenten der fünf höchsten Behörden und den Prinzen seines Hauses besteht. Für die einzelnen Verwaltungszweige: Finanzen, Krieg, Justiz, Polizei, Ceremonieen, Auswärtige Angelegenheiten und zur Aufsicht der Beamten und Gnadensachen, sind eigene Collegien angeordnet: Hapu, Pingpu, Hingpu, Kongpu, Lipu Lejpu.

Um dem Kaiser die höchste Macht und Gewalt und seinen Gesetzen und Geboten die buchstäblichste Ausführung zu sichern, sind die Beamten des Reichs und der Provinzen nicht nur einander strenge untergeordnet, sondern auch aufs sorgfältigste beaufsichtigt. Jeder Beamte hat sowohl über sich selbst und seine Mitbeamten, als über seine Untergebenen regelmässig an den Kaiser zu berichten, und ausserdem hält dieser noch viele heimliche Späher und Aufseher. Die Beamten „Quo ang" s. g. Mandarinen sind vor ihrer Anstellung aufs strengste geprüft und nach ihren bewiesenen Kenntnissen in 10, nach anderer Zählung 14, Rangklassen geordnet.

75. Einen andern, als diesen geistigen — Beamten oder Verdienst-Adel gibt es im Chinesischen Volke nicht. Denn die erblichen Vorzüge, welche die zahlreichen Mitglieder der kaiserlichen Familie und die Nachkommen des Weisen Konfu-tsee (Confucius) geniessen, sind unbedeutend und beziehen

sich namentlich nicht auf Staatsämter. Auch der Stammesunterschied der Mandschu-Tatarn und der eingebornen Chinesen und, dass jene meistens Krieger sind, begründet keine andere Verschiedenheit, als dass die Chinesen mit einem Stocke, die Tatarn mit einer Peitsche (Kantschu) gezüchtigt werden. Die Kriegsbefehlshaber stehen den Staatsbeamten gleichen Rangs im Ansehn nach.

76. Obgleich das Chinesische Volk in (100) Familien zerfällt, welche sich jährlich wenigstens einmal zur Feier der Ahnen versammeln, so ist doch zum Zweck der Regierung das Land eingetheilt, dessen kleinster Bezirk aber wieder dem Familienhaupt untergeben. Der Familienvater ist allen seinen Kindern von Staatswegen zum Herrn und Gebieter gesetzt, aber auch für alle verantwortlich; insbesondere auch für die ordentliche Bearbeitung des Ackerlandes etc. von dessen Ertrag dem Kaiser etwa ein Zehntel als Steuer zu entrichten ist.

77. Sonst hat jeder Chinese sicheres und freies Eigenthum an seinem Grund und Boden und behält es, wenn er denselben verpfändet, obgleich der Gläubiger die Steuerzahlung übernehmen muss. Auch der Tatar darf sein Landlehen verpfänden. Ueber sein bewegliches Vermögen kann der Hausherr frei verfügen, darf aber seine Kinder nicht enterben. Eine strenge Polizei sorgt für die Sicherheit, besonders der Städte. Doch sind auch hier die Diebe schlauer.

78. Das Chinesische Recht erscheint in dem „Kaiserlichen Gesetzbuch Ta-Tsing-Leu-Lee“ *) überhaupt als Strafrecht oder eigentlich als väterliches Zuchtrecht. Denn alle Vergehen, mit Ausnahme der Verbrechen gegen die Familienhäupter und die Staats-Väter und einiger anderen, welche erst Kaung-Hi (1679) der allgemeinen Sicherheit wegen durch seine Li zu Halssachen erhoben, werden mit einer genau bestimmten Anzahl Prügel (mit Bambus oder Kantschu) geahndet

*) Aus dem Chinesischen ins Englische von Staunton, ins Französische von St. Croix übersetzt.

und hat sich der Gezüchtigte kniefällig für die Mühe zu bedanken, welche sich der Vorgesetzte um seine Erziehung — Besserung gegeben. Reiche und Vornehme müssen die geringen Prügel-Strafen mit Geldsummen abkaufen, welche mit dem Range steigen. Arme erhalten die Schläge nicht in der ganzen gesetzlichen Anzahl; sondern statt 20 nur 5, statt 30 nur 10, statt 40 nur 15 u. s f. Die untenstehende Tabelle*) giebt eine Uebersicht der Strafen für die gewöhnlichen Verbrechen gegen das Eigenthum und der mit Reichthum und Rang steigenden Strafsummen.

*) Strafen für Verbrechen gegen das Eigenthum,

Schläge. Jahr. Verbannung.	Betrügerei.	Diebstahl.	Bestechung für Erlaubtes.	Bestechung für Unerlaubtes.	Diebstahl an Staatsgut.	Veruntreuung von Staatsgut.		Wirkliche Schläge.
								Stock-Dicke 1½'–1'
20—	1 Unze Silber =2⅓ Thlr. p. Crt.							5
30—	1 — 10							10
40—	— 20							15
50—	— 30							20
								Stock-Dicke 2'–1½'
60—	— 40	1 od. minder						20
70	— 50	1 — 10		1 od. minder			statt 2000 nur 500 Lee = 10 Dtsch. M. Ewig auf Urtheil Entf.	25
80—	— 60	11 — 20		1 — 5		— 1		30
90	— 70	21 — 30		6 — 10		— 2,5		35
100	— 80	31 — 40		11 — 15		— 5,0		40
60+1	—100	41 — 50		16 — 20		— 7,5		20
70+1½	—200	51 — 60		21 — 25		— 10,0		25
80+2	—300	61 — 70		26 — 30		— 12,5		30
90+2½	—400	71 — 80		31 — 35		— 15,0		35
100+3	—500 u. so fort	81 — 90		36 — 40		— 17,5		40
100 auf ewig	2000	91 —100		41 — 45		— 20,0		40
	2500	101 —110		46 — 50		— 25		40
	3000	111 —120		51 — 55		— 30		40
Strang		121 —		80 85 120 b. Unterbeamte				
Enthauptung.						— 80		

Abkaufssumme.

Aermere.	Wohlhab.	Beamte privatim.	Beamte im Amt.	Rangklassen. Gelehrte 9—8	8—7	6—5	4	3—1
			Gehalt.					
0,45	0,50	0,75	1 Monat					
0,60	0,75	1,00	2 -					
0,75	1,00	1,24	6 -					
0,90	1,24	3,00	9 -					
1,20	3,00	3,50	12 -					
1,35	3,50	4,00	1. Rangstufe.					
1,50	4,00	4,50	2. -					
1,65	4,50	5,00	3. -					
1,80	5,00	Absezzung.	4. -					
3,60	7,50							
5,40	10,0							
7,20	12,5							
9,00	15,0							
10,8	17,5							
4 Jahr.	—							
14,4	20,0							
5 Jahr.	—							
18,0	25,0			1200	1500	2400	3000	7200
	720							
	1200			2000	2500	4000	5000	12,000
	1200							

79. In der Familie ist die Gewalt des Hausherrn schier unbeschränkt; denn während kein Staatsbeamter an dem ärmsten Verbrecher ohne ausdrückliche Bestätigung des Kaisers ein Todes- oder ein Verbannungsurtheil vollziehen darf; kann der Vater seinen Sohn, ohne Angabe eines Grundes, zu Tode prügeln lassen, es genügt dem Gericht, dass der Vater unzufrieden ist. Nächst dem Hausvater hat seine Hauptfrau das höchste Ansehen. Auch die Kinder der übrigen Kebs-Weiber haben sie vor der eigenen Mutter zu ehren. Die übrigen höhern Verwandten Oheime, werden nach dem Verhältniss zu dem Vater geschätzt, feierlich begrüsst etc., namentlich auch durch lange und tiefe Trauer geehrt, welche beim Tode des Vaters und der Mutter drei Jahre dauert und selbst die Staatsgeschäfte der höchsten Beamten ruhen lässt. Der älteste Bruder, welcher, wenn die Geschwister beim Tode des Vaters zusammenbleiben, an die Spitze der Familie tritt, hat als Hausherr fast dieselben Rechte, wie der Vater; obgleich das Erbe und der Erwerb Allen gemein ist, und auch eine Erbtheilung stattfinden kann, in Folge deren denn Jeder für sich erwirbt und besitzt.*) Der Mangel an Ehrerbietung und die Beleidigung gegen höhere Verwandten wird aufs strengste bestraft und, wenn Hausväter oder Mütter von den Ihrigen ermordet werden, geräth das ganze Reich in Schrecken und Entsetzen. Der Mörder wird gliedweis zerstückelt (Strafe der Messer), sein Haus zerstört, alle seine Kinder und Weiber hingerichtet, die Obrigkeiten vom Districtsvorsteher bis zum Statthalter zur Rechenschaft gezogen und bestraft, weil sie solch unnatürliches Verbrechen nicht verhindert, das Ungeheuer nicht vorher erkannt und unschädlich gemacht haben

80. Diese grosse Achtung vor den sittlichen und häuslichen Liebesbanden und die aufmerksame Polizei, welche die Ordnung, Sicherheit und Sitten in dem ungeheuren Reiche überwacht, haben den Chinesen von jeher viele Bewunderer

---

*) Ueber das Erbrecht s. Gans Erbrecht in weltgeschichtlicher Entwickelung. Berlin 1824, Bd. 1. 2. Capitel, Seite 98.

gewonnen. Man wusste und beachtete aber nicht, was für uns das Wichtigste ist, dass das ganze Reich und Recht wesentlich in und auf der sittlichen Willensthätigkeit des Kaisers beruht; dass nicht nur, wie uns erzählt wird, das ganze Reich in Unordnung geräth, wenn der Kaiser eine kurze Zeit in der strengsten Aufsicht und Regierung nachlässt, indem kein Beamter und kein Chinese seine Pflicht thut, wenn er nicht — durch die wohlbegründete Furcht vor der gesetzlichen Strafe dazu gezwungen wird, *) sondern: die Sitten und Gebräuche, worin das gesammte, auch das gesellige Leben der Chinesen — erstarrt ist, und das Recht, welches dies Reich und die Familien zusammenhält und trägt, ist nur darum und nur insofern Recht und Gesetz für die Chinesen, weil der Kaiser es will und gebietet. — Des Kaisers Wille ist für seine Unterthanen der letzte Grund des Rechts und aller Rechte. Er selbst aber, der Kaiser, will und thut nichts nach Laune und Willkür; er mag n i c h t s w i d e r die Sitte, — sondern alles nur n a c h der Sitte gebieten und halten. Er erhebt die Sitte zum Gesetz, weil er wohl fühlt, dass sie r e c h t — gut und nothwendig ist, dass er sie heilig und aufrecht halten soll und muss!

Der Chinesische Glaube.

81. Die Chinesen stehen grösstentheils auf derselben Stufe, wie die nomadischen und die unangesiedelten Zaubervölker, denn sie fürchten sich vor dem Einfluss des bösen Willens ihrer Feinde als Willens, vor der Einwirkung der scharfen Ecke des Nachbarhauses auf ihre Wand und besonders vor den bösen Geistern oder Gespenstern. Aber die Liebe der verstorbenen Eltern und Voreltern hat eine bestimmte Gestalt gewonnen

---

*) Von der Sittlichkeit oder vielmehr Unsittlichkeit der Chinesen zeugt ausser den bekannten Betrügereien, Unterschleifen und andern Thatsachen das Sprüchwort Nicht der Kaufmann betrügt den Käufer mit schlechter — anderer Waare oder Zahlung, sondern er sich selbst.

im Ahnendienst, wozu sich die Familien jährlich in ihren Ahnensälen versammeln, und die höchste Zaubermacht ist auf den Kaiser übergegangen. „Er — der Grund und Erhalter der sittlichen Welt- und Lebensordnung — ist das Herz und der Beweger der ganzen natürlichen Welt." Sonne, Mond und Sterne bewegen sich und leuchten nach seinem Gesetz und Gebot, Regen, Wind und Donnerwetter gehorchen seinen Befehlen. Diesem allen und auch den Strömen, dem Meer, der Pest und der Hungersnoth etc. hat er die Dschin, die Seelen von Menschen, welche in ihrem Leben die rechte Sitte und Mitte nicht gehalten haben, als Vorsteher und Leiter gesetzt und ihnen seinen Willen in einem eigenen Gesetzbuche (dem Kalender) vorgeschrieben, dessen Uebertretung ihre Absetzung und andere Strafen nach sich zieht; während solche — unvorhergesehene Naturerscheinungen, wie ausserordentliche Dürre oder Nässe und daraus folgender Misswachs, Hungersnoth und Pest ein Zeichen ist, dass Kaiser und Reich sich nicht wohlverhalten haben, und daher Busse und Reue bewirkt.*)

82. Der Kaiser ist daher auch für alle**) seine Unterthanen das höchste Wesen. Sie dürfen bei hoher Strafe seinen Eigennamen nicht aussprechen oder schreiben. Der Kaiser selbst aber erkennt für sich, den Selbstherrscher und Regierer der Welt, doch ebenso eine höchste Macht über sich — den Himmel (Tiän) verehrt er kindlich als die Macht des Maasses oder Gesetzes in Gebet und Gebot.***)

Der Himmel ist nichts, als diese leere Abstraction die

---

*) Vergleiche die Nordischen Geschichten von Königen, die wegen Misswachs etc. von ihren Unterthanen erschlagen worden und die Sitte Afrikanischer Völker ihre Könige nicht natürlich sterben, also von der Natur tödten zu lassen, sondern sie todt zu schlagen, damit nicht mit dem Könige die Welt untergehe. Als Zwischenstufe die Afrikanischen Aschanti, deren König unter seinen Ministern auch Wind-, Regen-, Gewittermacher hat und die Thybetanischen Lama.

**) Jetzt giebt es aber auch viele Buddhisten in China.

***) Er allein betet zum Himmel! und er gebietet, was — Sitte ist vgl. vor. §.

δυναμις νομου oder *δυναμει νομος* die Möglichkeit des Gesetzes, welcher die Thätigkeit *ἐνεργεια* des Kaisers erst Wirklichkeit und Wahrheit gibt.*) Dieser heisst daher auch der Himmelssohn (Tiän-tzö). Obwohl es allen Unterthanen des Kaisers aufs strengste verboten ist, dem Himmel zu opfern, so hat sich doch das Nachdenken auch des Himmels oder doch des Maasses bemächtigt und seine Ergebnisse allein verdienen den Namen der — Chinesischen Wissenschaft.

83. Die Ho-tu, Strichlein, welche Fohi vom Rücken des Drachenpferdes abgeschrieben und erklärt im Y-King — enthalten ganz abstracte Verstandesbestimmungen, und die Weisheit des grossen Kon-fu-tse besteht wesentlich in einer einfachen Haustafel oder Familien-Moral.

84. Aber Lao-Tsö, bei dem sich Konfucius selbst Raths erholt haben soll, hat wirklich philosophirt, vernünftig über das Vernünftige — das Recht nachgedacht und daher Vernünftiges gefunden. Sein Werk heisst Tao-king,**) seine Jünger Tao-tse, welche sich dem Tao-tao gewidmet: 1) Ohne Namen ist Tao das Princip des Himmels und der Erde, mit Namen die Mutter des Weltalls. 2) Tao hat das Ein, das Ein hat die Zwei, die Zwei haben die Drei hervorgebracht und die Drei die ganze Welt. 3) Das Höchste, das Ursprüngliche und das Letzte, und das Erste, der Ursprung aller Dinge ist das Nichts: d. h. natürlich nicht: gar nichts: sondern das gedachte Nichts oder das reine — gedachte Sein (nicht: Seyendes als Daseyendes, oder Etwas) welches dem reinen, — Nichts

---

*) Der Inhalt oder vielmehr die Leerheit des Himmelsgedankens erhellt aus den Worten des weisen Erklärers des Konfutse des Dschu-hi: „Es wäre unziemlich zu sagen, dass es im Himmel Jemand gebe, der da bestrafe und belohne, aber eben so unziemlich zu behaupten, dass Nichts vorhanden sei, was die höchste Bestimmung über die Wesen hat.“

**) King ist Buch, Tao nach Abel-Remusat etwa *λογος*, aber es heisst auch Maass und messen; Tao-tao, also Maass oder Messer des Masses, Gesetzes, das Denken des Gesetzes und zwar gesetzliches Denken des Gesetzes oder Denkens.

bestimmtes denkenden — Denken — Tao — gleich ist. Dies ist freilich nur der Anfang der Philosophie (Hegel Encyclopädie §. 86, 87, 88). „Sie steht noch auf der ersten Stufe*) — wie Staat und Recht in China.

85. Die Sprache der Chinesen steht auch nicht höher. Sie besteht aus lauter einsilbigen Wörtern, welche ohne Biegung neben einandergestellt bald Haupt-, bald Bei-, bald Zeitworts-Stelle einnehmen. Dasselbe Wort kann ausserdem 4—8erlei Bedeutung haben, welche ihm durch laute, und leise schnarrende oder lispelnde etc Aussprache gegeben wird. In der Schriftsprache, welche in 80,000 Zeichen mit 52 Schlüsseln besteht, ist es ebenso: ein Zeichen kann sechserlei Sinne haben. Daher sind die alten Bücher so schwer zu lesen und zu verstehen. Die neuen Staatsschriften sollen jedes Wort in doppelten Zeichen ausdrücken.

Hieraus erklärt es sich, dass wer auch nur einige tausend Zeichen lesen und schreiben kann, für einen Gelehrten gilt.

86. Die Chinesische Geschichtschreibung ist einfache — chronikenartige — Erzählung des Geschehenen. Die Dichtkunst, welche ihre Feinheiten haben soll, hält sich in dem engen Kreise der kindlichen und Geschlechts-Liebe und Intrigue. Ihre Sternkunde ist kümmerlich und — von den Griechen zu ihnen verirrt.

87. Nur im Gewerblichen, was sich im Lauf der Zeit, gleichsam von selbst vervollkommnet, besitzen sie grosse Geschicklichkeiten. Die Kunst dagegen steht, wie die Wissenschaft auf der Stufe der Kindheit. Malerei ohne Licht und Schatten.

II. Der Kastenstaat in Indien (Chaldäa und Aegypten).

88. Die Länder, wo sich der Kastenstaat findet, sind sämmtlich von regelmässig übertretenden, das umliegende Land überschwemmenden und mit fruchtbarem Schlamm bedecken-

---

*) Hegel Gesch. der Philos. I. S. 144.

den Strömen durchflossen. Seine volle Entwickelung und weltgeschichitliche Bedeutung scheint er aber nur in Aegypten und Indien erlangt zu haben.

89. Aegypten steht China am nächsten, nicht nur in der rohen Kunst und Wissenschaft und in der Zeichenschrift: Hieroglyphen, sondern auch durch das — freilich verdunkelte Gedächtniss uralter Zeiten. Die lange Reihe der Dynastien scheint zum grossen Theile noch dem Familienstaate angehört zu haben; aber es lässt sich schwerlich jemals ermitteln, mit welchem Königshause oder Stamme der Kastenstaat begonnen hat. Nur so viel scheint ausser Zweifel, dass das in geschichtlicher Zeit herrschende Volk aus einem andern schon wohlcultivirten Lande eingewandert ist. Auch die Chaldäischen Sagen deuten darauf hin, dass die Bildung von auswärts ins Land gekommen und bei dem Indischen Kastenstaate bleibt kaum ein Zweifel, dass das edle Volk von den Bergen in das Gangesthal hinabgestiegen und sich dort erst in Kasten gegliedert und verfestigt hat. Denn in dem Tempel von Jagarnath in Orissa, welcher freilich schon einem höhern Glauben angehört, als der chinesische ist, beten die Mitglieder aller sonst so streng geschiedenen Kasten mit und neben einander. Die Indische Sprache ist von allen — alten und neuen — vielleicht die schönste, in ihren Formen vollkommenste und reichste, und wohl geeignet zum Ausdruck der höchsten und tiefsten Gedanken, — sie selbst schon der lebendige Ausdruck eines edeln, reichgebildeten Geistes, der sich denn auch in den grossen Helden- und Lehrgedichten der Inder ausspricht Daher und weil uns die eigenen Schriftwerke der Inder über ihre Sitten- und Sinnesart, über ihre Lebens- und Denkweise die beste Auskunft geben, soll diese zweite Stufe des Naturstaates hier an dem Indischen Kastenstaat dargestellt werden.

90. Die Hauptquelle, woraus wir die Kenntniss des Indischen Rechts schöpfen, ist die Manawa Dharmafastra d. h. Manu's Gesetzbuch. *)

*) Trefflich übersetzt von William Jones, ins Deutshe von Hüttner, der die Glosseme auch mit gesperrten Lettern drucken lassen.

In diesem Gesetzbuche ist allerdings manches so wunderlich phantastische Zeug enthalten, dass man schon daraus schliessen muss, dass es nicht unmittelbar aus dem lebendigen Rechte geschöpft, sondern von frommen Gelehrten so gefasst worden ist, wie es nach ihrer Meinung seyn — sollte und — in der guten alten Zeit — gewesen seyn musste. Gleichwohl ist es für unsere Zwecke ganz brauchbar, weil es in der Hauptsache, in allem Wesentlichen nicht so erdacht seyn kann, sondern wirkliches Recht wiederzugeben scheint, zumal die andern Nachrichten mit der Dharmafastra darin übereinstimmen.

91. Die alte indische Verfassung lässt das ganze Volk in vier erbliche Berufsstände oder Kasten zerfallen, welche schier wie verschiedene Arten von Menschen gegen und neben einander stehen.

1. Der denkende Stand der Brahmanen, Gelehrte. Priester und Staatsbeamte;

2. Der Kriegerstand der Kschatrya, Schützer, welchem der König durch Geburt angehören muss;

3. Der Handels- und Gewerbsstand der Vaisja, welcher Landwirthe, Kaufleute, Schiffer und die andern Geschäftsleute umfasst, welche „schnellgeistig sind, Geld und Gut — Reichthum zu erwerben" und Steuer zahlen.

4. Der Diener-Stand der Sudra; Bediente, Ackerknechte und Handwerker aller Art, also das arme und gemeine Volk.

Von ihnen sind gänzlich verschieden und geschieden die Paria, eine verworfene und verachtete Art von Menschen, die sich von gefallenem Vieh und dergl. nähren und wahrscheinlich Ueberbleibsel der alten Ureinwohner des Landes sind.

Ein Uebergang von einer Kaste zur andern ist nicht möglich; sondern ihre Vermischung ist verboten und strafbar. Die daraus erzeugten Kinder sollten ursprünglich, wie diejenigen, welche das Kastenrecht verwirkt haben, als Schandala unter die Parias verstossen werden. Indess ist dieses Gesetz nicht streng gehalten worden und schon früh dahin gemildert, dass jeder nur seine erste oder Hauptfrau aus seiner Kaste wählen soll. Aus dieser Vermischung erklären sich die spätern Hindus (Code of Gentoo-law: Vorrede) die Entstehung der neuern 35 oder 36 Kasten.

92. Der König, welcher, wie oben bemerkt, von Geburt ein Krieger oder Kriegerfürst — (Patikschatrija) sein muss (Manu IV. 82) hat die höchste Gerichtsbarkeit und Regierung des ganzen Volkes. Er soll sich aber zu seiner Berathung und Unterstützung aus den Brahmanen acht Minister wählen, und über jede, über je zehn, je hundert und je tausend Städte Vorsteher setzen, die er nach ihrem Amte mit den Einkünften eines Dorfs, einer Stadt etc. besoldet und durch heimliche Kundschafter beaufsichtigt.

93. Die Königlichen Einkünfte bestehen zumeist in Grundsteuern, welche die drei untern Klassen mit 1/4, 1/8 — 1/16 des Ertrags ihm zu entrichten haben.*) Von den Brahmanen soll er keine Abgaben erheben, sondern sie vielmehr auch durch Geschenke ehren.

Dann werden auch von den Handelswaaren geringe Zölle etc. erhoben.

94. Daraus wird auch das Kriegsheer erhalten, welches in der aus dem Schachspiel bekannten Ordnung aufgestellt und zum Schutz des Landes und des Königs fechten soll.

95. Den Guten soll der König ihren gerechten Lohn, den Bösen gerechte Strafe bereiten und besonders im Gericht nach der strengsten Gerechtigkeit urtheilen.

96. Er hat überhaupt die Gesetze aufrecht zu erhalten und zu vollziehen. Verändern darf er sie ebensowenig wie vernachlässigen. Wo aber kein Gesetz vorhanden ist soll er die Sitte und das Herkommen der Landschaft und des Standes zur Richtschnur nehmen und sogar die Rechte

---

*) Man hat geglaubt daraus schliessen zu dürfen, dass der König Eigenthümer alles Grundes und Bodens gewesen und deswegen Herr des Landes genannt worden sei, aber der gelehrte Jaimi sagt ganz richtig, „dass damit nur sein Recht zu strafen und zu belohnen bezeichnet werden solle,“ wie bei uns.

und Gebräuche der einzelnen Familien anerkennen und gelten lassen.

97. In der Familie soll auch nicht Willkür herrschen, sondern das Gesetz: die Ehe soll nur zwischen nichtblutsverwandten Kastengenossen und nicht aus Liebe geschlossen werden. „Aus solcher freigewollten Ehe (Gandharva und Asura) würden nur schlechtgeistige Kinder: Grausame, Lügner entspriessen können."

Der Hausvater besitzt zwar grosse Macht und Gewalt über Weiber und Kinder, wie über das Gesinde, aber sein Nachlass fallt an seine rechten, natürlichen und gesetzlich bestimmten Erben, an seine nächsten Verwandten, zunächst an seine Kinder. Und ererbtes Gut darf Niemand ohne Zustimmung seiner Söhne veräussern.

98. Diese strenge Ordnung des gemeinsamen Lebens im Rechte, welche sich ohne Zweifel natürlich — etwa in der oben (68.) angedeuteten Art entwickelt und durch Jahrhundertlange ungestörte Beobachtung so sehr befestigt und verhärtet hat, erhält für die Kastenvölker dadurch eine noch grössere Heiligkeit, dass sie Staat und Kasten wie die Welt als göttliche Schöpfung, das ganze Recht als göttliche Offenbarung ansehen. „Die Welt ist nach dem heiligen Urveda geschaffen."

Der Glaube der Kastenvölker, —

99. dass die ewige, unsichtbare Gottheit den Staat und das Recht wie die Welt und ihre Ordnung geschaffen, scheint das höhere Gottesbewusstseyn vorauszusetzen. In der That aber ist dieses aus dem Rechte und Rechtsgefühl entsprungen und zwar mit Nothwendigkeit!

Wie nämlich alle natürlichsittliche Menschen, d. h. alle, welche das Rechte zu fuhlen und zu thun pflegen, ohne seinen Ursprung und seine Geschichte zu kennen, nicht umhin können, ihr Recht, weil es für sie nothwendig — ihren Verhältnissen und ihrer Vernunft durchaus angemessen und entsprechend ist — für schlechthin nothwendig, für das allein rechte und wahre Recht und wegen seiner Unabänderlichkeit durch menschlichen Willen – der sich ihm vielmehr unterordnen und fügen soll — für schlechthin unveränderlich, und somit für ewig zu halten, so mussten die Inder und anderen Kastenvölker, sobald sie — wenn auch in dunkler, gefühlsmässiger Weise über den Ursprung des Staats und Rechts nachzudenken begannen, dafür einen anderen höheren — als den menschlichen — Willen suchen, weil alle Menschen, auch der König, der sogar nicht einmal der ersten Kaste angehört, sondern geringer an Werth ist, als der geringste Brahman, dem Rechtsgesetz und Gebote unterthan und gehorsam sind.

Diese höchste, allbestimmende, unwiderstehliche Macht und Gewalt, welche das Rechtsgesetz und Pflichtgebot (Dharma) über Alle und Jeden übt, führt sie mit Nothwendigkeit auf den Gedanken, (der zunächst nur Gefühl, unmittelbares Bewusstseyn ist), dass dies Gesetz und Gebot von einem allmächtigen, allgewaltigen Wesen gedacht, gewollt und gesetzt seyn müsse, wie sie selbst ihre Beschlüsse denken, wollen und gebieten. Sie müssen dieses Wesen für das höchste halten, weil sein Wille der höchste ist, und für allgewaltig und allthätig, weil derselbe immer und überall herrscht und verwirklicht ist und wird.

100. Der Gedanke der Gottheit ist also noch sehr abstrakt allgemein, nur höchstes Wesen, mit gesetzlichem Denken, Seyn, Wollen und Thun oder allthätiges Gesetz. Daher erklärt sich einer Seits die unbestimmte, inhaltslose Bezeichnung derselben in den heiligen Büchern und Gebeten der Inder: das Es-Tad und Om *), Sat das Wesen, Brahma das Grosse, Avijaka das Unsichtbare, doch auch: Nuvilkalpa das Unerschaf-

*) Dies om (ὤμ) ओम wird bei allen Opfern und auch fur sich allein, als das heiligste aller Opfer mit einziehendem Athem in tiefster Andacht gesprochen und findet sich schon und zwar als Hauptgegenstand der Anbetung im Tempel zu Jagarnath — aber in den drei Buchstaben अ — व — म (= A. V. M. = aum) geschrieben. Die Spätern haben dies heilige Zeichen in ein Monogram der Trimurti: अ. A. = Brahma, व = V = Vischnu, म als wenn es स = S wäre Siva gedeutet.

fene, Svayambha das durch sich selbst seyende (unser: Gott) und — anderer Seits der vermeintliche Pantheismus. Denn die Inder verehren dies höchste allmächtige und allthätige Wesen in allen Dingen, die sich gesetzlich verhalten: *) das Gesetz — den Gedanken, den Begriff darin: nicht den Berg, sondern die Höhe, nicht das Gold, sondern den Glanz etc. vorzüglich aber in dem Stier, der so ernst und still, wie ein Tiefdenkender drein schaut und sein grosses klares Auge nimmer zum Schlafe schliesst. **)

101. Allerdings hat der Eine höchste Gedanke der Gottheit bei den Indern auch eine weitere Entwicklung erfahren: er entfaltet sich vom Denkenden — Seyn zum Werden und Schaffen zum Vergehen und Verzehren Brahma, Vischnu, Siva; schliesst sich aber wieder zur Dreieinigkeit Trimurti: — zusammen, in und über welcher der allerhöchste Gedanke: Parabrahma, das Uebergrosse schwebt. Ausserdem erfüllt er sich mit einer unendlichen Mannichfaltigkeit von Göttergestalten, welche sogar die Menge der natürlichen Erscheinungen des allthätigen Gesetzes überbietet.

Wenn nun dies schon eine Folge seiner leeren Allgemeinheit (Abstractheit) ist, so kommt diese in der alten

Indischen Weisheit.

102. noch mehr an den Tag. Die Yogi oder Gymnosophisten versenken sich in den reinen Gedanken des Seyns und Denkens, indem sie sich alles bestimmten Seyenden und Ge-

*) Die Naturerscheinungen, besonders die Gangesfluth und der Wechsel der Witterung tritt in Indien in vollkommen regelmässiger Abfolge ein: daher wird das Gesetz auch in der Natur alsbald erkannt.

**) „Die göttliche Gestalt der Gerechtigkeit wird (wie Vrisha) als ein Stier abgebildet" Man. VIII. 16, IX. 119. Dass der Stier wegen seines ernsthaften, schier nachdenklichen Ansehens als das Sinnbild der Gottheit — des denkenden Seyns angeschaut wird, ist viel natürlicher als die gewöhnliche Erklärung, dass der Ochse wegen seiner Nutzbarkeit verehrt werde. Der Dienst vor Pflug und Wagen steht vielmehr im geraden Gegensatze mit der allgemeinen Herrschaft der Gottheit. Auch die Schlange ist ohne Zweifel wegen ihrer klugen Augen so allgemein als Sinnbild der Gottheit verehrt.

dachten dadurch zu entschlagen uud zu entleeren suchen, dass sie nur sagen und denken: ich bin Brahm! ich bin Brahm! Sie meinen, wenn es einem gelänge, Nichts zu denken und zu wollen, als dies reine Seyn und Denken, ein solcher sich wirklich zur Gottheit erheben und allmächtig seyn würde. So soll Indra und sein ganzer voller Götterhimmel einmal von Viswamithra gezittert haben.

103. Auch Buddha (der Weise), der auch Gantamas (der Heilige) genannt wird — ein Sohn des Königs Sudhodanas von Maghda in Behar, den seine Mutter aus der Seite geboren, scheint ein solcher Yogi gewesen zu seyn. Er hat eine neue Religion (Buddhismus) gestiftet, welche keine Kasten anerkennt und die Tödtung lebendiger Wesen verbietet, ihren Jüngern (Bauddha's) aber, wenn sie die Gebote des Meisters halten und sich wie er aus der — scheinenden, daseyenden Welt und Weltlichkeit zurückziehen, die Seligkeit des Nirwana — Nichtheit — verheisst. Wahrscheinlich ist diese Religion erst durch fremde Eroberung und Zerrüttung des Kastenstaats und Rechts veranlasst und muss demnach einer späteren Zeit angehören, als der Brahmanismus, zu dessen Gegensatz er sich allmälig ausgebildet.

Eine höhere Entwicklung des Gedankens und Nachdenkens tritt — in Folge der Persischen und der Hellenischen Eroberung ein: in der Vedanta und besonders im Bhagavad-Gita. Davon soll seiner Zeit gesprochen werden.

III. Der Heerstaat des Medisch-Persischen Weltreichs.

104. Der Medisch-Persische Heerstaat, welcher nur etwa zwei Jahrhunderte bestanden, aber auch ebensolange fast alle ihm bekannten Länder umfasst und beherrscht hat, scheint erst aus langer friedlicher Entwicklung und vielen langwierigen Kriegen hervorgegangen zu seyn. Nach den dunkeln Sagen, welche die Völker selbst überliefert und den spärlichen Nachrichten der Geschichtschreiber müssen die Chaldäer am Eu-

phrat bis zum Tigris, vielleicht auch das Zendvolk, dessen Sitze an beiden Seiten des Oxus bis zum Jaxartes gesucht werden, schon eine gewisse Bildung gehabt und in Kastenstaaten gelebt haben, ehe die kriegerischen Assyrer die Länder vom Euphrat bis zum Oxus eroberten.

105. Von der Assyrischen Verfassung ist nicht viel bekannt. Wahrscheinlich wurden die Völker von den Kriegsobersten regiert und dadurch in ihrem Recht nnd Glauben gedrückt und gekränkt; denn ein babylonischer Priester Belesys soll den Anführer der Medischen und Babylonischen Kriegsvölker Arbaces zur Empörung gegen seinen König Sardanapal aufgereitzt haben. Dass Religionseifer und Hass, nicht die angebliche Weichlichkeit und Schwelgerei des Königs die Empörung verursacht habe, ist trotz aller Spottgrabschriften und andern Persisch-Griechischen Berichte, höchst wahrscheinlich, denn durch drei Siege, die er über die Empörer erfocht und durch seinen heldenmüthigen Flammentod hat dieser seine kriegerische Tugend und Tüchtigkeit genugsam erwiesen.

106. Indess erhob sich nun unter Arbaces uud seinen Nachfolgern neben dem assyrisch-babylonischen Reiche, welches sich später noch über das damascenische Syrien, Phönizien nnd Israel (von Salmanassar 720 v. Chr. zerstört und verpflanzt) ausbreitete, ein eignes Medisches Reich in den nordischen Hochlanden (Aderbeidschau) und in dem Tiefland des Oxus (oder Dschihhun) Bactrien (oder Irak-Adschemi).

107. Die Meder sind aber nach der alten Sage allmälig so üppig und weichlich geworden, dass es dem Fürsten des unterthänigen Perser-Volkes, der übrigens mit dem Könige nahe verwandt war, möglich ward, die Herrschaft an sich zu reissen. Ob dazu die Verwandtschaft der Fürsten oder die Tapferkeit des Volkes das mehrste beigetragen, ist schwer zu ermitteln. Jedenfalls war dieses fähig und würdig fortan die höchste (Adels-) Stelle im Reich zu behaupten Es hatte natürlich an der Bildung seiner Beherrscher Antheil genommen,

*) S. Barn. Brisson. de Regno Persarum libri III. ed. Sylburg.

dabei aber seine Naturfrische und Kraft bewahrt, indem 4 Stämme desselben in der Alpenlandschaft des jetzigen Fars oder Pars der altväterlichen Lebensweise — als Hirten und Reiter treu blieben, drei Stämme aber Gewerbe trieben und mit den drei edelsten landbesitzenden Stämmen, welche den König umgaben, in den beiden zusammenhangenden Hochebenen am Kyros (Khur) und Araxes (Bandemir) wohnten, welche der Sitz der Persichen Bildung sind.

108. Die Perser scheinen auch nach der Unterwerfung des Medischen Reiches ihr kriegerisches Lagerleben fortgesetzt zu haben, um gegen plötzliche Auflehnung und Empörung stets geschaart und gerüstet zu seyn Wenigstens lebte der Kern des Volkes noch in geschichtlicher Zeit allezeit auf dem freien Diet*), wo die Königliche Residenz und die übrigen Staatsgebäude standen. — Sie waren nach dem Alter in vier Klassen geschieden und je zwölf Vorstehern untergeordnet. Hier wurden die Staatsgeschäfte, besonders die Gerechtigkeit geübt: — gepflogen und gelernt. Denn die Greise und Weisen (über 50 Jahr) sprachen Recht, die Männer (vom 25—50 Jahr) waren zugegen ihre Urtheile und die Befehle des Königs und seiner Beamten zu vollziehen, die Jünglinge (vom 17—25 Jahre) welche sogar hier schliefen, wurden in dem geübt, was sie als Knaben (7—17 Jahr) gelernt. Sie wurden aber im Bogenschiessen und Reiten und im Wahrheitreden von 12 Greisen unterrichtet, und mussten den Gerichtssitzungen beiwohnen, damit sie Recht und Gerechtigkeit lernten.

109. Nur diejenigen, welche so auf dem freien Diet erzogen und gebildet waren, konnten im Heer und Staat die Aemter und Würden bekleiden, aber vom freien Diet war kein Stand oder Volk ausgeschlossen: Jeder Vater, wenn er auch selbst ein Handwerk trieb, durfte seine Söhne dahin schicken,

*) Diet: nicht: Markt, denn dieser ward anderwärts gehalten Xenoph. Kyropaed I. ἐλευθέρα ἀγορά. Diet ist das alte echtdeutsche Wort für den öffentlichen Platz, wo sich das Volk, Diet, Teut, Theod, oder Thiuda zu versammeln pflegt, und noch an vielen Orten gebräuchlich.

wofern er nur während dieser Zeit den — sehr einfachen — Lebensunterhalt zu geben vermochte. Gleichwohl mochten die meisten auch geborene Perser seyn.

110. Die übrigen Völkerschaften, welche sich die Perser-Könige unterworfen, wurden bei ihren alten Gesetzen, Ordnungen, (Kasten etc.) Sitten und Gebräuchen belassen, und einer jeden die Königlichen Verordnungen und Gebote in ihrer Sprache zugefertigt. Die Perser nahmen auch manches von ihren Unterthanen an, von den Medern insbesondere ausser manchen Kriegsgewehren und -Gebräuchen die Priesterschaft

111. Kyrus soll die Magier zu Priestern bestellt haben. Jedenfalls waren sie als Magier und Priester auf die gottesdienstlichen Geschäfte beschränkt, wozu dann freilich auch Zeichendeutung und Weissagung gehörte. Vielleicht haben sie auch manches von den Medischen Staatseinrichtungen beibehalten.

112. Die Verfassung des Medisch-Persischen Reiches ist aber wesentlich Kriegs- und Heerordnung. Alle waffenfähigen Männer aller Völker waren kriegsdienstpflichtig. Den Kern und die Mitte des Heeres bildeten die Perser, denen sich die übrigen Heerschaaren völkerweis nach ihrer Verwandtschaft oder Nachbarschaft mit den Persern anschlossen. Die beste, geehrteste Schaar „der Unsterblichen" aber, welche die schönsten Waffen trug und selbst den Stammverwandten des Königs vorging, war aus den erprobt muthigsten, tapfersten und kräftigsten Kriegern aller Völkerschaften erlesen, wie der freie Diet. Ueber je zehn, über je hundert, und je tausend und je zehntausend waren Befehlshaber geordnet. Die beiden letzten (Generale und Majore) ernannte der König, die Hauptleute und Unteroffiziere der Vorgesetzte und jeder musste für seine Untergebenen einstehen.

113. Oberfeldherr und Anführer war eigentlich und ursprünglich der König selbst. Später begleitete er das Heer nur und liess seinem Oberfeldherrn die Leitung; blieb aber stets der Gipfel und Mittelpunkt des Heeres wie der unum-

schränkte Selbstherrscher und Gebieter der Welt. Wenn er daher auch die Befehlshaber zum Kriegsrath berief, so bedurfte es doch kaum der Erinnerung, „dass sie nicht zu stimmen und zu beschliessen, sondern nur zu rathen und — dem Beschluss und Befehl des Königs zu gehorchen hätten."

So galt sein Wille und Befehl überhaupt als allgemeines höchstes Gesetz. Seine Verordnungen und Gebote mussten bei hoher Strafe auf der Stelle und aufs genaueste vollzogen werden. Die schriftlichen wurden durch das Königl. Handsiegel beglaubigt.

114. Der König war zwar stets, wie von den edelsten Pasargaden, so auch von einem Königl. Rathe greiser und weiser Richter umgeben, welche über die Beobachtung des Rechtes und Gesetzes zu wachen hatten. Wer ihm aber ungefragt Rath geben wollte, ward zwar mit besonderer königl. Genehmigung in den Pallast und vor den König gelassen, hatte jedoch, wenn sein Rath nicht recht und gut befunden ward, für seine Frechheit eben so grosse Strafe zu erwarten, wie im besseren Falle als Belohnung eine goldne Stange worauf er gestanden.

Auch wenn der König ein Urtheil gesprochen, wobei er sich jedoch des Rathes der (sieben) Rechtsverständigen und Weisen (königl. Richter) bediente, war solches unabänderlich. Er selbst konnte es nicht widerrufen, noch mildern

115. Wenn nun demnach alle Schriftsteller und die unleugbar echten urkundlichen Thatsachen der Persischen Reichsgeschichte darin übereinstimmen, dass dem Könige eine so unumschränkte Gewalt zugestanden, dass ihm gegenüber alle seine Unterthanen wie Rechtlose oder Knechte erschienen, so beweist doch nicht nur der freudige Gehorsam derselben, womit sie auf seinen Befehl in den Tod gehen, dass seine unbedingte und unbegrenzte Gewalt dem Rechtsgefühl, also auch dem Rechte des Volks vollkommen entsprach, sondern jene Unabänderlichkeit seines Urtheils lässt auch, nicht sowohl eine unbegrenzte Achtung für das Recht, denn dies könnte durch den Widerruf vielleicht besser geübt seyn, als durch das Urtel, als vielmehr für die — Unfehlbarkeit des Königs als Richter, dass er nicht allein selbstweise und gerecht, was auch wohl durch die vorzüglich sorgfaltige Erziehung, welche den Königskindern zu Theil ward, hätte werden mögen, sondern, dass er als Träger des göttlichen Geistes, als Stellvertreter der Gottheit angesehen ward. Dafür spricht auch der stehende Beinamen aller Persischen Könige — aus ganz verschiedenen Familien: Achaemenius *) und dass sie als von Gott geschaffen, zum König gesetzt, sich selbst bezeichnen und bezeichnet werden. Sie wurden durch das heilige Gesetz der Erstgeburtsfolge zum Throne berufen und im Tempel der altväterlichen Hauptstadt Pasargaden von drei Priestern feierlichst mit dem Gewande des Kyros bekleidet, und gespeist, wie er gegessen Auch wurden sie kniefallig mit gefaltenen Händen, die Stirn am Boden begrüsst, wie sonst nur die Gottheit. Gleichwohl sind sie weit entfernt, sich selbst für Gott zu halten oder gehalten zu werden, sondern sie bekennen und bezeigen sich vielmehr in tiefster Demuth als Gottes Diener, — aber als seine ersten, mit seiner Macht und Weisheit ausgestatteten Diener oder Stellvertreter. Daher beobachten sie sein Gesetz aufs strengste und lassen sich über die Opfer und Zeichen von den Magiern, über das Recht von den königl. Richtern belehren, und machen keine neuen Gesetze gegen gute alte Sitte, Gewohnheit und Gebrauch!

116. Nur eine wesentliche Bestimmung, welche jedoch durch die Umstände geboten und in dem Heerstaatsrechte begründet war, wird glaubhaft als neu bekundet. Während sich nämlich „der Vater" Kyros und selbst „der Herr" Kambyses mit den dargebrachten Geschenken begnügt, habe Darius des des Vistaps Sohn, der darum „der Krämer" geheissen ward, bestimmte Steuern **) an den Königl. Schatz und für das Heer

---

*) Im Altpersischen *ak'amans'iah*. Von *ak'a - as'ya* im Zend rein heilig und maini wie mainyn Geist. So heisst auch Darius, wie vor ihm Cambyses und Kyros.

**) Herod. III. 89. Er soll die erst ausgeworfene nach dem Ver-

eingeführt und zu diesem Zweck das Reich in zwanzig Satrapieen eingetheilt.

Zur Einsammlung der Grundsteuern waren eigene königl. Steuereinnehmer in den Satrapien bestellt, *) den Unterhalt für das dort stehende Heer aber so wie für ihren eigenen Hof (etwa 1/2 Million) erhoben die Satrapen selbst. Ausserdem hatte jedes Land von den Erzeugnissen, welche es am besten im Reich hervorbrachte, das Beste für den Königl. Hof- und Haushalt einzusenden. Endlich flossen auch die Einkünfte von den Bewässerungsanstalten in dem sonst steuerfreien Persien, von der Fischerei im Nil-Möris Canal und von den Confiscationen in den Königl. Schatz.

117. Die Verwaltung und die Gerechtigkeitspflege in den Satrapien, war eigenen Satrapen übertragen, welche namentlich auch den guten Anbau des Landes und den Fleiss der Handwerker zu überwachen hatten, während die Befehlshaber der Burgen, welche ebenfalls unmittelbar vom Könige ernannt und abhängig waren, für Ruhe und Frieden im Lande zu sorgen hatten. Die beiden — (Militär und Civil) Beamten mochten sich daher auch gegenseitig in ihren Obliegenheiten unterstützen und wegen Vernachlässigung derselben oder wegen Ungehorsams und Verraths beim Könige verklagen.

118. Sie wurden aber auch nicht nur von drei (Ober-) Satrapen beaufsichtigt, sondern alljährlich auch alle Lande vom Könige selbst oder von ausserordentlichen Gewaltboten besucht, welche als des Königs Bruder und Sohn mit Jubel begrüsst wurden, weil sie alles selbst untersuchen, Klagen annehmen und die Uebelstände abstellen oder an den König darüber berichten sollten. Ausserdem mochte er heimliche Späher aussenden die Königs Augen und Ohren genannt sind. Schlechte Satrapen wurden abgesetzt und bestraft, die guten geehrt und belohnt.

---

mögen bestimmte, anerkannt mässige Grundsteuer von freien Stücken auf die Hälfte ermässigt haben. Xenoph. Apophth.

*) Sie betrugen 11340 Talente oder 30 Millionen rhein. Gulden.

119. Das grösste Gewicht aber ward auf strenge Gerechtigkeit gelegt. Ein königl. Richter, der sich bestechen lassen, wurde lebendig geschunden und seine Haut über den Richterstuhl gespannt, welchen fortan sein Sohn einnehmen musste.

Ohne Urtheil und Recht sollte Niemand hingerichtet werden, und das Urtheil wie die Untersuchung stand den königlichen Richtern, in ihrem Kreise den Satrapen zu. Die Angeschuldigten wurden ins Gefängniss geworfen und — oft mit goldenen oder silbernen Ketten gefesselt. Sie konnten auch durch die Folter zum Geständniss gebracht werden.

Das Strafurtheil sollte aber nicht auf Grund des einzelnen Verbrechens allein gefällt, sondern alle guten und bösen Thaten des Verbrechers gegen einander abgewogen und danach bestimmt werden, ob und welche Strafe er zu erleiden habe. Mancher ward noch belohnt.

120. Die Strafen waren hart und grausig. Vornehmen Empörern und — Kriegsfeinden ward Kopf und Hand abgeschnitten. Schlechtere oder Lasterhafte wurden oft lange gepeinigt: zwischen zwei kleine Boote gebunden, mit Honig begossen und der Sonne ausgesetzt bis das Ungeziefer sie lebendigen Leibes gefressen, oder sie wurden gekreuzigt. Auch Nothzucht ward mit dem Kreuz bestraft. Giftmischer wurden lebendig verbrannt, oder ihr Kopf zwischen Steinen plattgedrückt. — Verräther göttlicher oder königlicher Geheimnisse — auch ein Arzt, der eine Königstochter zu verführen gestrebt — wurde lebendig begraben, andere lebendig durchschnitten oder durchsägt. Ausreisser und Ueberläufer wurden mit schimpflichen und schmerzlichen oft sehr harten Strafen belegt; Ungehorsame mit dem Galgen bedroht, andern Arme und Beine abgeschnitten, oder Nasen und Ohren; für geringere Vergehungen trat Verbannung ein, Verlust der Ehren oder auch der Ehre und endlich Einziehung des Vermögens. Eigenthümlich ist dem Persischen Rechte die harte Bestrafung der Undankbarkeit als Verbrechen. Sie galt als das sicherste Zeichen einer schlechten Gesinnung und der Lieblosigkeit gegen Gott und Eltern, Vaterland und Freunde. Auch Geldschulden waren schändlich und über Alles verächtlich die Lüge.

121. In der Familie scheint die innigste Liebe unter den Verwandten geherrscht zu haben. Denn, obgleich die Hellenen die Gewalt des Vaters über seine Kinder tyrannisch fanden, und diese allerdings zu unbedingtem Gehorsam und Dienste verpflichtet waren, so durften sich doch die Perser mit Recht rühmen, dass bei ihnen nimmer ein echter, ehlicher Sohn seine Eltern ermordet, dass vielmehr die Kinder ihren Eltern ebenso herzlich ergeben, wie unterthänig seyn. Bei den Persern zuerst werden auch die Mütter bei Eingebung der Ehe von ihren Söhnen gefragt und die Frauen geehrt.*) Vielleicht hat dies seinen Grund darin, dass die Perser Verwandte, am liebsten Schwestern zu heirathen pflegten; — damit nicht sinnliche Liebesgluth sie zu der Heirath und in der Ehe bestimme**), oder — hat die Absicht das Erbe der Väter nicht mit Fremden zu theilen, wie bei den Hellenen diese Geschwisterehen und — die Verachtung der geschlechtlichen Liebe herbeigeführt? Bei der Ehe der Könige konnte die Rücksicht entscheidend seyn, die Töchter der Unterthanen und ihre Familien dem Throne fern zu halten; weil ungebührlicher und gefährlicher Einfluss derselben auf die Regierung schier unvermeidlich ist.

Dass sie aber auch ihre Töchter und sogar ihre Mütter zur Ehe genommen, scheint unglaublich und irrige Auffassung zu seyn, wenn kindlich liebreiche Könige ihrer Mutter den höchsten königlichen Rang gelassen oder ihn einer geliebten Tochter beigelegt, die sie nicht würdig vermählen konnten. Die hellenische Vorstellung, dass zügellose Begier sie beherrscht,

---

*) Der berühmte Ausspruch Manu's III, 55–63. „Wo die Frauen geehret werden, da ist Wohlgefallen der Götter, aber, wo man sie verachtet, da sind Gebet und Opfer vergeblich", scheint Persischen Ursprungs, denn im alten Indien war das Weib verachtet — nur als Gebärerin geschätzt.

**) Wie die Inder, vergl. oben 97, S. 54.

widerspricht dem sittlichen Sinne und dem Glaubensgesetze der Perser, dass die sinnliche Liebesbegier bekämpft, unterdrückt werden müsse. *)

Daher mag auch die Meinung der Hellenischen Schriftsteller nicht stattfinden, dass die alten Persischen Könige und Grossen sich 365 Kebsweiber gehalten. Diese scheinen vielmehr den Hofstaat der Königin gebildet zu haben, wie uns denn auch berichtet wird, dass sie deren Dienerinnen gewesen und Nachts — die Flöten geblasen und getanzt. Damit ist nicht ausgeschlossen, dass auch einzelne Könige lüstern und ausschweifend gewesen seyn mögen. Aber der Sohn eines Kebsweibs konnte die Krone nicht erben, sondern nur die Söhne der echten, gekrönten Königin mochten dem Vater auf dem Throne folgen.

Der Perser soll und muss einen echten Sohn haben, um durch dessen Opfer über die verhängnissvolle Brücke (Tschinevad) zur himmlischen Seligkeit einzugehen (Behescht) und Kinderreiche erhielten jährliche Preise. Den unehelichen Söhnen trauten sie aber auch eher zu, dass sie einen Vater- oder Muttermord begehen könnten — ohne Zweifel weil sie nicht zur eigentlichen Familie gehörten, von der verwandtschaftlichen Liebe nicht so völlig durchdrungen waren.

Diese verwandtschaftliche Liebe zeigte sich auch darin, dass sich die Blutsfreunde zu Willkommen und Abschied und bei Begegnung auf der Strasse zu umarmen und zu küssen pflegten: eine Sitte die sie auch bei anderen Persern und Gleichgestellten beobachteten.

Der Medisch-Persische Glaube

122. steht ebenso hoch über dem Indischen, Chaldäischen und Aegyptischen, wie der Medisch-Persische Heerstaat über diesen Kasten- und den Familienstaaten, welche er, wie umfasst, so auch als höhere Einheit beider, als Heerstaat unter sich begreift. Denn, weil der allgemeine sittliche Zweck

*) „Wer in Kethudas (Geschwisterehe) lebt ist Behescht- (Seligkeits-) würdig und wird alles in Fülle haben." Zend Avesta.

der Vertheidigung des Vaterlandes und des Rechtes, wozu alle Völker des Weltreichs berufen, geschaart und gerüstet sind, diese ganze Verfassung bedingt und bestimmt hat, so erscheint das Recht im Gefühl der Perser als das gute, zweckmässige, zum Wohl des Volks geordnete, heilsame Gesetz und der dasselbe setzende und tragende Wille als der gute, weise und starke, als das gesetzlichthätige Gut (*τὸ εὖ*), als die Gottheit. Sie verehren daher den lieben und guten Gott Ormuzd (Auromazdes) als Urquell und Schöpfer des Rechts und Lichts, des Lebens und alles Guten, wofür er auch mit seinen sieben Amschadpans und allen himmlischen Heerschaaren unablässig streitet — gegen den Fürsten des gesetzlosen Reiches der Finsterniss, den Urquell und Schöpfer des Unrechts und des Schmerzes und Todes und alles Uebels und Schadens, den Bösen Ariman und die höllischen Haufen seiner Dews, wie das im reinen Lande wohnende Volk der Ormuzd-Verehrer gegen seine Anhänger die — feindlichen Nachbarvölker, welche des Rechtes und der guten Sitte und Ordnung entbehren und durch hinterlistigen Angriff und Ueberfall Wunden und Tod und Verderben über das lichte Reich des Rechtes im reinen Lande verbreiten Daher ist es göttliches Gesetz für sie, Leben und Wohlseyn zu schaffen und zu verbreiten, die schädlichen und unreinen Thiere aber, die Werkzeuge des Ariman zu verfolgen und wie sein Sinnbild — den Ochsen Apis in Aegypten zu vertilgen, seine Thaten: Lüge, Undank und andere Verbrechen zu hassen und zu strafen, — aufzuheben. Denn auch in der Menschen Brust kämpfen Ormuzd und Ariman gegeneinander. Sie beten nur den Auromazdes (Ormuzd) an**) und flehen bei allen Geschäften ihn um Segen für König und Volk an: — Keiner für sich allein, sondern, im Volk ist Jeder wie Alle enthalten.

---

*) Stuhr, Die Religionssysteme der heidnischen Völker des Orients. (Berlin 1836, S. 340ff.)

**) Das Arimanfest dient zur Feier der Vertilgung der Arimanlieben Thiere, Agath libr. II, und hiess: Uebeluntergang.

123. Auf demselben natürlich-sittlichen Grunde ruht auch der schöne, wahre Glaube an die Unsterblichkeit als ewige Seligkeit, welchen von allen weltgeschichtlichen Völkern *) zuerst die Perser gehegt. **)

Weil im Kampfe für das liebe, reine Vaterland und Recht der Geist das unmittelbare Bewusstseyn des ewigen Gutes — der sittlichen Idee des Staats und — darin und daran seinen wesentlichen Inhalt hat, das unmittelbare Bewusstseyn seiner selbst — als eines ewigen und guten — als Geist erringt, so trägt er im Tode für's Vaterland die unmittelbare Gewissheit ewigen Lebens, ewiger Seligkeit in sich, während die sinnliche Natur vor dem Tode als ihrem Feind und Vertilger zittert und bebt. Sie haben daher zuerst und zunächst jene auserlesenen Helden, deren Schaar nie mehr und nie minder als Zehntausend Krieger zählte, als „Unsterbliche" angesehen und bezeichnet ***) und selbst die spätesten Parther achteten die für die Seligsten, welche in der Schlacht fielen. Aber das ganze Leben des Persers ist ein Kampf für das Gute und wider das Böse, und sein Geist (Ferver) ist unsterblich.

124. Bei dem Zendvolk und bei den Parthern findet sich eine grosse Menge von Vorstellungen der Gottheit oder ihrer Erscheinung, welche den Indischen, Chaldäischen und Aegyp-

*) Die Seelenwanderung (μετεμψυχωσις) woran die Inder, Aegypter etc. geglaubt, ist eine Erniedrigung der vernünftigen Menschenseele und — wie bei den Chinesen — Strafe für die Fehler gegen das göttliche Gesetz des Rechts. Die Aegypter liessen sich einbalsamiren und in Pyramiden etc. begraben, um desto länger und sicherer der ewigen Ruhe des Todes mit Leib und Seele gewiss zu seyn.

**) Diog. Laërt. prooem. καὶ ἔσεσθαι ἀθανάτους καὶ τά ὄντα τῶν αὐτῶν ἐπικλήσεσιν διαμένειν. — γεννητοὺς τοὺς θεούς.

***) Herodot VII, 10, meint diese Zehntausend seien deswegen Unsterbliche genannt worden, weil die Schaar immer wieder ergänzt worden, stets gerade 10,000 Mann stark gewesen sey. Allein, wenn die Perser die Schaar als Schaar und Zahl als unsterblich hätten bezeichnen wollen, mussten sie dieselbe „die Unsterbliche" nennen. Sie sagten aber: „die Unsterblichen" (ἀθάνατοι) und bezeichneten damit die Einzelnen als unsterblich; weil sie die gewisse Aussicht hatten für das Vaterland zu sterben.

tischen sehr ähnlich, vielleicht entlehnt sind. Das reine und klare Gottesbewusstseyn der alten Perser erscheint schon in den älteren Stücken des Zend-Avesta, den man sonst für das alte echte „Gotteswort" an den Zoroaster (Zarathustro) gehalten, gar sehr getrübt und verdunkelt. Von dem späteren Glauben der wieder zur Freiheit und Herrschaft gelangten Perser muss unten gesprochen werden.

Von der Persischen Weisheit.

125. haben die Alten eine grosse Meinung gehabt. Pythagoras, Empedokles, Demokrit, Plato und endlich Apollonius von Tyana sollen zu den Magiern gewandert seyn, um sie zu erlernen. Aber keiner von Allen hat das Mindeste davon mitgetheilt oder überliefert. Man hat sich dies sonst daraus erklärt, dass die Magische Weisheit eine Geheimlehre gewesen. Wahrscheinlicher ist es aber, dass diese Hellenischen Philosophen Nichts von den Magiern gelernt, und gewiss, dass Empedokles, der allerdings ähnliche Grundbegriffe aufgestellt, niemals mit den Morgenländischen Weisen zu thun gehabt, Nichts von ihrem Glauben und Wissen gewusst hat. Apollonius von Tyana hätte freilich viel — ihm Diensames und wirklich Weises von seinen Zeitgenossen in Persien lernen können. Aber er soll geäussert haben: „Weise wären sie, aber nicht vollkommen." *)

Gleichwohl könnte man geneigt seyn, bei den Persern den Anfang der praktischen Philosophie: der Politik zu suchen, wenn man bei Xenophon liest, was und wie klug Kyros den Staat, das Heer, die Erziehung u. s. w. eingerichtet und bei Herodot III, 80 ff. wie verständig die sieben Perserfürsten, welche den falschen Smerdis entlarvt und gestürzt, über die beste Verfassung mit einander gerathschlagt. Allein der alte treue Vater der Geschichte fürchtete selbst schon, dass man seiner Erzählung keinen Glauben schenken würde, obgleich doch auch seinen Zeit- und Stammgenossen die Ansicht ge-

---

*) *Σοφοὶ μὲν ἀλλ' οὐ πάντα.* Philostr. I. c. 26.

läufig und natürlich war, dass Verfassungen, Gesetze etc. erst berathen und beschlossen und denn soviel möglich eingeführt würden, wie denn auch Xenophon darin ganz befangen ist.*) In den Naturstaaten kommt es aber eben deswegen, weil sie naturwüchsig — ohne Vorwissen und Willen der Menschen — aus und mit der Natur des Volkes und Landes erwachsen sind, weder zur Politik noch zu irgend anderem selbstbewusst vernünftigen Nachdenken über die im Leben, Staat, Recht, Religion verwirklichten Gedanken.

Zweites Hauptstück.

Die abendländischen Freistaaten.

126. Mit der Schlacht bei Marathon, wo das kleine Heer der einzelnen Stadt Athen die starken, krieggewohnten Schaaren des Persischen Grosskönigs überwand und in die Flucht jagte, treten wir fast plötzlich in eine andere, neue, in die ihrer selbstbewusste Welt des freien Hellas. Diese selbstbewusste Freiheit oder Selbstbestimmung des Willens durch sein verständiges Denken ist aber dem Hellenischen Volke nicht so plötzlich oder zufällig geworden: sie kann nur das Ergebniss einer langen, reichen Entwicklung seyn.

127. Obwohl nun auch das abendländische Alterthum vor jener ersten weltgeschichtlichen That und Schlacht der Athenäer noch nicht so klar und bekannt ist, wie die spätere

*) Wenn Darius die Hellenen fragte, ob sie ihre verstorbenen Eltern nicht essen möchten, wie die indischen Kalatier und diese, ob sie die ihrigen nicht verbrennen möchten, so mag er hieraus eben nur entnommen haben, was Herodot III, 38, selbst mit Pindar darin findet, dass die Sitte allgewaltig herrsche; denn er liess jedes Volk bei seinem althergebrachten Rechte.

Geschichte und namentlich, über den früheren Rechtszustand fast nur Sagen uns überkommen sind, welche durch die Fortbildung des Volkes nur dunkler werden, weil es sich mit seinem ganzen Gefühl und Denken in jede neue Gestalt des Staats und Rechts so gänzlich versenkt, dass alle seine Gedanken, vorzüglich aber seine Vorstellungen vom Rechte und Staat und damit die in seinem Herzen und Mund lebenden Sagen von den Tagen und Thaten der Urväter sich umgestalten, so bieten uns doch diese — mehrfach umgedichteten — Sagen, besonders die Mythen in Verbindung mit einigen geschichtlichen Nachrichten über die verschiedenen zum Theil schon sehr alten Staaten und Rechte der sehr verschiedenen Hellenischen Völkerschaften Mittel genug dar, um den Entwicklungsgang der Hellenischen Bildung zur Freiheit zu verfolgen und als naturgesetzlich zu erkennen. Nicht so vielen und festen Anhalt gewährt die alt-italische Sage. Doch hat die neuere gründliche Erforschung des alten Römischen Rechtes und einzelner Ueberbleibsel des ältesten auch hier aus einer wunderlichen Sagenwirrniss die richtigste Ansicht von den ältesten Rechtszuständen und von den Verhältnissen abgeklärt, woraus sie entstanden. Sie fügen sich den Hellenischen Ur- und Naturstaaten an.

128. Wenn man im Allgemeinen annehmen darf, dass die abendländischen Urstaaten, wie die morgenländischen — naturwüchsig, Naturstaaten gewesen, so scheint doch aus der höheren Sittlichkeit und Freiheit wozu sie sich — in kürzerer Zeit — erhoben auf edlere, bessere und reichere Grund- und Urstoffe geschlossen werden zu müssen. Diese haben wir nicht sowohl in einer natürlich-reicheren Begabung der Einzelnen oder der Völkerschaften oder gar in der Beschaffenheit des Landes und Himmelsstrichs, — welche das Wachsthum nur fördern, nicht begründen, nur reifen, nicht säen mag, als in der naturstaatlichen Vorbildung zu suchen, welche sich im Perserreiche bereits als die Grundlage der natürlichen Sittlichkeit erwiesen hat.

I. Hellas.

Hellenische Ur- und Naturstaaten — Glaube und Recht.

129. Hellas, eine Halbinsel mit vielfach zerrissenen Gestaden, welche vortreffliche Häfen bilden und durch zwei grosse Gebirgszüge und viele Quergebirge in viele kleine, eigenthümliche Landschaften getheilt, ward in der Urzeit von zwei Völkern verschiedener Sinnesart und Lebensweise bewohnt, von den Pelasgern, welche bei Viehzucht und Ackerbau ein friedliches, stilles Naturleben führten (noch spät in Arkadien) und von den Hellenen wild und unternehmend, einem heitern Krieger- und Schifferleben zugethan. Kühn und weithin umherschweifend verdankten sie den Reichthum lieber den Waffen als mühsamer Arbeit. Ursprünglich in Thessalien bei Dodona wohnhaft, setzen sie sich allmählig im Peloponnes und an allen Orten fest, welche für friedlichen und kriegerischen Verkehr wohlgelegen sind: die Pelasger aber müssen vor dem Pelops und seinen achäischen Hellenen aus Argolis und Lakonien weichen und Thesprotische Thessaler vertreiben Pelasger und früher angesiedelte Hellenen. Diese werfen sich auf die Pelasger in Böotien, welche sich nach Attika wenden und bei den früh angesiedelten Jonischen Hellenen sich niederlassen.

130. Eine neue und gänzliche Umwandlung aber erfolgte nach der offenbar geschichtlichen Sage durch die Kriegsvölkerwanderung der s. g. Herakliden, welche mit Dorischen Bergvölkern vereint die Peloponesier in einer grossen Schlacht besiegt und die Küstenländer, zunächst die Hauptstädte, dann auch die Landschaften erobert haben. Diese und andere z. B. jonische wandernde Völker waren offenbar daheim schon Kriegsheere und Heerstaaten mit festem göttlichen Rechte gewesen, welches sie nun in den neuen Wohnsitzen, gegen die unterworfenen und unterthänigen Stämme um so strenger und fester hielten, je tiefer diese in Gesittung und Sittlichkeit, in

Recht und Glauben unter ihnen standen; den gebildeteren rechts- und stammverwandten aber scheinen sie sich eher genähert und verbunden zu haben.

131. Von den altachäischen Staaten, welchen die älteste oder Urzeit des Hellenischen Volkes angehörte, genügt es zu wissen, dass sie Königreiche unter halbgöttlichen Fürsten (mit Dodokarchen) gewesen und dass die Stämme, welche ein Heiligthum umwohnten, sich schon sehr früh zu heiligen Bünden: Amphictionien (später Amphictyonien genannt) vereinigt haben, welche durch ihre Abgesandten ihre gegenseitigen Streitigkeiten schlichteten und das Heiligthum zu Delphi mit gemeinsamer Macht schützten. Das Uebrige, was uns das Homerische Hochgedicht über die Achäischen Städte und ihre Fürsten und Helden sagt, muss um so unsicherer und zweifelhafter erscheinen, je später man die Entstehung desselben, seine Fortbildung und Vollendung setzt. Darin aber stimmen alle Hellenischen Sagen überein, dass die Königlichen Helden und Zerstörer von Troja bei ihrer Heimkehr die alte Ordnung zerrüttet und selbst ein unglückliches Ende gefunden; so dass der Trojanische Krieg als Gipfel und Wendepunkt der Achäischen Naturstaaten sich darstellt.

132. Ob sich inzwischen bis zum Eindringen der Herakliden neue Staaten gebildet oder, ob die alten mit ihren Königsgeschlechtern schon vorher zu Grunde gegangen, lässt sich nicht mehr erkennen. Die Herakliden aber haben sicherlich neues Recht und frische Kraft hinzugebracht.

Indess lässt sich daraus und aus den drei grossen Wanderungen Hellenischer Völker und Stämme noch nicht erkennen, ob und welche Naturstaatsformen und Bildungsstufen sie mit dem Morgenlande gemein haben.

133. Aber die schöne, alte Sage von den vier Weltaltern beruht offenbar auf der Erinnerung von vier wesentlich verschiedenen sittlichen Welten d. h. Staaten und Rechten, und, dass die drei ersten den alten morgenländischen Naturstaaten und Rechten ähnlich: Familien- Kasten- Heerstaaten gewesen, lässt sich aus den gleichen Göttergestalten

mit Sicherheit schliessen, weil das Gottesbewusstsein unmittelbar von dem Rechtsgefühl, wie dies von dem Rechte bedingt und bestimmt wird.

Der althellenische Glaube.

134. Der Glaube an die zaubermächtigen Daktylen und Telchinen und an die Fetische gehört offenbar der Zeit an, „wo man nicht pflanzt, noch sä't, noch je die Erde beackert und wo ohne Gesetz und Staat ein Jeder im Hause richtet Kinder und Weib und Keiner achtet des Andern" *).

135. Dann wird als erste und urälteste Gottheit Uranos genannt, der Himmel (cf. Tiän) die Macht des Maasses, Gesetzes, welchen der Fürst des ersten Ackerbau- und Familienstaates verehrt hat. Den Pelasgischen Ureinwohnern, die zuerst das Land gebaut, soll die bildlose Verehrung der Gottheit und das grosse Orakel zu Dodona geeignet haben, wo auf Zauberart aus dem Getön der Kessel und dem Rauschen der Bäume geweissagt ward. Auch die Thesmophorien d. i. Gesetzgebungsfeste, wodurch die Einführung des Ackerbaues und — des Rechts gefeiert ward, scheinen diesem Uralterthum anzugehören.

136 Die andere Stufe: des Kastenstaats, den man noch in den alten Athenäischen Phylen wiederfindet, hat dieselben sinnenden, schaffenden, erhaltenden und verzehrenden Gottheiten in thierischen, halbthierischen und anderen ungeheuerlichen Gestalten, wie das Indische, Aegyptische, Chaldäische etc. Volk: die Schlangen auf der Athenischen Akropolis, die Medusa (*μεδω-*) mit dem Schlangenhaar, der Minotaur (*Μινος*-Manus), der Drache Python, die pferdeköpfige Demeter, Eurynome mit dem Fischschwanz, Kronos (Kri indisch machen *κρι-νω* urtheilen); der *βοωπις Ἡρη* und der *γλαυκωπις Ἀθηνη* nicht zu gedenken. Ferner die Verwandlungen des Gottes in Stiere, Schwäne, Regen gehören hierher, sowie die hundertarmigen Titanen etc. Diese Thiergötter sind noch lange von

*) Odyss. IX, 108 — 114.

den unterworfenen Völkerschaften in den Eleusinischen und Dionysischen Mysterien etc. als die das All beseelenden und durchwirkenden, Volk und Staat und Recht gründenden und erhaltenden verehrt worden, — heimlich, bei nächtlicher Weil und an abgelegenen Orten, weil die gewaltigen Eroberer diese Götter und ihre Verehrer hassten, verfolgten, verderbten.

137. Den jüngsten Eroberern des Landes, den Kriegervölkern und Heerstaaten — der Dorer scheint der gute lichte Apollo eigen zu sein, der im heiligen Opferfeuer (*δι' ἐμπύρων*) seine göttliche Weisheit und Gesetze verkündet und sicher und weithin treffend seine Pfeile versendet zum Verderben der Feinde, die Seinen errettend und heilend. Neben dem Bogenschützen Apollo steht die Speerschwingerin Athene (*Παλλας 'Αϑηνη*) etc.

138. Der Gegensatz und Widerstreit dieser Rechts- und Glaubensstufen ist in den hellenischen Götterkämpfen (Theomachieen) aufbewahrt. Allein auch diese streitbare, gute und lichte Gottheit, welche ihren Verehrern allezeit wohlthut, und deren Feinde stets verfolgt, bekämpft und vertilgt, ist noch nicht die eigentliche dem Hellenischen Volk und Glauben eigenthümliche.

139. Die hellenische Gottheit steht noch höher über dem Lichtgott, als dieser über den Thiergöttern etc. Denn sie, „die gute und schöne, ertheilt nach der Gerechtigkeit Maass den einzelnen Wesen, (auch ihren Verehrern,) Gutes und Uebles, zum Lohn und zur Strafe."

Dieses höhere sittliche Gottesbewusstsein muss den Hellenen erst nach den Wanderungen der Herakliden aufgegangen sein, denn dem streitbaren Heerstaat eignet der streitbare Gott, und vor der Entstehung des Freistaats und des Selbstbewusstseyns, denn dieses zehret den Glauben auf. Es gehört also der Zwischenzeit an, wo die siegenden Heergenossen mit ihren Unterthanen in den eroberten Städten ruhig gewohnt und die Landschaft beherrscht haben, und setzt ein neues höheres Rechtsgefühl voraus.

140. Dass durch die Uebersiedelung des Heerstaats in ein fremdes erobertes Land sofort ein anderes neues Recht entstanden wäre, möchte sich zwar schwerlich behaupten lassen. Es ist vielmehr bekannt, dass die Eroberer ihre alten Rechte festgehalten und ihre Geschlechtsregister oder Stammtafeln, worauf sie beruhten, sorgsam fortgeführt haben, und dass sie die Unterworfenen zumeist auch bei ihren Sitten und Gebräuchen belassen, nur Gehorsam und Zins von ihnen verlangt haben. Allein abgesehen davon, dass die siegreichen Heergenossen jetzt sammt und sonders Gutsbesitzer und Krieger — zur Behauptung der Stadt und der Herrschaft stets geschaart und gerüstet waren, konnte die Losreissung des Heerstaats von dem Boden der eigentlichen Heimath, worin er gewurzelt und erwachsen war, und die Unabhängigkeit der herrschenden Stadt von dem Wechsel der Witterung und dem unmittelbaren Einfluss der Natur auf Lebensunterhalt und Thätigkeit nicht ohne Wirkung auf das Rechtsgefühl und Bewusstseyn der Völker bleiben, wodurch das Gottesbewusstseyn oder der Glaube so wesentlich bedingt und bestimmt wird. Weil der alte Heerstaat und das herrschende Volk naturfrei geworden sind, das Recht also zu dem ganz geistigen Willen abgeklärt und gereinigt ist, so muss es sich, zumal auch den Unterthanen Recht und Gerechtigkeit widerfährt, die ganze Stadt wohlgeordnet und verwaltet wird, im unmittelbaren Bewusstseyn, als das naturfreye, allgemeine, überall mit sich selbst übereinstimmende und seinem Zweck entsprechende — schöne und gute Gesetz — als der freie Wille eines übernatürlichen schönen und guten allgewaltigen höchsten Wesens oder Gottes dargestellt haben. In Theben ward daher die Ur-Gottheit selbst Harmonia genannt.

141. In anderen Städten blieben die alten Namen der stadtherrschenden Gottheit, obgleich ihr Sinn und Wesen, ja selbst ihre Vorstellung dadurch verändert ward, dass sie die ältere zu sich aufgenommen hatte, dass z. B. das schlangenbehaarte Haupt der Medusa auf dem Schilde der Pallas prangt und die Feinde schreckt und versteinert. Sie selbst wird aus demselben Grunde hier in männlicher dort in weiblicher, stets in übermenschlich schöner und grosser Gestalt angeschaut und dargestellt.

Ursprünglich hat gewiss jede hellenische Stadt ihren Stadtgeist und — Gott als den höchsten allmächtigen und allwaltenden Beherrscher der Welt wie der Stadt verehrt. Als aber die Städte wieder mit einander in Verkehr, und wie die 12 Jonischen, die 12 Aeolischen und die 12 Achäischen in Bünde zusammentraten, erkannten sie auch ihre 12 Götter als solche und um so leichter an, da sie wesentlich gleich: alle gut und schön waren.

142. Wenn nun auf solche Art eine Menge nur wenig verschiedener Götter und der sogenannte Polytheismus entstehen konnte, so mochte das einiche Wesen des Rechtsgefühls diese Vielheit doch nicht ertragen, sondern drängte zu der Einheit zurück, welche sich denn auch in der grossen Gottheitsfamilie der Olympischen Götter, wie die Einheit des Rechts in der Hellenischen Staatenfamilie herausstellt und durch die stille Andacht des Volkes und seiner Dichter zur natürlichen Verwandtschaft vermittelt wird *). In diesem grossen Götterreiche erscheint dann nothwendig Einer als der allerhöchste, als Oberhaupt und Gebieter: Zeus, der den allgemeinen einfachen Namen der Gottheit *ὁ ϑεος* — bewahrt hat, obgleich auch den übrigen Göttern die ganze göttliche Macht, Weisheit und Herrlichkeit inwohnt, dass eine jede zwar nicht schrankenlos doch auch nicht durch Anderes beschränkt sondern durch sich selbst, durch ihr eigenes, schön-gutes, göttliches Wesen zum gerechten Willen und Wirken bestimmt, — ihr Gesetz — *μοιρα* — worüber sie nicht hinaus kann, in und an sich selbst hat.

---

*) Hiernach bestimmt sich der Werth und wahre Gehalt der Meinung Herodots II, 53, dass Homer und Hesiod den Hellenen einen Götterstammbaum (ϑεογονιην) gedichtet. Freiersonnene oder erdichtete Mythen, z. B. Plato's, haben nie Glauben gefunden, sondern nur die dem Glauben entsprossenen.

143. Die hellenische Götterlehre ist übrigens zu bekannt, als dass sie hier dargestellt zu werden brauchte. Doch muss darauf gleich hier aufmerksam gemacht werden, dass nicht nur die späteren Dichter nach dem tief- und herzlichgläubigen Aeschylos, sondern theilweis auch die älteren Jonischen*) die Götter anderer hellenischen Städte und selbst den Zeus nicht immer in der Hoheit und Reinheit schildern, wie — ihre heimische Gottheit, welcher sie wie ihre Mitbürger zu aller Zeit die tiefste und die höchste Verehrung weihen, selbst dann noch, als man den ganzen übrigen Olymp — in der Komödie verspottete und verlachte. Diese Unehrerbietigkeit und Ungläubigkeit und die Verkümmerung des ganzen Gottesbewusstseyns, welche im Lauf der bekannten Geschichte von Hellas mit reissender Schnelligkeit zunimmt, ist indess nicht zufällig, noch blos im Wesen des Hellenischen Glaubens gegründet, sondern eine nothwendige Folge der Verdrängung des göttlichen Rechts durch Selbstgesetzgebung und — Regierung des Volkes im Freistaat. Wie das daraus entspringende Selbstbewusstseyn wachsen und steigen, so sehen wir das Gottesbewusstseyn von Stufe zu Stufe zurück — und endlich zum Gespenster- und Zauberglauben hinabsinken.

Entstehung des Freistaats.

144. Ueber die Entstehung des Freistaats dürfen wir ebensowenig eine wahrhafte geschichtliche Nachricht bei den Hellenen selbst suchen, wie über die Bildung des alten Naturstaats und Glaubens, denn das selbstbewusste Nachdenken und Gedächtniss ist natürlich später, als das selbstbewusste Wollen und Handeln, und dieses beginnt erst im Freistaat. Wenn aber auch einige Kunde den späteren Geschlechtern überliefert seyn mag, so ist doch die Sage durch das eigne neuste Recht und Rechtsgefühl, so oft umgedichtet oder umgesagt worden, als die Verfassung und das Recht sich wesent-

---

*) Auch Homers Odyssee athmet oft eine Heiterkeit, die dem göttlichen Ernst widerstreitet: K. O. Müller.

lich verändert hat. Denn, weil das gegenwärtige, wirklich geltende Recht für das gegenwärtige Geschlecht das rechte und wahre Recht ist, so wird es für das allein und schlechthin wahre und nothwendige und somit auch für das ursprüngliche: von Anfang an bestehende gehalten, wo nicht unzweifelhafte schriftliche Urkunden entgegenstehen, und — (selbst diese werden umgedeutet oder als unächt verworfen, wenn sie dem lebendigen Recht und Rechtsgefühl nicht entsprechen. So sollte Theseus, der als Bezwinger des Minotauros offenbar noch dem Heerstaat angehört, die Athenäische Demokratie gegestiftet, darum dem Thron entsagt haben; obgleich die Athenäer recht wohl wussten, dass nach ihm noch lange Zeiten hindurch geborene Könige und dann Archonten aus dem und mit dem Adel das eigentliche Volk beherrscht haben. Die Sagen gewähren daher nur geringen Anhalt und schwanken namentlich in der Zeitbestimmung zwischen dem 12ten und 8ten Jahrhundert v. Chr.

145. Indess lässt sich die Zeit noch ziemlich sicher ermitteln und auch die Abfolge der Hellenischen Freistaaten feststellen: dass Sparta zuerst aber nicht völlig Freistaat geworden, und dann Athen und die anderen, bei den Olympischen Spielen betheiligten Städte. Denn was von der abermaligen Abschaffung des Königthums (*βασιλεια*) bei Kodros Tode gesagt worden, bezieht sich offenbar auf die Abtrennung der priesterlichen Geschäfte von der Herrschaft, welche bei Stiftung des Heerstaats in Folge der Heraklidischen Völkerwanderung eintreten musste: der *βασιλευς* ist in Athen noch in geschichtlicher Zeit der erste nach dem Herrscher (*Ἀρχων*).

In den Pflanzstädten auf den Asiatischen Küsten mag sich die freistaatliche Verfassung früher entwickelt haben, weil theils der Naturstaat minder fest und die Bevölkerung gemischter war, theils auch der durch Handel und Gewerbe schnell wachsende Reichthum des nicht angesessenen niederen Volks, eher bedeutende Veränderungen in den Lebensverhältnissen und damit Ansprüche hervorrufen mochte, welche das alte göttliche Recht nicht kannte und nicht befriedigte. Sobald aber das Recht den Verhältnissen und dem Rechtsgefühl nicht mehr entspricht, weil es in seiner bisherigen Art und Weise als Sitte und Gewohnheit der Entwicklung derselben nicht so schnell zu folgen vermocht, tritt die Nothwendigkeit der Gesetzgebung ein, welche, weil das alte, vergehende Recht — der bisherigen Herrscher und das neue, werdende Recht — der bisher dienstbaren Unterthanen nur durch Vergleich also durch Uebereinkunft beider in Einklang gebracht werden kann, dem ganzen Volk anheimfallen muss, so dass das erste frei selbstgewollte Gesetz den Freistaat beginnt und begründet. Das freie Selbtbewusstseyn des eignen Willens und Denkens entwickelt sich erst in und mit dem Freistaat und seinem Rechte, welches dem Menschen selbst seine guten und seine bösen Thaten zurechnet und ihm den Lohn und die Strafe nach Verdienst und Schuld zumisst. Eine Folge dieses Selbstbewusstseyns ist die Aufzeichnung des eignen Namens des Siegers in den Olympischen Spielen und der Beginn der Zeitrechnung; deren das höhere Alterthum, wo Staat und Recht die Schöpfung und Stiftung der Gottheit, jedes Ereigniss auch das von Menschen vollbrachte nur ihre That und ihr Werk, Offenbarung und Bethätigung ihrer ewigen Weisheit und Macht ist, nothwendig ermangelt und doch nicht entbehrte; denn die göttlichen Schickungen gehören wie die Gottheit selbst der Ewigkeit an, erst mit dem selbstbewussten Willen und Thun der Völker und Menschen beginnt die Zeitrechnung und die Geschichte.

Jene erste Aufzeichnung des Olympischen Siegers und die Zeitrechnung nach Olympiaden wird gewöhnlich ein Jahrhundert etwa später gesetzt als die neue Ordnung der Olympischen Spiele durch Lykurgos den Stifter des Dorischen Freistaats in Sparta. Dieser ist unter den Hellenischen Freistaaten der alterthümlichste und erst berühmte; ob auch viel älter, ist zweifelhaft und kaum wahrscheinlich, da die Auf- und Auszeichnung der Olympischen Sieger nicht von Sparta allein, sondern nur durch allgemeinen Beschluss der sämmtlichen theilnehmenden Staaten eingeführt werden konnte. Auf Sparta folgt

Athen in der Staats-Entwicklung und Bildung und in der Obmacht. Theben schliesst den Reihen.

A. Sparta.

146. Als Stifter des Spartiatischen Freistaats wird Lykurgos gepriesen. Da der Staat durch innere Unruhen und Streitigkeiten zerrüttet gewesen, habe ihm das Volk Auftrag und Vollmacht gegeben, die Verhältnisse wieder zu ordnen, und versprochen, die von ihm entworfene, von der Gottheit bestätigte Verfassung und Gesetze bis zu seiner — nie erfolgten Heimkehr unverbrüchlich zu halten und zu beobachten. Ob und was er von dem alten Rechte beibehalten, was verändert, was neu hinzugethan, war den Spartiaten selber unbekannt: sie pflegten ihre ganze Verfassung und alles geltende Recht als Lykurgisch zu betrachten und zu verehren. Man weiss daher nicht einmal, ob die wenigen mündlich überlieferten Lykurgischen Rhetren ihm und seiner Zeit wirklich angehören. Doch scheinen sie sehr alt zu seyn und die echte Sage von der Stiftung des Freistaats zu enthalten.

147. In der einen ist das Grundgesetz desselben, als Gebot des Delphischen Gottes an Lykurgos ausgesprochen: *„Baue dem Hallanischen Zeus und der Hallanischen Athana „ein Heiligthum; theile die* (3) *Phylen ab und mache dreissig „Oben; richte die Gerusia ein mit ihren Führern* (ἀρχαγέταις); *„berufe die Gemeinde zwischen Babyka und Knakion und „schlage hier vor uud rathe ab: dem Volk aber soll höchste „Gewalt seyn und Macht* (δάμῳ δὲ κυρίαν ἦμεν καὶ κράτος) *„Wenn aber das Volk das Verkehrte wählt* (σκολιὰν αἱροῖτο), *„sollen die Aeltesten* (πρεσβυγένεις) *und die Könige Abwender. „seyn!“*

148. Die Hellenischen Gottheiten Zeus und Athen waren den Spartiaten mit den unterworfenen Landeseinwohnern-Lakedämonen gemein und der Dorische Gott Apollon gibt diesen Befehl wohl, um jenen genugzuthun und die Rechte zu sichern, welche ihnen — vielleicht nur erst mit der Theilung

der Ländereien — zugestanden worden. Die Phylen waren aber gewiss die drei uralten Stämme des echten Spartiaten-Volks, und die dreissig Oben scheinen — vielleicht auch alte Heeres-Abtheilungen derselben gewesen zu seyn, deren Führer den hohen Rath (Gerusia oder Geronia) bildeten. Die Spartiaten und die übrigen Hellenen verstanden unter ἀρχαγέταις die beiden Könige aus dem göttlichen Stamm des Herakles, welche allerdings den Vorsitz im Rathe führten, weil die übrigen Geronten später nicht die gebornen Aeltesten der Oben waren, sondern von dem Volk aus den besten Greisen (über 60 Jahr gewählt wurden *). Die königliche Würde, womit der unbeschränkte Oberbefehl im Kriege und das Priesterthum des himmlischen und des heimischen Zeus verbunden war und blieb, war zwischen den beiden heraklidischen Familien der Agiden und der Eurytioniden — nach der Sage schon von Alters her getheilt und daher ungefährlich für die Freiheit des Volks, welches in seinen halbjährlichen Versammlungen über Krieg, Frieden und Bündniss und über die vom Rathe vorgeschlagene Veränderung der Gesetze mit Ja- und Nein-Geschrei abstimmte und somit die höchste Gewalt — Herrschaft und Macht übte. Durch den Zusatz aber dass Könige und Aelteste die verkehrte, thörichte Wahl abwenden sollten; ward sie wesentlich — auf Annahme des guten Rathschlusses beschränkt. Die Spartiaten selbst haben diese Beschränkung für nichtlykurgisch — für Theopompisch — gehalten, weil sie ihrem späteren Rechte und Rechtsgefühle nicht entsprach, wonach die letzte freie Entscheidung und die höchste Gewalt überhaupt dem versammelten Volke gebührte; — nur die Gottheit, deren Genehmigung die Könige zu jedem Volksschluss einzuholen hatten, darüber stand und die Ausführung verbieten mochte. Zur Volksversammlung wurden nur die reifen (über 30 Jahr alten) Ebenbürtigen (ὅμοιοι) berufen. Für ebenbürtig galten aber nur die von zwei Spartiatischen Eltern erzeugten,

---

*) Ἀρχαγέταις ist der Plural: „den beiden (königlichen) Führern hätte ἀρχαγέταιν heissen müssen.

seit dem siebenten Jahre vom und zum Staate erzogenen*) in der freien Heer- und Staatsgemeinschaft**) auf eigne Kosten lebenden Grundbesitzer, welche ihre Ehre nicht verwirkt hatten, was nicht blos durch Flucht oder Furcht-Erbleichen vor dem Feinde — sondern auch durch Verletzung der strengen Kriegszucht und der Staatsgesetze geschehen konnte.

In dieser alten Lykurgischen Verfassung stand Sparta auf der Grenzscheide zwischen Naturstaat und Freistaat.

149. Seine freistaatliche Entwicklung und Ausbildung erhielt es erst später durch die Ephoren. Diese waren bekanntlich von und aus dem Volke jährlich erwählt und ursprünglich und wahrscheinlich noch lange nach Lykurg blosse Marktrichter über kleine Händel und Streitigkeiten der Bürger und Bauern gewesen; wurden aber, weil das Volk ihnen als seinen Erkorenen und Vertretern anhing und vertraute, im Laufe der Zeit immer mächtiger und gewaltiger und endlich als Hüter der guten alten Sitte und Kriegszucht, nicht nur den einzelnen Spartiaten, den Geronten und selbst den Königen furchtbare Sittenrichter, Rüger und Mahner, sondern zu wirklichen Lenkern des Staats, Gesetzgebern und Richtern erhoben. Da sie indess ihre Verschärferungen der alten strengen Staats- und Heergesetze und alle ihre Neuerungen als blosse Wiederherstellung der guten alten Ordnung und Sitte darstellten und vielleicht selbst auffassten und, weil sie sich in der That an die Sitte anschlossen, so wurden ihre Gesetze und ihre eigne Macht und Herrschaft gar bald und um so leichter für echt Lykurgisch gehalten, als nach einer gewiss sehr alten und

*) Vergl. den freien Diet der Perser. Die Spartische Zucht und Gemeinschaft ist ausgebildeter, durchgreifender — nicht von Natur und natürlich, sondern im Gegensatz und Widerstreit gegen das natürliche Gefühl und Recht — gemacht.

**) Sie assen und schliefen Moren- oder Zug- und Compagnieweis zusammen und mussten einander ausser Waffen Alles leihen was sie besassen. Die Verheiratheten konnten nur heimlich zu ihren Weibern schleichen, die daher ganz verwilderten.

stets streng beobachteten Rhetra kein Gesetz aufgeschrieben werden durfte. *)

150. Daher, weil sich also das Volk seiner Gesetze nicht als seiner eignen Willensbestimmung bewusst ward, sondern das Recht und den Staat stets für göttliche Offenbarung und Stiftung hielt, und von seinen rauhen Sittenrichtern auf Grund desselben von allem Reden und selbst vom Nachdenken über Staat und Gesetze abgeschreckt, so wie vom Verkehr mit den fremden freien Hellenen abgehalten wurde, so gelangte es niemals zu der selbstbewussten Freiheit, welche mit Recht als das Wesen des Freistaats betrachtet wird. Dafür aber behaupteten sie sich nicht nur trotz aller Wechselfälle des Kriegsglücks am längsten in ihrer Unabhängigkeit; sondern sie bewahrten auch ihre schöne sittliche Frömmigkeit und Andacht — *εὐφήμια*, — welche die Götter Zeus und Apollon, höher achteten, als die Opfer aller Hellenen — bis zu den Perserkriegen. Sie beteten nur, die Götter möchten ihnen zu dem Guten das Schöne geben!

B. Athen.

151. Athen, die Mutter- oder Hauptstadt des Jonischen Stammes hat sich nicht nur in der Hellenischen Geschichte wie das hochedle Sparta durch seine Verfassung und Tugend hervorgethan, sondern auch eine weltgeschichtliche Bedeutung erlangt, weil in ihm die freie Volksherrschaft ihre vollständigste Entwicklung erhalten und die reichsten, schönsten Blüthen getrieben hat

Die volksherrschaftliche Verfassung (Demokratie wird von Demosthenes und den anderen späteren Rednern gewöhnlich dem Solon zugeschrieben. Und gewiss gebührt ihm ebenso sehr und mehr noch als dem Lykurgos der Ruhm den Freistaat und die Herrlichkeit seiner Vaterstadt begründet zu ha-

*) Plutarch Lykurg. **13:** *μὴ χρῆσθαι νόμοις ἐγγράφοις.* Eine Vergleichung alter und neuer Gesetze ward dadurch unmöglich.

ben, wenn es auch gewiss genug ist, dass sich das Volk aus sich heraus allmählig zur Freiheit entwickelt und gebildet hat.

Bis auf Solon's Zeit hatte Athen unter einer der Spartischen ähnlichen Adelsherrschaft gestanden: die hochbürtigen Geschlechter, Eupatriden hatten hier, wie dort die Ebenbürtigen, Gleichen, nur ohne deren kriegerische Zucht und Tugend, — die höchste Gewalt besessen und geübt, und das unterworfene Volk, welches zumeist auf ihren Gütern als Zinsbauern, zum Theil auch in der Stadt von Handwerk, Schifffahrt und Handel lebte, in strenger Unterthänigkeit zu halten gesucht.

Allein Drakon's blutigstrenge Gesetze mochten die Unterthanen wohl von der Herrschaft fern halten, aber — nicht verhindern, dass sie durch Handel und Gewerbe schneller reich wurden, als der grundherrschaftliche Adel, und, weil der Aufruhr des Kylon und seiner Genossen nicht wie vor Alters in der Armuth und Noth, sondern in der Fülle des Reichthums und der Bildung seinen Grund und Ursprung hatte, konnten die Sühnopfer und Altäre des frommen Epimenides die Gemüther der Menschen nicht versöhnen. Die reichen und gebildeten Staatsunterthanen waren und fühlten sich stark genug „das ihnen von den Hochbürtigen entrissene und vorenthaltene Recht im Staate" d. h. den Antheil an der Regierung zu erkämpfen, „der ihnen vor Alters von Theseus her zugestanden hätte und gebühre."

152. a) Als nun Solon Auftrag und Vollmacht erhielt, dem Staat eine neue Verfassung zu geben, hob er zuvörderst die Ehr- oder Rechtlosigkeit der Zinsbauern und der Schuldner auf*) und theilte dann allen echt athenäischen Hausvätern nach dem Maass ihres Grundbesitzes gleiche Pflichten und Rechte zu:

*) Σεισάχθεια — Lastabschüttelung – war sicherlich keine bloss finanzielle Maassregel — novae Tabulae oder dergl., zur Erleichterung armer Schuldner, sondern Hauptzweck derselben war die Aufhebung der ἀτιμία, welche von dem Staatsbürgerrecht ausschloss.

1) Die erste Klasse, die Pentakosiomedimnen, welche 500 Maass Korn, Wein oder Oel von ihrem Acker hatten, sollten ein Talent Grundsteuer zahlen und zu Ross in schwerer Rüstung dienen.

2) Die zweite Klasse, die Ritter mit 300 Maass Einkommen, sollten 1/2 Talent,

3) die dritte Klasse, die Zeugiten mit 150 Maass nur 1800 Drachmen Grundsteuer geben und wie die erste Klasse den Kriegsdienst thun.

4) Die letzte Klasse, die Tagewerker (*θῆτες*), welche weniger als 150 Maass oder gar keine Landrente hatten, waren steuer- und dienstfrei. Sie hatten dafür aber auch nur an der allgemeinen Volksversammlung und an den Gerichten Theil.

Die neun Archonten sollten von der Volksversammlung aus der ersten Klasse allein, die übrigen Beamten aus den drei oberen Klassen erwählt werden. Die Staatsbeamten, namentlich die Archonten scheinen ihre alte Amtsgewalt behalten zu haben und, nachdem sie wohlgedient, in den hohen Gerichtshof Areopagos, dessen Wirkungskreis und Macht erweitert ward, aufgenommen worden zu seyn.

Unter Vorsitz und Leitung der Archonten versammelte und berieth sich auch die Bule der hohe Rath der Vierhundert; der übrigens nach alter Weise, je hundert aus und von den vier Athenäischen Phylen erwählt ward. Denn Solon wollte so wenig wie möglich verändern, und die Phylen waren uralt göttlicher Ordnung.

Jede Phyle enthielt drei Phratrien, deren Vorsteher die Stammregister führten und die Neugebornen (von 2 Athen. erzeugten) darin verzeichneten: jede Phratrie zählte 30 Geschlechter, jedes Geschlecht 30 Hausväter, im Ganzen also 10,800 Vollbürger. Die übrigen hiessen Atriakosten.

Ob und mit welchen Rechten in der Solonischen Verfassung noch eine Volksversammlung — *ἐκκλησία* — neben der alten Heliäa (cfr. die Dorische *ἁλία* = *κυρία*) bestanden habe, mag hier unerörtert bleiben. Die Entscheidung über die **Einführung** neuer Gesetze hatte und behielt die Heliäa.

153. Die Athenäer sollen zwar versprochen haben, die Solonischen Gesetze 200 Jahre lang zu beobachten, aber doch keineswegs davon befriedigt gewesen seyn. Die vornehmen und reichen Geschlechter mochten den Verlust ihres Adelsrechts nicht verschmerzen und, das nicht grundbesitzende Volk sich mit Verdruss nach wie vor von der Regieruug ausgeschlossen sehen. Daher fingen die Parteiungen und die Streitigkeiten und Kämpfe bald wieder an. Nachdem aber **Pisistratus**, der sich in denselben der höchsten Macht bemeisterte, die Bürger an die Solonische Ordnung gewöhnt und den Adel gedemüthigt hatte, erkannte das Volk den Werth derselben, wie der Freiheit und bot alle Kraft und Macht auf, sich darin gegen die vertriebenen Tyrannen, wie gegen die Adelspartei und ihre Bundesgenossen zu behaupten Aber es blieb nicht dabei.

153. b) **Klisthenes** bewirkte als Haupt und Führer des Volks im Kampfe gegen die Adelspartei und ihre Bundesgenossen wesentliche Veränderungen in der Solonischen Verfassung, zuvörderst

1) eine **neue Eintheilung** des ganzen Athenäischen Volks **in zehn örtliche Phylen** (Kreise) und Demen als Unterabtheilungen, in welche dann auch die Atriakosten aufgenommen zu seyn scheinen, so dass das Athenäische Volk nun aus allen — von den Phratoren als echtgeboren eingeschriebenen und anerkannten Athenäern bestand. Sie ward der ganzen Ordnung zu Grunde gelegt.

2) Zur **Volksversammlung** waren alle mündigen Vollbürger berufen, welche in die Demenrollen eingetragen waren und ihrer Dienstpflicht in den Grenzvesten genügt hatten. Von ihr wurden aus den über dreissigjährigen die sechstausend Heliasten gewählt, — welchen die Entscheidung über die Einführung neuer Gesetze und die Gerichte verblieben. **Sie selbst aber hatte** dennoch die **höchste** Gewalt, denn sie stimmte durch Händeaufheben über Krieg und Frieden und über die Beibehaltung oder Aenderung der Gesetze, wie über

den Nachlass söhnelos verstorbener Bürger und Metöken, Heirath der Erbtöchter etc. und über die Tüchtigkeit und die Amtsverwaltung der Archonten und übrigen Staatsdiener, wie über die Gefährlichkeit und Verbannung hervorragender Bürger im Scherbengericht.

3) Im hohen Rathe sitzen jetzt Fünfhundert. Je Funfzig von und aus jeder Phyle gewählt, haben in dem Jahre 35 oder 36 Tage die Prytanie und Verwaltung, so dass die Geschäftsführung nach Proedrien (Vorsitz) von 10 Rathmannen alle 7—8 Tage, deren Vorsitzer (Epistates) täglich wechselte Dieser musste bei jedem Geschäft neun Beisitzer aus den übrigen 9 Phylen zuziehen; namentlich auch bei Berufung und Leitung des Raths zu eignem und zu Vorbeschluss der Volksversammlung.

4) Die Archonten sollten zwar auch ferner aus der ersten Klasse gewählt werden, aber dies Vorrecht wird nicht nur durch Vorprüfung (*δοκιμασια*) des Volks beschränkt, sondern auch ihre Gewalt und Wirksamkeit wird gar sehr durch die neuen Ordnungen verkümmert. Denn sie haben nicht nur bei allen wichtigen Geschäften Beisitzer aus den 10 Phylen, sondern diese treten oft ganz an ihre Stelle z. B. die 10 Strategen neben den Polemarch.

155. Unter der Herrschaft dieser freien Verfassung und in den Kämpfen für sie entwickelte das Athen. Volk jene bewunderungswürdige Willens- und Thatkraft, welche vom Glück und Unglück erhöht und verstärkt ward und die Stadt auf den Gipfel des Ruhms und der Macht erhob und erhielt — so lange die Bürger die schöne und gute Gesinnung bewahrten und nach derselben aus ihrem unmittelbaren Rechtsgefühl mit Ja und Nein abstimmten, beschlossen und handelten. Es ist nicht sowohl das in den Perserkriegen durch grosse Thaten und reiche Beute gesteigerte Selbstgefühl der ärmern Volksklasse und ihre Theilnahme am Staate wodurch Athen von der rechten Bahn abgelenkt ward, denn die Schiffer etc. waren auch wohlgesinnt, als vielmehr

156. c) die neue Abstimmungs- und Berathungsart der

Gesetze und Verfugungen in der Volksversammlung, welche durch das Aristidische Gesetz: *„dass die Staatsregierung gemein seyn und die Archonten aus allen Athenäern gewählt werden sollten“*, *) eingeführt worden zu seyn scheint. Denn fortan haben alle Bürger nicht nur (statt des Solon. gleichmässigen) völlig gleiches Recht und Theil an der Herrschaft — Isonomie und Isokratie, — sondern auch — Isogerie, — die Befugniss, Gesetze und andere Vorschläge durch den Rath an das Volk zu bringen und in der Versammlung darüber zu reden (*γράφειν καὶ λέγειν*).

157. Mit der Isogerie beginnt die Demagogie, welche die erloosten also zufälligen Obrigkeiten je länger je mehr zurückdrängt, und das Volk gewöhnt nach eigner Erwägung der Gründe und Gegenstände, des Nutzens und Schadens, der Mittel und Wege seine Beschlüsse zu fassen. Und doch waren seine Beschlüsse auch jetzt noch schön und gut, so lange Männer wie Aristides und Perikles an seiner Spitze standen und die alten Marathonier und Salaminier den Ausschlag gaben, welche unter der altväterlichen Zucht und Sitte erwachsen waren.

158. Als aber das junge Geschlecht heranwuchs, und des Ephialtes Gesetz die hehre Macht des Areopagos gebrochen, „da ward das Volk unbändig, wie ein wildes Pferd, dass es keinem Zügel mehr folgen mochte, Euböa biss und auf die Inseln sprang“, **) d. h. es fing an, nach Laune und Willkür zu schalten und wider Recht und Vertrag zu thun, was ihm nur nützlich schien oder seiner Eitelkeit schmeichelte.

159. Alkibiades ist der Held, Muster und Urbild dieser neuen Art und Zeit, die aus eigensüchtigem Ehrgeiz das Vaterland an den Rand des Verderbens bringt. In dem Hermokiden-Prozess, den Alkibiades veranlasst, hatte das Volk in wahnwitziger Angst vor Auflösung der Volksherrschaft so

*) *Κοινὴν εἶναι τὴν πολιτείαν καὶ τοὺς Ἄρχοντας ἐξ Ἀθηναίων πάντων αἱρεῖσθαι.* Plut. Arist. 22.

**) Plut. Perikl. 7, in fine: aus der Komödie.

Freund als Feind erwürgt, und, als ihm bei seiner Verurtheilung der siegreichen Feldherren bei den Arginusen vorgehalten ward, nicht ihm, sondern der Heliäa gebühre das Urtheil, schrie es wüthend auf: „Das sey ja ungeheuer, das Volk nicht thun zu lassen, was ihm beliebe", und erklärte damit auch ausdrücklich seine Willkür zum höchsten und einzigen Gesetz und Recht. Um deswillen ward die unrechte Willkür — zwar nicht recht — aber es war doch sein Recht, denn es hatte die höchste Gewalt — wie sein Gesetz, und — sie widerfuhr ihm. Auf den Hermokiden-Prozess folgte die Herrschaft der Vierhundert, die ohne Volksversammlung regierten und auf die unrechtliche und ungerechte Verurtheilung der Arginusischen Sieger die Zwingherrschaft der Dreissig unter Sparta's Schutz und Oberhoheit.

Zwar ward die Stadt bald wieder frei und die alte (solonische?) Verfassung durch neue Gesetze unter Archon Euklides wiederhergestellt und befestigt, aber die alte Kraft und Herrlichkeit war mit der alten Bürgertugend und Sittlichkeit für immer verschwunden.

C. Uebrige Hellenische Staaten.

160. Gleiches Geschick hatten nicht nur die kleineren Hellenischen Freistaaten, welche erst Bundesgenossen der Athenäer, dann zinspflichtig und endlich ihre Unterthanen geworden, weil sie statt der Krieger und Schiffe lieber Geld als Beisteuer gegeben um sich dem reichlohnenden Gewerbe und Handelsverkehr und dem fröhlichen Lebensgenusse gänzlich zu ergeben. Sie gelangten aber nicht sowohl durch diese enge Verbindung mit Athen als auch und vornehmlich durch eigne innere Entwicklung zu demselben Ziele, und, wenn sie durch die Athenäische und die eigne Willkür noch nicht ganz entsinnlicht waren, so ging die letzte Spur edler Freiheit und Selbstständigkeit im Peloponesischen Kriege und unter der Spartischen Herrschaft zu Grunde.

161. Denn die Spartiatischen Feldherren und Gewalt-

boten pflegten mit grober Rauhheit alles für den Staat zu fordern und ohne Scheu und Schaam für sich zu nehmen und zu vergeuden. Und sie waren nicht die einzigen, welche gegen die strenge Spartiatensitte und Zucht sündigten, sondern auch die Heergesellen gaben sich dem üppigen Wohlleben hin, welches die Fülle des Reichthums und der Verfeinerung (Civilisation) der befreundeten und unterthänigen Inseln und Städte ihnen reichlich bot und bereitete.

So verdarben Sparta's beste Krieger, der Kern des Volkes, die Gleichen an Leib und Seele. Denn nicht nur entnervt kehrten sie in die rauhe, harte Vaterstadt zurück, sondern auch voll inneren Grimms wider die übermässig strenge Kriegszucht und Lebensweise, der sie sich doch fügen und gern zu fügen scheinen mussten. Daraus entstand jener arge, widrige Heuchelschein, der der Sittlichkeit um so verderblicher ist, je mehr die lüderliche Gesinnung der zur Schau getragenen Tugend und Sittenstrenge widerspricht.

Sparta bewahrte gleichwohl durch seine Verfassung und die Zucht der herben Ephoren nicht nur die alte Form und Gestalt altdorischer Sitte und Tugend sondern auch die alte Heldenkraft und Tapferkeit und durch sie die Freiheit des Staates am längsten, — nicht auch seine Herrschaft und Obmacht. Jene hat es durch seine Willkür und Härte wie sein Ansehen durch den verrätherischen Frieden des Antalkidas mit dem Persischen Grosskönig verwirkt.

D. Theben.

162. Sparta's Obmacht aber ward durch die Tugend und Tapferkeit der Thebäer Pelopides und Epaminondas in den Schlachten bei Leuktra und bei Mantinea gebrochen. Thebens Obmacht überlebte jedoch seine zwei Helden nicht lange und Athen trat wieder an die alte Oberstelle. Aber auch Athen konnte sich in seiner wiedergewonnenen Oberherrschaft nicht behaupten, sondern musste seinen unterthänigen Bundesgenossen auf Persischen Einspruch die Freiheit verstatten.

163. Sie genossen dieses Glückes nicht lange, wenn anders Willkürherrschaft des Haufens, der Reichen oder des Mächtigsten Glück oder Freiheit zu nennen ist. In ihrem Streit und Krieg um den Gottesraub und Frevel am delphischen Heiligthum kam die allgemeine sittliche Verderbniss zu Tage und zur Strafe: ihre Freiheit ward der grösseren Arglist und einichen Macht des Makedonen-Königs Philippus zum Raube, der die endlich mühsam vereinten Hellenen in der Schlacht bei Chäronea besiegte und sich zu ihrem obersten Heerführer gegen die Perser aufwarf. Der Hellenische Krieg und Sieg über das Perserreich ward bekanntlich seinem Sohne Alexander zu Theil. Er bewies allerdings die höhere Macht und Würdigkeit der verständigen, selbstbewussten Hellenischen Geistesbildung über das naturwüchsige Weltreich und Recht des Morgenlands. Da aber die Herrschaft und Verbreitung derselben eine ganz neue eigenthümliche Entwicklung des Rechts und des Gottesbewusstseyns heraufführt, so ist nicht hier, sondern unten (252 ff.) davon zu reden.

Vom Glauben der freien Hellenen.

164. Der alte Hellenische Glaube (θεοσεβεια) beruhte wesentlich auf dem hohen, sittlichen Rechtsgefuhl und der heiligen Scheu vor dem reinen, gerechten, ewigen und allmächtigen Wesen, dessen Wille das Recht und den Staat gesetzt und gestiftet hat und ihn aufrecht erhält und lenkt,*) weil sich die alten Hellenen, gleich den morgenländischen Völkern in ihren naturwüchsigen, — obwohl naturfreieren Staaten — nur der Heiligkeit (Nothwendigkeit und Unverletzlichkeit) des Rechts, nicht auch seiner Entstehung und Entwicklung bewusst waren. Er bestand daher auch nur so lange und insofern, als die Gottheit diese wesentliche Eigenschaft der rechtsetzenden oder gesetzgebenden Stadtherrschaft oder Staatsgewalt besass und behielt, was wiederum von der mehr oder minder schnellen und bedeutenden Veränderung der Lebens- und Rechts-

---

*) ΔΙΚΗ ΚΑΙ ΑΙΔΩΣ!

verhältnisse und der Theilnahme der Bürger an der Gesetzgebung abhing, welche dadurch nöthig ward.

165. In Sparta, wo der grundherrschaftliche Adel an seinem alten, göttlichen Rechte beharrlich festhielt, und nicht nur die unterthänigen Landeseinwohner vom Staat und Volke ausschloss, sondern überhaupt keine Neuerung gestattete, so dass selbst die bedeutendsten Veränderungen nur als Rückkehr zur alten Ordnung erschienen, mochte die Gottheit das alte Recht und Ansehen und die Spartiaten den sittlichen Glauben — *ἐυφήμια* bewahren, welche Zeus und Apollon höher achteten als die Opfer aller Hellenen. Ja! ihre Frömmigkeit überdauerte sogar die sittliche Würdigkeit des verehrten delphischen Gottes; denn dieser gab nicht nur schon längst verfängliche zweideutige Antworten auf die Fragen der Barbaren (z. B. des Krösus), sondern es war auch der Befehl an Sparta gegen die Tyrannen Athens zu ziehen durch Bestechung durch den prachtvollen Tempelbau von den Alkmäoniden bewirkt worden. Die frommen Spartiaten freilich gaben nicht ihrem sittlich reinen Gotte, sondern seinen Dienern die Schuld. Sie folgten treulich auch seinem entgegengesetzten Gebote: die Tyrannen wieder einzusetzen und hatten kein Arg darin, als dessen Erfüllung an dem Widerstreben und Widerrathen der freimenschlichen Korinthier scheiterte.

166. In Athen und den übrigen Hellenischen Städten, welche der Rechtsentwicklung freien Lauf liessen und die neuen Verfassungen durch Vergleich und Vertrag, die neuen Gesetze nach der Verfassung in Staats- und Volksversammlung sich selbst gaben, gerieth der rechte Glaube oder das reine sittliche Gottesbewusstseyn immer mehr und immer schneller in Verfall je häufiger und durchgreifender die Veränderungen waren, welche die altgöttlichen Satzungen durch die Selbstgesetzgebung des Volkes erlitten. Denn die Götter verlieren mit ihrem sittlichen Gehalt, — indem ihr Recht nun Unrecht geworden ist und abgestellt werden muss, — den Grund ihrer Göttlichkeit und Verehrung und der sittlich-gläubigen Zuversicht. Nur die Naturmacht und Herrschaft behielten sie,

welche, wie die natürliche Welt und die Natur-Erscheinungen, worin allein ihre Macht sich bethätigt, den Hellenen dunkel und daher furchtbar war. Sie fragen daher allerdings noch in wichtigen zweifelhaften Fällen die Götter um Rath; da diese aber auch nur — das altgöttliche Recht, nicht die Zukunft wissen und ihnen daher doppel- und vieldeutige Antworten geben, sie also auf ihre eigene Erwägung und Entschliessung verweisen, so hätten die Hellenen den Rath und die Verehrung der Götter gewiss sogleich aufgegeben, wenn nicht dem Menschen der Glaube innigstes Bedürfniss wäre und die Zufälligkeit der Abstimmung und Beschliessung in grossen Volksversammlungen eine höhere Bestätigung und Verheissung guten Erfolgs wünschenswerth und schier nöthig machte. Man darf sich durch die prunkhaften Festlichkeiten zu Ehren der Götter und durch die bekannte Götter und Geisterfurcht (*δεισιδαιμονια*) der Athenäer nicht zu der Meinung bestimmen lassen, als ob die alte Gottesverehrung (*θεοσεβεια*) unverändert fortbestanden. Wenn man den Gehalt ihres Gottesbewusstseyns und Glaubens erforscht, so ist der stete und rasche Verfall desselben unverkennbar. Von den Verwandschaftsmythen, welche durch die Entsittlichung der Götter zu nur natürlichen und somit unsittlichen Begehungen herabgesetzt sind, und von den Hellenen selbst als unwürdige Fabelein betrachtet wurden, soll hier, obgleich sie das Ansehen der Olympier wesentlich beeinträchtigen mussten, gänzlich abgesehen werden. Wir folgen der Auffassung und Vorstellung der edelsten und besten Hellenen, des Aeschylos und Pindar, des Herodot und des Sophokles, des Aristophanes und des Euripides, welche nicht nur durch gleichzeitige Thatsachen als der allgemeine Glaube bewährt wird, sondern wegen des gottesdienstlichen Festzweckes der Tragödien und Komödien als der unmittelbare Ausdruck desselben gelten kann, weil das Volk sie sonst nicht geduldet, geschweige denn gepriesen hätte.

167. In den ewigen Dichtwerken des A e s c h y l o s (um 525 † 467 a. Chr.) finden wir noch die ganze Fülle und Reinheit des echten althellenischen Gottesbewusstseyns. Er und

seine Marathonskampfgenossen, „die mit Seufzen Zucht gelernt“, haben die alte durchaus würdige Vorstellung von der Gottheit, dass sie die allgenugsame, allweise und gerechte, heilige Macht des Guten und Schönen ist und hat, und in der Regierung der Natur — und Menschenwelt übt, — sich bethätigt. Zeus, Athene, Poseidon und alle Himmlischen sind zwar auch Helfer und Retter der Hellenen, aber nicht sowohl als ihrer Verehrer, sondern, weil sie das Recht auf ihrer Seite haben, welches auch ihr Gesetz — ihre Moira ist. Darum wird auch den alten — nun unterirdischen Göttern den Erinnyen — als Eumeniden (Wohlgesinnten) ihr Recht und ihre Ehre im — sittlichen Hause.

168. Bei Pindar (519 † 425 a. Chr.) zeigt sich im Wesentlichen derselbe Glaube an die sittlich reine, allgenugsame Gottheit des Zeus und der übrigen Olympier, aber sie erscheinen schon mehr als Gönner, Retter und Beglücker ihrer Verehrer, und er feiert die hülfreichen Heroen, welche den Menschen so viel näher stehen und nicht nur für sie, auch mit ihnen als Vorkämpfer in die Schlacht ziehen, wenn nicht höher, doch öfter und mehr als die ewigen Götter. Zu seiner Zeit ward der Heros Echetleus (Pfluzsterzer) als Vorkämpfer bei Marathon, Aiakos und Boreas als Helfer im Kampfe zu göttlicher Ehre erhoben. Gleiches, ewigseliges Leben wird den Heldenseelen nach ihrem Tode zu Theil auf der Seligen-Insel. Ihm schliesst sich Homer als Schulbuch*) und

169. Herodot (484 — 444) mehr in dem treuen Bericht des gnadenreichen Beistands der Heroen und der Götter, als in seinem Glauben an. Er hält die Aegyptische Götterlehre für die uralte, echte und wahre und erzählt, dass auch die dodonäischen Priester den Dienst der Gottheit von dort herleiteten. Den Ursprung der Hellenischen Göttergeschichten findet er in den Homerischen und Hesiodischen Ge-

*) Homer, obwohl älter, gehört der religiösen Gesinnung und Anschauung nach hierher und fand daher um diese Zeit Eingang als Schulbuch.

dichten oder Erdichtungen. Daher feiert er — mit seinen Zeitgenossen zu höchst die Eleusische Gottheit der Demeter, von welcher ihm gesagt worden, dass sie wie mit Heeresmacht zur Salamisschlacht gezogen sey. Die ausgleichende Gerechtigkeit der Götter beruht ihm nicht sowohl auf dem Rechte, als auf ihrer Eifersucht (*φϑονος*) gegen alles Hohe und Grosse.

170. Ueber den Glauben des Sophokles (495 † 405 a. Chr.) steht die Meinung minder fest. Er wird gewöhnlich für eben so gläubig gehalten wie Aeschylos; aber, wenn er auch in vielen Stücken äusserlich mit ihm übereinstimmt, so scheint er doch noch aufgeklärter als Herodot zu seyn. Seine Götter, selbst der allermächtigste Zeus sind dem blinden Schicksal unterthan, welches er *τύχη* bisweilen auch *μοιρα* bisweilen das Gesetz des Vaters Himmel nennt. Auch thun sie, wie mächtige Leute wohl pflegen, nach Willkür und Laune und rächen die Vergehungen der Väter gegen ihre willkürlichen Gebote an Kindern und Kindeskindern, wie gut und fromm, gerecht und edel diese auch seyen. Warum erleidet Oedipus *) die grauenvolle Qual und Schmach? Weil's seinem Vater so geweissagt war, dass der Neugeborene einst ihn erschlagen und mit seiner eignen Mutter in Blutschande leben würde und weil er dies Unvermeidliche — unwissentlich gethan! Solch' grausig rohes Recht und Gericht, wo Schuld und Unschuld gleich gilt, nur die nackte Thatsache, die Handlung ohne Rücksicht auf den Willen bestraft oder eigentlich gerächt wird, — durfte freilich nicht bestehn, wenigstens nicht mehr der höheren sittlichen Gerechtigkeit der schön und guten Menschen entgegen- oder gleichgestellt werden!

171. Aristophanes, der jüngere Zeitgenosse und Verehrer des Sophokles und von nicht minder edler Gesinnung, that daher den Göttern und den Menschen ihr Recht an, indem er in den „Vögeln“ die Trennung des göttlichen und des menschlichen Rechtes als Beschränkung der hungrigen Götter auf Opfer und Furcht darstellte und in den „Fröschen“

---

*) Oidip. R. chor. ult. *ὃς τὰκλειν' αἰνίγματ' ᾔδη καὶ κράτιστος ἦν ἀνήρ.*

den Dionysos, in anderen Komödien die andern Götter ausser der hehren Stadtherrscherin Athene dem Gelächter der lustigen Menge preisgab, wie menschliche Thoren und Schufte. Er kennt und preist die schöne Zeit noch, wo, „was aus Thorheit wir beschlossen, zum Seegen stets Athene hat gewandt,“ vor der Gegenwart, wo „Händeler und andere Speichellecker das gute Volk sò arg bethört, dass es nicht nur das Schlechteste erkiest, sondern auch gar wähnt die Weisheit selbst zu seyn und nimmermehr zu fehlen. Sein Spott ist sittlich schön und gross.

172. Euripides (479 † 406) endlich lässt in seinen sonst wohl mit Recht gepriesenen Tragödien fast noch tiefer in das Gottesbewusstseyn seiner Zeitgenossen blicken und erkennen, dass der Glaube gänzlich verkommen ist.*) Die Götter werden hier wie die Menschen, welche durch den Besitz der Macht verwöhnt und sittlicher Selbstbeherrschung unfähig sind, von Laune und Leidenschaft zu Entschlüssen und Thaten hingerissen, deren nur ein Mensch von der gemeinsten Gesinnung sich nicht schämen möchte. „dess Zunge schwört, den Sinn hält ungeschworen.“ Oefters sind sie auch blosse Maschinen, wie wenn „Apollo dem Orestes, der als er zu der grausen Unthat ihn gereitzt, mit Worten nur ihm beistand, doch nicht mit der That“ (v. 285 ff) am Ende auf der Zinne erscheint und ihm räth die Tochter des Menelaos lieber nicht zu morden, sondern — zu heirathen!

173. Ganz so gottlos wollten die Athenäer doch nicht seyn. Sie nahmen argen Anstoss an der Vertheidigung des Meineids und machten auf Diopeithes Antrag ein Gesetz, dass die Ungläubigen (*τὰ ϑεῖα μὴ νομίζοντες*) und diejenigen, welche die Himmelserscheinungen natürlich, vernünftig erklärten (*λόγους περὶ τῶν μεταρσίων*) angeklagt und bestraft werden sollten.

---

*) Eurip. Troj. v. 867 (nach Bothe): O du! der die Erde trägt und auf Erden thront, unbegreiflicher Zeus, der Natur Nothwendigkeit, des Menschen Geist! dich ruf ich an, denn wandelnd den geheimen Pfad lenkst du ja Alles Sterbliche gerecht an's Ziel!

Allein sie brachen selbst von Staatswegen die heiligsten Eide, wenn's nützlich schien*) und hatten sicherlich keine bessere Vorstellung von den Göttern als Euripides aussprach, sondern nur grössere Furcht. Denn seit diesen der sittliche Gehalt und Wille entschwunden ist, sind sie ihnen nur furchtbar mächtige Geister und Gespenster, die man bei Leibe nicht kränken noch reitzen darf.

174. Dass aber wirklich das Gottesbewusstseyn der Hellenen und namentlich der Athener so von Stufe zu Stufe, vom echthellenischen Glauben an die gerechte himmlische Stadtherrscherin, zu dem Persischen: an den für die Seinen kämpfenden Gott und Halbgott, dann zu dem Aegyptisch-Indischen: an die Erdmutter und andere so nur natürliche Naturgötter, endlich zu dem Chinesischen: an den Vater Himmel oder die Macht des Gesetzes als eine unbegreifliche herabgesunken, wird nächst den bekannten dem „Befreier Zeus und Retter Poseidon" und den Heroen gewidmeten Heiligthümern auch durch die Wiederbelebung der Eleusinischen Mysterien und die gleichzeitige Einführung asiatischer Gottheiten, welche den althellenischen nach der natürlichen Seite hin ähnlich aber darum schlechter waren, weil sie des echten und rechten Geistes entbehrten; und endlich dadurch bewiesen, dass nicht blos das gemeine Volk, sondern auch die Gebildeten, selbst der gute Nikias an Wahrsager, Zauberer sich hingen und von ihnen Erkenntniss der Zukunft und Hülfe in der Noth erwarteten, die sonst der Gerechte von den gerechten Olympiern mit fester Zuversicht erbeten und erhalten hatte.

Hellenische Philosophie.

175. Obwohl nun der Hellenische Glaube auf diese Weise: durch die Entsittlichung der Götter, welche die noth-

---

*) Aristides, der Gerechte, ging darin mit seinem Rath und Beispiel voran, indem er die Folgen des Eidbruchs an den Bundesgenossen rücksichtlich des Bundesschatzes auf sich selbst nahm, der selbst den Vertrag beschworen.

wendige Folge der Abschaffung des göttlichen Rechtes und seiner Verbesserung durch menschliche Selbstgesetzgebung war, in sich zerfallen und zum Aberglauben verdorben war, wird doch gewöhnlich der Philosophie die Schuld gegeben, dass sie den Glauben zu Grunde gerichtet. Es wird hervorgehoben, dass der Thebanische Feldherr Epaminondas, der ein Pythagoräer gewesen, es gebilligt habe, dass seine Arkadischen Bundesgenossen (*Μυριοι*) den Olympischen Zeus-Tempel beraubt, um ihr Söldnerheer gegen Sparta zu bezahlen, und, dass alle übrigen Philosophen eben so ungläubig gewesen und den Hellenischen Glauben als unwahr und unsinnig dargestellt haben. Und allerdings ist der Hellenische Glaube in der Hellenischen Philosophie zu Grunde gegangen. Aber sie hat den Untergang desselben nicht sowohl herbeigeführt, als nur die Nichtigkeit des untergegangenen oder verdorbenen — Aberglaubens bezeugt und bewiesen. Und dabei ist sie nicht stehen geblieben, sondern sie ist auf seinen wahren Grund zurückgegangen und hat seine Grundwahrheit aufgedeckt und begriffen: nur die irdische und darum mangelhafte Form der Vorstellung ist abgestreift, der wirkliche echte Gehalt des unmittelbaren Gottesbewusstseyns bewahrt und in der höheren reineren Form des selbstbewussten Denkens und Wissens hergestellt.

176. Die Philosophie hat ihren Ursprung im Zweifel — an der Möglichkeit solch unsittlicher Götter und somit ihren Anstoss oder Anlass an dem Aberglauben des Volkes; ihren Grund und Urtrieb aber in dem sittlichen Rechtsgefühl, welchem der innere Widerspruch in der höchsten Gewalt der Olympier: ihrer vermeintlichen Macht über die Welt und ihrer Befähigung und Berechtigung zur Weltregierung: zur Schöpfung und Erhaltung der schönen und guten Weltordnung — mit ihren lüderlichen Leidenschaften, Launen und Willkür unerträglich ist. Wenn nun das verständige Nachdenken über den Grund der Weltordnung und Regierung zu demselben Ergebniss und Ziele führt, welches der rechte echte Glaube des Volkes schon vorlängst erreicht hat, so lässt sich das daraus

erklären und begreifen, dass beide: Glaube und Philosophie aus derselben Wurzel des sittlichen Rechtsgefühls emporwachsen. Aber wundersam ist, dass auch die Hauptstufen des Fortschritts — bis auf Bild und Ausdruck dieselben sind.

A. Die älteren Philosophen ausserhalb Hellas.

177. 1) Thales von Milet (640—550 v. Chr.) der erste Weltweise, d. h. der zuerst über Grund und Wesen der Welt nachgedacht hat, lehrte, „das Wasser sey das Grundwesen von Allem und dass die Welt voll Geister (Dämonen) sey."

178. 2) Pythagoras aus Samos (cc 540) der sich zuerst einen Freund der Weisheit (φιλόσοφος) nannte und zum Zweck der Staats- und Regierungsverbesserung zu Kroton eine Schule für künftige Staatsmänner stiftete und leitete, lehrte: „Die Gerechtigkeit sey eine unwandelbare Eigenschaft der Zahlen und die Eigenschaften Alles dessen, was harmonisch ist, seyen daher den Zahlen nachgebildet, die Zahlelemente seyen demnach die Elemente aller Dinge und der ganze Himmel eine Harmonie und Zahl; den himmlischen Zahlen aber entsprechen die irdischen Dinge. Die Seele nehme zufällig den zufälligen Körper an, und gehe nach dem Tode desselben in andere Körper über bis sie den Kreislauf vollendet." *)

179. 3a) Die Eleaten erfassen das Urwesen tiefer. Xenophanes lehrte: „Eins sey das All und der Gott mit allen Dingen verwachsen: Er sehe ganz, denke ganz, höre ganz"; und Parmenides lernte „von der Gottheit, zu welcher Themis und Dike ihn geführt, dass nur das Ist oder das Seyn und das Denken des Seyenden ist und nothwendig — wahres Seyn ist." Zeno sprach das Seyn als das Wesen Gottes aus und

*) Herodot II, 123 meint, Pythagoras hätte die Seelenwanderung bei den Aegyptern kennen gelernt, sie ist aber in dieser Auffassung der Chinesischen eben so ähnlich und dem Zahl und Maassglauben verwandter.

bewies dass Gott ewig, einich und kugelförmig, nicht begrenzt noch unbegrenzt, nicht unbeweglich aber unbewegbar sey, das Viele aber sey gar nicht, habe keine Wahrheit, weil der fliegende Pfeil — ruht: jetzt hier! jetzt hier! also immer hier ist und der schnellfüssige Achilleus die langsame Schildkröte nicht einholen kann, da er immer erst die Hälfte und wieder die Hälfte des Raumes durchlaufen müsste, den sie voraus hat.

180. 3 b) Der tiefsinnige Heraklit von Ephesus (cc. 500 v. Chr.) dagegen behauptete: „Alle Dinge seyen und seyen auch nicht, und das Seyn sey nicht mehr als das Nichtseyn oder Seyn und Nichtseyn sey dasselbe d h. die Wahrheit sey die Einheit beider d. i. das Werden." „Alles fliesst!" „Das Gesetz, welches durch das Seyn des Ganzen hindurchgeht, diesen ätherischen Leib und Saamen des Werdens: die Bestimmung (*εἱμαρμένη*) zu erkennen, ist — Weisheit allein." Das Urwesen selbst aber soll er im Feuer, nach Andern, in der Zeit, nach Andern in der Luft angeschaut haben: den flüssigen Elementen.

181. 4) Empedokles, der den Streit der Partheien in seiner Vaterstadt Agrigent in Sicilien beilegte und für gleiche Rechte und Freiheit aller Bürger sorgte, sah auch in der Natur neben dem Guten das Böse, Unordnung und Hässliches neben dem Rechten und Schönen und stellte daher die Freundschaft und die Feindschaft als die Ursachen des Guten und des Bösen auf. Das Grund- und Urwesen aber, welches nicht aus dem Streite stammt, wie das Uebrige sämmtlich, ist ihm die Liebe oder die Freundschaft. Schon dem Aristoteles ist die Uebereinstimmung dieser Philosophie mit der Lehre der Persischen Magier aufgefallen, zumal hier an eine Mittheilung nicht zu denken ist.

182. Anaxagoras aus Klazomenae in Lydien, „war der Zeit nach etwas früher als der vorige, dem Wissen nach (*ἔργοις*) später — reifer. Er trat wie ein Nüchterner unter die ins Gelag Redenden, indem er sagte, dass der Verstand (*νοῦς*) es sey, der wie im Leben, so auch in der Natur die Ursache der Welt und aller Ordnung sey."

Da nun hierin der Grund und Ursprung der Hellenischen Welt, den der altgläubige Dichter (Hesiod. Theog. 116 ff.) geahndet ausgesprochen, in Hellas aber unter Perikles Leitung das verständige Selbstbewusstseyn erwacht war, so übersiedelte der kühne Denker sich und die Weisheit nach Athen, welches fortan die Mutter- und Hauptstadt, wie der selbstbewussten Herrschaft nach Gründen des Nutzens und Schadens, so auch des denkenden Selbstbewusstseyns ward und blieb.

B. Die Athenischen Philosophen.

183. Als das Athenäische Volk sich zur höchsten Macht emporgeschwungen und die Beisteuer der Bundesgenossen nicht nur zum Kriege gegen die Perser, sondern auch zum Schmuck der Stadt und zum Vergnügen des Volkes verwandte — also sich und sein Wohlseyn zum Zweck von Hellas und der Welt machte, da sprach Protagoras aus Abdera, der Freund des Perikles, den grossen Gedanken aus: „dass der Mensch von allen Dingen das Maass sey." Der Mensch war ihm der schönund gute Hellene. Denn, „wer nicht theilhaftig wäre der heiligen Scheu und des Rechts (*αἰδώς καὶ δίκη*) sollte wie eine Krankheit der Stadt ausgerottet werden." Nachdem sich aber die Athenäer und die Hellenen der heiligen Scheu und des Rechtsgefühles entschlagen und nach Willkür geboten und thaten, da ward sein Lehrsatz anders verstanden.

184. Die Sophisten machten den gemeinen Hellenen mit seinen selbstsüchtigen Zwecken zum Maass der Dinge und sprachen die zufällige Willkür des Volks als das allgemeine Recht eines Jeden wie Aller aus, indem sie zugleich die gewaltige Kunst lehrten — den Staat zu regieren d. h. das Volk, den Rath und die Richter nach Gefallen zu leiten. Sie haben um die allgemeine Bildung und um die Wissenschaft gewiss sehr grosse Verdienste, und, wenn sie in den Platonischen Dialogen dem Sokrates gegenüber und sonst als Zungendrescher und Rechtsverdreher erscheinen, so hat das seinen Grund nicht sowohl in ihrer Denkkunst und Gewandtheit, welche Gründe und Gegengründe für Alles und Jedes zu finden weiss, — denn Sokrates bedient sich derselben Künste, — als vielmehr darin, dass ihr Grundsatz schlecht, ihre Kunst feil war, während

185. Sokrates den denkenden Menschen, der das Schöne und Gute fühlt und will, zum Maass aller Dinge macht. Er ist damit ohne Zweifel über Protagoras und die Sophisten hinausgegangen und des hohen Ruhms würdig, den ihm Mit- und Nachwelt geweiht hat. Die Athenäer aber hielten ihn eben darum für den gefährlichsten und ärgsten aller Sophisten, weil er die Einseitigkeit und Beschränktheit der Staatsgesetze und des gemeinen Bewusstseyns, zwar nicht zu eignem Nutzen missbrauchte, aber sie Allen und Jedem bewies, der auf seine Frage nach dem Guten einging; — und seine Richter fanden ihn des Todes schuldig, als er nicht nur diese „Gottlosigkeit und Jugendverführung" eingestand, sondern sein Thun so gar als gut und verdienstlich pries und somit seinen freien, durch eignen Verstand und Gedanken bestimmten Willen, als sein und jedes Verständigen Recht dem Volk und Staat gegenüber geltend machte. Sokrates musste sterben nach dem vergehenden, — aber noch nicht vergangenen — Rechte des althellenischen Freistaats, dessen Theil nur — der Bürger war, für das neue, werdende Recht des Menschen, nach eignem Wissen und Gewissen das Gute zu suchen und zu thun; ein Recht, welches schon nach 6 Jahren dem Athenischen Volke so zum Bewusstseyn kam, dass es den Sokrates für unschuldig erklärte und seine Ankläger bestrafte!

Was das Gute sey, den allgemeinen Begriff des Guten, hat Sokrates nicht ausgesprochen und nicht gewusst.

186. Von seinen Jüngern haben Einige, wie Xenophon, die Lehre und die Weise des Meisters festgehalten: das Gute gewollt und gethan, wie sie es in jedem einzelnen Falle erkannten. Andere suchten das Gute selbst zu erfassen und zu begreifen. Die Megariker hielten den allgemeinen Gedanken des Guten in seiner Einfachheit fest und zeigten, wie Sokrates, dass weder dies noch jenes Einzelne das Gute sey.

Die Kyrenaiker setzten das Gute in die Freudigkeit, wie sie durch das gebildete Denken bestimmt wird. Die Kyniker endlich fanden das Gute in der Freiheit, Unabhängigkeit, welche durch die einfachste Befriedigung der natürlichen Bedürfnisse erreicht wird. Sie haben also die Sokratische Weisheit nach verschiedenen Seiten hin entwickelt und das freie Selbstbewusstseyn mächtig gefördert, dass der denkende (gebildete) Mensch Selbstzweck und Maass aller Dinge ist. Aber, indem sie von ihrem Einzelbewusstseyn ausgingen und Alles auf dasselbe bezogen, haben sie sich fast ebensoweit von dem Kern und Wesen des Sokratischen, wie des echthellenischen Volks-Geistes entfernt. Denn dieser hat die schöne Sittlichkeit, welche alle Glieder des Volkes zum Freistaat verbindet und einigt, zu seinem Inhalt, jener zu seiner Voraussetzung.

187. Diesen echten reinen Gehalt des Guten hat Plato aufgefasst und im wohlgegliederten Ganzen eines wahrhaften Staats und staatlichen Lebens zu entfalten gesucht.

Das Gute (*ἀγαθὸν*) ist ihm das Gerechte (*δίκαιον*), dem Recht d. h. dem guten Staatsgesetz Gemässe. Dazu bedarf es des guten Staates, wo die Weisen regieren und die Tapferen schützen, die Uebrigen Feldbau und Handwerk treiben. Solcher Staat ist gut, vollkommen, weil die Glieder seiner Verfassung den unterschiedlichen Theilen der einen menschlichen Seele entsprechen: Der erste Stand dem Denken, der andere dem Gemüth, der dritte den Naturtrieben — Leben (*λόγος, θυμός, ἐπιθυμίαι*) und weil dieselben in ihrer Bethätigung die vier Haupt- und Grundtugenden erfüllen: der erste die Weisheit, der andere die Tapferkeit, der dritte die Mässigung und alle die Gerechtigkeit (*δικαιοσύνη*) indem Jeder nur das Eine und allgemeine (Staats-) Geschäft vollbringt, wozu er (von Natur) berufen ist.

Von Natur aber ist Einigen Gold eingemischt, Anderen Silber, den Uebrigen gemeines Erz. Daher müssen die Begabtesten zu weisen Staatslenkern, die andern zu Staatsschützern und Hütern gebildet werden. Wie der Schuster und seinsgl. gesinnt sey, kümmert den Staat nicht. Damit nun die jedesmaligen Staatslenker stets die wirklich Begabtesten auswählen, und nicht etwa die schlechteren — eigenen Kinder aus thörichter Vaterliebe zu ihren Nachfolgern bestimmen, darf Keiner seine Kinder kennen. Die Neugeborenen sollen daher den Müttern gleich weggenommen und in einem allgemeinen Kinderhaus von allen Müttern gesäugt und aufgezogen werden, bis die Auswahl und Sonderung von sich geht. Es sollen daher wohl Hochzeiten aber kein Zusammenleben der Gatten, keine Einzelfamilien stattfinden. Nicht minder sollen auch alle übrigen Güter Allen gemein seyn, damit Keiner zu Geiz und Habsucht verführt, sondern die Selbstsucht unmöglich sey.

Dass dieser ideale Staat Plato's nicht vollkommen ist, hat Aristoteles schon gründlich nachgewiesen; aber er erkennt auch das viele Treffliche und Grossartige an. In der That hat er das wahre Wesen des sittlichen Volksgeistes und Staates der Hellenen und namentlich der Dorischen Spartiaten sich selbst zum Verständniss gebracht; nur dass in der strengen Folgerichtigkeit des wissenschaftlichen Gedankens die wesentlichen Mängel und Fehler desselben schroffer und klarer hervortreten: Es fehlt — insbesondere die Ehe, wofür die Hellenen nicht einmal ein Wort haben und das Eigenthum, welches auch in Sparta fast bis zum Niessbrauch — verkümmert ist.

188. An diese Lehre vom Staate und Recht schliesst sich Plato's Anschauung von Gott und Welt. Der Timaeus setzt voraus, dass Gott gut sey. Daher habe er, weil der Gute keinen Neid hege, gewollt, dass alles ihm höchst ähnlich werde, und die Welt als einen seligen Gott geboren.

Von der Welt- und Menschenschöpfung dieser philosophischen Religion oder religiösen Philosophie, welche im guten Staate den Volksglauben ersetzen soll, ist von jeher mit vieler Bewunderung und — geringer Einsicht gesprochen worden. Je unklarer die Begriffe sind, die er in selbsterfundene Mythen und Bilder hüllt, desto tiefsinniger hat man diese gefunden und ausgelegt. Sie hat aber nicht einmal das Verdienst mit dem echten Hellenischen Glauben anders als in Nebendingen und in der Doppelursach: Chaos und Geist übereinzustimmen.

Nur das gereicht ihm zum Ruhme, dass er das Chaos oder Unbegrenzte als das Nichts erkennen lässt, indem der Gott oder Geist die Elemente erst schafft, um der Welt Länge und Breite, Höhe und Tiefe zu geben, denn daraus ergibt sich, dass das Unbegrenzte oder Chaos diese Ausdehnungen im Raum also wirkliches Daseyn nicht gehabt hat.

189. Ihre höchste Vollkommenheit erreicht die Hellenische Wissenschaft vom Staat, von Gott und vom Geist im letzten und grössten der schönundguten freien Hellenischen Denker, in Aristoteles. Er war zu Stagira in Thracien (384 v. Chr.) geboren, aber im 17. Jahre nach Athen gekommen und zwanzig Jahre lang mit Plato umgegangen. Nachdem Plato den Speusippos, einen nahen Verwandten, zu seinem Nachfolger ernannt und gestorben war, ging Aristoteles zu seinem Freunde Hermias, Dynasten von Atarnea in Mysien, und als dieser von den Persern überfallen, aufgehoben und gekreuzigt worden war, zu Philipp von Makedonien, der ihm die Erziehung seines Sohns Alexander anvertraute. Aus diesem bildete er den grössten Hellenen, den „anderen, höhern Achilleus" den Weltbesieger und - König.

190. Das treffliche staatswissenschaftliche Werk des Aristoteles beginnt vom Ursprung und Grunde des Staats. Wie durch die Verbindung von Mann und Weib die Familie, das Haus, durch die Erweiterung derselben, die Horde oder Gemeinde (κώμη), sich bildet, dass er also Naturerzeugniss (naturwüchsig) und der Mensch ein von Natur staatliches Wesen ist, weiss er ebensowohl, als dass der Staat, da die Erkenntniss des Nützlichen und Schädlichen, des Guten und Bösen, des Gerechten und Ungerechten ihn zusammenhält und ihn vom Leben zum Schönleben erhebt, sich als das Ziel und Endzweck jener natürlichen Vereine und somit als deren Grund, als das Ganze erweist, welches (φύσει) seinem Begriff und Wesen nach — früher ist als die Familien und die Einzelnen, welche Theile und Glieder dieses Ganzen sind und ohne dasselbe nicht gedacht werden können. Daher ist auch bei ihm der Mensch stets nur der Hellenische Bürger, der

Bürger aber Theil des Staats — *πολίτης μέρος τῆς πόλεως.* Bürger ist nur der freie Mensch, der an der Staatsverwaltung Theil hat, oder doch fähig ist, zu einem Staats- oder Richteramt zu gelangen. Der Staat aber ist eine hinreichende Anzahl solcher zur Staatsverwaltung berufener durch die Verfassung vereinter Bürger. Die Verfassung ist die Ordnung, das Gesetz (*τάξις*) des Staats, der sämmtlichen Behörden, zumal der allgebietenden — Staatsgewalt.

Nach der Anzahl und Beschaffenheit und dem Zweck der Staatsgewalt bestimmt sich Wesen und Namen der Staatsverfassungen: Alle diejenigen, welche das Gemeinbeste bezwecken, sind nach dem einfachen Staatsgesetz (*κατὰ τὸ ἁπλῶς δίκαιον*) wahre Staatsverfassungen; die anderen, welche blos das eigne Wohl der Regierenden zum Endzweck haben, sind schlecht und Ausartungen der wahren, Despotie-Willkürherrschaft, der Staat aber ist Gemeinschaft der Freien.

Die rechten Verfassungen sind 1) Königthum (*βασιλεία*), 2) Edel- oder Besterherrschaft (*Ἀριστοκρατία*) und 3) Bürger-Freistaat (*πολιτεία* sonst *δημοκρατία* genannt); die Ausartungen: 1) Zwingherrschaft Eines (*τυραννίς*) oder — 2) Mehrerer (*ὀλιγαρχία*), 3) Pöbelherrschaft (*ὀχλοκρατία* von ihm *δημοκρατία* genannt). Von dieser ist die erste die schlechteste, die letzte die erträglichste, denn den Gleichen gebührt nach dem Rechtsgesetz Gleiches, aber ebenso den Ungleichen Ungleiches.

Wenn daher der Staat blos ein Bündniss zur Sicherung des Lebens und Vermögens wäre, so müssten die Reichsten und Höchstbesteuerten den grössten Anspruch auf die Herrschaft haben. Da nun aber der Staat die Gemeinschaft der Geschlechter und Gemeinden zum vollkommnen und selbstgenugsamen Leben ist, alles andere aber Mittel, so müssen diejenigen, welche das Meiste zu der so beschaffenen Gemeinschaft beitragen, mehr Antheil am Staat haben, als die hochbürtigeren und reicheren oder ebenbürtigen und gleichreichen, an staatlicher Tugend aber ungleichen. Wenn Einer mehr staatliche Tugend und Macht hätte als alle Uebrigen, so müsste er König und Alleinherrscher und die ganze Menge ihm unterthan und gehorsam seyn; — wie es denn auch zu geschehen pflegte im heroischen Alterthum. — Als sich dann mehre gute Männer in der Stadt fanden, gründeten sie eine Verfassung, worin sie zusammen regierten. Jene Königliche und diese Edelherrschaft war und ist gerecht, wenn das Volk so beschaffen und geeignet ist, von den an Tugend hervorragenden als Freie beherrscht zu werden. Aber über Seinesgleichen — Gute oder Schlechte — zu herrschen ist Niemand berechtigt! Die beste von allen guten Verfassungen ist die freistaatliche — πολιτεία, wenn das ganze Volk, die waffentragenden Bürger, natürlich geeignet sind, sowohl regiert zu werden, als zu regieren nach dem Gesetz, welches die Aemter nach Würdigkeit zutheilt.

Indess ist dieser eigentliche und wahre Staat nie und nirgends in der Wirklichkeit vollkommen da gewesen; obgleich manche Staaten, namentlich Sparta, mehr noch die altathenäische Verfassung ihm sehr nahe gekommen sind. Doch ist es auch kein frommer Wunsch, noch bedarf es dazu ausserordentlicher Tugend und Bildung, sondern die meisten Menschen könnten solches (glückseliges) Leben führen, und die meisten Städte eine solche Verfassung haben, wenn sämmtliche oder doch die meisten Bürger wohlhabend und gebildet wären, so dass der Mittelstand über die Reichen und die Armen das Uebergewicht hätte. Ein solches Volk ist zur freien Selbstherrschaft vollkommen befugt und befähigt, weil der grösseren Menge der Mittleren und Armen mehr Staatsmacht und -Tugend inwohnt, als den wenigen Reichsten und Besten; und ein solcher selbstgenugsamer Staat ist — nächst Gott das Vollkommenste und Selbstgenugsamste, weil er sowohl selbst tugendhaft und somit glückselig ist, als auch alle seine Mitglieder in den Stand setzt, alle Tugenden zu üben und wahrhaft glückselig zu seyn. Die Glückseligkeit aber, welche das höchste Ziel und Endzweck alles menschlichen Strebens ist und seyn soll, besteht freilich nicht im blossen Leben oder in der Befriedigung der lebenden Seele, noch in Geld und Gut zur Befriedigung der fühlenden Seele, der sinnlichen Lust und Begier, wie die thörichte Menge wähnt; denn die Begier ist unendlich, unersättlich; sondern sie muss als das Uns-gute (*ἡμῖν ἀγαθόν*) ihren Grund und Wesen in der dem Menschen eigenthümlichen denkenden Seele haben, sie muss in einer Thätigkeit, Bethätigung derselben, — in einem tugendlichen in sich befriedigten Leben bestehen. *Εὐδαιμονία ἐστὶν ἡ τῆς ψυχῆς κατ' ἀρετὴν ἐνέργεια ἐν βίῳ τελείῳ.*

Da die menschliche Seele aber auch lebt und fühlt, so ist ihre Gesammtbefriedigung nicht ohne die irdischen Güter möglich, allein sie sind untergeordnete Mittel zum Zweck der werkthätigen Tugend. Beides ist im Staate zu finden. Er besitzt nicht nur alle Mittel, sondern sein Zweck ist auch der allgemeine: das allgemeine Gut- und Schönleben.

191. Die Tugend und die Glückseligkeit des Staats und des Menschen ist aber ein und dieselbe, sowohl in ihrem Grund und Wesen als in ihrer Erscheinung. Aber, wenn die Tugend des guten Menschen nur im Allgemeinen als die schönste und beste Beschaffenheit und als die Mitte zwischen den beiden Aeussersten bestimmt werden mag, so erhält sie im Staat so Maass als Ziel, so Gestalt als Gehalt. Denn ihr höchstes und edelstes Ziel ist das staatliche, allgemeine: Wohlfahrt und Glückseligkeit aller Bürger. Wenn alle Bürger gut, wohlhabend und gebildet sind, hat Jeder sich auf wechselweise Theilnahme an der Regierung zu beschränken, immer und überall aber nach dem Recht und Gesetz zu regieren, zu richten und zu leben, sittlich zu sein (*τὸ ἦθος σπουδαῖος*). Daher ist die Sittenlehre ein Theil (die Theorie) der Staatslehre, welche die schönste und beste Kunst und Wissenschaft ist.

192. Ausser diesem sittlichen Staatsleben gibt es allerdings noch eine andere Beschäftigung, worin der Geist hohen Genuss und Glückseligkeit finden kann, es ist die Weltweisheit oder Erforschung und Erkenntniss der Wahrheit, des Wesens der Dinge. Das beste Leben ist freilich das werkthätige, aber das ist nicht nothwendig auf Andere wirkend und thätig, noch sind nur diejenigen Gedanken werkthätige,

welche die Ergebnisse des Handelns zum Zweck haben, sondern viel mehr die selbstzweckigen und um ihrer selbst willen gedachten Begriffe und Urtheile (d. h. Gedanken, welche Mittel und Zwecke an und in sich selber, im Denken haben: Denken des Denkens sind *).

Die Wissenschaft (*θεωρία*) ist auf das Wesen (*οὐσία*) gerichtet, denn die Ursachen und Gründe der Dinge werden gesucht. Das sinnliche Wesen ist veränderlich. Wenn aber die Veränderung aus dem Entgegengesetzsten in das Entgegengesetzte geschieht, so muss etwas seyn, was sich in sein Gegentheil verändert. Dieses Etwas, welches beharrt, ist ein Drittes: die Materie (*ὕλη*). Die Veränderungen sind Uebergänge in die Gegensätze: die Materie muss also das Vermögen (*δύναμις*) zu Beiden haben. Da nun das Seyn zwiefach ist, so verändert sich Alles aus dem — Möglichen (*δυνάμει*) dem Vermögennachseyenden in das in der That- oder der Thätigkeitnachseyende (*ἐνεργείᾳ* — Wirkliche). Alles verändert sich aber als Etwas durch Etwas in Etwas und die Materie verändert sich durch das erste Bewegende in — die Form. Bei manchen Dingen findet sich ein solches Etwas ausser dem zusammengesetzten Wesen, wie die Form des Hauses. Die Form, wenn sie trennbar ist — für sich — ist Thätigkeit — *ἐνέργεια* (denn der Wille macht die Sache durch seine Bestimmung und Verwendung zu diesem seinem Zweck zu diesem bestimmten, so benannten Ding, indem er ihm die erforderliche Form giebt. Die Form ist der Ausdruck des Geistes wie seine That, der Geist des Dings, sein Begriff). Das bewegende Etwas muss nun Thätigkeit seyn: diese muss früher seyn als die Möglichkeit, da sonst das Seyende auch nicht seyn könnte.

Da nun aber die Bewegung ewig, und das Bewegte auch bewegend ist, so ist auch ein Mittleres, welches, ohne bewegt

---

*) Pol. VII. c. 3. §. 5. — *ἄριστος βίος ὁ πρακτικός. ἀλλὰ τὸν πρακτικὸν οὐκ ἀναγκαῖον εἶναι πρὸς ἑτέρους — οὐδὲ τὰς διανοίας εἶναι μόνας ταύτας πρακτικὰς τὰς τῶν ἀποβαινόντων χάριν γιγνομένας ἐκ τοῦ πράττειν, ἀλλὰ πολὺ μᾶλλον τὰς αὐτοτελεῖς καὶ τὰς αὑτῶν ἕνεκεν θεωρίας καὶ διανοήσεις.*

zu werden, bewegt — ewig — Wesen, seyende Thätigkeit.*) Es bewegt aber so: das Begehrte und Vorgestellte (*ὀρεκτὸν καὶ νοητόν*) bewegen, ohne bewegt zu werden und beide haben denselben Ursprung; denn begehrungswürdig ist das Schönerscheinende und zuerst zu wollen das Schönseyende. Ursache (*ἀρχή*) ist die Vorstellung, der Gedanke (*νόησις*), der Verstand aber wird von dem Vorgestellten bewegt. Dies Vorgestellte aber ist die andere Reihe an uud für sich selbst — (*συστοιχία καθ᾽αὑτήν*) und sein eigen Element (der als gegenständlich — wirklich gesetzte an und für sich seyende Gedanke) und sein Wesen ist schlechthin und wirklich. Von solcher Ursache (*ἀρχή*), Urkraft und Thätigkeit *ἐνέργεια*, welche *ἐντελέχεια* ist, (den Zweck in sich selbst hat und verwirklicht) hängt also der Himmel und die Natur ab. Ihre Werkthätigkeit auf sich selbst ist das beste und ewige Leben, — ist Gott.

Dass ein ewiges, unbewegliches, vom Sichtbaren verschiedenes Wesen *ist*, erhellt aus dem Gesagten. Auch ist offenbar, dass dieses Wesen keine Ausdehnung (*μέγεθος*) haben kann, sondern untheilbar und unzertrennlich ist, denn es bewegt die unendliche Zeit hindurch, kann also nicht endlich seyn, alles Ausgedehnte aber ist endlich; ebenso, dass es dem Leiden und dem Verderbniss nicht unterworfen (*ἀπαθὲς καὶ ἀναλλοίωτον*) ist. Es ist aber nur *ein* Gedanke des Gedankens (*νόησις τοῦ νοουμένου*), weil das Denken und das Gedachte (als immateriell) nicht verschieden, sondern dasselbe sind. Und da es das Gut (*τὸ εὖ*) nicht in Diesem oder Jenem, sondern im Ganzen das Beste als sein Anderes hat, so hat das Denken seiner selbst (das Denken des Denkens) die ganze Ewigkeit hindurch sich selbst.

Es fragt sich, wie die Natur des Ganzen das Gut und das Beste habe, ob als Gesondertes und an und für sich selbst, oder als seine Ordnung, oder als beides, wie ein Heer. In der Ordnung ist das Gute, im Heer die Ordnung und der

---

*) Metaphys. XII. 7. *ἐπεὶ δὲ τὸ κινούμενον καὶ κινοῦν, καὶ μέσον τοίνυν εστί τι, ὃ οὐ κινούμενον κινεῖ, αἴτιον καὶ ἐνέργεια οὖσα.*

Feldherr und dieser ist mehr, denn er ist nicht durch die Ordnung, sondern sie durch ihn. Nun ist aber Alles auf gewisse Weise (*πως*) zusammengeordnet, — nicht auf gleiche, aber auch nicht ohne Beziehung auf einander, sondern zu Einem (zur Einheit) ist Alles zusammengeordnet, in welchem alle Dinge zur Unterscheidung und Entgegensetzung (*εἰς τὸ διακριθῆναι*) kommen müssen, und dass einige so sind, dass mit ihnen Alle zum Ganzen verbunden sind (*καὶ ἄλλα οὕτως ἐστὶν, ὧν κοινωνεῖ ἅπαντα εἰς τὸ ὅλον*). Die Zahlen, Seele und Leib und überhaupt Form und Sache werden durch das Bewegende: (Gott) Eins! „Nicht gut ist Vielherrigkeit! Einer sey König und Herr!" die Welt mag aber keine schlechte Regierung!

Dieser tiefe wissenschaftliche Begriff Gottes als des ewigen Geistes (wesentlichen Denkens), der sich selbst denkt und verwirklicht (in der Welt) und in seiner Selbstbethätigung und Verwirklichung allgenugsam und selig ist, wird in der Schrift „über die Welt" durch die Vergleichung mit dem Staate und Rechte etc. vorstellig zu machen gesucht: „Ueberhaupt: was auf dem Schiffe der Steuermann, auf dem Wagen der Lenker, im Staate das Recht, im Heere der Feldherr, das ist Gott in der Welt· nur dass jenen das Herrschen Mühe und viele Arbeit und Sorgen macht, Ihm aber ohne Leid und Mühe und Müdigkeit von Statten geht; denn im Unbewegten thronend bewegt und lenkt er Alles, wohin und wie er will in verschiedenen Gestalten und Naturen. Etwa wie das Rechtsgesetz, obwohl unbewegt in den Seelen der Bürger, was sich auf das Staatsleben bezieht, regiert, so ist auch von dem grösseren Staat, von dieser Welt zu schliessen, dass ein Gott ist, unter dessen ewigreger und unwandelbarer Leitung sich die gesammte Weltordnung Himmels und der Erde gestaltet und bethätigt (*ὁ σύμπας διοικονομεῖται διάκοσμος οὐρανοῦ καὶ γῆς*) wie's im uralt-väterlichen Spruche heisst, „„dass aus Gott und von Gott alle Dinge gesetzt sind und dass keine Natur an und für sich selbstgenugsam — seiner Erhaltung nicht bedürftig ist.""

Der echte Glaube und die wahre Wissenschaft, das unmittelbare und das vernünftige Gottesbewusstseyn stimmen also im Wesentlichen überein, weil beide in demselben sittlichen Rechtsgefühl ihren Grund und Ursprung haben.

II. R o m.

193. Gegen das geistreiche und schöne Hellenische Leben, Denken und Schaffen erscheint das ernsthafte Rom mit seinen schlichten Tugenden und Thaten, wiewohl sie ihm die Herrschaft der Welt verschafft und so lange erhalten, gar arm und rauh, seine Geschichte eintönig und farblos. Aber der Kern und Gehalt der rauhen Schaale ist gediegner und besser: an wahrer staatlicher Tugend und Kraft, an natürlicher Sittlichkeit ist das Römische Volk dem Hellenischen und allen den anderen ebensosehr wie an Macht und Hoheit überlegen gewesen und hat die wahrhaft menschliche Bildung gewiss nicht minder gefördert.

194. Es vereinigen sich aber auch alle Umstände, welche man bei der Gründung des Freistaats leichter wünschen und berücksichtigen, als schaffen kann. *)

Die Stadt Rom ist auf den Hügeln an dem Tiber in einer fruchtbaren Landschaft gelegen, so dass sie leichter vertheidigt als angegriffen werden kann, und Alles zum Leben nothwendige selbst gewinnen, das etwa Mangelnde aber von den Fremden eintauschen kann. Denn sie liegt nicht zu weit vom Meer, um mit überseeischen Völkern in Handelsverkehr zu treten, und doch nicht so nahe, um zum Markte zu dienen. **) Die Römer leben vom Landbau ***) nicht reichlich aber genüglich.

---

*) Nach Aristoteles, Polit. VII, 4 ff.

**) Aristot. Pol. VII, c. 11, c. 5 und 6: „Denn vom Handel soll die gute Stadt nicht leben."

***) Ebend. VI, 4. βέλτιστος γὰρ δῆμος ὁ γεωργικός ἐστιν.

Das Volk ist natürlich-sittlich, verständig und gemüthlich. „Herrlich aber und unüberwindlich ist das Gemüth, die Kraft der Seele zu lieben, und davon kommt Allen Freiheit und Herrschaft!" *)

195. Die hohe natürliche Sittlichkeit des Römischen Volkes, seine unzerstörbare Vaterlandsliebe und sein freier Gehorsam gegen das Recht und Gesetz, welche ihm die Freiheit und die Herrschaft über die Welt verschafft und Jahrhunderte hindurch erhalten haben, wurzeln in dem freien sittlichen Hause, „denn zwei Dinge sind es vorzüglich, welche die Menschen lieben und sorgen machen: Geliebtes und Eignes." **) Ehe und Eigenthum, welche dem Hellenischen Volk und Recht bis auf den Namen gemangelt ***), selbst ihre natürliche und naturstaatliche Berechtigung im Hellenischen Freistaat verloren hatten, haben dem Römischen Volk seine Liebes- und Lebensfrische und -Kraft und seine Macht und Hoheit erworben und erhalten.

Hierin, in dem freien sittlichen Hause, dass der Bürger und Familienvater neben seinem Recht dem Staate, worin der Hellene als Theil aufging, auch noch sein Eigenrecht; jus privatum — hat, welches frei von aller Mitverfugung des Volks und des Staates nur nach den allgemeinen Gesetzen und von den ordentlichen Behörden und Gerichten belastet und besteuert, beschränkt und aberkannt werden kann, besteht und beruht auch der wesentliche — weltgeschichtliche Fortschritt des Römischen Rechtes über das Hellenische und über alle früheren natürlichen Rechte, denen wiederum die Freiheit fehlt

196. Wenn aber auch der Grund der Römischen Tüchtigkeit, Freiheit und Herrschaft darin zweifellos erkannt und anerkannt werden musste, so ist doch der Ursprung dersel-

---

*) Arist. VII, 7 und 13.

**) Ebend. II, 1, § 17 fin. *Δύο γάρ ἐστιν, ἃ μάλιστα ποιεῖ κήδεσθαι τοὺς ἀνθρώπους καὶ φιλεῖν, τό τε ἴδιον καὶ τὸ ἀγαπητόν.*

***) Ebend. I, 1, § 2 (c. 3). *ἀνώνυμον γὰρ ἡ γυναικὸς καὶ ἀνδρὸς σύζευξις.* Und wie für Ehe nur *γάμος* = Begattung, so ist auch für Eigenthum nur *ἴδιον* = Eignes da.

ben und die Urstoffe, woraus der Römische Staat sich gebildet, das Volk bestanden noch keinesweges klar und gewiss.

Die Urgeschichte des Römischen Staats:

Die Gründung der Stadt und die ersten Thaten des Volks sind völlig dunkel. Die wenigen Urkunden des höheren Alterthums sind im Gallischen Brande zu Grunde gegangen und die Sagen haben sich offenbar, so weit sie das Recht angehen, mit dem Rechtsgefühl nach dem Rechte verändert; denn die die Stiftungssage entspricht dem neuesten Rechte oder Rechtsgefühl, indem es das unangemessene — unrechte und unpassende ausschliesst.

Gleichwohl und ungeachtet mehrfacher Umdichtung der Romulus-Sage hat sich die Kunde von der Aufnahme eines anderen, schon wohlgebildeten Volkes in den Römischen Staat erhalten, woraus allein die doppelten Formen für alle irgend wichtige Rechtsgeschäfte erklärlich und die hohe Entwicklung des Römischen Volkes und Rechtes begreiflich ist, wenn das unterthänige, in den Staat zu gleichen Rechten aufgenommene Volk, ein Heerstaat gewesen.

197. Solche Aufnahme wird uns zweimal: von der Stiftungssage und von der Geschichte erzählt. Nach der ersten hat Romulus die Sabiner, einen Latinischen Volksstamm, der das Land bis dahin besessen, in den Staat und dessen König Titus Tatius zum Mitkönig angenommen, woraus sich auch gleich die zwei Consuln (Wahlkönige) erklären würden.

Die geschichtliche Erzählung von der Aufnahme der empörten Latinischen Bundesgenossen in Folge der Schlacht am Vesuv (415 a. V. c. 338 a. Chr.) scheint minder offen und ehrlich; denn die Römer sollen nach langem Schwanken durch das Selbstopfer ihres Feldherrn Decius Mus den Sieg davon getragen und den Besiegten aus reiner Gnade mehr eingeräumt haben, als sie im Vertrauen auf gleiche Tapferkeit und Kriegskunst vor dem Kriege gefordert*). Aber wie dem auch

*) Liv. VIII. 1 — 11 u. 12.

sey: durch die Einigung ist der Grund zur Grösse Roms und zu seiner Weltherrschaft gelegt.

198. Auch die unmittelbare Folge dieser Aufnahme: die Erhebung der Plebejer zu gleichen Rechten und die höchste Gewalt der Centuriat-Comitien, worin nach Vermögen und Alter getheilt die Plebejer mit den Patriciern vereinigt waren, wird uns doppelt berichtet: Einmal in der Sage von Servius Tullius, der aus niederem Stande durch das Volk zur königlichen Würde erhoben, ein Freund des Volks (Plebs) und der Freiheit gewesen, die grosse gemeinschaftliche Heeraufstellung nach Compagnien (Hunderten) aufgebracht und denselben, als Comitiis centuriatis, die Wahl der Obrigkeiten, die Gesetzgebung und die Entscheidung über Krieg und Frieden und Bündniss beigelegt haben soll. In der Geschichte ist uns die sicherste Urkunde: das Gesetz aufbehalten, welches der plebejische Dictator Publilius Philo schon 416 a. V. c. (ein Jahr nach der Schlacht am Vesuv) ein und durchgebracht: dass die (folgenden) Plebiscita für alle Quiriten verbindlich sein sollten: dass der Senat vor der Abstimmung der Centuriat-Comitien über die Gesetze seine Genehmhaltung ertheilen, und dass, wie beide Consuln Plebejer seyn dürften, stets ein Censor aus der Plebs gewählt werden müsste.

Zwischen der sagenhaften und der geschichtlichen Gleichstellung der Plebejer mit den Patriciern liegen mehrere Jahrhunderte und mindestens ebensoviele Entwicklungsstufen, welche das Römische Volk im Zwiespalt und Kampf der Patricier und Plebejer allmählig erstiegen, aber bis auf einzelne hervorstechende Nebenpunkte vergessen oder doch durch Vorwegnahme der Hauptsache: der höchsten Gewalt der Centuriat-Comitien so sehr verwirrt hat, dass der ganze Fleiss und Scharfsinn deutscher Gelehrten erforderlich war, um den stetigen Bildungsgang und Fortschritt wiederzuerkennen. Diese tiefsinnigen Forschungen Niebuhrs sind zu bekannt, als dass sie mehr als nur erwähnt zu werden brauchten und, da ihre wesentlichen Ergebnisse und die ganze Römische Rechtsgeschichte in eignen Vorlesungen vorgetragen zu werden pflegen, die reine Ausbeute der sämmtlichen früheren und der eignen Arbeiten Ferd. Walters auch gedruckt vorliegt, in dessen trefflichem Werke: Geschichte des Römischen Rechts bis auf Justinian, von Ferd. Walter (Bonn 1834, 2. Ausgabe 1845), so beschränken wir uns hier billig auf eine kurze Uebersicht, welcher ausser der Begründung einiger von Walter abweichenden Ansichten nur die Hinweisung auf den erwünscht besten Staat des Aristoteles (in Noten) beigefügt werden soll.

A. Staatsrechtsgeschichte.

1) Vom Naturstaat

199. finden sich nur wenige und unsichere Spuren. Die ersten Könige sind zwar göttlichen Geschlechts und Ursprungs, aber Keiner seines königlichen Vorgängers Sohn. Die Späteren sind von der Gottheit und vom Volke erkoren und mit der höchsten Gewalt bekleidet. Aber, wenn der König auch nicht schon verfassungsmässig nur auf Lebenszeit gewählt wurde, sondern in — steter — Ermanglung thronfolgefähiger Söhne — bis auf Tarquinius Superbus, in dessen Schicksal sich vielleicht die älteste Spur des echten Naturstaats mit göttlichem Königs- und Erbrecht findet, so würde er doch, wenn die Sage nicht ganz trügt, nur wie die beiden Spartischen Könige —

2) im hochbürtigen Volksstaat

200. die oberste Stelle und Staatsgewalt inne gehabt haben. Denn:

a) der König ist zwar Oberpriester und, wie später die Doppelkönige — (Praetores) Consules, im Kriege unumschränkter Befehlshaber und im Frieden Richter und Leiter, Vollstrecker des Rechts und der Gesetze, aber Krieg und Frieden und Bündniss und neue Gesetz kann er, wie diese nur in Vorschlag bringen — *Rex (Praetor) rogat.*

b) der Rath — Senatus — ursprünglich wohl die Vorsteher, Aeltesten der Decurien steht dem Könige, den Consuln zur Seite und berathschlagt und beschliesst unter seiner Leitung über die von ihm vorgeschlagenen Gesetze, Krieg und Frieden und Bündniss, so wie über die Wahl der Staatsbeamten, — ob und wie sie an's Volk zu bringen; — denn er verändert sie auch nach der Meinung — Sententia — der Mehrzahl: — ***Senatus auctor est.***

c) Das Volk, Populus Romanus fasst in seiner Versammlung nach Curien — in curiatis comitiis den Beschluss über Alles: ***Populus iubet.***

Der Populus Romanus bestand erst aus 1000 Gentes in 100 Decurien in 10 Curien, später ward die Zahl verdoppelt dann verdreifacht als die 2. und die 3. Tribus (Tities und Luceres) hinzukam. Wahrscheinlich sind nur die Hausväter — (Gentiles? wie *γενηται* in Athen) zur Versammlung berufen worden.

201. Daneben wohnten die alten Landesinsassen als Staatsunterthannen, Quirites*) von der langen Lanze, welche sie im Kriege führten, (quiris samnitisch = hasta) also Lanzknechte genannt, aber bekannter unter dem Namen Plebeii. Sie hatten nach ihrem Vermögen Steuer zu zahlen und sich zu rüsten. Denn sie waren dem Kriegsheer in fünf Treffen oder Classen eingeordnet, aber ohne rechtlichen Antheil am Staat. Sogar ihre Tribuni, welchen persönliche Unverletzlichkeit, sacrosanctitas, und das Recht beigelegt war, ihre Stammgenossen durch ihr Verbot gegen Willkür der Obrigkeiten zu schützen, wurden bis 283 a V. c. in curiatis comitiis gewählt.

202. Es konnte indess nicht fehlen, dass diese wehrhaften und wohlgerüsteten Staatsunterthanen, welche je länger je mehr den Kern des Römischen Heeres ausmachten, nicht blos die ihrem Stamm eingeräumten Freiheiten und Rechte behaupteten, sondern auch manchen Einfluss auf die Staatsverwaltung übten. Was sie bei der Heeraufstellung — in comitiis centuriatis, — zumal, wenn sie in den Krieg ziehen sollten, darüber und dazu oder für sich heischten, mochte Rath und Volk ihnen schwerlich versagen. In der That hat der Befehlshaber

---

*) Das ganze Volk daher: Populus Romanus (et) Quirites.

und Vorstand (Praetor) zum öftern solche Heischungen an den Senat und nach dessen Beschluss und Fassung an den Populus Romanus in die Curiat-Comitien gebracht,*) und dieser den Wünschen der Krieger und ihrer Genossen entsprochen und genug gethan. Aber zu wählen und zu gebieten hatten die Centuriat-Comitien ebensowenig, wie die Tribut-Comitien, Versammlungen der Plebejer unter Vorsitz eines Tribunen, welche die Patricier freilich nicht stören sollten, und worin sie ihre Beschwerden und Anträge mit einander vorher berathen mochten.

203. Durch die neue Gesetzgebung der XII. Tafeln, welche ein gleiches und gemeines Recht für Plebs und Populus festsetzen sollte, aber die Ehegemeinschaft zwischen beiden (connubium) ausdrücklich ausschloss und alle Vorrechte der Patricier festhalten wollte, ist der grössten — gemeinschaftlichen Versammlung — comitiis maximis centuriatis — nur das höchste und Endurtheil über Hauptverbrechen der Patricier und der Plebejer beigelegt: vielleicht nur über gegenseitige, denn Curiat und Tribut-Comitien richten nach wie vor über Patricier und über Plebejer.

204. Die Plebejer konnten trotz der Lex Canuleja 310 nicht zum Consulat gelangen, sondern nur zu der Würde eines Kriegsobertribun (Tribunus militum consulari potestate), wovon das Schatzungs- und Schätzungsrecht und die Gerichtsbarkeit getrennt und eignen patricischen Obrigkeiten (Censoren**) und Praetoren) übertragen war. Selbst die Lex Licinia Sextia 388. dass ein Consul ex plebe sein müsse, sicherte ihnen diese Würde nicht, da die Comitia curiata den von den Centuriatcomitien erwählten Plebejer verwarfen. Erst seit 413 war ein Plebejer und ein Patricier Consul. Dann erhielten sie auch die Censor-

---

*) Id quod Plebs scivit, Plebiscitum — Magistratus P. R. Senatum rogat, Senatns auctor est, Pop. Rom. jubet. Die hochbürtigen Patricier hatten und behielten also die höchste Gewalt. Walter, S. 95 n. 36. Es sind einzelne Bestimmungen die Gesetzeskraft erhalten.

**) Die Censoren sollten (ex lege Ovinia) die Tüchtigsten aus jedem Stamme zu Senatoren erlesen und die schlechten Bürger mit Entziehung der Ehrenrechte — züchtigen.

würde und die Prätur. Aber die höchste Gewalt hatte und behielt der hochbürtige Populus Romanus in seinen Curiat Comitien bis in Folge der Schlacht am Vesuv 415 die Latinischen Bundesgenossen in die Bürgerschaft aufgenommen, deren Tribus daher von 21 auf 35 vermehrt und zur Haupteintheilung des grundbesitzenden Volkes erhoben wurde.

3) Der echtrömische Freistaat

205. beginnt mit dem Gesetze, welches der plebejische Dictator Publilius Philo bald (416) nach der Schlacht am Vesuv 415 a. V. durchbrachte: „dass die Väter zu den Gesetzen, welche in den Centuriat-Comitien gegeben würden, vor der Abstimmung, ihre Genehmhaltung ertheilen sollten.“ *) Denn

*) „Ut legum, quae centuriatis comitiis ferrentur, ante initum suffragium Patres auctores fierent.“ Liv, VIII, 12. Ob die Patres die patricischen Curiat Comitien oder der Senatus seyen, kann zweifelhaft scheinen. Nach den bekannten Stellen: Cicero Brut. 14 — pro Planc. 3. Dionys. und Licin. Macer in Sallust fragm. III. könnte man mit Niebuhr schliessen, dass die erstern gemeint seyen. Da aber die Curiat Comitien auch nach der Lex Maenia bei Wahlen der Auspicien wegen fortbestanden haben, so wird schon dadurch die Annahme wahrscheinlicher, dass die gewöhnliche Senatus auctoritas gemeint sey, welche, da sie zwar: wie Peter, Epochen richtig gesehen, nach alter Weise vor den nur scheinbaren Curiat Comitien aber nach den freistimmenden Centuriat Comitien stattfand, wie eine Bestätigung der leges centuriatae aussah, die man dem Senat nicht zugestehen mochte, woher es denn gekommen, dass auch bei uns auctorem fieri noch immer frischweg für: bestätigen gebraucht wird, obwohl auctor doch Urheber heisst, bei der Tutel wie beim Senat, von dem der Vorschlag, Rogatio nach den Sententiis der mehreren Senatoren nicht nur ganz abgelehnt, sondern auch ganz verändert werden konnte, so dass allerdings von ihm ausging, was an das Volk gebracht ward. Dass auctoritas, auctorem fieri auch von den Beschlüssen der Curiat Comitien gesagt worden wäre, ist aus den Alten wohl nicht zu erweisen. Dazu kommt aber noch, dass wir die Formel noch haben, womit der Senat späterhin in incertum comitiorum eventum (Liv. I, 17) seine auctoritas ertheilte S. Q. D. E. R. A. P. P. V. L. O. E Coss. PR. A. P. P. V. F. J. E. d. h. Si Quid De Ea Re Ad Populum Plebem Ve Latu Opus Est, Consuli, Praetori Ferre Jus Esto,

dadurch erhielt das ganze in den Centuriat-Comitien Tribusweis nach Steuer und Alter stimmende und nach Stimmenmehrheit beschliessende Volk die höchste Gesetzgebende und Staatsgewalt. Durch die Lex Maenia ward dasselbe für die Wahlen verordnet und dadurch die alte Ordnung wiederhergestellt.*)

206. b) Ueber Krieg und Frieden beschloss das Volk aber auch noch jetzt nach der Vorberathung und dem Vorschlag des Senats, der überhaupt die Leitung der auswärtigen Angelegenheiten und die eigentliche Regierung behielt. Daher wird die Römische Staatsgewalt mit Recht dem Senat und Volk zugeschrieben. S. P. Q. R. stand auf den Römischen Feldzeichen und öffentlichen Denkmälern, Anstalten etc.

207. c) An der Spitze des ganzen Staats, des Senats und des Volks standen die beiden Consuln, welche Tag um Tag wechselnd, Senat- und Volksversammlung beriefen und entliessen, und in der Rathsversammlung die Senatoren um ihre Meinung — Sententiam rogabant — baten, in den vorberathenden Volksversammlungen (Conciones) aber die Redner für und wider den Vorschlag zuliessen Ausserdem hatten sie die Ausführung der Gesetze und Beschlüsse und im Kriege den Oberbefehl mit unumschränkter Gewalt selbst über Leib und Leben der Bürger (Fasces in der Stadt ohne Beil).

208. d) Die übrigen Geschäfte waren an andere hohe Obrigkeiten (Magistratus P. R) vertheilt: den 2 Censoren die Schatzung der Bürger (census) und die Verpantung der öffentlichen Einkünfte, die Erlesung der Senatoren aus den würdigsten

---

nach anderer Fassung S. Q. D. E. R. A. P. Pl. V. L. O. E. Coss PR. (actores TRibuni Pleb, Qui Nunc Sunt Quod Eis Videbitur, Ad Pop. Plebem Ve Ferant). Bekanntlich hiess ein Senatsbeschluss der wegen des Veto der Tribunen nicht zur gesetzlichen Geltung als Sen. Consultum gelangte, im Kunstausdruck: Senatus auctoritas.

*) Ut quod postremo populus iussisset, id ius ratumque esset. in XII. Tabl. Hier war der patricische populus Rom. gemeint, aber die Römer hielten es für altes Recht, dass die Centuriat-Comitien die höchste Gewalt hätten

Alten und die Sittenzucht: durch Versetzung schlechter Bürger in die unbesteuerte unberechtigte Klasse (tabulae Caeritum). Den 2 hohen Aedilen (curules) war die Leitung der Festspiele überwiesen; den alten (plebejischen) die Marktpolizei, beiden die Aufsicht über die öffentlichen Gebäude und Bauten.

209. d) Die Prätoren hatten die Gerechtigkeitspflege. Sie hielten und ordneten nicht nur die Gerichte über jeden Rechtsstreit, sondern sie sprachen auch in ihren Edikten die allgemeinen Grundsätze aus, wonach sie dies thun würden, und trugen dadurch, weil sie das alte gesetzliche Recht bestärkten, ergänzten, verbesserten, wie dies lebendige Recht in den Verhältnissen, Sitten und Gewohnheiten es erheischte, sehr wesentlich zu der stetigen Fort- und Ausbildung des Römischen Rechtes bei.

Die Gerichte und Staatsgeschäfte wurden öffentlich und mündlich verhandelt.

210. e) Da die Volkstribunen ihr altes Recht bewahrt hatten, gegen Willkür und Gewaltthat einzuschreiten, so ergänzte diese Aufsicht von unten, was etwa dem beigeordneten (Collegae) oder den vorgesetzten Staats- und Stadtbeamten entgangen war, und die gesammte Staatsverwaltung war also bei aller Macht und Gewalt der Obrigkeit kaum im Stande von der rechten Bahn des Guten und Zweckmässigen — boni et aequi — zu weichen, sondern musste sich bei allem Wechsel der Personen stets gleichbleiben und den Bestand und das Heil des Staats sichern.

211. Diese Verfassung ist die beste, welche eine freie Stadt und Landschaft haben kann. Denn nicht nur sind Adel und Volk und Aristokratie und Demokratie in den Centuriat-Comitinen aufs Beste vereinigt, indem die 18 Ritterturmen zuerst, dann nach der Reihe die fünf Klassen der Grundbesitzer in je fünf und dreissig Doppel-Tribus der Aeltern (über 40 J.) und der Jüngern ihre 70 Stimmen abgaben; so dass die mittleren drei Klassen das entschiedenste Uebergewicht über die wenigen sehr reichen und die vielen Aermeren hatten; die ganz armen Mitbürger aber, und diejenigen, welche vom

Handel, Handwerk lebten, ganz ausgeschlossen waren *); sondern es werden auch selbst alle die höchsten Staatsämter und Würden unabhängig vom Adel und Reichthum durch die Wahl des Volks denjenigen zugetheilt, welche es für die würdigsten und geeignetsten hält **).

Erst später gewinnen die Reichen dadurch den Vorzug, dass die Curulischen Aedilen die Festspiele auf eigene Kosten geben mussten, und die Senatoren aus den reichsten Gutsbesitzern genommen wurden. Sie bildeten das Gegengewicht zu der vermehrten Macht des Tribut-Comitien, deren Beschlüssen durch die Lex Hortensia (465) allgemeine Gesetzeskraft beigelegt worden (ut plebiscita universum populum tenerent) ***). Inzwischen hatten die Tribut-Comitien anfänglich nur in unbedeutenderen Sachen zu verfügen und ihre niederen oder plebejischen Obrigkeiten zu wählen. Erst seit dem zweiten Punischen Kriege, der den Mittelstand herunterbrachte und die Armen in die Stadt trieb, fingen diese demokratischen

---

*) Arist. pol. VII. c. 9. III. c, 5. vgl. VI. 3. über die Vorzüge des Mittelstandes und seines Uebergewichts und IV. c. 7. §. 3. τρίτον δ' ἐκ δυοῖν τάγματοιν· τὰ μὲν ἐκ τοῦ ὀλιγαρχικοῦ νόμου, τὰ δ' ἐκ τοῦ δημοκρατικοῦ.

**) Arist pol. II. 9. (20.) II. 11. (38 seq.)

***) Diese Römische Verfassung entspricht dem Bilde, welches Aristoteles von dem besten Staate entwirft, meistenstheils so genau, dass die alten Uebersetzer sich kurzweg der Römischen Namen der Magistrate etc. bedienen konnten. Wo sie abweicht ist sie besser.

***) Die früheren Gesetze desselben Wortlauts wurden von den Römern zwar für gleichbedeutend mit der Lex Hortensia gehalten; aber ihre Meinung, dass die bösen Patricier die älteren Gesetze nicht zur Ausführung kommen lassen, oder wieder bei Seite geschoben, ist doch gar zu pragmatisch und unhistorisch. Jene alten sind offenbar zumeist nur Bestätigungen einzelner Plebiscita gewesen, selbst die Lex Publ. Philonis 416 könnte dafür angesehen werden (s. oben 47. S. 29). Vielleicht hat diese Lex aber den Plebisciten nur für alle Quiriten d. h. Plebeier verbindliche Kraft beigelegt, die L. Hortensia für den universus populus, weil die Patricier jetzt auch in den Tribus waren.

Volksversammlungen an, sich der Regierung und Gesetzgebung zu bemächtigen.

4) Die gemeine Volksherrschaft und Zwingherrschaft.

212. Das Uebergreifen der Tribut-Comitien in die höhere Gesetzgebung und Regierung des Staats hatte seinen nächsten Grund in der Noth der armen Bürger und in dem Bestreben, ihr durch Vertheilung der Staatsländereien in der Nähe Roms abzuhelfen. Da diese aber seit langen Zeiten im ordentlichen erblichen Besitz der reichen, besonders der patricischen Familien gewesen, welche die geringe ursprünglich darauf liegende Abgabe oder Pacht (Zehnten) nicht einmal mehr bezahlten, so war es natürlich, dass die jetzigen Besitzer, deren bestes Vermögen diese öffentlichen Ländereien ausmachten, sich diesem Ansinnen mit aller Macht widersetzten. Der Ackervertheilungsvorschlag des Volkstribuns C. Flaminius gab die erste Veranlassung zum heftigen Widerstreit zwischen den Tributcomitien und dem Senat, der die Optimaten vertrat und vertheidigte und, — da er durchging, — zur Ueberhebung der Plebs. Alle späteren Kämpfe der Partheien, welche den wesentlichen Inhalt der Römischen Geschichte ausmachen, haben denselben Grund und Endzweck. Wo dieser Eigenvortheil (Privatinteresse) nicht seine störende und zerstörende Wirkung äusserte, lebten und regierten Volk und Senat noch lange in schöner sittlicher Eintracht; als aber die Partheien dadurch erst ganz verbittert waren, vermochten selbst die weisesten Gesetze dem Staat nicht wieder herzustellen, Ordnung und Freiheit zu erhalten und zu retten.

213 Was den streitigen Rechtspunkt betrifft, so scheinen die Plebejer die alten Gesetze *) auf ihrer Seite zu haben, wornach Niemand mehr als 500 Morgen Staatsland besitzen sollte: anderer Seits aber erschien es hart und ungerecht,

---

*) Lex Licinia Sextia: ne quis plus quingenta jugera agri possideret (a. V. 379).

dass die rechtlichen Erben der alten rechtlichen Besitzer die Güter der Familie verlieren sollten, blos weil die Zahl der Verwanden geringer geworden. Die Optimaten wollten die armen Plebejer lieber in entfernten Colonien untergebracht sehen, als ihre schönen Landgüter hergeben. Allein, wenn dadurch auch eine gute Anzahl Armer entfernt, und die Plebs für eine Zeitlang beschwichtigt werden mochte, so blieben doch eine grössere, stets wachsende Menge zurück, der die wenigen Reichen mit ihren wenigen Stimmen nicht das Gleichgewicht zu halten vermochten.

214 Rom's Unglück bestand darin, dass es seinen guten und braven Mittelstand verloren hatte, und es war ein grosser Staatsfehler der Optimaten, dass sie zur Wiederherstellung eines solchen die Opfer nicht bringen mochten, wozu das Licinische Gesetz sie verpflichtete *).

Dadurch hauptsächlich, dass sich die Reichen und Armen allein — ohne Vermittlung der genüglich Wohlhabenden gegenüberstanden, wurden ihre Streitigkeiten um den Besitz des Staatslandes so heftig und bitter und dem Staate so verderblich, dass er zur gemeinen Volksherrschaft hinabsank, welche die Zwingherrschaft zur unausbleiblichen Folge hat **).

215. Eine wesentliche Abänderung der echtrömischen Freistaatsverfassung ist jedoch bis auf Saturnin's Tribunat nicht erfolgt, wenigstens nicht zu erweisen. Denn die Lex Sempronia Gracchi verordnete nur, dass die vorstimmende Centurie in den grossen Comitien durch d a s L o o s bestimmt würde. Aber die Tribunen bedienten sich ihres Einspruchsrechts gegen alle Staatsgeschäfte der Magistrate, um Senat und Volk (Centuriatcomitien) dadurch zur Bewilligung ihrer Partheizwecke zu zwingen, dass sie den ordentlichen Gang

*) Ob die Licinischen „7 Morgen" für eine Römische Familie jetzt noch hingereicht haben würden, ist freilich zweifelhaft, da die Lebensweise sehr kostbar geworden, Aufwandsgesetze aber nimmermehr fruchten.

**) Aristot. pol. V, 4 (5).

der Staatsregierung hemmten. Deswegen, weil sie zur Erreichung ihrer an sich löblichen und rechtlichen Absichten für das Volks- und Staatswohl solche unrechtliche Mittel angewandt und dadurch thatsächlich die Tributcomitien zur höchsten Macht erhoben haben, sind die Gracchen ungeachtet aller Anerkennung ihrer persönlichen Tugend und Tüchtigkeit von allen Römischen Staatsmännern als Aufrührer angesehen und getadelt worden.

216. Wesentlich verändert ward die Verfassung erst (652) durch das Apulejische Gesetz:

„Dass wer einem Tribun beim Gesetzvorschlagen widerstände, des Majestätsverbrechens schuldig sey, und dass wenn die Plebs (in Tributcomitien) ein Gesetz gegeben, der Senat es blindlings annehmen sollte" *). Denn dadurch erhielten die Tributcomitien die höchste Gesetzgebende und Staatsgewalt.

Dieser höchstwichtigen Gesetze gedenken die Alten fast gar nicht, weil sie so bald — schon 674 a. V. — mit den übrigen Missbräuchen der bürgerlichen Kriege und Streitigkeiten durch L. Cornelius Sulla abgestellt wurden.

217. Die Lex Cornelia Tribunitia nahm den Tribunen das Recht Gesetze in Vorschlag zu bringen, schloss sie von den höheren Staatsämtern aus und liess ihnen nur das Recht des Einspruchs mit Ausnahme der Centuriatcomitial- und Senatsbeschlüsse d. h, wenn sie (von einem Bürger) angerufen würden; — also wie es im Alterthume bestanden **).

Dem Senate gab er das alte Recht und Ansehen wieder. Es wurden jetzt wieder leges ex Sconsulto wie sonst Senatus auctoritate an die Centuriatcomitien gebracht und von diesen zu Gesetzen erhoben.

---

*) Bach hist. jurispr. Rom. II. c. 2. §. 63. „atque si plebs eam scivisset, Senatus in verba juraret (Flor. III. 16) qui iusiurandum recusasset, Senatu moveretur multamque quadringenta et octoginta HS. penderet" (Appian. B. Civ. 1.).

*) Umgekehrt wäre unbegreiflich.

Sulla wird darum, weil er die echtrömische Verfassung und Ordnung wiederherstellte, trotz der Härte und Grausamkeit, womit er dies that, und ungeachtet mancher persönlicher Fehler mit Recht als grosser Staatsmann und echter Vaterlandsfreund von allen Staatskundigen hochgeachtet, obgleich ihm, wie allen Helden und Vertretern des vergehenden Rechtes, wenn dieses auch noch so viel besser ist, als das werdende, das Volk und die Geschichte den verdienten Ruhm und Preis geschmälert — schier entzogen hat, um seine schlechteren Nachfolger, die Verderber oder Vertilger seiner und der guten alten Gesetze damit zu schmücken. Sulla musste seine untergehende Sonne vor der aufgehenden — Volksgunst für den glücklichen Pompeius erbleichen sehen.

218. Dieser — Cn. Pompeius — stellte 684 die vorige Gewalt der Volkstribunen wieder her und durchbrach aus kleinlichem Ehrgeiz die heilsamen Schranken der Verfassung, so dass C. Julius Caesar den Weg zur — Alleinherrschaft offen fand.

219. Caesar ist einer von den seltenen königlichen Menschen *), welche die Geschichte nach mehrhundertjährigen Zwischenräumen auf ihren Höhen- und Wendepunkten hervorruft, um durch sie der Welt die neue Gestalt zu geben, welche ihre höhere Entwickelung erheischt.

Das Römische Reich, welches jetzt die ganze gebildete Welt (orbis terrarum) umfasste, war zu gross für die freistaatliche Stadtverfassung, das städtische Volk zu schlecht, zu arm und unsittlich, um es zu regieren. Caesar erwies daher ihm und dem Staat eine Wohlthat, dass er als Dictator perpetuus die Regierung allein übernahm und dem Volke reichliche Nahrung und Feste gab, ohne die Unterthanen in den Provinzen zu überlasten. Diese athmeten unter seinem Schutz und Schirm zuerst von der Zwingherrschaft der habgierigen Gewalthaber und Sendboten des Senates auf, welche durch übermässige Erpressungen doppelt wiedergewinnen wollten, was

*) Aristot. pol. III. c. 13 (8 §. 7. cfr, §. 1. c. 8 oder 13 med.

sie dem Volke gespendet, um zu den hohen Staatsämtern erwählt zu werden. Aber die Vornehmen, welche sich durch ihn ihres früheren Antheils an der Herrschaft und den Schätzen der Welt beraubt sahen, waren und blieben seine Feinde. Da sie von Staats- und Rechtswegen nichts gegen ihn vermochten, da das Volk ihn zum Herrscher berufen und sich willig beherrschen liess, seine königliche Huld und Freigebigkeit pries und seinem Willen und Winken blindlings folgte; so verschworen sie sich — zum feigsten Meuchelmord. Er fiel unter den Mörderdolchen der Ruchlosen, die sich rühmten Freistaat und Recht gerächt und gerettet zu haben, und mit ihm — die letzte Schranke gänzlicher Freiheit — oder Willkür.

220. Jeder mochte nun thun, was er wollte und konnte; denn es gab keine höchste Gewalt, keine Macht, kein allgemeines Gesetz mehr. Der Staat war zerrüttet und aufgelöst. Der blutbeflekte Senat in sich und mit dem Volke in Streit, ohne Ansehn und ohne Macht. Allgemeiner Kampf und Krieg tritt an die Stelle des heiligen Friedens. Die Wünsche und Begierden der ganzfreien-, gesetz- und pflichtlosen Menschen begegnen sich in denselben Gegenständen, zuletzt in der Herrschaft der Welt, und diese schreckliche Freiheit von Recht und Sittlichkeit lässt Alle Alles fürchten und wagen. Jeder ist der Feind eines Jeden, und jedes Mittel seinen Widerstand zu beseitigen, ist ihm genehm und um so genehmer, je schneller und sicherer es wirkt. Das schnellste und sicherste aber ist der — Mord.

221. Er wüthete wider Arm und Reich, Vornehm und Gering, Alt und Jung als Antonius, Octavian und Lepidus zur Herstellung des Staats berufen und mit der höchsten Gewalt bekleidet (triumviri reipublicae restituendae) wurden, denn sie opferten sich einander sogar ihre Freunde, um nur ihre Feinde zu ächten und vernichten zu können und, nachdem sie die ehr- und geldgeizigen Mörder Caesars besiegt hatten, theilten sie sich in die Herrschaft des Weltreichs.

222. Ihre Dreiherrschaft hatte freilich keinen Bestand.

Caesar's Adoptivsohn und Haupterbe seiner Schätze und Volksgunst, Octavianus, der seine Soldaten mit den fruchtbarsten Ländereien Italiens beschenkt hatte, entführte erst dem Lepidus sein Heer und damit seine Macht und seinen Antheil an der Weltherrschaft und begann dann den Krieg gegen den niederträchtigen Antonius, der mit der Aegyptischen Königin Kleopatra in allen Wollüsten schwelgte. Durch den Sieg bei Actium ward er alleiniger Herrscher des Weltreichs, und er verstand es zu herrschen. Er wusste, dass die Römer nur durch die Furcht vor dem Tode und dem Verlust der irdischen Lebensgüter in den Schranken des Rechts und der Ordnung gehalten werden konnten, und hielt daher in der Nähe Roms ein starke Schaar seines getreuen Soldheeres bereit und gerüstet. Zugleich aber liess er sich von dem deshalb willigen Senat und Volk auf altgesetzliche Weise von Zeit zu Zeit mit den obrigkeitlichen Aemtern bekleiden, vermöge welcher er seine Herrschaft gesetzlich üben und sichern konnte, ohne seine Schaaren herbeizurufen und sich von ihnen abhängig zu machen.

B. Das Privatrecht *).

223. Von dem öffentlichen oder Staatsrecht, welches sich auf das Wohlbestehn des Römischen Gemeinwesens (— Status reipublicae) und die gegenseitigen Verhältnisse der Obrigkeiten und der Bürger als Glieder und Genossen des Staats zu einander und des Römischen Volks zu anderen Völkern als solchen bezieht. wird zuerst in Rom das Eigen- oder Privatrecht, als der Inbegriff der Rechtsgesetze un-

*) Da die Alterthümer und Grundlehren des Römischen Rechts — Antiquitates et institutiones iuris civilis — neben der Encyclopädie gehört zu werden pflegen, deren Kenntniss also vorausgesetzt werden kann, so soll hier nur das allgemeine, weltgeschichtlich und wissenschaftlich Bedeutende hervorgehoben werden. Walter Rechtsgesch. gibt auch die Geschichte des Röm. Privat-Rechts.

terschieden, welche sich auf die gegenseitigen Verhältnisse der Bürger und Unterthanen als Einzelner — (ohne Beziehung auf den Staat) — Privat-Personen: auf Familie und Vermögen beziehen.

224 Die beiden Rechtsganzen stehen natürlich in mancherlei Beziehung zu einander; namentlich ist auch die Privatrechtsfähigkeit, die Grundbedingung alles Eigenrechts, wesentlich bedingt und bestimmt durch die staatliche Anerkennung des Menschen als Person — oder Rechtssubject: existimatio. Ursprünglich und eigentlich wohnte diese nur den echten Römischen Voll-Bürgern bei. Nur diese hatten Caput connubium und commercium (Röm. Familien- und Vermögensrechtsfähigkeit). Allmählig haben aber nicht nur die Plebejer neben dem commercium auch connubium mit den Patricern erhalten (Lege Canuleia 309), sondern auch den unterworfenen und den verbündeten Unterthanen musste das Recht beigelegt werden, ihre Familien- und Vermögensrechte vor Gericht zu behaupten und geltend zu machen — persona standi in judicio *). Mit den befreundeten freien Völkern war ein Rechtsschutz- und Gerichtsverfahren (recuperatio) der beiderseitigen Unterthanen vereinbart. Die übrigen Menschen hatten keinen Anspruch auf Rechtsschutz.

1) Römisches Familienrecht.

225 Die Römische Familie bildet unter dem Schutz des Staats ein in sich geschlossenes, freies, selbstgenugsames Ganzes, — ein Königreich gleichsam im Freistaat. Denn dem Hausvater — pater familias — steht die höchste rechtliche

*) Diese dreifache rechtliche Fähigkeit, Familien- und und Vermögensrechte zu erwerben und zu haben und sie vor Gericht geltend zu machen, erklärt die Eintheilung der Römer: omne jus (privatum) aut ad personas aut ad res aut ad actiones (gerichtliche Handlungen) pertinet. Res = Dinge = Vermögen, ist Eigenthum und Forderungen. Aber auch so ist sie nicht scharf, in sofern man nicht das jus agendi (= persona standi in judicio), sondern das jus actionum darunter verstand.

Macht und Gewalt, wie über Hab und Gut und Knecht und Magd, so auch über Weib und Kinder (— ius vitae ac necis —) zu. Aber diese sind darum nicht minder frei und nicht minder glücklich; denn die Liebe macht allen Alles gemein. Der Gatte und Vater mag gütig seyn, weil er so allgewaltig und mächtig, sein Zorn verderblich, vernichtend ist, und seine Güte und Liebe wird um so dankbarer erkannt und erwiedert. Auch wird's nicht anders erwartet *). Offenkundige Lieblosigkeit des Vaters gegen die Kinder wird wie Wahnsinn behandelt **) und L. Manlius Imperiosus wäre wahrscheinlich wegen Misshandlung seines unschuldigen Sohnes vom Volke bestraft worden, wenn nicht die treue Liebe des Sohnes ihn vor der Anklage — mit eigener Lebensgefahr errettet hätte ***). Die Liebe war der Römischen Familie natürlich und die väterliche Gewalt mochte nur dazu dienen, ihre bildende und erziehende Kraft zu verstärken.

226. Ihren eigentlichen Kern und Mittelpunkt aber hatte sie in der Römischen Ehe, matrimonium.

Die Heirath (Nuptiae) ist die Verbindung eines Mannes und eines Weibes zur Gemeinschaft des gesammten Lebens, des göttlichen und des menschlichen Rechtes †); und die Gattin ist demgemäss ihrem Eheherrn, wiewohl er auch ihre Obrigkeit, ihr Richter (mit den Verwandten) wie ihr Schützer ist, in Würde und Ansehn gleichgestellt ††). Die starken und heldenmüthigen Männer pflegen überhaupt zärtliche und

---

*) Patria potestas in pietate debet, non atrocitate consistere. Fr. 5. D. de L. Pomp de parric. 48. 9.

**) Fr. 5. D. de ioff. test. 5. 3. — sub colore non sanae mentis.

***) Liv. VIII. 3. 5. Valer. Max. V. c. 4. n. 3. u. 5. Sonst achtet das Volk die hohe väterliche Gewalt, auch wo sie ihm selbst und seinen Wünschen hindernd in den Weg tritt, vergl. Valer. Max. V. c. 4. n. 5. etc.

†) Formen dieses Vertrags confarreatio — coemtio daneben usus.

††) Dignitas maritalis: Ubi Tu Gaius — ego Gaia. War uralte Formel wie im Deutschen: Er ist der Herr, Sie ist die Frau! (= Herrin) — in pari iugo caritatis Valer. Max. II. c. 1. n. 6.

hingebende Gatten zu seyn *), allein kein Volk des Alterthums hat die Frauen so hoch geehrt, wie die Römer **), aber kein anderes hat sich auch solch' edler Gattinnen und Mütter zu erfreuen gehabt.

227. Veturia die Mutter des Coriolan, und Cornelia die Mutter der Gracchen sind weltberühmt. aber auch neben, vor und nach ihnen haben gleichedle und hochherzige Frauen und Mütter in der heiligen Stille des Hauses für Mann und Kinder gelebt.

228. Denn nur aus solchen Ehen, aus solcher Liebe und Zucht, welche die Herzen einigt und reinigt, mochten jene Camille, die grossen Scipionen, die Fabier, die Fulvier, Marceller und alle die Helden und guten Bürger, das gemüthliche und verständige Volk hervorgehen, welches dem Recht und Gesetz zu gehorchen ***) und die Welt zu erobern und zu beherrschen weiss. Denn aus der sittlichen Liebe, welche die Gatten durchglüht, entspringt den Erzeugten die Geisteskraft und sie bändigt und bildet auch den Willen der Kinder, ohne ihn zu brechen und erhebt sie, — während die Furcht vor der Strafe des Züchtigers nur Gesetzesknechte und heimliche Sünder und Heuchler erzieht †) — zum freien, willigen Gehorsam gegen den höheren Willen des Vaters und des Staats, — zur wahren sittlichen Freiheit ††). Daher vertraut der

---

*) Aristol. pol. 1. c. 9. (28). *ἔοικε γὰρ ὁ μυθολογήσας πρῶτος οὐκ ἀλόγως συζεῦξαι τὸν Ἄρη καὶ τὴν Ἀφροδίτην κ. τ. λ.*

**) Die Verwandten begrüssten sie mit einem Kusse, selbst die Obrigkeiten wichen ihnen aus und ein Fremder durfte sie, selbst wenn er sie vor Gericht lud, nicht anfassen.

***) Vor dem Dictator L. Papirius Cursor (über seinen Mag. Eq. Qs. Fabius Rullianus bei Liv. VIII. 33—35) k n i e t e Senat und Volk!

†) Die Spartische Staatserziehung, welche Aristoteles (pol. VIII. 1.) für die allein rechte der Bürgerkinder als Staatstheile hält, brachte solche Früchte. Die Weiber waren üppig und lüderlich, weil ihnen der rechte Grund und Boden weiblicher Sittlichkeit, das ordentliche Haus fehlte.

††) Filii et Filiae familias in potestate l i b e r i.

Staat die Erziehung seiner jungen Bürger der elterlichen Liebe und Zucht, und was hätte sie zu ersetzen vermocht *)?

Daher, weil das Haus sittlich war, konnte den Bürgern sogar gestattet werden, ihre Sklaven, welche ihnen treu und redlich gedient, durch Freilassung zu Römischen Bürgern zu machen, deren Kinder, wenn sie vom Landbau lebten, an der Staatsgemeinde und ihren Beschlüssen theilnehmen durften. Die Freigelassenen aber sind zu kindlicher Ergebenheit verpflichtet.

Mit derselben Treue und Aufmerksamkeit wie für die eigenen Kinder und Güter wachten und wirkten sie auch für Wittwen und Waisen, welche ihrer Obhut und Vormundschaft anvertraut waren, und ihre Gastfreunde und Clienten glaubten sie selbst gegen Verwandte und Schwäger vertreten zu müssen, weil sie als Mitglieder des Hauses, der Familie betrachtet wurden **).

Dies Römische Familien- und Hausvaterrecht — patria potestas — blieb den Römischen Bürgern, die connubium hatten, eigenthümlich.

2) Römisches Vermögensrecht.

229. Die alten Römer achteten es für schändlich, nicht mässig und wirthlich — homo frugi et bonus paterfamilias — zu seyn, weil dem guten Hausvater der dauernde Wohlstand seiner Familie am Herzen liegen muss. Obwohl es daher nicht an glänzenden Beispielen wahrer Freigebigkeit fehlt ***), so gab der Römer doch nicht leicht etwas umsonst hin, son-

*) Valer. Max. II. c. 1. n. 10. Quas Athenas, quam scholam, quae alienigena studia huic domesticae disciplinae praetulerim? Inde oriebantur Camilli, Scipiones, Marcelli etc.

**) Gell. Noct. Att. V. 13. In officiis apud maiores ita observatum est: primum Tutelae, deinde hospiti, deinde clienti, tum cognato, postea affini. — etiam adversus quem affuissent, ejus filii tutores relicti in eadem causa pupillo aderant. — adversus cognatos pro cliente testatur etc.

***) Valer Max. IV. 8.

dern hütete sich vor Schaden und nahm seinen Vortheil wahr; aber er mochte sich nicht durch gemeines Gewerbe bereichern und noch minder durch Trug und List.

Die alten Gesetze und Formen des Verkehrs sind daher nicht sowohl gegen diese gerichtet, als zur Vermeidung des Irrthums und Missverständnisses geordnet, indem sie zugleich die Unbestimmtheit des Willens ausschliessen, einen selbstbewussten festen Beschluss hervorrufen.

Ursprünglich mögen diese Formen der Rechtsgeschäfte und ihre Folgen den Römern so eigenthümlich gewesen seyn, wie ihr Staat und ihr Grundbesitz — heredium.

In der geschichtlichen Zeit haben die benachbarten uraltverbündeten Latiner schon das commercium, und damit freigleiches Verkehrs- und Geschäfts-Recht. Als der Verkehr lebhafter und bedeutender wurde und die unterworfenen und befreundeten Völkerschaften daran Theil nahmen, mussten neue Formen erfunden und das Vermögensrecht ausgedehnt werden. Dies ist das Römische jus gentium — privatum.

Im Vermögen und Vermögensrecht — commercium sind zweierlei Dinge oder Rechte (res) enthalten, nämlich selbstständige Sachengebrauchsrechte und Schulforderungen.

A. Selbstständige Sachengebrauchsrechte.

230. Das selbstständige Recht, eine Sache (corporalis res) zu gebrauchen d. i. zu seinem Zwecke zu bestimmen und zu verwenden, haben die Römer gewiss von Anfang an gehabt und geübt, obgleich es bis auf die Kaiserzeit hin keine so allgemeine Namen dafür gab, wie später dominium (bei Cicero noch allgemein: Herrschaft) und unser „Eigenthum".

Sie gebrauchten mein, dein, sein etc. und eigen: meum, tuum, suum (proprium) esse, zur Bezeichnung dieses Rechts. Denn heredium war und blieb der Name des den Altbürgern zugetheilten Ackerstücks von 2 Morgen und possessio ward für den freilich erblichen Besitz des Staatslandes gebraucht, der nach L. Licinia Sextia 500 Morgen nicht übersteigen sollte. Sonst heisst Besitz — possessio — Gebrauch der Sache, Bestimmung und Verwendung zu eignen Zwecken.

Der Eigenthümer ward gegen jeden Eingriff in sein ausschliessliches und unbeschränktes Gebrauchsrecht auf seine Klage und Beweisung des Eigenthumserwerbs von dem Gericht geschützt — wenn nicht ein gleichselbstständiges (dingliches) Gebrauchsrecht (ius in re aliena) rechtlich davon abgelöst war, wie der Gebrauch und Niessbrauch, Freiwohnung und -Bedienung oder ein Pfad- oder Triftrecht über Grundstücke, ein Last- oder ein Lichtrecht an Gebäuden, so dass die Sache dem Andern für gewisse Zeit oder gewisse Zwecke dienen musste (Servitutes personales und Serv. praediorum rusticorum und urbanorum).

Einem solchen, in gleichunmittelbarem Verhältniss zur Sache stehenden, ward auf seine Klage — actio in rem — derselbe unmittelbare Rechtsschutz gewährt *).

Die Veräusserung und Erwerbung — Uebertragung dieser Rechte konnte bei bedeutenden zum Landgute und dessen Bebauung gehörigen Sachen nur in der feierlichen Form der mancipatio: eines Verkaufs vor 5 Zeugen, Repräsentanten der 5 Klassen der Centuriat-Comitien; ursprünglich wohl vor diesen selbst, oder durch Abtretung vor der Obrigkeit (in jure cessio) geschehen, weil dem Staat daran gelegen war, zu wissen, wer diese Sachen im Vermögen und — zu versteuern habe.

Es genügte aber auch zum vollen gerichtlichen Schutz

---

*) Sein Recht wird in der deutschen Sprache: dinglich genannt, weil das Ding oder Thing, das Gericht es als ein selbstständiges schützt (vergl. Pütter's Eigenthum 12. S. 24.); oder, weil die Sache ihre Zweck- und damit ihre Begriffsbestimmung als Ding zu seinem Gebrauchsrechtstheile von ihm erhält. Indess muss derselbe nach Römischem Recht die Sache als **das** Ding — zu dem Zweck und in der Art brauchen, wie der Wille des Eigenthümers es bestimmt hat. Geschichtlich erscheint das Wort „dingliches Recht" als eine — falsche — Uebersetzung von jus in re (sc: aliena) jus reale, denn res übersezten sie sonst Sache (Röm.: res corporalis). Es fehlte dafür aber nicht an — gutem: oben angegebenem — Grunde.

des Grundeigenthums des Römischen Bürgers, wenn er nachwies, dass er die Sache Ein Jahr, das Grundstück (ex lege XII. Tabl.) Zwei Jahr besessen und die Steuer dafür gezahlt habe *).

Nichtbürger konnten nicht ersitzen, wenn sie auch commercium hatten **).

B. Schuldforderungen — Obligationes,

231. konnten auf doppelte Weise: durch Vertrag: contractu — und durch Rechtsverletzungen: ex delicto — entstehen. Sie hafteten als gegenseitige Willensverhältnisse streng auf und an der Person des Schuldners und des Gläubigers, deren Willen in diese Beziehung sich gesetzt, dass der eine sich nach dem anderen bestimmen sollte und musste — actio in personam.

a) Der Vertrag,

232. wodurch sich der eine dem anderen verbindlich machte — nexus — scheint ursprünglich auch vor der grossen Volksgemeinde oder vor Zeugen, den Repräsentanten ihrer V Classen, mit Erz und Wage geschlossen worden zu seyn. Im geschichtlichen Rechte finden sich aber schon drei Arten von Verträgen: Obligatio contrahitur aut verbis aut literis aut re. Die Stipulatio (und Sponsio) in Frag und Antwort, die Expensilatio, Verausgabung im Hausbuch, und der Tausch mit sofortiger Leistung, wie Marktkäufe und andere solche geringe

---

*) Der Beweis musste sicherlich ebenso ein öffentlicher, staatlicher seyn, wie bei den beiden anderen genannten Erwerbsarten, und es ist höchst wahrscheinlich, dass er im Alterthum, so lang die Röm. Bürger Steuer zahlten stets durch die Steuerrollen geführt werden musste, worin das steuerbare Vermögen eines Jeden eingetragen war. Vergl. Pütter's Eigenth. S. 87 ff.

**) Adversus hostem aeterna auctoritas esto. XII. Tabl. Hostis heisst im Altherthum nicht Feind, sondern (fremder) Genoss — derselben hostia: Opfer und Mahl. Der Nichtbürger konnte den Beweis durch die Steuerrollen nicht führen. Der Besitz half ihm daher nicht zum Eigenthum.

Geschäfte. Die beiden ersten wurden streng nach dem Wortlaut und Buchstaben beurtheilt, der dritte nach der wirklichen Meinung und Uebereinkunft, welche sehr mannichfaltig seyn konnte. — Die Willensübereinstimmung musste jedenfalls nachgewiesen werden. Bei solchen Verträgen aber, welche sehr häufig — auch mit und zwischen Nichtbürgern auf Treu und Glauben — ex fide bona geschlossen wurden und wofür die alten strengen Formen zu enge waren, wie Kauf und Miethe und wie Auftrag und Gesellschaft, genügte bald der Beweis der wirklichen Willensübereinstimmung und Erklärung Die Leistung von beiden oder einer Seite blieb nur noch bei Darlehn (ohne Stipulation), unentgeltlicher Leihe, treuer Hand und Pfand: Mutuum, commodatum, depositum, pignus erforderlich, weil sie die Rückgabe bedingen.

Im Alterthum haftete der Schuldner nur ganz mit seiner Person, Leib. Die nichtzahlenden Schuldner konnten von ihren Gläubigern in Fesseln geschlagen, auswärts verkauft, in Stücke geschnitten werden. Die Lex Petilia Papiria a. V. beschränkte dies Schuldrecht auf Rechtsverletzung — noxa. Für

b) Rechtsvorletzung

233. war ausser dem Ersatz auch Busse zu leisten, welche z. B. bei heimlichem Diebstahl das Doppelte, bei offenbarem Raub das Vierfache betrug. Der Dieb, der Betrüger, der Verläumder oder andere Ehrenschänder verlor zudem — seine hohen staatsbürgerlichen Rechte — seine Ehre (infamia noxatur).

Grössere Verbrechen gegen Leib und Leben eines Römischen Bürgers, gegen Staat und Volk wurden mit Leibes- und Lebensstrafen belegt, aber nur das ordentliche Geschworenen-, Straf- oder Volksgericht *) konnte sie über Römische Bürger verhängen.

3) Rechtsschutz.

234. Das Gerichtswesen war so geordnet, dass nicht nur jedes Urtheil dem Recht und der Gerechtigkeit gemäss,

*) Crimen ordinarium — extraordinarium.

sondern auch das Recht selbst immer reicher und feiner mit dem Volk und seinen Verhältnissen fort und ausgebildet ward; indem über Haupt- und Halsverbrechen das Volk selbst oder die von ihm erwählten und verordneten Geschworenen, über wichtige Vermögensangelegenheiten das Hundertmänner Gericht, gewöhnlich aber Männer aus dem Volke, welche der Prätor auf Antrag der Partheien zu Schiedsmännern oder Richtern bestellen musste, die Untersuchung führten und das Urtheil fällten.

235. Der Prätor gab dem Richter oder Schiedsmann eine Formel als Vorschrift, was und worauf er erkennen sollte. Sie sollte das Gesetz für den vorliegenden Fall seyn und musste daher von — Rechtsgelehrten — aus und nach dem Rechte — der Gesetze oder des Prätorischen Edikts geschöpft und gefasst werden, welches das gegenwärtige, lebendige Gewohnheitsrecht enthielt und immer neu aufnahm, namentlich auch für neuentstandene Rechtsverhältnisse neue Klagen verstattete.

236. Es ward dadurch wahres wirkliches Recht und Gerechtigkeit — Aequitas — bezweckt und um so eher erreicht, als in den meisten, den nichtförmlichen Rechtsgeschäften und — Verhältnissen die Erwägung und Berücksichtigung der obwaltenden Umstände und der wirklichen Willensmeinung und Uebereinstimmung ausdrücklich anbefohlen war: — Quod aequius melius — ex fide bona etc.

Das spätere, so aus dem Richten entsprungene oder herausgebildete Recht wird daher im Gegensatz zu dem alten strengbuchstäblichen oder gesetzlichen, strictum jus civile von den Römern selbst aequitas genannt, was richtig mit ἐπιείκεια, gewöhnlich, aber unrichtig mit Billigkeit übersetzt wird. **)

---

*) Bei den Hellenen laufen Klagen und Anklagen — δικαι und γραφαι durcheinander und zusammen für dieselbe Sache.

**) Billigkeit ist nach heutigem Sprachgebrauch eine besondere Gütigkeit, welche nicht auf dem ganzen und vollen Rechte besteht, sondern aus Menschenliebe davon nachlässt (Eberhard Synonymik: billig). Diese muss offenbar, auch wenn sie (mit Maass Fortsetz. I. Bd.) nach dem Gesetze: „Was du willst, dass dir die Leute thun sollen,

Vom Glauben der Römer. Religio.*)

237. Die alten Römer waren ihrer Religio wegen mit Recht berühmt und gefeiert. Sie setzten dieselbe aber nicht in den Gottesdienst: Gebet und Opfer allein**), sondern in die heilige Gesinnung: Liebe und Treue, Reinheit und Gerechtigkeit, welche das häusliche Leben heiligte und schützte und der Rechtschaffenheit und der Vaterlandsliebe zum Grunde lag. Auch hat ihre Sprache für kindliche und brüderliche Liebe, für Ehrfurcht gegen die Eltern und gegen die Gottheit und für Vaterlandsliebe nur das eine Wort Pietas.

238. Ohne Zweifel ist daher auch das Gottesbewusstseyn, der Glaube der alten Römer wahrer, reiner und höher gewesen, als das der Hellenen, Perser, Aegypter etc. und, wenn in geschichtlicher Zeit die Götter aller Völker und Länder in Rom Eingang finden, die Hellenischen aber gar mit

---

das thue du ihnen auch!" bemessen wird, dem Berechtigten selbst überlassen werden. Ein billiger Richter würde ungerecht und strafbar seyn. Aequitas und *ἐπιεικεια* aber ist das rechte, wahre, wirkliche Recht (Ableitung siehe oben 4 folgd. Jus heisst Deutsch E, Ewa). Richtig begreift und bestimmt sie Aristoteles Eth. Nic. V, 14 (8) *Τὸ γαρ ἐπιεικὲς δίκαιον τινὸς ὄν, βέλτιόν ἐστι δίκαιον, καὶ οὐχ ὡς ἄλλο τι γένος ὂν βέλτιόν ἐστι τοῦ δικαίου. Ταυτον ἄρα δίκαιον καὶ ἐπιεικές, καὶ ἀμφοῖν σπουδαίοιν ὄντοιν κρεῖττον τὸ ἐπιεικές. Ποιεῖ δὲ τὴν ἀπορίαν, ὅτι τὸ ἐπιεικές δίκαιον μέν ἐστι, οὐ τὸ κατὰ νόμον δέ, ἀλλ' ἐπαρνόρθωμα νομιμοῦ δικαίου. Αἴτιον δ' ὅτι ὁ μὲν νόμος καθ' ὅλου πᾶς, περὶ ἐνίων δ' οὐχ οἷοντε ὀρθῶς εἰπεῖν καθ' ὅλου. Τὸ ἁμάρτημα οὐκ ἐν τῷ νόμῳ, οὐ δ' ἐν τῷ νομοθέτῃ ἀλλ' ἐν τῇ φύσει τοῦ πραγματός ἐστιν· ὀρθῶς ἔχει — ἐπανορθοῦν τὸ ἐλλειφθέν, ὃ κ' ἂν ὁ νομοθέτης αὐτὸς οὕτως ἂν εἴποι ἐκεῖ παρὼν καὶ εἰ ᾔδει, ἐνομοθέτησεν ἄν· περὶ ἐνίων ἀδύνατον θέσθαι νόμον. ὁ γαρ* — (v. 35) *τῶν τοιούτων προαιρετικὸς καὶ πρακτικός, καὶ ὁ μὴ ἀκριβοδίκαιος ἐπὶ τὸ χεῖρον ἀλλ' ἐλαττωτικός, καίπερ ἔχων τὸν νόμον βοηθόν, ἐπιεικής ἐστι, καὶ ἡ ἕξις αὕτη ἐπιείκεια, δικαιοσύνη τις οὖσα καὶ οὐχ ἑτέρα τις ἕξις.* Rhet. I, 13 (26) *ἐστι δὲ ἐπιεικὲς τὸ παρὰ τὸν γεγραμμένον νόμον δίκαιον* — (v. 10^{b}—20) *καὶ τὸ εἰς δίαιταν, μᾶλλον, ἢ εἰς δίκην βούλεσθαι ἰέναι ὁ γὰρ διαιτητὴς τὸ ἐπιεικὲς ὁρᾷ, ὁ δὲ δικαστὴς τὸν νόμον καὶ τούτου ἕνεκα διαιτητὴς εὑρέθη, ὅπως τὸ ἐπιεικὲς ἰσχύῃ.*

*) Hartung, Die Religion der Römer. (Erlangen, 1836.)

**) Festus s. v. Religiosus est non modo Deorum sanctitatem magni aestimans, sed etiam officiosus adversus homines.

Römischen Götter-Namen bezeichnet, und all ihre Geschichten: die wunderlichen Launen und lüderlichen Streiche des Zeus und der Here auf Jupiter und Juno übertragen worden, so ist dieses das Werk gelehrter und aufgeklärter Dichter, welche der Maschinerie nicht entbehren mochten, und jenes beweist ebensowenig für die Gleichheit der Römischen Religion mit der Griechischen Mythologie, als die Einführung der unförmlichen Asiatischen Götterbilder und die Ansichten Herodots, dass der eigentliche Gehalt des echt Hellenischen Glaubens nicht besser und schöner gewesen als der Aegyptische Natur- und Ochsendienst. Es ist nur schwieriger, den wahren Gehalt des echtrömischen Gottesbewusstseyns aus den zerstreuten Nachrichten über die altrömischen Gottesdienste und Tempel zusammenzufinden und von den Zusätzen der Gelehrtendichter und des späteren Aberglaubens zu säubern.

239. Dem Römischen Volke, dessen gesammtes staatliches, bürgerliches und häusliches oder Familienleben nach dem naturfreien, rein aus dem Geiste erzeugten Rechte sittlich bestimmt und geordnet – rechtschaffen war, konnte und musste aus seinem reinen, vernünftigen Rechtsgefühl der Glaube an die reine ewig heilige Gottheit aufgehen, welche ohne sinnliche Begier und Leidenschaft, durch Nichts beweg- und veränderlich, die ganze sittliche und natürliche Welt erschafft, erhält und bewegt, indem sie das Rechte — bonum et aequum — will, denkt und thut.

240. Und das ist das Wesen des Jovis Optimi Maximi. Er ward als Grund und Urquell, als Vater und Leiter aller göttlichen Kräfte angesehen, welche sich in Staat und Natur, im Heer und Krieg, im Gewerbe und in der Familie so heilsam thätig erwiesen und selbst als göttliche Mächte erschienen: Dreihundert Joves hat Varro gekannt. Sie sind aber nicht blos sämmtlich dem besten und höchsten Allvater Jupiter Optimus Maximus untergeordnet, sondern wie jeder einzelne ebenso Jupiter — Stator, Praedator, Frugiferus, Pistor, penetralis etc. heisst, so erweisen sie sich sogleich als nur unterschiedene Richtungen und Thätigkeiten desselben göttlichen Wesens

und Willens. Sie werden auch nicht als Kinder des besten und grössten Ur- und Allvaters vorgestellt. Er hat gar keine Kinder erzeugt, obwohl er als guter Hausvater in der Ehe lebt, sein Gegenbild Juno zur Gattin hat. Minerva ist ihre Adoptivtochter. Beide sind für die Weiber was Jupiter für die Männer. *)

241. Da nun ein solcher unsinnlicher, ewigheiliger Gott des Rechts — (Jovis im Nominativ — ohne den Zusatz pater — Jovs = Jus) sich selbst von Ewigkeit gleich gewesen seyn muss, und also keine andere Geschichte haben kann, als die seiner Thaten, so sind die älteren italischen Mythen in dieser — (Dius Fidius) Religion zu Grunde gegangen: die alten Götter, die vor ihm geherrscht Saturn etc. sind vermenschlicht worden, d. h. sie sind alsbald zu sterblichen Königen — seinen Verehrern — herabgesunken (Recaranus). Mars und Quirinus scheinen mit den Tribus Tities und Luceres hinzugekommen zu seyn, wie Juno nach der Eroberung von Veji, Minerva von den Etruskern aufgenommen ist. Sie haben neben dem Jupiter Optimus Max. keinen rechten Platz und scheinen wie die Joves nur Richtungen seiner Thätigkeit zu seyn, denn er ist Stator, victor, triumphator, er erhält die Spolia opima, — Mars die zweiten, Quirin die dritten.

242. Jedenfalls sind Mars und Quirinus, Janus und Diana, und was sonst von Göttern genannt wird, den Römern weder so wichtig noch so bedeutsam, so schlechthin e i g e n, als die Penaten, die zwei heiligen Götter des lieben Hauses — Geschlechtes — *θεοὶ γενέθλιοι, πατρῷοι*, die sie am heiligen Hausheerd — wie im Uralterthum (: 170 Jahr nach Varro) bildlos verehrten. Sie mögen ursprünglich und eigentlich mit der gedoppelten Gottheit, des Jupiter und der Juno, welche Mann und Weib und Kinder behüten und befrieden und sie gedeihen lassen, dieselben gewesen seyn, da sie auch im Vesta-Tempel vom ganzen Volke am Staatsheerd bildlos verehrt wurden.

243. Den späteren Römern war ihr Wesen und Walten

*) Juno Conciliatrix, Lucina, Unxia, Virginiensis, Pronuba, Sororia.

ebenso dunkel, wie ihr ganzes Wissen von Gott. Denn der echte, rechte Glaube ist in der geschichtlichen Zeit in steter Abnahme, Minderung und Verschlechterung begriffen und endlich so verdorben, dass es gar schwer hält, ihn wiederzufinden. Der allmälige Fortschritt seiner Verderbniss aber ist ebenso unverkennbar, wie ihr Grund: die Abschaffung und Verbesserung des göttlichen Rechtes durch freieigne Selbstgesetzgebung des Volkes. Denn, obwohl die gesetzgebenden Versammlungen unter Auspicien: — Anrufung, Aufsicht und Genehmigung der Gottheit gehalten wurden und, obgleich sich das Recht durch Vermittlung der häuslichen Liebe und Zucht einer stetigen Fortbildung erfreute, so wurde doch die Gottheit ihrer rechtsetzenden Gewalt und damit ihres sittlichen Gehalts beraubt, ihr eigentlich rein geistiges Wesen zur Naturmacht und — damit zur Natürlichkeit herabgewürdigt, — das Gottesbewusstseyn also entleert und verdunkelt, der Glaube zum Aberglauben.

244. Bald nach der grossen durchgreifenden Gesetzgebung der XII Tafeln ward (322 a. V.) dem Griechischen Heilgott ein Tempel geweiht, weil die Beschwörung der heimischen Götter um Stillung der Pest (319) fruchtlos geblieben war, und das Volk wandte sich (327), da die Krankheit nur ärger wüthete, in Menge fremden Göttern und Gottesdiensten zu. Für die Eroberung von Veji wurde dem wahrsagenden Apollo ein Zehnten der Beute nach Delphi geschickt und nach seinem Befehl der väterliche Gottesdienst (patria sacra, quorum omissa cura est) wiederhergestellt. Apollo scheint unter dem Namen Apella und Aperta den Römischen Göttern noch gleichgestellt worden zu seyn.

Aber im Laufe der Zeit und seit der Bekanntschaft mit den Hellenen in Unter-Italien (Grossgriechenland) scheinen die Römischen Götter den Griechischen gleichgestellt worden zu seyn. Schon in der Formel, womit Decius Mus sich den unterirdischen Göttern weihte, kommen allerlei einheimische und fremde Götter vor, und Livius Andronicus (514) übersetzte die Hellenischen Zeus, Here, Ares etc. in Jupiter, Juno, Mars; Ennius aber stellte sogar zwölf grosse Römische Götter zusammen, als wenn sie die Hellenischen Olympier wären; *) und nicht nur die späteren Gelehrtendichter sind ihm darin gefolgt, sondern auch der Römische Staat, Senat und Volk, Decemviri sacrorum haben den zwölfen sechs Kissen gebreitet. **)

245. Im Punischen Krieg wandte sich das Volk in seiner Noth und Angst schier ganz von seinen Göttern ab zu fremdem Aberglauben. ***) Diesem Unfug — superstitio — ward gesteuert. Aber gegen das Ende des Kriegs wurde die Unzulänglichkeit der Römischen Götter von Religions- und Staatswegen anerkannt. Allerlei Wunderzeichen und die Sybillinischen Bücher verlangten und der Senat befahl, dass die Phrygische Götter-Mutter Cybele vom besten Manne nach Rom eingeholt werde. †) Sie ward seit uralten Zeiten zu Pessinus in Galatien in Gestalt eines Steinklumpens verehrt; stand also schon eine Stufe tiefer als die menschlich gebildeten Hellenischen Götter, und nur wenig über den Idäischen Dactylen und den Zaubermächtigen Telchinen..

246. Die Römer wandten sich aber zunächst dem — zur Natürlichkeit und Unsittlichkeit — ausgearteten Bacchusdienst und dann, als die Bacchanalien, wegen der schauderhaften Ausschweifungen und Verbrechen welche dabei begangen wurden, für alle Zeiten verboten worden, ††) der Glücksgöttin Fortuna zu, †††) welche von der Tüchtigkeit — (Fortis Fortuna —

---

*) Juno, Vesta, Minerva, Ceres, Diana, Venus, Mars, Mercurius, Jove, Neptunus, Vulcanus, Apollo. Im altröm. Glauben war Venus die thierische Brunst, Vulcan das Schmiedefeuer, Neptun ein Lar, Mercur der Waarentäuscher, sehr untergeordnet. Die meisten haben gar keinen oder sehr beschränkten Dienst gehabt.

**) Liv. XXII, 10. Jovi ac Junoni, alterum Neptuno et Minervae, tertium Marti ac Veneri, quartum Apollini ac Dianae, quintum Vulcano et Vestae, sextum Mercurio ac Cereri.

***) Liv. XXV, 1. Tanta religio et ea magna ex parte externa civitatem incessit, ut aut homines aut Dii repente alii viderentur.

†) Liv. XXIX, 14. Ovid. fast. IV, 247 ff.

††) Liv. XXXIX, 8—20.

†††) Plin. hist. nat. II, 5. 7.

virilis — muliebris — Patricia — Plebeia) allmählig zum launenhaften Glück — Zufall — Fors Fortuna — herabgesunken war. Ihr Tempel ward nicht leer von Flehenden, während die übrigen schier verlassen standen bis von Staatswegen Opfer und Gebete veranstaltet nnd abgehalten wurden. Denn der Senat, der Hüter des göttlichen Rechts hielt freilich die althergebrachten und gesetzlichen Gottesdienste, Gebräuche und Ordnungen fest, obgleich der Geist schon vorlängst daraus entschwunden war. Bis auf Cäsar's Zeit und Herrschaft wurden alle Staatsversammlungen unter Auspicien gehalten, wiewohl ihre Nutzlosigkeit und ihr Missbrauch Niemand unbekannt war.

247. Da nun die Römer mit der kindlichen Liebe ein tiefes Bedürfniss des Glaubens bewahrt hatten, dieser aber keinen würdigen Gegenstand der Verehrung weder in den heimischen Tempeln noch in dem Pantheon fand, wo die Götterbilder aller unterjochten Völker und Länder neben einander gestellt waren und vor einander verblassten, so konnte es nicht fehlen, dass selbst die Klügsten und Besten von einer abergläubischen Geister- und Gespensterfurcht besessen waren. Denn der Unglaube oder Mangel des rechten Glaubens an einen sittlichen, gerechten und allmächtigen Gott vermag doch das Gefühl der Abhängigkeit von einer höheren Macht nicht zu vertilgen, und diese erscheint der Einbildungskraft um so grausiger und furchtbarer, je unsittlicher Herz und Gemüth ist; am furchtbarsten aber der herzlosen Selbstsucht, welche Alles und Jedes auf sich und die eigne Glückseligkeit bezieht.

248. So aber ist die grösste Menge der Römischen Bürger nach den Bürgerkriegen gesinnt.*) Längst gewohnt auf

*) Dass es auch damals besonders im Mittelstande noch rechtschaffene, gute Bürger gegeben, ist nicht zu bezweifeln. Cicero ist ein solcher, der das Recht und den Staat noch höher hält, als Reichthum, Ehre und Menschengunst. Brutus, der vielbelobte, entzog ihm zu seinem grossen Bedauern Freundschaft und Gnade, weil er ihm nicht gestatten wollte, quaternas d. h. 48 pCent. jährl. Zinsen von den Ciliciern zu nehmen. Der tugendsame Cato verschmähte den schmuzzigsten Erwerb nicht und selbst Cicero schied sich von seiner Frau um eine reichere zu heirathen.

Kosten der unterthänigen Völker zu leben, die Grossen von den Steuern und Erpressungen der anvertrauten Provinzen, die Armen von den Kornspenden und in den Spielen die jene gaben, hält ein Jeder — nicht nur die Stadt, und sich als Mitglied derselben, sondern sich selbst, dieses schlechte Subject — diesen einzelnen Menschen, als solchen für den Mittelpunkt und Zweck des Staats und des Rechts, für das höchste Wesen der Welt. Was Pompejus erstrebt und Caesar erreicht hat, das begehrt der Gemeinste wie der Vornehmste — mit demselben Recht und Sinn, und ist auf die Sieger, denen Glück und Geschick die höchste Ehre und Macht und die Fülle der Güter schafft, mit grimmigem Neid und Groll erfüllt, weil sie ihm die Herrschaft der Welt und sogar seinen Antheil am Weltraub entreissen.

249. Aber dieses höchste Wesen, welches sich auf den erledigten Thron Gottes, — denn das ist der sich selbst denkende und wollende allgemeine Selbstzweck, — gesetzt, hat einen Herrn über sich: nicht den Staat zwar, noch das Recht — sie sind nur Mittel, noch andere Menschen, sie sind nur Nebenbuhler und Feinde, noch irgend ein Lebendes oder Wirkliches — es ist das Nichts! — der Tod, vor dem der Stolze im tiefsten Innern erzittert, weil er ihm ewige Vernichtung droht!

Darum hat der starke Cäsar auf dem Gipfel seiner Macht mit ängstlicher Sorgfalt auf Zeichen und Wahrsagung acht und der Mörder Brutus sieht Geister und Gespenster.

250. Als aber die allgewaltigen Dreiherren — Triumviri reipubl. restituendae — ihre Aechtungen ausgehen liessen, da erfüllte unendlicher Jammer die Stadt und die Welt und entsetzliche Angst die Herzen der sterblichen Götter: die Schrekken der Gottlosigkeit überfielen und erdrückten sie.

Darum begannen sie nach Gott zu suchen, nach dem lebendigen, ewigen heiligen Gott, der mächtig sey über Menschen, Welt und Tod, und ergaben sich den geheimen und verbotenen Götterdiensten und Weihen, um zu Ihm zu dringen*),

*) Neander, Denkwürdigkeiten der christl. Kirche I, S. 137 ff. Juvinae Sat. VI.

und dass er sie errette vom ewigen Tode. Die zartesten Frauen aus den vornehmsten Familien unterzogen sich den schwersten und albernsten Bussen, Prüfungen und Läuterungen, welche sie zur Heilung und Heiligung heischten.

251. Die verständigen, griechisch gelehrten Männer suchten auch wohl Trost und Fassung in der Philosophie der Stoiker, der Epicuräer oder der Neu-Akademiker, welche recht eigentlich für sie geschaffen zu seyn schien, da sie aus der Verzweiflung an der wirklichen sittlichen Welt unter der Herrschaft makedonischer Diadochen entstanden, erfunden waren, um dem „Weisen" das Selbstbewusstseyn der sittlichen Freiheit im Denken zu gewähren. Allein eines Theils hatten die Römer weder Anlage noch Neigung zur Philosophie und dann wussten diese ja selbst Nichts von Gott und von der Wahrheit.

Die Stoische Philosophie mochte sie daher nicht zur Verachtung der irdischen Güter zu stählen — die Freiheit und die Herrschaft der Welt waren zu grosse, wahre, wirkliche Güter — sondern selbst einen Cato nur zum Selbstmord vorzubereiten. Am beliebtesten war die neue Epicuräische Weisheit sich in der Freude d. h. nun: in der Völlerei, im Genuss des Weins, des Mahls und der Wollust zu übersättigen und zu betäuben. Der Skeptiker Aenesidemus aber (zu Ciceros Zeit in Alexandria) führte den Beweis, dass es der menschliche Verstand nicht im Stande sey, die Wahrheit oder auch nur sich selbst zu erkennen.

Daher drangen sie nicht zu dem ewigen Licht und fanden nicht Ruhe für ihre Seelen; denn Finsterniss deckte das Weltreich und Todesschatten die Völker. Sie aber erhoben ihren Blick nach Morgen, nach dem Lande des Aufgangs.

Das abendländische Recht und der morgenländische Glaube.

252. Das Morgenland war voll Sehnsucht und Hoffnung einer neuen Offenbarung Gottes, eines Erretters und Erlösers; und es war ein Gerücht erschollen, dass er vom Himmel herabgestiegen, auf Erden erschienen sey.

In jenen stillen und reichen Landen, wo die uralten Naturstaaten im stetigen Kreislauf Jahrhundert lang nach göttlichem Rechte und Naturgesetz fortgelebt, war durch die Hellenische Eroberung und Herrschaft ein neues frisches Leben hervorgerufen worden. Die unschuldigen Völker hatten durch das Hellenische Recht und Gericht die Zurechnung imputation kennen gelernt: dass der Mensch Herr seines Willens und Thäter seiner That: Schuld daran ist und strafbar nach dem Maass seines unrechten, rechtswidrigen, bösen Willens und der Schädlichkeit seiner Handlung. Da sie nun sich und ihr Thun mit dem reinen Rechte und Gesetze des von den Fremden geschmähten, nun doppelt theuren und heiligen Gottes der Väter verglichen, — ihre Gedanken sich unter einander verklagten und rechtfertigten, so kamen sie durch den Zusammenstoss und die Vereinung des abendländischen Rechts- und des morgenländischen Gottesbewusstseyns zum Schuld- und Selbstbewusstseyn zugleich und zumal: sie fühlten im innersten Herzen, dass der arge, sündige Mensch der Gemeinschaft und Huld der reinen heiligen Gottheit nicht werth und nicht fähig ist, dass Reue und Busse weder alte Sünden zu tilgen noch neue zu hindern vermag, und, dass Opfer und Brandopfer sie nimmermehr sühnen; sondern dass sie göttlicher Hülfe, Erlösung und Rettung bedürften. Und sie preisen die göttliche Gnade, die sie huldreich verliehen und gewähret, sie selber gebracht hat.

253. Der Persische Mithra *), der selbst als göttlich und als der reine und Urmensch gepriesen wird, ist nicht nur wie Ormuzd selbst nebst allen himmlischen Heerschaaren ein Vorkämpfer des Guten gegen den Bösen und seine Macht in der Welt und in der Menschenbrust, sondern auch als Mittler (— μεσίτης —) zwischen dem lichtreinen Gott und dem sündigen Menschen gefeiert. Sein geheimer Dienst, von dem wir fast nichts als die Namen der 7 Weihestufen und einige Bilder ken-

*) Ob er die uralte Gottheit des reinen Urvolks selbst oder ein Ized, ist aus dem Zend-Avesta bisher nicht zu ersehen.

nen, kam im Seeräuberkrieg nach Italien und nach Rom und fand viele und eifrige Anhänger bis nach Germanien hin.

254. Auch im fernen Indien ist mit dem neuen sittlichen Rechte eine tiefere Gotteserkenntniss aufgegangen. Um den rechten und guten König Ardjunas zu belehren, dass und warum er befugt und verpflichtet sey, den bösen Zwingherrn, den gesetzwidrig herrschenden, wiewohl er sein Vetter sey, zu bekriegen und zu vertreiben, ist Krischna vom Himmel herabgekommen, nicht wie sonst Vischnu in zufälliger Verkörperung des allthätigen Gesetzes oder eines göttlichen Gedankens, sondern sie selbst, die lebendige Gotteskraft,*) ist Mensch und Wagenführer des Königs geworden und nachdem er so sich selbst offenbart und bethätigt, in den Himmel zurückgekehrt. Von dieser neuen Glaubens- und Sittenlehre scheinen die Römer nichts gewusst zu haben Auch hat sie im Morgenlande nicht die Verbreitung gefunden, wie der ältere Buddhismus, welcher den Buddha Gautema, einen Königssohn von Kikete oder Maghda in Behar zum Stifter hat, der sich durch sein tiefes Denken und frommes Thun zur höchsten Gottheit erhoben und ebenfalls ein neues und zwar gleiches Recht und Gesetz zur Heiligung und Beseligung seiner Gläubigen aufgestellt haben soll. **)

---

*) Bhagavad-gita sive Almi Crishnae et Ardjunae Colloquium de rebus divinis ed. II, A. G. a Schlegel. (Bonn, 1845.) Nur die Möglichkeit, Macht (*δυναμις*) Gottes ist im Himmel zurückgeblieben, der ewige Urschoss, worin seine Gedanken, Gestalt und Leben gewinnen, also die Idee der Materie — oder die Macht des Gesetzes an sich. (Vgl. Stuhr Orient. Rel.-System S. 122.)

**) Er lehrte die Gleichheit aller Menschen im Gegensatz zu den Brahmanischen Kasten und, dass Jeder durch Enthaltung von der Welt und stetes Denken des Höchsten zu der ewigen Seligkeit des Nirwana gelangen könne. Wahrscheinlich ist er in dem Jahrhundert nach dem Einfall des Darius Hystaspis entstanden oder ausgebildet, in Folge dessen ein Sudra zur königlichen Herrschaft und Würde emporgestiegen und das ganze alte Recht ohne Zweifel nicht minder zerrüttet war. Buddha kann immerhin früher gelebt haben — als Yogi, wie viele Andere.

Wäre aber auch diese neue Indische Weisheit bis zu den Hellenen und Römern gedrungen, so würden sie doch schwerlich Befriedigung und Ruhe darin gefunden haben, weil sie ihrem höher gebildeten Rechts- und Selbstbewusstseyn nicht entsprach noch genügte, und das Verlangen einer vollen und sicheren Gotteserkenntniss nicht erfüllte.*)

255. Freilich haben sich auch Viele dem Aegyptischen Serapis zugewandt, der unter den ersten Ptolomäern aus Sinope in Asien nach Alexandria gebracht und als der Gott der Lebendigen und der Todten, als Herrscher im seligen Geisterreich, als Retter — *σωτήρ* — von Seelenwandrung und Tod verehrt worden ist.

Aber die Dürftigkeit dieses Glaubens erhielt ihre Erfüllung nur durch das geheimnissvolle Dunkel, worin er sich hüllte, indem es den Gläubigen nicht nur ewige Seligkeit sondern auch tiefere Gotteserkenntniss verhiess oder doch gestattete, sich bei dem altüberlieferten, meist unverständlichen Gottesdienst das Höchste und Tiefste zu denken.**) Denn dies war es auch, was den Hellenischen und namentlich den Eleusinischen Mysterien so grosse stummstaunende Verehrung gewann, obwohl sie selbst ohne alle Lehre und wahrscheinlich auch ohne alle vernünftigen Gehalt waren, seitdem der uralte Kastenstaat untergegangen und sein Recht, der wahre Grund dieses Glaubens vergessen war.

256. Nicht wenige haben sich auch dem erhabenen Glauben der Juden zugewandt und damit gewiss das beste Theil erwählt. Allein auch er mochte dem Römer und dem Hellenen nimmer genügen. Denn, wenn sie als Proselyten des

---

*) Dass wir Christen uns an der höheren Gotteserkenntniss in den Vedantas, den Upanidschaden und besonders im Bhagavad-gita erfreuen, beweist noch nicht, dass sie auch den Römern gefallen haben würde.

**) Was ist nicht alles gefabelt worden über das: *κόγξ ὄμπαξ*! Es heisst so viel wie Basta! Genug! oder Aus ist's! Zu vernünftigen Gedanken konnte der Preis der Gottheit als Gesetzgeber und Früchtespender Anlass geben. (Siehe Lobeck: Aglaophamus S. 775.)

Thors aufgenommen wurden, so standen sie nur erst im Vorhof des Heiligthums, dessen Besitz und Erbe dem auserwählten Volke allein zustand, und wenn sie gleiches Recht und gleichen Lohn haben wollten, so mussten sie das ganze alte Gesetz erfüllen, welches, weil es so streng und so alt und eigenthümlich war, den Juden selbst zu schwer geworden, dass sie es nicht erfüllen mochten. Aber das Jüdische Volk hatte eine alte Verheissung der Errettung aus der Knechtschaft und der zukünftigen Herrlichkeit, dass in und mit ihm alle Völker der Erde gesegnet werden sollten. Diese tröstliche Hoffnung hielt das Volk Gottes aufrecht im Druck der Assyrischen Herrschaft und der Babylonischen Gefangenschaft, woraus es durch Kyros den Heldenkönig des Lichtreichs erlöst und in die Heimath entlassen, ein neues frommes Leben begonnen. Sie erhob die Herzen des Judas Makkabäus und seiner Genossen zum Heldenmuth und Kampf gegen die frevle Willkür des Hellenischen Königs von Syrien, Antiochus, als er auch dem Jüdischen Volk den Hellenischen Götzendienst aufnöthigen wollte.

Mächtiger aber, denn je zuvor erwachte die schmerzliche Sehnsucht nach dem verheissenen Erlöser in den Meisten und Besten, als nach langer, gesegneter Herrschaft der frommen Hasmonäischen Fürsten die Römer in's Land eingedrungen waren, und unter ihrem Schutze ein Jüngling von geringer Herkunft sich auf den Thron geschwungen. Herodes, der in der Jüdischen Geschichte allein der Grosse genannt ist, weil er mit grosser Weisheit und Kraft nach — eigner menschlicher Einsicht den Staat regierte und ordnete, erschien seinen Zeitgenossen, *) als „der Gewaltige, der den Höchsten lästert und

*) Er baute einen prächtigen Tempel, hatte aber den Eingang freilich mit einem Adler verziert, woran strenggläubige Juden Anstoss nehmen mochten, weil er für Jupiters Vogel galt und hatte Kampfschulen und Spiele angeordnet um die Jugend zu üben und zu kräftigen, wie sie althellenische und Römische Sitte und Brauch waren. Aber nicht darin bestand der Greuel; der Grund des Abscheu's vor dem tüchtigen König war seine menschliche Grösse und ihr Widerstreit gegen das altgöttliche Recht und Gesetz, dass Gott allein Herr der Welt und seines Volkes ist.

die Heiligen des Höchsten verstört und Festzeiten und Gesetz verändert, (Daniel 7, 25) und nach dessen Gericht, Verderbung und Untergang die Gnadenzeit beginnen soll, wo das Reich, Gewalt und Macht unter dem ganzen Himmel dem heiligen Volk des Höchsten gegeben wird, dess Reich ewig ist und dem alle Gewalt dienen wird und gehorchen!

Drittes Hauptstück.

Das christliche Recht in Kirche und Staat.

257. Nachdem also die Zeit erfüllet: die sittliche Welt des Freistaats in sich zu Grunde gegangen, die Philosophie an der Wahrheit, der Glaube an der Gottheit verzweifelt, die ganze Menschheit voll Todesfurcht und Verzweiflung und voll schmerzlicher Sehnsucht nach dem wahren Gott und göttlicher Hülfe und Rettung war da erschien der ersehnte, verheissene Erlöser, Mittler und Retter, der göttliche Heiland der Welt: Jesus von Nazareth trat als der von Gott Gesandte und Gesalbte, bei dem der Geist des Herrn ist hervor *) und bekannte auch vor dem höchsten Gericht seines Volks, dass er Christus, der Sohn des lebendigen Gottes sey. **)

Die heilige Geschichte des Lebens Jesu, seine Thaten und seine Lehre, wie er sie seinen zwölf Jüngern und dem Volke vorgetragen und gegen einzelne Angriffe vertheidigt, und dass er endlich die Wahrheit seines Evangeliums mit dem Tode besiegelt ist so bekannt, dass hier nur bemerkt werden mag, dass die Zweifel und Bedenken, welche neuerdings gegen die

---

*) Ev. Luc. IV. Als er die prophetische Stelle aus dem Jesais 61, 1, auf die er getroffen, vorgelesen hatte, sprach er: „Heute ist diese Schrift erfüllet vor Euren Ohren."

**) Ev. Matth 26, 63 – 66.

Aechtheit und Wahrhaftigkeit der heil. Schriften erhoben worden sind, sich zum Theil auf Aussendinge gründen, welche für die ewige Wahrheit des Evangeliums durchaus gleichgültig sind, zum Theil aber auf den irdischen, verständigen Formen der Vorstellung haften, welche allerdings nicht geeignet sind, den ewigen göttlichen Inhalt ganz aufzunehmen und auszudrücken; aber klar genug, dass das Gemüth ihn auffassen, die Vernunft ihn begreifen kann. *)

Das Wesentliche des Christenthums, worauf seine Macht und Gewalt zur Umgestaltung der ganzen sittlichen Welt und des Rechtes insbesondere beruht, ist die Thatsache und Erkenntniss, dass in Jesu Christo Gott und Mensch eins worden sind; denn in dieser Einheit der Gottheit und Menschheit ist die ewige Wahrheit selbst offenbart.

Darum sprach der Herr: „Ich bin der Weg die Wahrheit und das Leben."

A. Jesus Christus ist die Wahrheit.

258. Wenn die Wahrheit in der Uebereinstimmung der allgemeinen Möglichkeit des vernünftigen Denkens und Gedankens — des Begriffs mit der vernünftigen Wirklichkeit des Dings besteht, so mochte Jesus Christus sich selbst als die Wahrheit verkündigen, weil der sich selbst denkende und wollende Gottesgedanke selbst, das Wort, welches im Urgrund bei Gott und Gott war — (Ev. Joh. 1, 1) in ihm zu vernünftiger selbstbewusster Wirklichkeit gekommen — Fleisch — Mensch geworden ist. So sprach er: „Wer mich siehet, der siehet den Vater! Ich und der Vater sind eins!" etc. Gegen diese Aussprüche hat der Verstand von jeher viel einzuwenden gehabt und selbst andere Aussprüche des Herrn angeführt, wo nach der Vater allerdings allein wahrer Gott und

*) Wenn der Glaube an die Aechtheit und Wahrhaftigkeit der heil. Schrift, namentlich der Evangelien durch die Kritik erschüttert ist, so scheint es die Aufgabe der Wissenschaft durch den Beweis der ewigen Wahrheit des Christenthums auch das Vertrauen zu den heil. Büchern wiederherzustellen.

der Christus ein Menschenkind ist, dem nicht nur die göttliche Allmacht, sondern auch die Allwissenheit und manch andere göttliche Eigenschaft mangelt. Wir müssen daher tiefer gehen.

Genauer betrachtet besteht jene Uebereinstimmung des Begriffs oder Gedankens und Denkens mit dem Dinge: — die Wahrheit nicht sowohl in der Gleichheit des inneren Gedankens und des äusseren Gegenstandes — diese sind wenigstens ebenso sehr verschieden — als vielmehr in der Uebereinstimmung des gedachten und des verwirklichten Gedankens, des Denkens und des Wollens und Thuns oder des Geistes mit sich selbst in seinem reinen Wesen und in seiner That oder Werkthätigkeit, welche das eigentliche Wesen — die Natur — des Geistes ausmacht und woran er daher das Selbstbewusstseyn seiner Geistigkeit hat. Dies Selbstbewusstseyn, welches die Gottheit von ihrem lebendigen Wesen und Wirken — Schöpfung der Welt etc. hat, wird in der heil. Schrift das W o r t genannt, welches im Urgrund bei Gott war und Gott war und durch welches alle Dinge geschaffen sind*) etc. Allein der ewige Gott hat sein Selbstbewusstseyn nicht allein in dem „Worte" oder in dem ewigen Sohn, sondern auch in dem Geiste aller Menschen, welche in diese Welt kommen, gekommen sind und kommen werden, — von Ewigkeit her, weil es für Ihn nicht Vergangenheit noch Zukunft gibt, sondern Alles zugleich und zumal gegenwärtig ist. — Nicht so der Mensch und die Menschheit! Da der menschliche Geist, wenn gleich göttlicher Art und Ursprungs doch wesentlich Vernunft — in steter Einheit mit sich nach den ewigen Gesetzen des Geistes fortschreitende Fähigkeit und Nothwendigkeit ist, den Geist Gottes — die Wahrheit zu vernehmen —

*) Das „W o r t" vereinigt Beides in sich: es ist Gedanke, Wille, Geist, und — sinnlich Ton, Laut. Der Gedanken ist darin a u s g e s p r o c h e n, in die Aussenwelt getreten und doch auch stets darin e n t h a l t e n — der Gedanke, die Sache selbst. Es ist also trefflich zur Bezeichnung des werkthätigen Selbstbewusstseyns geeignet.

in und zu sich aufzunehmen — so hat es einer Vorbildung von viel tausend Jahren bedurft, bevor der Heiland, der Verkündiger der ewigen Wahrheit auf Erden erscheinen und Glauben finden konnte bei den Menschen, dass in ihm Gott und Mensch eins geworden und Er ein erstgeborner sey unter vielen Brüdern, indem in und an ihm alle Menschen die Wahrheit erkennen und sich Gottes und ihrer in Gott bewusst werden können, welche auf seinem Wege wandeln *).

B. Jesus Christus ist der Weg!

259. Die Erkenntniss der ewigen Wahrheit ist für die Menschen mit ihrem irdisch gebildeten Sinn und Verstand, der für die göttlichen Dinge kein Maass hat, so unendlich schwer, dass sie nicht nur selbst alsbald daran verzagen, sondern auch diejenigen verhöhnen, hassen und verfolgen, welche die Wahrheit erkannt haben und sie bekennen und lehren wollen. Denn, weil sie ihren Verstand für das höchste Geistesvermögen und alles, was er nicht begreifen kann, für schlechthin unbegreiflich halten, so erscheinen ihnen die Verkündiger der Wahrheit wie Thoren, Schwärmer oder Betrüger.

Der Herr selbst ward des Todes schuldig befunden, als er bekannte Christus der Sohn Gottes zu seyn, weil das höchste Gericht mit Hohepriester und Gesetzkundigen dieses Bekenntniss für eine Gotteslästerung erachteten, und seine Jünger haben viele Qualen darum erduldet bis auf diesen Tag.

Daher ist es von der höchsten Wichtigkeit, dass der Herr einen sichern Weg gezeigt und vorangegangen, den mit Sei-

---

*) Dass die Idee: „Christus", die Einheit des göttlichen und menschlichen Denkens die ewige Wahrheit selbst ist, darüber findet unter den wissenschaftlich gebildeten und Denkenden längst kein Zweifel mehr statt. Wenn aber darüber gestritten wird, ob die Person Jesus in der Geschichte ihr alleiniger Träger gewesen, so ist darauf zu bemerken, dass, was keine vernünftige unmittelbare Wirklichkeit in der Welt gehabt hat oder hat — nicht wahr, keine Idee, sondern nur ein möglicher, abstracter Gedanke ist, welcher allenfalls auch nicht seyn könnte.

ner Hülfe Jeder finden und gehen kann, dem es um die Erkenntniss der Wahrheit ein rechter Ernst ist.

Er sprach: „Wenn ihr thuet nach meinen Worten -- meine Gebote haltet, werdet ihr die Wahrheit erkennen".

Seine Gebote sind aber in dem alten Gesetze *) zusammengefasst: „Du sollst Gott, Deinen Herrn lieben von ganzem Herzen, von ganzer Seele, von allen Kräften und vom ganzen Gemüth und deinen Nächsten als dich selbst."

Die Erfüllung dieses Gebots scheint leicht und natürlich und — ist es auch in der christlichen Familie und Gemeinde. Allein der natürliche Mensch kennt die Liebe Gottes gar nicht und die des Nächsten nur in soweit als die Natur, Verwandtschaft etc. ihn treibt. Die Liebe Gottes und des Nächsten, welche der Heiland heischt und selbst geübt, ist nicht jene Zuneigung, Wohlwollen, Mitleiden oder dergl, sondern wie er selbst **) sagt: ein neu Gebot: das lebendige Bewusstseyn der sittlichen Einheit mit dem Andern, welches Niemand gewinnen mag ohne gänzliche Sinnesänderung: ohne Wiedergeburt des natürlichen Herzens aus dem Wasser und dem Geiste d. h. ohne Bekehrung und den Glauben an Jesum Christum, dass in ihm Gott und Mensch wirklich eins geworden und an die Möglichkeit, in ihm mit Gott eins zu werden.

Jesus Christus ist der Weg: der Mensch muss den alten Adam ausziehen und sich erneuern im Geiste seines Gemuths zum lebendigen Ebenbilde Christi, um zur vollen Erkenntniss der Wahrheit: des Wesens des Geistes Gottes und des Menschen zu gelangen.

C. Jesus Christus ist das Leben:

260. das neue wahre, göttliche Leben! Denn wie das natürliche Leben in der innigen Verbindung des Geistes und des Leibes besteht, so ist in Ihm der göttliche und der menschliche Geist zu dieser göttlichen Weltseele geeinigt,

*) 3. Mos. 19, 18. — Ev. Luc. 10, 27. Ev. Matth. 22, 37 ff.
**) Ev. Joh. 13, 34.

welche die irdische irrende, sündige Menschheit zum Gefäss der göttlichen Lehre und Ehre, zum Reiche Gottes auf Erden erhebt, indem er sie in diesem, seinem neuen Leben wandeln lehrt und lässt.

„Denjenigen, die Ihn aufnehmen, dass Er in ihnen lebt, hat Er Macht gegeben, Gottes Kinder zu werden, — welche von Gott geboren sind" *).

Er gibt ihnen zuvörderst ein reines Herz und einen neuen gewissen Geist und damit die höchste Seligkeit: Gott zu schauen **).

In und mit dieser Erkenntniss der Wahrheit aber ist die Freiheit gegeben: „die Wahrheit wird euch frei machen!" sprach der Herr ***). Denn in der Erkenntniss des wahren Wesens des Geistes, Gottes und des Menschen ist auch die Erkenntniss des wahren Willens Gottes und des wahrhaft menschlichen Willens enthalten, dass sie nicht wesentlich verschieden sind, sondern sich nach denselben ewigen Geistesgesetzen bestimmen: dass daher der wirkliche Wille Gottes und der vernünftige Wille des wiedergeborenen Menschen übereinstimmen, jener wie dieser durch vernünftiges Denken und Nachdenken gefunden werden kann.

Daraus folgt mit Nothwendigkeit die herrliche Freiheit:

a) dass die Kinder Gottes unter einander Brüder, gleich berechtigt, von einander unabhängig sind †);
b) dass sie an keine vermeintlich göttliche Satzung, welche mit dem Gesetz in ihrer Brust und Einsicht nicht übereinstimmt, gebunden sind ††);
c) dass sie sich vielmehr selbst Gesetz sind und Gesetze geben mögen nach eigner Einsicht und Entschliessung,

---

*) Ev. Joh. 1, 12 u. 13.

**) Selig sind die reines Herzens sind, denn sie werden Gott schauen. Ev. Matth. 5, 8.

***) Ev. Joh. 8, 32.

†) Ev. Matth. 20, 25 ff.

††) Ev. Matth 15 etc.

und dass diese Gesetze im Himmel wie auf Erden gelten sollen *); weil das wirkliche und wahre Recht weder göttliche Satzung noch menschliche Willkür, sondern sowohl göttliches als menschliches Gesetz: nothwendige Bestimmung des freien, sich selbst nach den ewigen Gesetzen des Geistes — bestimmenden Willens ist.

261. Dieses christliche, Gottes- und Selbstbewusstseyn hat aber drei Stufen in den drei Formen des vernünftigen Denkens und in drei weltgeschichtlichen Gestalten.

1) Das unmittelbare Bewusstseyn des — wiedergeborenen — Herzens **), hat als Glaube (πίστις, fides, Gottvertrauen), der in der Liebe thätig ist, die Gewissheit der Freiheit wie der ewigen Seligkeit in sich ***). Er bildet die Grundlage, ist die nothwendige Voraussetzung alles christlichen oder vernünftigen Denkens, Erkennens, Willens und Lebens. In seiner Unmittelbarkeit aber erscheint es zunächst als Entzückung, welche mit unerhörten Zungen redet, in den Einzelnen und in der Gemeinschaft als christliche Liebe, welche die Heilsgenossen unter dem Gesetz der Freiheit zur Kirche einigt und sie drängt auch die übrigen Menschen in und zu sich aufzunehmen, dass sie selig werden durch Jesum Christum.

262. 2) Das verständige Bewusstseyn unterscheidet den Glauben an das Evangelium von der Menschwerdung Gottes in Jesu Christo und die guten Werke, worin er sich bethätigen soll. Es ist dies die nothwendige Beziehung des christlichen Selbstbewusstseyns auf sich selbst und in den

*) Ev. Matth. 18, 18.

**) Denn der Geist gibt Zeugniss unserem Geiste, dass wir Gottes Kinder sind. Paul. a. d. Röm. 8, 16. — Aus dem (— natürlichen —) Herzen kommen allerlei böse Gedanken Mord, Ehebruch etc. Matth. 15, 19.

***) Das Evangelium ist eine Kraft selig zu machen alle, die daran glauben. Röm. 1, 16.

Andern. Denn an ihren Früchten sollen sich die Jünger Christi als Christen erkennen. Dann aber erscheint der Glaube und die Werke, die Vollbringung der christlichen Sitten- und Rechtsgesetze auch jedes für sich — getrennt, zumal bei denjenigen, welche noch nicht zu wahren Christen wiedergeboren sind. Diese sollen und müssen nämlich, um zum vollen Bewusstseyn der Wahrheit des Evangeliums zu gelangen die Gebote des Herrn halten lernen.

Die Kirche hat daher von Anfang an diejenigen, welche auf ihr Bekenntniss des Glaubens an den Weltheiland als Erlöser der Sünder oder als Kinder getauft worden, in ihre Zucht genommen. Im Mittelalter aber, wo ganze Schaaren roher und verwilderter Heiden zur Kirche aufgenommen wurden, erhob diese die christlichen Sittengesetze als göttliche Gebote zu allgemeinen Rechtsgesetzen und sich selbst nach langen Kämpfen mit den Gewaltigen, welche in der Finsterniss dieser Welt herrschten, zur Freiheit und zur Herrschaft über die Welt.

263. 3) Nachdem dann aber die Völker durch die Kirchenzucht und Lehre zu der christlichen Sitte gewöhnt, ihr Recht christlich, die Lehnreiche zu Staaten geworden waren, da versenkte sich der Geist wieder in die Tiefen der Gottheit und gelangte durch die Erkenntniss der ewigen Wahrheit der Einheit Gottes und des Menschen in Christo und im Christenthum zum vernünftigen Selbstbewusstseyn der herrlichen Freiheit der Kinder Gottes im christlichen Staate.

264. Hiernach sondert sich die christliche Kirchen- und Welt-Rechtsgeschichte in drei Zeiträume.

1) Vom ersten Pfingstfest, dem Anfang der Kirche *) bis zur Auflösung des grossen fränkischen Getreuen-Reiches

*) Dass die Kirche erst am Pfingstfeste entstanden, folgt aus ihrem Begriff als Gemeinschaft der an den dreieinichen Gott Gläubigen. Vor dem Pfingstfest aber war der heilige Geist noch nicht da, (Ev. Joh. 7, 39. Apostelgesch. 1, 8.) und erst, nachdem er über sie ausgegossen war, glaubten die Jünger und verkündigten sie, dass der Heiland und das Reich Gottes gekommen sey.

der Carolinger und zur Trennung der Römischen und der Griechichen Kirche. 34—888.

2) Vom Zerfall des grossen Carolingischen Welt-Reichs bis zum Ende des Mittelalters 888—1517.

3) Von der deutschen Kirchenverbesserung bis auf unsere Zeiten 1517—1817.

Erster Zeitraum

der christlichen Rechtsgeschichte.

Vom Anfang der Kirche am ersten Pfingstfest bis zum Zerfall des grossen christlichen Getreuen-Reichs der Carolinger und zur Trennung der Römischen oder Abendländischen und der Griechischen oder Morgenländischen Kirche: v. J. 34 — 888.

265. Die christliche Kirche, welche obwohl im Anfang klein und unbekannt, in ihrem stetigen Wachsthum und Fortschritt die Welt bewegt und umfasst, durchdringt und beherrscht, hat zwar ihr Licht und Leben, die weltbewegende Kraft in sich selber: den heiligen Geist, der sie von Klarheit zu Klarheit in alle Wahrheit zur Erkenntniss Gottes und des Rechtes, die Gläubigen zur Freiheit und zur Seligkeit führt; allein ihre Ausbreitung nicht nur ist durch die rechtliche Weltherrschaft der Römer wesentlich erleichtert und unterstützt worden, sondern ihr Fortschritt in Recht und Rechtserkenntniss, welche mit dem Glauben und der Gotteserkenntniss in steter lebendiger Wechselwirkung steht, erscheint durch den Gegensatz und Widerstreit des christlichen Rechtes und Sinns und des Heidnischen Rechtes und Wesens vermittelt und gefördert. Denn, indem die Kirche das Heidnische und Schlechte bekämpft und ausscheidet, das Gute aber, welches sich unläugbar nicht nur im Römischen sondern auch im altdeutschen Rechte findet, mit ihrem Rechte verbindet und aus-

gleicht, scheidet sie das ihr noch anklebende jüdische Wesen und was sonst mangelhaft oder abgestanden ist, von sich aus und erhebt das ihrem sittlichen Geist und Wesen in beiden entsprechende in ihrem christlichen Rechte zu höherer Einheit und sich selbst zu höherer Stufe.

266. Die Bekehrung der Römer und der Deutschen zum Christenthum macht daher nicht nur in der Völker- und in der Kirchengeschichte Epoche, sondern auch in der Rechtsentwicklung beider.

In der ersten Epoche kommt das christliche Recht und die Kirche zum Gegensatz und Widerstreit und zur Versöhnung mit dem Römischen Staat und Recht durch das Edict von Mailand 313.

In der zweiten Epoche wird durch Aufnahme des ganzen Römischen Volks in die Kirche und der Kirche in den Staat, die Ausgleichung vollendet 535. Inzwischen sind aber durch die grosse Völkerwanderung deutsche Horden und Heerhaufen in das Römische Abendland eingedrungen und zum Christenthum bekehrt worden, und haben auf die Römische und Abendländische Kirche und ihr Recht und Rechtsgefühl den bedeutsamsten Einfluss geübt, welcher in der

Dritten Epoche nach der Verschmelzung des Deutschen Getreuen-Rechts mit dem Römisch-griechischen Kirchen-Recht im christlichen Getreuen-Reich Karls des Grossen zur völligen Trennung der Römischen von der Griechischen Kirche ausschlägt *).

---

*) Die Staats- und Rechtsgeschichte des Römischen Weltreichs darf hier als bekannt vorausgesetzt werden, da die Zeit der klassischen Juristen und der Caesarenherrschaft in den Institutionen vollständig dargestellt zu werden pflegt. Auf das Weltrechtsgeschichtlich-Wichtige, wie Caracalla's Verleihung des Römischen Bürgerrechts an alle freie Unterthanen und Constantin's Veränderung der veralteten Stadtordnung des Römischen Reichs in eine wirkliche Staatsverfassung, muss die Darstellung von selbst kommen. Vergl. übrigens Walter, Röm. Rechtsgeschichte Kap. 26 ff.

Erste Epoche:
Die Kirche als Gesellschaft im Römischen Reich.
Vom ersten Pfingstfest 34 bis zum Edict von Mailand 313.

267. Obgleich sich in Christo die Gottheit und Menschheit, der göttliche und der sittliche Menschenwille geeinigt und den Jüngern durch die Ausgiessung des heiligen Geistes diese Einheit als die Wahrheit zum unmittelbaren Bewusstseyns gekommen, welche sie zu der herrlichen Freiheit der Kinder Gottes erheben sollte und musste, so stand damit doch die wirkliche Knechtschaft der Juden und der übrigen Asiatischen Unterthanen des Römischen Volkes, welche sich von heissem Herzensdrang und Bedürfniss getrieben, auf den Namen Jesu Christi taufen und in die Kirche aufnehmen liessen, in zu grellem Widerspruch, als dass diese armen Juden und Hellenisten nicht, noch abgesehen von anderen Verhältnissen, die Hoffnung einer äusserlichen Befreiung und Herrschaft — im tausendjährigen Reiche durch den bald wiederkehrenden Messias hätten festhalten oder freudig aufnehmen sollen: in der Welt hatten sie Pein!

Diese kümmerliche, ebionitisch-chiliastische Auffassung der Welt und des Himmelreichs fand ihr Gegengewicht in dem hohen Selbstgefühl der vollberechtigten Römischen Bürger; denn, wenn auch ein Mitbürger, der Caesar Augustus in der That die höchste Macht hatte, so waren sie sich doch bewusst, dass nach Recht und Verfassung dem Römischen Volk mit Senat und Consuln die höchste Staatsgewalt und Herrlichkeit — summa potestas und majestas populi Romani — zustehe *), dass sie also frei und Herren der Welt seyen.

268. Dieser Gegensatz kam zum Ausbruch in der Marcionitisch-Priscillianistischen oder Kataphrygischen Schwärmerei, welche die Vollendung der Kirche durch den Parakleten

*) Tacitus meint, wenn man die Allgewalt und Herrschaft des Caesars sähe, könnte ein Fremder glauben, die Staatsverfassung wäre monarchisch.

oder heiligen Geist verkündete. Sie ward von mehreren Versammlungen der angesehensten Gemeindevorsteher und -abgeordneten geprüft und als falsch erkannt und verworfen. Die rechtgläubigen Gemeinden aber kamen dadurch und durch die gegenseitige Mittheilung der echten apostolischen Schriften zum Bewusstseyn ihrer Gemeinschaft (allgemeine Kirche, ἐκκλησία καθολική) in dem allgemeinen, reinen und wahren Glauben *) an den dreieinichen Gott.

Seit der Erhebung aller freien Römischen Unterthanen zu Römischen Bürgern durch Antoninus Pius Caracalla 211—217 musste der eigentliche Ebionitismus gänzlich verschwinden, obgleich die Christen noch viel zu leiden hatten.

269. Das Christenthum und seine Anhänger erfreuten sich nämlich nicht, wie die alten Volks- und Landesreligionen der Duldung und Anerkennung des Römischen Staats. Seine Gesetze verboten es, wie alle neuen Glaubenslehren und Gottesdienste — superstitiones; seine Behörden mussten die Christen verfolgen und bestrafen, wo sie sich als solche zu erkennen gaben. — Da sie indess gegen den Glauben als solchen gleichgültig waren, so beschränkten sie sich zumeist darauf die grossen öffentlichen Gottesdienste und andern Versammlungen, wodurch die Ruhe gestört oder gefährdet ward, zu bestrafen und zu verhindern.

270. Anfangs, ehe die Lehre und die Verfassung feststand, scheinen die Versammlungen der Christen nicht nur in Korinth, sondern auch in Jerusalem, wo man in der ältesten Urgemeinde grössere Folgsamkeit gegen die Apostel und Aeltesten erwarten sollte, bisweilen sehr bewegt und stürmisch gewesen zu seyn, weil Alle und Jeder an der Erörterung der Lehre und Sittengesetze und an der Regierung der Gemeinde Theil hatten und nahmen. In Rom dagegen kam Lehre und Leitung der Gemeinde schon frühe an den Vorstand: die Aeltesten, welcher das Ansehen und das Recht und daher

*) Die Offenbarung des Johannes ward nicht in den Kanon aufgenommen.

auch bald den Namen der städtischen Obrigkeit — Ordo — erhielt *).

271. Innerhalb desselben scheint sich hier durch den nothwendigen Vorsitz die Würde des Bischofs, wenn nicht zuerst herausgebildet, so doch seine Stellung am bestimmtesten festgestellt zu haben, da die sehr alten Bescheide Decreta etwa: (Weisthümer) der Römischen Kirche in einer althergebrachten Form von dem Ordo gefasst, von dem Bischof ausgefertigt worden sind, während in der übrigen Kirche das Verhältniss noch schwankt. Im dritten Jahrhundert ist das Uebergewicht des Bischofs so entschieden, dass die Presbyter — Aelteste — fast wie seine Diener betrachtet werden. Die Presbyterial-Verfassung ist in Episcopal-Verfassung verwandelt.

172. Diese reichere und festere Gliederung der Kirchen, dass sie Einem die Oberleitung und Vertretung der gemeinschaftlichen Angelegenheiten sowie die Aufsicht und das Gericht vertrauten, hat gewiss den heilsamsten Einfluss auf die ganze Kirche und auf das Christenthum gehabt und namentlich auch die Vereinbarung über die rechte wahre Lehre und die Verwerfung der Irrlehre des Marcion möglich gemacht, welche, wie bemerkt, die Vereinigung aller rechtgläubigen Gemeinden zur allgemeinen Kirche (*καθολικὴ ἐκκλησία* ecclesia catholica) zur Folge hatte. Ohne Zweifel haben aber auch wechselweis diese Kirchen-Versammlungen zur Befestigung und zur Verbreitung der Episcopal-Verfassung mitgewirkt, wo sie noch nicht klar und sicher gewesen.

273. Auf diesen Synoden hatte sich die Gewalt des vernünftigen Denkens und Nachdenkens über den reichen Inhalt des christlichen Glaubens und Gemüthes und die Kunst der Darstellung und Vertheidigung der Lehre, namentlich in den Erfolgen des grossen Origenes geltend gemacht. Er und die anderen Kirchenväter haben sich — zumeist in der Alexandrinischen Katecheten-Schule — die Geistesbildung angeeignet,

*) In den Hellenistischen Gemeinden hiess er *κλῆρος*. Ob vom Loosen oder weil der Herr sein Loos und Theil?

welche der Römischen Welt von den Hellenen überkommen und bisher nur in der Römischen Rechtswissenschaft zur Anwendung gekommen war; denn die stoischen, epikuräischen und skeptischen Philosophen dieser wie der alten Zeit haben die Erkenntniss der Wahrheit nicht gefördert, ja nicht einmal gesucht, sondern die eigene Unerschütterlichkeit — *ἀταραξία* — in dem sittlichen Weltuntergang.

274. Als sich nun aber die Philosophie wieder auf die Erkenntniss des Geistes Gottes und des Menschen richtete, gelangte sie zu Ergebnissen, welche der christlichen Lehre so ähnlich sind, dass man die vornehmsten Alexandrinischen Neuplatoniker lange und fast bis auf unsere Zeit für heimliche Christen gehalten hat.

Ungeachtet des wesentlichen Unterschiedes, welcher zwischen ihrer Weltweisheit und der christlichen Gottesweisheit unleugbar stattgefunden, kann doch die Ausgleichung des sittlichen Staats und Welt- und des Gottesbewusstseyn's darum nicht in Abrede gestellt werden, weil er in der natürlichen Verschiedenheit des Wissens und des Glaubens zu wurzeln scheint.

275. Sie bekundete und bethätigte sich aber auch im wirklichen Leben, indem die Christen zumal im Anfang des vierten Jahrhunderts in den Staats- und selbst in den Kriegsdienst des Constantinus und Licinius treten und von diesen nicht nur (312) freie Religionsübung, sondern auch (313) ihre Kirchen und anderen ihrer Gemeinschaft als solcher gehörigen Güter zurückerhalten und somit als Gemeinheit (universitas) anerkannt werden.

276. Die Verfolgungen der Christen, deren Zahl man freilich nach Exod. 7—10 und Apocal. 17, 1—14 auf zehn gesetzt *), können dagegen eben so wenig in Betracht kom-

*) Augustin. de civitate Dei XVIII. 52.; exquisite et ingeniose illa singula singulis comparata videntur — non prophetico spiritu sed conjectura mentis humanae, quae aliquando ad verum pervenit, aliquando fallitur.

men, als das Einsiedler- und Mönchsleben, welches sie veranlasst. Denn jene, wenigstens die letzten, sind der persönlichen Meinung und Willkür der einzelnen Kaiser zuzuschreiben und mit ihnen erloschen, und in diesem hat sich nicht sowohl der Gegensatz des Christenthums und des Römischen Staats und Rechts, der sie veranlasst, als vielmehr der Widerstreit der abstrakt christlichen Sittlichkeit oder Sittengesetzlichkeit und der argen Welt oder Weltlichkeit herausgestellt und befestigt, weil es damals und immer Schwache gegeben, welche der Gefahr der Versuchung lieber ausweichen als entgegentreten mögen und daher die Welt verlassen: gegen des Herrn Gebot in Ev. Joh. 17, 15. statt sie oder sich zu überwinden und zu belehren (Ev. Matth. 11, 11—16.).

Zweite Epoche:
Die Kirche als Gemeinheit im Römischen Reiche.
Vom Edikt von Mailand 313 bis zur fünften allgemeinen Kirchenversammlung 553.

277. Nachdem die Kirche zur Gemeinheit erhoben und damit zu voller Freiheit und Rechtsfähigkeit gelangt war, hörte der Kampf gegen die Welt zwar nicht gleich auf; die Mönche, welche Haufenweis im Lande umherzogen, zerstörten die heidnischen Heiligthümer und Götterbilder und verfolgten und vertrieben ihre hartnäckigen Anhänger in die Haiden und Felder (pagani — Namen wechselt), und selbst die Bischöfe verwandten sich öfters mit grosser Heftigkeit für die zum Tode verurtheilten Mörder und anderen Verbrecher. Aber wichtiger, als die schnelle und allgemeine Ausbreitung der Kirche über das ganze Römische Reich ist ihre innere Thätigkeit und Entwicklung, die Entfaltung der christlichen Glaubens- und Sittenlehre und die Gestaltung der kirchlichen Verfassung, Gesetzgebung und Gerichtsbarkeit.

278. Der Fortschritt in der Erkenntniss der göttlichen Wahrheit ward zunächst und zumeist durch den Kampf und Widerstreit gegen Irrlehren und Aberglauben veranlasst, wozu

die Bischöfe auf Synoden oder Kirchenversammlungen zusammentraten.

Die wichtigsten Kirchenversammlungen, welche die Kaiser zur Beilegung bedenklicher Streitigkeiten und der daraus erwachsenden Unruhen, beriefen, leiteten und bestätigten, werden oikumenische, allgemeine oder Reichskirchenversammlungen genannt, nicht sowohl, weil alle Bischöfe der ganzen Welt oder Kirche darauf versammelt waren, als vielmehr, weil sie von Staatswegen, wie auf Staatskosten veranstaltet und gehalten und ihre Beschlüsse zu Staatsgesetzen erhoben wurden *). Es sind vier

1) die Kirchenversammlung zu Nicaea 325,
2) — — — Constantinopel 381,
3) — — — Ephesus 431,
4) — — — Chalcedon 451.

279. Ausserdem wurden noch viele andere kleinere: Provinzial-Synoden zum Theil unter kaiserlicher Genehmigung und Bestätigung gehalten, welche seltener über Glaubenslehren, öfters über einzelne Irrlehrer urtheilten, gewöhnlich aber über Kirchenordnung und Zucht Beschlüsse fassten, welche dann, auch ohne ausdrückliche kaiserliche Bestätigung die verbindende Kraft von Gemeinheitsstatuten, aber ausserhalb ihres Kreises keinen Anspruch auf die rechtliche Geltung oder Unfehlbarkeit hatten, welche den Reichskirchenversammlungsbeschlüssen, wie allen Staatsgesetzen beiwohnte, obgleich sie oft auch jenen, soweit sie das Rechte gefunden und ausgesprochen — „vermöge des ihnen beiwohnenden heiligen Geistes" — zugeschrieben ward.

---

*) *Σύνοδοι οἰκουμενικαὶ* von *οἰκουμένη (χώρα)* d. i. orbis terrarum (Romanus) d. i. Römisches Reich. Sacrum Rom. Imperium ist deutsch und heist deutsches Reich oder Heil. Röm. Reich deutscher Nation etc. Die s. g. Räuber-Synode (*σύνοδος ληστρική* von Ephesus 449 ist nicht oekumenisch, weil ihre Beschlüsse nicht vom Kaiser (Theodosius II. † 450) bestätigt worden, sondern die Chalcedonische Synode heisst die vierte allgemeine Kirchenversammlung.

280. Die allgemeinen oder Reichs-Kirchenversammlungen beschränkten sich aber auch nicht auf die Entscheidungen der Glaubenslehrstreitigkeiten, sondern sie sprachen auch das alte und das neu entstandene Recht als allgemeines Gesetz aus: namentlich über Kirchengewalt und Verfassung. Denn andere bürgerliche Vorrechte, wie Befreiung der Geistlichen von Gemeinde-Aemtern und Reihedienst, von Abgaben und von der bürgerlichen Gerichtsbarkeit konnten natürlich nur von den Kaisern ertheilt werden.

281. In der Entwicklung und Gestaltung der Kirchenverfassung ist der stete und bedeutende Einfluss des Staatsrechts und insbesondere der Konstantinischen Staatsverfassung nicht zu verkennen.

Wie die Dorf- und Stadtgemeinden alles staatlichen Rechtes baar sind, so treten auch die kirchlichen Gemeinden immer mehr gegen die lehrende Geistlichkeit und diese gegen den regierenden Bischof zurück. Selbst ein Mann wie Augustinus ist verwundert und entrüstet, dass sich seine Gemeinde in Hippo ein Urtheil über einen verdächtigen Priester anmasse, welches nach dem dritten Carthagischen Concil nur dem Bischof und seinem Priester-Rath zustehen soll.

282. Durch die Provincial-Synoden hatten die Bischöfe der Prov. Hauptstädte die Metropoliten als Vorsitzer derselben schon vorher höheres Ansehen und Recht erlangt, besonders die Bischöfe von Rom, Alexandria und Antiochia, an welche sich mehrere Provinzen angeschlossen hatten.

Das Nicäische Concil bestätigte (can. 6) jenes allgemeine und dieses besondere Recht als alte Gewohnheit und erkannte (can. 5) die Provincial-Synode als höchstes Gericht für die Kirchenzucht.

283. Im Morgenländischen Kaiserreich folgte man der Konstantinischen Eintheilung des Reichs und jeder Veränderung derselben (Conc. Chalcedon. can. 17.) als gesetzlicher Ordnung und Vorschrift. Daher erhielten bei der festeren Verbindung der Kirchen gegen die Ketzer, die Bischöfe der Diöcesan-Hauptstädte höhere Gewalt über Metropoliten

und Bischöfe, welche sich unter ihrem Vorsitz auf Diocesan-Synoden versammelten und beriethen.

Die zweite Reichskirchenversammlung 387 in Constantinopel bestätigte die Diöcesan-Exarchen von Alexandria, Antiochia, Ephesus, Caesarea und Constantinopel in ihren Rechten und verlieh dem letzten den nächsten Rang nach dem Bischof von Rom, weil Constantinopel auch Kaiserliche und Reichshauptstadt sey, und erhob die Diöcesan-Synoden zum höchsten kirchlichen Gericht.

284. Nachdem dann die vierte R. K.-Versammlung 451 in Chalcedon die Exarchen von Ephesus und Caesaera dem Constantinopolitanischen untergeordnet hatte, fanden sich in der christlichen Kirche vier Patriarchen: von Rom, von Constantinopel, von Alexandria und von Antiochia, oder fünf, wenn man den Bischof von Jerusalem mitrechnet, der sich den Patriarchentitel von Theodosius II. zu verschaffen gewusst, aber keine Diöcese hatte, bis ihm die Chalcedonische Synode die drei Palästina's überwies

285. Unter den Patriarchen hatten die der beiden Reichshauptstädte den höchsten Rang und die grösste Gewalt, indem die Chalced. Synode den Patriarchen von Constantinopel auch darin dem Römischen gleichstellte, dass er Appellationen aus den übrigen Diöcesen annehmen dürfe. Sie erhielten endlich auch den Titel: allgemeine oder Reichsbischöfe: *ἐπίσκοποι οἰκουμενικοὶ*, (d. h. Ober-Patriarchen), den jedoch der Römische Patriarch nicht annahm, weil er dem Constantinopolitanischen denselben nicht zugestehen mochte. Er nannte sich dagegen den Knecht der Knechte Gottes *).

286. Im Abendlande schloss sich die kirchliche Verfassung nicht so enge an die Reichsverfassung an, weil das Weströmische Reich schon im vierten Jahrhundert von den Germanischen Heerhaufen, welche bisher im Röm. Dienste gestanden und von anderen wandernden Völkern überschwemmt und im fünften Jahrhundert eingenommen worden war. Da sie

---

*) Mit derselben Bedeutung nach Ev. Matth. XX. 26, 27.

sich den Oströmischen Kaisern nur scheinbar oder gar nicht unterordneten, so konnte die Abtrennung des Abendlandes von der Römischen Kaiserherrschaft nicht ohne den wesentlichsten Einfluss auf die Kirche bleiben.

Sie ward dadurch lange Zeiten durchaus frei; denn die deutschen Fürsten und Völker bereiteten den unterworfenen Romanen zwar oft ein hartes und schweres Loos, aber sie mischten sich nicht in kirchliche Angelegenheiten, verhinderten auch die Einmischung der Oströmischen Kaiser und erwiesen den Bischöfen, namentlich dem Römischen Patriarchen die höchste Achtung und Ehre, auch wenn sie nicht zur katholischen Kirche gehörten. Daher mochten die Römischen Patriarchen, welche das ganze christliche Abendland willig als geistliches Oberhaupt anerkannte, keine Rechte und Ehren von den Oströmischen Kaisern annehmen — noch herleiten, zumal die barbarischen Völker die Gewalt des Kaisers nicht anerkannten, die der kaiserlichen oder Reichs-Synoden nicht kannten.

287. Diese neuen Christen und selbst die alten, welche den Römischen Bischof stets im Besitz des höchsten Ansehns und grossen Reichthums gekannt, konnten sich kaum denken, dass es jemals anders gewesen. Da nun auch die Kirche selbst sich ihres göttlichen Urgrundes und Rechts — (im Christenthum) und ihrer Nothwendigkeit bewusst war: — „Qui ecclesiam non habet matrem, Deum non habet patrem!" sagte cc. 250 Cyprian de unit. eccl. (Oxon. 1682, p. 109), — und, da eine alte Sage, gestützt auf die dem Simon Sanctus geweihte Säule auf der Tiberbrücke in Rom *) den Apostel Petrus diesen bösen Zauberer auch in Rom bei seinem Aufflug zum Himmel bekämpfen und besiegen liess, so ward jener göttliche Urgrund als göttliche Gründung und Stiftung der Kirche, der Apostel Petrus, dem der Herr zuerst die Schlüssel des Himmelreichs und die Gewalt im Himmel und auf Erden zu

*) Diese Säule ist kurzlich in der Tiber wieder aufgefunden. Ihre Aufschrift lautet: Semoni Sanco Deo Fidio (d. i. Jovi).

binden und zu lösen zugesprochen, als der erste Vorgänger des höchsten Bischofs der Abendländischen Kirche in der Welthauptstadt, und das ganze christliche und kirchliche Recht als göttliche Offenbarung und Satzung aufgefasst*) und als solche gegen die Uebergriffe der Oströmischen Kaiser wie gegen die heidnische Sitte und Weise der verwilderten Germanen von der Römischen Kirche vertheidigt.

288. Auf diese Weise, in der Form des göttlichen Gesetzes bewahrte die Römische und Abendländische Kirche nicht nur die Sittengesetze und Gebote Jesu Christi, sondern das ganze christliche und kirchliche Recht und die gesammte sittliche Bildung des Abendlandes so wie die göttlichen Heilswahrheiten der christlichen Lehre in und mit sich selber als von Gott und Christo gegründeter Kirche. Allein diese Form des verständigen Denkens oder Vorstellens hat dem vernünftigen christlichen Inhalt, abgesehen von anderen dadurch herbeigeführten Veränderungen, eine so ganz andere Stellung zu dem menschlichen Bewusstseyn und Selbstbewusstseyn gegeben, dass der Christ in der Erfüllung des christlichen Rechts- und Sittengesetzes nicht mehr seinen eignen, den wahrhaft menschlichen Willen, sondern als nur göttlichen Willen also als fremdes Gebot vollbrachte — unfrei darin war. Christenthum und Kirche traten dadurch während die 5. ökumenische Synode die Glaubensgesetze Kaiser Justinian's I. annahm, also ganz in den Römischen Staat und sein Recht einging, in desto

*) Die Abendländischen Christen, auch die Kirchenväter und -lehrer pflegen selbst die göttlichen Dinge verständig aufzufassen und vorzustellen. Wenn aber die Idee, welche nur für das Gefühl und die Vernunft fasslich und begreiflich ist, in das Gebiet des Verstandes, der Vorstellung herabgezogen wird, dann kann die Idee, der Urgrund, das Princip das absolute Prius nur als historisch Erstes, Ursache, Gründung, Anfang, oder Anfänger vor- und dargestellt werden. Quis enim negavit, Deum corpus esse, etsi Deus spiritus est? Spiritus enim corpus sui generis in sua effigie! Tertull. adv. Prax. 7.

schrofferen Gegensatz zu dem wildfreien deutschen Wesen und Recht.

Dritte Epoche:
Die Staatskirchen
von der fünften ökumenischen Synode 552 bis zum Zerfall des grossen Carolingischen Weltreichs und zur Trennung der Römischen und der Griechischen Kirche 888.

289. Nachdem Kaiser Justinian I. Italien wieder unter seine kaiserliche Herrschaft gebracht und sein grosses Gesetzbuch *) veröffentlicht und die zur fünften allgemeinen Synode versammelten Bischöfe, — auch den Römischen Patriarchen, vermocht hatte, seine Bestimmungen über die streitigen Glaubenslehren anzunehmen, schien der Frieden und die Einheit der Kirche und der Christenheit für immer hergestellt und gesichert, wie die Vereinigung der Kirche und des Staats vollzogen.

290. Allein durch diese Aufnahme der Kirche in den Staat und zum Staat, als Staatskirche, welche sich in dem gegenseitigen rechtlichen Einfluss der Bischöfe auf die Staatsverwaltung, Gerechtigkeitspflege und Regierung und in den Gesetzen der Kaiser über Kirchenrecht und Glaubenslehre immer mehr als Vereinigung bethätigte, *) förderte weder Glauben noch Recht, weder Kirche noch Staat; wohl aber trug sie wesentlich dazu bei, den Gegensatz und Zwiespalt der Morgenländischen und der Abendländischen Kirche zu vergrössern und zu erweitern, zumal auch diese letztere, nachdem die Römische Herrschaft über Italien wieder aufgehört und die neuen deutschen Reiche festere Gestalt und Macht gewonnen hatten, in diese einging. Denn das Wesen und Recht der Deutschen war vom Römich-Griechischen unendlich ver-

---

*) S. unten.

*) Die christlichen Heilswahrheiten und die theologischen Meinungen wurden das Gesellschafts- und Strassen-Marktgespräch der streitlustigen Hellenisten, wie sonst die Staatshändel.

schieden und ihre Verbindung in der Abendländischen Welt selbst musste schon darum Kirche und Staat zu weiterer — höherer Entwicklung treiben.

291. Die Deutschen, welche im 9. Jahre unserer Zeitrechnung, als Jesus, zwölf Jahre alt, zuerst lehrend im Tempel erschien, die besten Legionen des weltherrschenden Roms in der Teutoburger Schlacht besiegt und sich freigemacht hatten, waren in der Völkerwanderung zwar nicht mehr das edle, starke und reine Naturvolk, welches Tacitus so trefflich schildert, sondern zumeist rohe, durch den langwierigen Krieg und die Losreissung von dem Heimathland und Naturstaat verwilderte und verdorbene Heerhaufen und Horden. Aber die beiden Grundzüge ihres Characters: Hass gegen allen Zwang und unbedingte Ergebenheit aus freier Liebe waren und sind ihnen geblieben und die bewegenden und gestaltenden Mächte wie ihrer ganzen Geschichte, so auch ihrer damaligen Verfassung und Thaten geworden.

292. In den altdeutschen Naturstaaten der nordischen Heimath scheint der gottentsprossene König und Adel weder Gerichtsbarkeit noch irgend ein Zwangsrecht oder Gewalt gehabt zu haben, ausser als Feldherr im heiligen Volkskrieg für's Vaterland und als Priester in dem heiligen Thing zu Gottesdienst und -Gericht über Gottesfrevel, Arglist und Meineid; so dass Jeder mit eigner Faust und mit Hülfe der Blutsfreundschaft sich selbst und Weib und Kind, sein Haus und Hof, sein Hab und Gut schirmte und jegliche Verletzung und Kränkung selbst ahndete und rächte in offner ehrlicher Fehde.

293. Darin und daneben bestanden aber von uralter Zeit her freie Waffen- oder Kriegsgenossenschaften nicht nur gekorene uud geschworene Milch- und Stallbrüderschaft, die der Blutsfreundschaft gleichgalt, sondern auch die den Deutschen eigenthümlichen Gefolgeschaften der Heer- und der Seekönige. Die Gefolgeschaft war eine Verbindung freier Männer und Jünglinge zur See- oder Heerfahrt in fremdes Land unter einem Anführer, dem

sich die Vikinger (Schiffer) oder Ritter als ihrem See- oder Heer-Könige mit Leib und Seele ergaben, indem sie ihm auf sein Schwert Treue und Ergebenheit bis zum Tode gelobten und dadurch mit einander zu einer grossen Stallbrüderschaft vereinigt wurden.

Sie mag öfters nur für einzelne Unternehmungen eingegangen worden seyn; aber meistens blieben die Genossen auch im winterlichen Frieden beisammen und wurden von dem Herrn aus der Beute des Kriegs oder aus seinem eigenen Vermögen in reichlichen Gelagen gespeist, wie gerüstet, und bildeten dann das mächtige Gefolge desselben. Immer aber galt unter ihnen das zarte Freundschaftsgesetz der Stallbrüderschaft, welches Zank und Streit verbot, dass der König den Ungefügen von der Genossenschaft ausschloss, den Reuigen um einige Plätze herabsetzte. Es stand aber auch einem jeden Genossen frei, dem Herrn den Dienst aufzusagen, und im höheren Alter kehrten alle an den heimischen Heerd und zur alten Freiheit zurück.

Die herzliche Liebe und Treue und die tapferen Thaten dieser freien Heergesellen sind in unsern Nordlandssagen *) hochgefeiert und — geschichtlich wahr.

294. Von den deutschen Schaaren, welche in das Römische Reich eindrangen und sich darin nieder liessen, sind viele solche Gefolgeschaften, und die Reiche, welche sie gegründet, sind Heerkönigthümer gewesen. Sie haben nur zum geringsten Theile längern Bestand gehabt, denn nachdem der Zweck erreicht, die Eroberung gelungen und gesichert war, pflegte die Gliederung und Unterordnung der Heergesellen aufzuhören. Wenige Völkerschaften sind so ganz ausgewandert, dass sie als Naturstaaten auf Römischen Boden übergegangen wären. Diejenigen, welche sich über ein Menschenalter erhalten, haben gewöhnlich ihren gebornen König zum Heerkönig und somit bei ihrer Niederlassung eine gemischte Verfassung

*) Besonders von Frotho III, dem Friedfertigen. (Vergl. überhaupt Stuhr: Nord. Alterthümer.)

gehabt, welche dem Gemeinwesen einen gewissen Halt gab und höherer Entwicklung ebenso fähig wie bedürftig war. Sie ward durch die Verbindung mit der altrömischen Ordnung und Gesittung nicht wenig gefördert.

295. Wie verschieden aber auch im Einzelnen die Reiche der Ost- und Westgothen, der Vandalen und der Sueven, der Franken und Longobarden etc. waren, so hatte doch der **König die höchste Gewalt über Heer und Land** und vertraute seinen besten und treusten Freunden und Genossen wie den Befehl über die Schaaren der Heergesellen, welche mit Landgütern ausgestattet wurden, so auch die Regierung des Landes d h. der vormals römischen Unterthanen — Romanen. Die Regierung der Kirche aber beliessen sie den Bischöfen und nahmen diese unter ihre Getreuen und Genossen auf, indem sie ihre Kirchen reich mit Gütern beschenkten, sobald sie sich zum Christenthum bekehrt hatten.

296. Dadurch traten **die Bischöfe und Erzbischöfe und die Aebte der Klöster**, welche seit dem 6. Jahrhundert immer häufiger geworden, unter den unmittelbaren Schutz und Gericht der Könige und zwischen die hohen Reichsbeamten, welche sich jährlich ein- oder zweimal zu Rechenschaft und Berathung am Hofe — auf Reichstagen versammelten, und die auf die Entschlüsse des getreuen Herrn immer grösseren Einfluss gewannen, je mehr ihre Versammlung sich durch die Verbindung mit den Synoden der Geistlichen ordnete nnd ordentlich berieth und beschloss.

297. Die **völlige Durchdringung** des alten Naturstaats und der Gefolgeschaft mit der Kirche, welche im Anfang des VII Jahrhunderts eintrat, erscheint als der schönste Höhe- und Lichtpunkt in der Merowingisch-fränkischen Geschichte. Denn, nachdem auf dem grossen Reichstag 615 mancherlei Beschwerden der geistlichen und der weltlichen Getreuen über willkürliche Besetzung und Entziehung der Beneficien, Aemter und Güter und über andere Missbräuche und Verletzungen schuldiger Freundschaft — besonders durch die bösen Königinnen Fredegunde und Brunhild, von Chlotar II. abgestellt

waren, erhoben sich unter der liebevollen Pflege und Reichsverwaltung des frommen nnd staatsklugen Majordomus und Bischofs Arnulfs und Pipins (von Landis,) nicht nur Handel und Gewerbe, sondern auch Kunst und Wissenschaft fast urplötzlich zu hoher Blüthe. *)

298. Auf die Kirche hatte diese Stellung und Macht der geistlichen Getreuen den wesentlichsten Einfluss Die Bischöfe waren der Aufsicht und Gerichtsbarkeit der Metropoliten, die Aebte derjenigen der Bischöfe enthoben, weil alle unmittelbar dem Könige untergeben nnd durch seine Gewaltboten (Missi dominici) beaufsichtigt wurden. Eben dadurch war auch die Unterordnung unter den Patriarchen des Abendlandes thatsächlich beseitigt. Die westgothischen Bischöfe aber zwangen ihren König Witiza auch zur ausdrücklichen Lossagung der Spanischen Kirche von dem Römischen Stuhle. Die Gemeinschaft und die Ordnung der fränkischen Kirche stellte Winfried-Bonifacius 742—743 wieder her, indem er als päbstlicher Legat die fränkischen und deutschen Bischöfe und Erzbischöfe dem Römischen Pontifex maximus Huld und Treue schwören liess, ohne jedoch weder ihr beiderseitiges noch das Verhältniss der Aebte zum Könige und zum Major domus zu ändern. Die Spanische Geistlichkeit aber suchte alsbald die Gemeinschaft und Hülfe der Römischen Mutterkirche, als das christliche Reich der Westgothen durch die Osmanen zerstört ward in der achttägigen Schlacht bei Xeres de la Frontera.

299. Der fränkische Majordomus Carl Martell widerstand dem Andrang dieser ungläubigen Horden, indem er die ganze Macht des fränkischen Volks und Reichs sammelte und ihnen entgegenstellte, denn zur Vertheidigung des Vaterlandes muss-

*) Das Christenthum hatte wenig Antheil daran. Das Volk glaubte mit Furcht und Zittern an Hölle und Teufel und an die Verdienste und Fürsprache der Heiligen, welche durch reiche Geschenke an ihre Kirchen gewonnen würden. Dem Meuchelmörder wird z. B. von Brunhild reichlicher Lohn im Leben oder im Tode soviel Seelenmessen bedungen, dass er in den Himmel kommen muss, und der Dieb stiehlt den Kelch vom Altar, während er das heil. Brot empfängt etc etc.

ten Alle und Jeder dem königlichen Kriegsruf folgen. Er aber machte dies zum allgemeinen Gesetz: — veränderte die Arimannia in Heribannus, — indem er diejenigen, welche bisher noch in altfränkischer Weise und Freiheit auf ihren Gütern gelebt und geherrscht hatten, zum königlichen Kriegs- und Hofdienst zwang: — „tyrannos subegit". Damit waren die letzten Ueberbleibsel des Naturstaats, bis auf den langhaarigen gebornen König selbst beseitigt, und auch dieser musste, nachdem er allmählig alle Macht an den Major domus verloren, dem trefflichen Pipin weichen. Denn diesem, dem getreuen Herrn der getreuen Leute, der die königliche Gewalt besass und übte, gebührte nach göttlichem und menschlichen Recht, nach dem Urtheil des Pabstes Zacharias und der grossen Reichstagsversammlung auch der Königliche Titel und Thron (752).

300. Das fränkische Reich war nun gänzlich Getreuen-Staat, und da die Treue der Leute ihren Grund und Halt in dem Treu- und Huldeid hatte, den die christlichen Getreuen schworen, so mag er christlicher Getreuen Staat genannt werden, zumal sich der König (nach David's Beispiel) von dem päbstlichen Legaten Bonifacius salben liess.

Unter der Herrschaft seines noch grösseren Sohns Karl erhob sich der festgegliederte mächtige Getreuen Staat zum christlichen Weltreich der Lieb' und Treue; der König zum Kaiser des Abendlands (800).

301. Damit schien denn, da das wiederhergestellte Abendländische Kaiserreich alle und mehr Länder umfasste, als das alte Römische und, da der Pabst, als der vornehmste Geistliche — Pontifex maximus, Papa, desselben angesehen war, die alte Ordnung und Einheit des christlichen Abendlandes wiedergekehrt zu seyn. Aber, weder war das Reich Karls des Grossen das alte Caesarenreich noch die Kirche die alte grosse Gemeinheit, wie sie in diesem gewesen. Sondern die Erzbischöfe, Bischöfe und Aebte verblieben in ihrem bisherigen unmittelbaren Getreuen-Verhältniss zum Kaiser und die fränkische Staatskirche verwarf auf den Synoden zu

Frankfurt (794) und zu Paris (825) die Beschlüsse der oströmischen Staatskirche für die Bilderverehrung, obwohl auch — der Römische Patriarch sie, wie seine Vorgänger gebilligt hatte, weil kniefällige Anrufung nur Gott gebühre (Libri Carolini)

302. Allein diese Verschiedenheit würde die Vereinigung der gesammten Christenheit und Kirche ebensowenig gehindert haben, wie die Einheit des Abendlandes, und die übrigen älteren Streitpunkte zwischen der Griechischen und Römischen Kirche können dagegen kaum in Betracht kommen, selbst die Eifersucht der stolzen Patriarchen hätte sich dämpfen lassen, wären nicht beide in ihrem Rechte gewesen. Aber der Grund des Zwiespalt's lag tiefer: — darin, dass die christliche Kirche dort in den Hellenischmorgenländischen hier in den Deutschen Staats- und Volksgeist ein- und aufgegangen, verschmolzen, eins geworden war. Zu dieser Vereinigung der Römischen Kirche mit der Fränkischen, zur Verdeutschung derselben trug aber der schnelle Verfall des grossen Carolingischen Weltreichs am meisten bei. Denn in der allgemeinen Verwirrung und Unordnung, welche die Fehden der Carolinger zur Folge hatten, wandten sich die verstörten Fränkischen Kirchen an die Apostolische Ur- und Mutterkirche zu Rom als Haupt- und Mittelpunkt und dadurch ward die Einheit der Abendländischen Christenheit gerettet.

Zweiter Zeitraum.

Vom Zerfall des Carolingischen Weltreichs bis zum ewigen Landfrieden 888 — 1495.

Das heilige Römische Reich im Mittelalter.

303. Das ganze geistige Leben der Abendländischen Christenheit und die Rechtsbildung des Mittelalters insbesondere entspringt aus dem Gegensatz und Widerstreit der Kirche

und ihres göttlichen Rechts und des weltlichen Rechtes der Fürsten und Völker, welche sich im heiligen Römischen Reiche beisammen finden.

Da der Römisch-Deutsche Kaiser der Nachfolger Karls des Grossen und Ludwigs des Frommen war, so wurde er noch immerfort als Herr der Welt und Haupt des christlichen Abendlandes angesehen, auch nachdem der christliche Getreuen-Staat des Abendländischen Weltreichs zerfallen, und der Kaiser bald ohne Macht und Reich, bald nur König eines Volkes und Landes war.

In der That aber war der Römische Patriarch, als Nachfolger des heil. Apostelfürsten Petrus, des Stellvertreters Jesu Christi auf Erden das höchste Haupt der Kirche und der Christenheit, welche nur in der Kirche ihre Einheit bewahrt hatte und fühlte.

304. Zu dieser höchsten Würde war ihm aber schon vorher die höchste Gewalt in der Kirche beigelegt worden. Dies geschah zuerst und zunächst durch die s. g. Pseudo-Isidorischen Dekretalen, welche unter Ludwig dem Frommen geschrieben und zusammengestellt wurden, um die Bischöfe gegen unrechtmässige Verurtheilungen und die Geistlichen überhaupt gegen die Anmassung weltlicher Richter und Behörden sicher zu stellen. Um deswillen wurde dem Pabste die höchste und concurrirende Gerichtsbarkeit in Kirchensachen zugeschrieben, welche dem fränkischen Könige und Kaiser zugestanden, namentlich auch die unmittelbare Entscheidung der causae arduae ac majores, wozu vor allen die Rechtshändel der Bischöfe und Erzbischöfe und der Aebte, als Getreuen des Königs gehört hatten. Aber auch die Bischöfe und Synoden beriefen sich alsbald auf diese falschen Dekretalbriefe, wie sie denn überhaupt dem damaligen Rechtsgefühl und Bedürfniss so sehr entsprachen, dass Niemand ihre Aechtheit bezweifelte*) und Hincmar, Erzbischof von Rheims, nur darum

*) Und doch war man gelehrt genug, die Unechtheit eines dem Augustin zugeschriebenen Werks aus innern Gründen zu erweisen.

die Gültigkeit derselben in Abrede stellen mochte, weil sie nicht im Griech.-Römischen Codex Canonum ständen, welchen Hadrian dem Kaiser Karl dem Grossen überreicht und als kirchliches Rechtsbuch bezeichnet hatte.

305. In der ersten Hälfte des Mittelalters 888—1298 erhielt nun der Römische Patriarch, fast ohne sein Zuthun und Verdienst diese höchste und allgemeine (souveräne) Kirchengewalt und dann nach harten Kämpfen und schweren Siegen über die deutschen Kaiser die höchste Herrschaft der Welt, welche durch Kirchenzucht und Kirchenrecht gesittigt wird.

In der anderen Hälfte 1298—1495 sinkt die päbstliche Macht und Weltherrschaft jemehr die Ordnung in den Städten und (ständischen) Staaten sich bessert und befestigt vor der neuen christlichen Freiheit der Völker.

Erste Epoche:
von König Arnulf 887 bis Albrecht I. 1298 und bis zum Verlust des heiligen Landes.

Lehnreich und Kirche.

306. In den mancherlei Königreichen und Herrschaften, welche sich im Abfall von dem feigen blödsinnigen Kaiser Karl dem Dicken bildeten, herrschte anfangs die tollste Verwirrung, unrechte Willkür und rohe Gewaltthat, besonders auch in Rom und in Deutschland. Die Päbste krönten jedes italienische oder römische Parteihaupt zum Kaiser, welches eben zur Macht gelangt oder ihnen genehm und zu Dienst war. Deutschland ward von der grossen Adelsfehde und anderen Kriegen zerrissen und von wilden Reiterhorden durchstreift, verheert und geplündert, weil der König weder Ansehen noch Macht und Gewalt besass, die Grossen zu zwingen und das Land zu beschützen. Und bei anderen Völkern stand es nicht besser. Die ganze Welt war voll Sünd' und Noth, voll Jammer und Elend, und sah mit dem Ausgang des ersten Jahrtausends ihrem Ende und Untergang und dem jüngsten Gerichte mit Angst und Entsetzen entgegen.

Und sie ging wirklich zu Grunde! nicht zwar der sichtbare Himmel und die festgegründete Erde, aber die sittliche Welt, die rechtliche Ordnung der Dinge, der christliche Getreuenstaat und die freie Gauverfassung zerging im Sturm der bösen Zeit.

307. König Otto I. gewann zwar dem deutschen Könige die kaiserliche Würde wieder, dass der Pabst nur den deutschen König zum Kaiser krönen dürfte, und gedachte damit das Reich und die Herrlichkeit Karls des Grossen: das heilige Römische Reich — deutscher Nation wiederherzustellen. Aber, obwohl er mit grosser Weisheit und Macht regierte, so mochte er doch den Fall nicht aufhalten, er förderte ihn vielmehr durch die wesentlichen Veränderungen, welche die Zeit allerdings erheischte. Weil nämlich die grossen Reichsämter und -länder in den vornehmen Getreuengeschlechtern schon vorlängst erbliche Lehen und Fürstenthümer geworden, deren Besitzer, da sie ihren Lohn dahin hatten und der Gnade und Huld des Königs entbehren konnten, lässig in Amt und Dienst und öfters ungetreu waren, so hatte der Kaiser den geistlichen Getreuen, Erzbischöfen, Bischöfen und Aebten als deren Ernennung ihm zustand, nicht nur alle eröffneten Reichslehen, sondern auch grosse Freiheiten und Rechte (Immunitates) Grafschaft und Herzogthum in ihren Sprengeln verliehen und diese möglichst erweitert, indem er ihnen die umliegenden Gauen soweit sie noch nicht erblich geworden, einverleibte oder beifügte. Die geistlichen und weltlichen Fürsten und Freiherren aber stellten alsbald ihre eigenen Leute den alten Gemeinfreien oder diese den Eigenen gleich und liessen die alten Rechte und Freiheiten mit der alten Ordnung um so leichter verkommen, als die Gemeinfreien den Reiterdienst nicht zu leisten vermochten und dafür andere: Hand- und Spanndienste übernehmen mussten, gleich den hörigen Hintersassen der streitbaren Ritter und Herren. Mit der Waffenehre aber geht die staatliche Ehre verloren: das Volk wird wehrlos und ehrlos, seit die Ritterschaft

— frei- und unfreigeborene Vasallen und Ministerialen die Vertheidigung des Reichs und Lands überkommen hat.

Nur wenige Burschaften bewahrten die alte Freiheit und Ehre im Lande und im Volke der Sachsen. Die wenigen Freien im Reich, die nicht Herren noch Ritter geworden, zogen in die nun bevorrechteten Städte.

308. Das heilige Römische Reich — deutscher Nation war also ein Lehenstaat, woran das Volk nicht Theil noch Gemein hat, sondern mit dem Landstücken als Pertinenz: — „Land und Leute" — wie Land und Viehstand an geistliche und weltliche Herren und Ritter verlehnt und verafterlehnt ist. Diese aber sind dem König und Kaiser nur lose — durch ihren Huld- und Treu-Eid verbunden.

Seine dürftige Verfassung stellt sich im Heerschild dar.*) Den ersten Heerschild hebt der König; den zweiten die Bischöfe, Aebte und Aebtissinnen; den dritten die weltlichen Fürsten: Herzöge, Landgrafen; den vierten die Freiherren (liberi domini); den fünften die schöffenbarfreien Leute und der Freiherren Mannen; den sechsten deren Mannen; der siebente ist ungewiss.**) Der nichtritterbürtige Freie, der als Ritter einen Kreuz- oder Romzug mitgemacht, hat nicht volle Lehnrechtsfähigkeit.

309. Das Lehnrecht ist der Inbegriff der Rechte, Sitten und Gewohnheiten, welche zwischen dem Herrn und seinen Vasallen gesetzliche Kraft und Geltung haben sollen. Es vergönnte dem Vasallen für seinen getreuen Kriegsdienst, den vollen Genuss und vererblichen Besitz des Lehns, so lange er dasselbe nicht durch Treubruch (Felonie) verwirkt hat. Darüber erkennen und urtheilen unter Vorsitz des Herrn die Mannen im Lehnhof. Aber auch für den ärgsten Verrath kann dem treubrüchigen Lehnsmann nicht das Leben sondern zum höchsten das Lehen für sich und seine Erben abgesprochen

---

*) Sachsenspiegel I, 3. §. 2.

**) Den fünften die Mittelfreien, den sechsten die Dienstmannen, den siebenten Jeder der nicht eigen und ein Ehekind ist. Schwabenspiegel c. 8, §. 5 ff.

werden. Hat aber der Vasall sein Lehn verloren; eingebüsst oder aufgegeben und geräumt, so mag er ohne Schaden seiner Ehre des Herrn Feind seyn und dessen Land und Hab und Gut, — auch seine ebenverlassene, noch nicht wiederbesetzte Burg einnehmen und behalten.

310. Denn das Fehde- oder Faustrecht: sich mit den Waffen die Genugthuung selbst zu verschaffen und zu nehmen, wenn sie das Köngliche oder Land-Gericht nicht zu gewähren vermag, ist allen Waffenfähigen, also allen Ritterbürtigen angeboren und eigen. Das Gericht aber vermag je länger je weniger über die Mächtigen: ja selbst manch trotziger Rittersmann hat ihm auf seine Vorladung den Fehdehandschuh hingesandt, und wenn er sich zahlreicher Freundschaft und Mannschaft erfreute, den Sieg davon getragen; — also Recht behalten.

311. Daher haben sich die Königlichen Freischöffen und Richter auch endlich zu einem geheimen Bunde der heiligen heimlichen Vehme vereinigt und ihre Urtheile heimlich gefunden und vollzogen, eine Blutrache der Gerechtigkeit, — weil der König und Kaiser sie nicht zu schützen oder in der Rechtsvollstreckung zu unterstützen vermochte, sondern sogar die Vollziehung seiner Acht und Oberacht den Feinden des Vogelfreien überlassen musste.

312. Der König hat Recht genug, aber keine Gewalt, weil seine Reichsbeamten und Diener selbsständige Herren und mächtig genug sind, ihm und dem Recht zu widerstehen. Seitdem sie nun ihm durch ihre Wahl die Krone verleihen, während ihre Lehen erblich sind, — die ganze Ordnung des Carolingischen Getreuen-Staats also durchaus verkehrt ist, — kann nur ein solcher des Königlichen Rechtes brauchen, der Hausmacht genug besitzt, die Widerspenstigen zu zwingen. Daher musste das Streben auch der besten und tüchtigsten Könige zunächst und zumeist auf Erwerbung grosser Hausmacht gerichtet seyn.

313. Dieser argen Welt des Lehnreichs und Rechts steht nun die christliche Kirche gegenüber. Die Genossen dersel-

ben, die Geistlichen, Priester und Mönche, Aebte, Bischöfe und Erzbischöfe etc. waren vielleicht nicht sittlicher und besser, als die weltlichen Ritter, Herren und Fürsten und die Römischen Päbste waren meistentheils weder an Tugend noch Weisheit und Kraft den Deutsehen Königen irgend vergleichbar. Aber dennoch stehet die Kirche hoch über dem Lehnreich nach Zweck und Mittel, nach Inhalt und Form.

314. Ihr Zweck ist der höchste und beste: allgemeine Beseligung des ganzen Volks und der Menschheit. Ihre Mittel sind die besten und stärksten, denn vermöge der Kraft des heiligen Geistes, der in ihr waltet bis an das Ende der Welt, beherrscht sie die todes- und höllenfürchtigen Menschen durch die Macht des Glaubens. Ihr ewig wahrer und guter Inhalt: das Christenthum ist zwar zertheilet in das Glauben an die heiligen Geschichten und an die Macht der Kirche zur Erlassung der Sünden einer Seits und anderer Seits das Thun der guten Werke Vollbringung ihrer Gebote, woran sie die Erlassung der Sünden knüpft; aber auch in dieser Gestalt ist dasselbe nicht nur eine Kraft selig zu machen alle, die daran glauben, sondern auch die Macht, welche die Welt überwindet. Denn diejenigen, welche nach den Worten des Herrn thun: sich selbst verleugnen uud das christliche Sitten- und Rechtsgesetz erfüllen, welches zwar nach den Sitten der Völker zu verschiedenen Zeiten verschieden, aber immer das sittliche Gesetz ist, kommen nach der Verheissung, zu dem Bewusstseyn, dass sie und Er von Gott — wahr und beseligend sind. Diese Macht der Wahrheit und des Glaubens ist für sich allein schon stärker als die arge Welt, welche sich ihr — auch widerwillig fügen muss. So führte die Kirche den Gottesfrieden: Treuga Dei — nach einem unmittelbaren himmlischen Gebote ein: dass vom Donnerstag bis zum Montag früh die Waffen ruhen sollten, und verhängte über Mörder und Todschläger, welche die weltliche Lebens- und Leibesstrafe nicht zu erreichen vermochte, harte Kirchenbussen, oft schwerer als Zuchthaus, welche die Sunder willig erduldeten, um nicht in Bann und Hölle zu fallen.

315. Durch ihre Verfassung aber stieg die Macht und Wirksamkeit zu jener bewunderungswürdigen Höhe und Weltherrschaft, welche der Geschichte des Mittelalters Halt und Gestalt gegeben und die ganze, spätere Entwicklung und Bildung der christlichen Völker und Staaten begründet hat. Denn, da die Priester, welche die Gewissen aller Beichtkinder beherrschten, dem Bischof unterthänig und gehorsam waren, die Bischöfe aber ihr geistliches Oberhaupt in dem Patriarchen des Abendlandes, dem Römischen Pabste verehrten und fürchteten, so vereinigte sich in der Hand des Pabstes eine Macht und Gewalt, welche alle weltlichen Mächte insgesammt überstieg; weil sie nicht nur die ganze Christenheit in wohlgegliederter Einheit umschloss und beherrschte, sondern auch allen Lehns- und Landesherren den Grund ihrer Macht und Gewalt entziehen konnte, indem sie die ungläubigen und ungehorsamen bannete: aus der Kirchengemeinschaft ausschloss und damit die Vasallen und Unterthanen zwang sie zu verlassen.

316. Während der kräftigen und ruhmvollen Herrschaft der Sächsischen Kaiser ward sie freilich nicht gebraucht, weil Rom und die Römische Kirche unter dem Drucke der Pornokratie lag. Nachdem aber Heinrich III. den heiligen Stuhl von seinen unfläthigen Besitzern — durch die Synode zu Sutri 1046 — gereinigt, regte sich in ihren würdigeren Nachfolgern und in der Kirche alsbald auch das Bewusstseyn ihrer allerhöchsten Pflichten und Rechte: sie verbesserten die Kirchenordnung und Zucht und der grosse Gregor VII begann, nachdem er sich auch vom Kaiser bestätigen lassen, den grossen Kampf mit der weltlichen Macht um die Freiheit der Kirche, welcher endlich mit dem vollständigsten Siege über die Kaiser und der Herrschaft der Welt, als Preis des Sieges gekrönt, werden sollte und musste.

317. Dass König Heinrich IV. als büssender Sünder vor Gregor VII. drei Tage und drei Nächte barfuss zu Canossa im Schnee stand, könnte als die natürliche Folge seiner Ungezogenheit nnd Sünden betrachtet werden, zumal sein Sohn Heinrich V. in der Investitur-Streitigkeit mehrfach obsiegte und

endlich einen billigen Vergleich mit Calistus II: das Concordatum Wormatiense 1122 schloss: dass die vom Capitul unter kaiserlicher Aufsicht erwählten Bischöfe und Aebte vom Pabst durch Ring und Stab mit den geistlichen Amte, vom Kaiser durch das Scepter mit den königlichen Lehen bekleidet werden sollten.

Aber, wenn sich Kaiser Friedrich I. vor Pabst Alexander IV., der beste und edelste Mann vor einem der schlechtesten, wie ein verlorner Sohn und Sünder demüthigen und bekennen muss, dass er gegen Gott und seine heilige Kirche gröblich gefrevelt, weil er die altkaiserlichen Rechte gegen Pabst und Bischöfe wie gegen andere aufrührerische Vasallen und Städte geltend zu machen versucht, so konnte dies seinen Grund nur in der verschiedenen Natur und Würdigkeit der Reiche haben an deren Spitze sie standen, deren Recht sie vertraten *).

Die späteren Hohenstaufen und anderen Könige haben durch ihr Widerstreben wie durch ihre Unterwürfigkeit und Gehorsam gegen die geistliche Macht die päbstliche Kirchengewalt zur irdischen Allmacht und Weltherrschaft erheben helfen; denn, während diese dem Pabste Treue und Glauben (fidem oder — fidelitatem?) gelobten, — sich zu Vasallen ergaben, — mussten jene durch ihren stets vergeblichen, ihnen selbst verderblichen Widerstand das Recht wie das Ansehn des siegreichen Pabstes vermehren und befestigen.

318. Dies Alles und vieles Andere trug dazu bei, dies kirchliche Weltreich zu fördern. Aber die Macht, die die Welt besiegt, ist in der Kirche: der Geist, dem auch in dieser Gestalt und Thätigkeit die Freiheit und die Herrlichkeit eignet und gebührt. Nicht der Geist Gregor's VII. noch der grossen Innocentius III. und IV. und anderer königlicher Men-

*) Die Niederlage des grossen Kaisers ist nicht für einen unglücklichen Zufall zu achten, sondern als natürliche Folge des Reichslehnsrechts, welches z. B. Heinrich dem Löwen die Heimkehr zu gestatten schien.

schen ist es, der die Kurie und die Kirche durchweht und zu dem Gipfel der Allgewalt erhoben hat, sondern sie sind darum so gross und herrlich gewesen, weil sie den Geist der Kirche erfühlt, erfasst und bethätigt haben, der die ganze christliche Welt durchdrang und bewegte und auch minder begabte Päbste in gleicher Weise zum Heil der Welt herrschen liess.

319. Wie sehr aber die Welt von dem kirchlich-christlichen Geist, Recht und Glauben durchdrungen war, zeigte sich nicht nur in allen sittlichen Lebensverhältnissen: der Familie und der bürgerlichen Gesellschaft, deren Gewerbe die kirchliche Form und Eintheilung und sittliches Recht und Wesen unter dem Schutz ihres Heiligen (Patrons) und der Kirche erhielten und ausbildeten; sondern auch und vorzüglich in den Kreuzzügen, wozu sich die christlichen Völker aus Sehnsucht nach dem heiligen Lande und Grabe und nach der Heiligung und Beseligung, welche sie von ihnen hofften, erhoben: Pilger nicht nur und Ritter und andere streitbare Männer, sondern auch Schwache und selbst Schaaren von Kindern.

Sie führten in dem Königreiche Jerusalem die vollständigste Vereinigung der Kirche und des Lehn-Reichs, wie des Mönch- und Ritterthums in den geistlichen Ritter-Orden herbei.

320. Allein diese wundersame Zwittergeburt des geistlichen und Lehns-Wesens war ohne Lebenskraft und -Fähigkeit. Ihre Ohnmacht und Untüchtigkeit ward in den inneren und auswärtigen Kämpfen alsbald offenbar. Das heilige Grab und das heilige Land ging alsbald wieder verloren, weil der Zuzug aus dem Abendland stockte, und — mit ihm ein grosses und Hauptstück des kirchlichen Glaubens: oder auch umgekehrt: der Zuzug stockte und das heilige Land und Grab ging verloren, weil der Glaube daran zu Grunde gegangen und zur reinern Erkenntniss der Wahrheit geläutert war. Denn sie sahen, dass das Grab leer war und vernahmen auf's Neue die himmlische Botschaft: „Was suchet ihr den Lebendigen bei

den Todten? Er ist nicht hier, er ist auferstanden!" Und sie gedachten an Seine Worte: „Gott ist ein Geist, und will im Geist und in der Wahrheit verehrt seyn!"

Zweite Epoche:
vom Verlust des heiligen Landes 1298 bis zum ewigen Landfrieden zu Worms 1495.

Kirche und bürgerliche Gesellschaft.

321. Die Kreuzzüge sind der Gipfel und Wendepunkt der päbstlichen Allgewalt und Weltherrschaft und der Anfang einer reineren Gottesverehrung und Erkenntniss, wie einer neuen grössern Gesittung, — aber nicht ihr Grund oder Ursach. Denn, wenn auch die Kreuzfahrer in ihrem Herzen fühlten und daheim verkündeten, dass sie im heiligen Land und Grab nicht Heil noch Heiland gefunden, wohl aber Hass, Neid und Hader unter den Christen und bei den Sarazenen Hohn und Spott über ihren Heiligen-Glauben und -Dienst als Vielgötterei und Verkennung des wahren einigen Gottes, so vermochte solch' Sehnen und Sagen die Macht und Herrlichkeit des grossen geistlichen Weltreichs noch minder zu brechen oder zu schwächen, als die schmerzliche Niederlage und Vertreibung der Kreuzfahrer aus dem heiligen Lande.

322. Das geistliche Weltreich hatte vielmehr den Grund wie seiner Grösse und Hoheit, so auch seines Verderbnisses und Untergangs in sich selber, und nicht sowohl seine Mängel oder die Verschlechterung der Kirche und der Päbste haben sie zu Grunde gerichtet als die Verbesserung und Veredlung der bürgerlichen Gesellschaft, welche vorzüglich i h r Werk und Verdienst ist. Denn mögen auch die Kreuzzüge Handel und Schifffahrt und dadurch Reichthum und Wohlleben, Gewerbe und Künste wesentlich gefördert und mancherlei Kenntniss im Abendland verbreitet haben, so war doch alles dieses auch schon lange vor den Kreuzzügen vorhanden und wirksam. Die sittliche Gestaltung der bürgerlichen Ge-

sellschaft aber, die Sitte und Ordnung der Gilden und Zünfte, die Blüthe und Macht der Städte war unter der Zucht und dem Schutz und Schirm der Kirche geworden, und sie allein, die höhere Sittlichkeit, machte ihre Genossen der Freiheit würdig und mächtig sie zu erringen, als die Kirche auch noch nach Vollbringung dieses ihres Berufes als geistliches Weltreich ihre allgemeine Weltherrschaft fortsetzen wollte.

323. Diese höhere Sittlichkeit hatte sich zunächst und zumeist in dem ritterlichen Schildamt entwickelt und gezeigt; aber vereinzelt, wie die Ritter, als gute Christen lebten und fochten, kam sie dem Gemeinen-Wesen nicht weiter zu gut, als die einzelne That reichte. In den Sädten aber war sie nicht blos Pflicht eines Jeden und Aller, sondern alsbald auch allgemeinsames Recht und Gesetz der Einungen (Innungen) und der gesammten Gemeinschaft. Ihre Verfassung, zumal das zünftige Regiment, ist der Ausdruck der christlichen Freiheit. Denn es vereinigt wirklich das eigne und das allgemeine Recht und Wohl der Bürger unter der gemeinschaftlichen Selbst-Regierung.

323b. Die Städtebünde aber mit ihren gemeinschaftlichen Anordnungen und Obrigkeiten zu allseitiger Sicherheit ihrer Kaufleute und Güter gaben Vorbild und Anstoss zur Eingehung der (gewillkürten) Landfrieden mit Friedensrichtern und Hauptleuten und zur Einung aller Stände mit dem Landes- und Lehnsherrn in der ständischen Verfassung zu vertragsmässiger Gesetzgebung, Besteurung und Gerechtigkeitspflege: denn die Geistlichen und die weltlichen Vasallen — Prälaten und Herren (Baronen oder Lords), — wurden durch gleiches Recht und Wohl in gleicher Weise verbunden.

324. Wie sich nun die Völker und Fürsten der verschiedenen Lehnreiche und Länder also geordnet und geeinigt haben und damit zum Selbstbewusstseyn ihres besonderen Rechtes und ihrer Freiheit gelangt sind, so erheben sie sich auch eins nach dem andern wider die allgemeine päbstliche Weltherrschaft über ihre Könige — als Obrigkeiten des Staats: Zuerst England 1292, dann Frankreich 1301, dann endlich

1338 nach langerduldeten Misshandlungen des Pabstes zu Avignon auch das deutsche Reich. In Italien und in Spanien aber hatten die Fürsten das Ansehen und Recht des päbstlichen Stuhls schon lange straflos verletzt und verhöhnt.

So verlor der Pabst das weltliche Schwert und Regiment, als hätt' es ihm nimmer gebührt.

Denn, nachdem die Völker Staaten geworden, nahmen sie die Freiheit, welche dem Staate allerdings eignet und gebührt, als ihr ursprüngliches, natürliches und unveräusserliches Recht in Anspruch und betrachteten die Oberhoheit und Weltherrschaft des Pabstes über ihre Fürsten als unleidliche Anmassung und Zwingherrschaft. Und das lüderliche Leben des päbstlichen Hofes in der s. g. Babylonischen Gefangenschaft zu Avignon rechtfertigte die Geringschätzung seiner Himmelsschlüssel, wie seiner Weltmacht, welche durch die ärgerliche Kirchenspaltung und die gegenseitigen Verfluchungen und Verdammungen der Päbste bis zur Verachtung gesteigert ward.

325. Allein die Völker waren, auch nachdem sie dieses Joch abgeworfen, die Fessel zerbrochen hatten, darum noch nicht vollfrei, sondern zunächst nur erst unabhängig — von fremdem auswärtigem Willen und Rechte. Und darauf war überhaupt das Streben Aller und eines Jeden gerichtet — frei, unabhängig von Andern zu seyn, und nach eignem Willen und Belieben zu thun und zu leben. Da nun aber Alle ihren eignen Nutzen und Vortheil suchten, und Jeder nach seiner Laune und Leidenschaft handelte, so entbrannte nun, da die kirchliche Zucht und Macht erlahmt war, der Streit und Kampf um Rechte und Vorrechte zwischen den Königen und zwischen König und Ständen und zwischen den Ständen und ihren einzelnen Genossen und Bünden gar oft zu blutigen Fehden und Kriegen, zumal, wo Recht und Gericht so schlecht und so schwach war, wie in dem heiligen Römischen Reiche der Deutschen, denn das Fehderecht der Herren und Ritter ward beibehalten und anerkannt.

326. Die Goldne Bulle Karls IV. hatte hier zwar das Recht und Verhältniss des Kaisers zum Reich und zu seinen

Churfürsten festzustellen gesucht, aber die Rechte der letzteren über ihre Lande waren so allgemein und weit bestimmt und gefasst, dass die Unterthanen des Reichs und die Stände sich durch deren — widergebräuchliche — Uebung vielfach gekränkt und in ihren hergebrachten Rechten verletzt fühlten und sich daher zur Wahrung derselben fester verbündeten und vereinten. So entstanden in den grösseren Deutschen Territorien die Landsstände: Prälaten, Ritterschaft, Städte, welche die fürstliche Willkür ebenso zu beschränken, die eigene ebenso zu behaupten suchten, wie die Stände des Reichs und der unabhängigen Staaten und sich wie diese nach langem Feilschen und Markten über ihre allerseitigen Rechte und Vorrechte mit den Landesherren urkundlich vertrugen und verglichen.

327 Nur in den Städten herrschte das Recht durch und über die Zünfte und Bürgerschaft und damit wahre, sittliche Freiheit. Darum gründet und erbaut sich nicht nur die neue Ordnung des Reichs, sondern die ganze neue sittliche Welt auf den christlichen Bürgerstand. Selbst die Blüthe des Geistes der Völker, die Dicht- und die Sangeskunst geht von den ritterlichen Minnesängern auf die Meistersänger über, wie denn auch die Wissenschaft ihren Sitz (auf den Universitäten) vorlängst in den Städten und im Bürgerstand ihre vornehmsten Pfleger gefunden, weil alle wahre und hohe Erkenntniss nur aus der Tiefe des durch das christliche Recht und Wohl gebildeten, — sittlichen Gemüthes emporsteigt.

328. Was einsam sinnende Mönche in tiefer Andacht gesucht und als mystische Vereinigung und Gemeinschaft der Seele mit Gott selber beschrieben, das unmittelbare Verhältniss zu Ihm, also die christliche Freiheit war hier zur That und Wahrheit geworden: nicht in den Brüdern und Schwestern des freien Geistes noch in den Brüdern und Schwestern des christlichen Lebens allein, sondern auch und vielmehr noch in dem ganzen sittlichen Leben der freien christlichen Bürgerschaft. Denn mit der freien christlichen Sittlichkeit war

die christliche, sittliche Freiheit zum allgemeinen Bedürfniss und Bewusstseyn gekommen.

329. Daher haben die Deutschen Städte zuerst und zumeist dem Kaiser Ludwig Beifall und Beistand gezollt gegen die päbstliche Willkür und Zwingherrschaft; sie am innigsten auf Verbesserung der Kirche gehofft und mit ihrem mächtigen Bundesherr Bann und Acht gegen Friedrich von Oestreich vollstreckt, der den von der allgemeinen Kirchenversammlung zu Kostnitz abgesetzten Pabst, Johann XXIII. hegte und schützte. Sie haben daher auch die Verdammung des frommen und freigesinnten Prager Professors Huss und die Erfolglosigkeit aller Bemühungen der Deutschen Nation um die Verbesserung der Kirche an Haupt und Gliedern am tiefsten empfunden, ihre Abgesandten haben fort und fort auf bessere Ordnung des Reichs durch Recht- und Gericht gedrungen und endlich den ewigen Landfrieden zu Worms 1495 errungen.

Mit der Abschaffung des Faust- und Fehderechts durch Errichtung eines höchsten allgemeinen und allgewaltigen Reichskammergerichts geht das Mittelater in Deutschland zu Ende. —

Dritter Zeitraum

von der Errichtung des ewigen Landfriedens bis auf unsere Zeit.

Der christliche Staat und die freie Kirche.

330. Obwohl die neue Ordnung des heiligen Römischen Reichs noch viel zu wünschen übrig liess, so gewährte sie doch durch Reichs-Kammergericht und — Polizei allgemeine Sicherheit der Person und des Eigenthums und das Bewusstseyn der bürgerlichen Freiheit und der staatlichen Unabhängigkeit, zumal der König Max I. sich nicht vom Pabste krönen liess, sondern „erwählter Römischer Kaiser" nannte.

331. Dieselbe christliche Freiheit nun, welche sie in

gemeinschaftlicher Regierung der Zunft, der Stadt, des Län·des und des Reiches genossen, verlangten die Deutschen auch in der Kirche: nicht allein deswegen, weil sich die Mönche Priester, Prälaten, Kirchenfürsten und Päbste keineswegs als Muster der Tugend und Frömmigkeit aufführten; sondern auch und hauptsächlich, weil der christliche Geist, welcher ihr ganzes bürgerliches und Familien Leben durchdrungen und sittlich gemacht, das unmittelbare Bewusstseyn der Wahrheit und der Freiheit: des unmittelbaren Verhältnisses und Verhaltens zu Gott in sich trug.

332. Wegen dieser sittlichen Verinnerlichung des Glaubens mochten auch die allgemeinen Kichenversammlungen, obwohl sie dem allgemeinen Rechtsgefühl der Zeit ebensosehr wie die Reichsversammlungen zu entsprechen schienen und immer wieder und wieder von der Deutschen Nation gefordert wurden, dem wahren Bedürfniss nimmermehr ein Genüge thun. Nun hatten aber die grossen Kirchenversammlungen zu Kostnitz und zu Basel, nachdem sie sich — gewiss in völliger Uebereinstimmung mit dem Zeitgeist und - Bedürfniss der Christenheit — die höchste Macht und Gewalt auch über die päbstliche Heiligkeit beigelegt, kaum die verderbliche Kirchenspaltung zu heben vermocht; in allen andern Beziehungen aber die Erwartungen der Christenheit bitter getäuscht. Die Glieder wollten das Haupt, das Haupt die Glieder, aber keins sich selber besseren oder — beschränken. Der Pabst aber hatte sich mit den Landesherren über seine Einkünfte und anderen Rechte in den Landeskirchen verglichen und sich in seiner höchsten und allgemeinen Kirchengewalt über Alle und Jede, auch über die allgemeine Kirchenversammlung glücklich behauptet. So war denn die alte kirchliche Ordnung und Weise wiederhergestellt und an dem alten Glauben und Rechte der Kirche hatten auch die Synoden selbst, nimmer gezweifelt und jeden Zweifler verdammt und verderbet.

333. Den Christen aber, welchen der Glaube zur Herzenssache und die Versenkung in Gott Bedürfniss des Geistes

geworden, mochte das kirchliche Glauben und Recht je länger je minder genügen, weil sich die Kirche mit ihren Heiligen und anderen Vermittlungen zwischen sie und die Gottheit gegestellt, mit welcher eins zu seyn ihr Recht und ihr Streben war.

334. Das christlich-sittliche Selbstbewusstseyn, welches das Gesetz in seiner Brust ebenso sehr wie als seinen, so auch als den Willen Gottes und daher sich in Vollbringung desselben zugleich frei und — Gott verbunden — verpflichtet weiss, — kommt in seinem grossen Kampf gegen das Recht der Vergangenheit zwar zunächst und zuerst in der Gestalt des religiösen, christlichen Selbstgefühls, welches seine allgemeine, geschichtliche und wesentliche Grundlage und Voraussetzung ist und bleibt, — als Evangelische Glaubens- und Gewissensfreiheit — zur Erscheinung und zur Bethätigung.

Nachdem aber im schweren Kampfe und Siege der Römisch-Katholischen und der Evangelischen Kirche von Dr. Martin Luthers erstem Auftreten 1517 bis zum Westphälischen Frieden die Glaubens- und Gewissensfreiheit errungen – dem christlichen Selbstgefühl genug gethan ist, erhebt sich

2) das verständig freie subjective Selbstbewusstseyn in der Person des durch collegialische Staats- und Gerichtsbehörden alleinherrschenden Fürsten zur höchsten und Staatsgewalt — (Souveraineté) vom Westphälischen Frieden 1648 bis auf Friedrich den Einzigen 1740.

3) Indem es dann sich selbst in seinem Grund und Wesen versteht und begreift als das Allgemeine, als der freie sich selbst nach den ewigen Gesetzen des Geistes wollende und setzende Wille und Gedanke wird es in der Staatsverfassung und in der Wissenschaft als selbstbewusste Vernunft thätig und wirklich.

Erste Epoche:

von Luther 1517 bis zum Westphälischen Frieden 1648.

Die Gewissensfreiheit und das Völkerrecht.

335. Als Dr. Martin Luther 1517 seine Streitsätze gegen den Ablasskram anschlug, mochte er wohl von Herzen und von ganzer Seele überzeugt seyn, dass die Rechtfertigung nur aus dem Glauben komme als einer Wiedergeburt des Menschen zur göttlichen Kindschaft; aber er ahndete gewiss nicht, dass er damit eine neue, der alten Kirche und Kirchenlehre schlechthin widerstreitende Wahrheit ausgesprochen, welche fast nur in dem Deutschen Bewusstseyn lebte und — schlummerte. Durch die Uebersetzung der heiligen Schrift aber kam das ganze Deutsche Volk zu der rechten Erkenntniss, denn nun mochte jeder selbst sehen, „dass kein Unterschied zwischen den Menschen ist; dass wir allzumal Sünder sind und ohne Verdienst gerecht werden durch den Glauben, der in der Liebe thätig ist; dass aber alle gläubige Christen Gottes Kinder und gleiche Brüder sind, und keinen andern Mittler und Meister haben, auch Niemand Meister oder Vater nennen sollen, als allein den Herrn Jesum Christum."

336. Da nun aber der Pabst und die Bischöfe diese evangelische Lehre von der Rechtfertigung durch den Glauben allein und von der gleichen priesterlichen Würde aller Gläubigen nicht anerkennen noch zulassen mochten, sondern Luther und seine Anhänger in den Bann thaten, so erbaute sich auf dem Grunde der evangelischen Wahrheit und Freiheit die neue Evangelische Kirche. Sie sprach auf dem Reichstage zu Augsburg 1530 ihr Glaubensbekenntniss mit seinen Abweichungen von der alten Kirche aus (Conf. Augustana). Diese aber erklärte auf der grossen Kirchenversammlung zu Trient und Bologna 1545 — 63 die abweichenden Lehren der Augsburgischen Confessionsverwandten für verderbliche und verdammliche Irrthümer und Ketzereien und befestigte so den Unterschied fur immer.

Inzwischen erlangten die Evangelischen Reichsstände nach manchen Kämpfen im Augsburger Religionsfrieden 1555 freie Religionsübung, indem die geistliche Gerichtsbarkeit bis zu endlicher Vergleichung der Religion aufgehoben wurde.

337. Dies war jedoch nur die erste öffentliche und förmliche Erklärung der Beseitigung auch der geistlichen Kirchengewalt des Pabstes über die Fürsten und Völker. Denn auch die katholischen Landesherren hatten sich schon davon freigemacht. König Franz I. von Frankreich schloss sogar ein Bündniss mit dem Erz- und Erbfeind der Christenheit, mit dem Türkischen Sultan, und das kaiserliche Heer unter dem Herzog von Burgund stürmte und eroberte Rom; aber auch alle übrigen Fürsten und Herren bestimmten ihren Willen und ihre Thaten nach eignem Gewissen und Ermessen, wie sie es für Recht ,und ihrem und ihres Volkes Wohl erspriesslich hielten. Das ist der Anfang des christlichen Völkerrechts.

338. Der Römische Stuhl und die Römisch-Katholische Kirche mochte jedoch eine solche Freiheit der Christen-Völker und Fürsten nimmermehr anerkennen; sondern bemühte sich nach eifrigster und möglichster innerer Besserung an Haupt und Gliedern die thatsächlich verlorene Macht und Gewalt wiederzuerlangen. Ihr mächtigstes Rüstzeug aber war der Jesuiten-Orden. Seine weltklugen und gewandten Priester wussten die Gewissen der Fürsten zum Vortheil der Kirche und zur Verfolgung der Ketzer zu lenken. Da wurden Viele durch Feuer und Schwert, Viele durch Ueberredung, durch Furcht und durch Hoffnungen in den Schooss der alleinseligmachenden Kirche zurückgebracht. Auch in Deutschland wurden die Evangelischen trotz Religions-Frieden und Reichsgesetz von Rechtswegen hart gedrangsalt und schwer geängstigt, da das höchste Lehengericht, der Kaiserliche Reichshofrath ganz und gar, das Reichskammergericht zum grösseren Theil mit Katholiken besetzt war. In Böhmen aber brach das tiefgekränkte Rechts- und Selbstgefühl des freien Volks in lichte

Flammen aus und das ganze übrige Deutschland und Europa ward in den blutigsten und gräulichsten, — dreissigjährigen — Krieg mit fortgerissen.

339. Dies war allerdings kein reiner Religionskrieg, sondern es mischten sich auch politische und gar viele selbstsüchtige Interessen hinein; aber die Völker haben doch willig und tapfer die Schlachten ihrer Fürsten geschlagen und alle Drangsale von Freunden und Feinden erduldet, weil sie wohl fühlten, dass sie für ihre Freiheit, für das Recht stritten und litten: sich selbst als Kirche und als Staat nach ihrem eignen Wissen und Gewissen zu bestimmen, zu halten und zu bethätigen.

340. Im Westphälischen Frieden (I. P. O. et M.) wurde Beides anerkannt und gesichert:

a) Beim Reiche sollten Evangelische und Katholische Stände und Kirchen gleichberechtigt und im Reichs-Kammergericht gleich vertreten seyn, auf dem Reichstage aber jede Partei jeden Reichsschluss, der die Gewissen verletzte durch Stimmenmehrheit hindern dürfen (Itio in partes). Den Kirchen ward in den einzelnen Deutschen Reichslanden die freiste Religionsübung gestattet, welche sie an jedem Orte im Jahr 1624 gehabt, und das Eigenthum derjenigen geistlichen Güter, die sie am 1. Jan. 1624 besessen. Solche fremde Confessionsverwandte endlich, welche gar keine Religionsübung gehabt, sollten zwar nicht mit Gewalt bekehrt, aber doch ausgewiesen werden dürfen.

b) Die Fürsten und Stände aber wurden in ihrer Landeshoheit (Souveraineté) anerkannt und insbesondere für befugt erklärt, mit einander und mit fremden Mächten — ausser gegen Kaiser und Reich Schutz- und Trutz-Bündnisse einzugehen.

Zweite Epoche:
vom Westphälischen Frieden 1648 bis auf Friedrich den Einzigen 1740.

Die Staatsfreiheit und Gewalt der Landesherren.

341. Wie das Deutsche Volk und Land durch den dreissigjährigen Krieg, so war durch den Westphälischen Frieden das Deutsche Reich zerfleischt und zerrissen. Ein Staat war es zwar nie gewesen; seit dem ewigen Landfrieden hatte es allmälig die Gestalt einer bürgerlichen Gesellschaft angenommen, worin aber nur die beiden Fürstenräthe und die Städte Corporationen oder Collegien waren, nicht auch das Reich, denn sie stimmten nicht zwei gegen das dritte ab, sondern suchten sich durch Vergleich zu einigen, und der Kaiser war unmächtig irgend etwas wider oder — für das Reich zu thun. Daher ward es Feind und Freund zur Beute und zum Spott. Die Königin von Schweden hatte Pommern erhalten, Frankreich mitten im Frieden Strassburg dann Elsass und Lothringen an sich gerisssen und die Deutschen Reichsstände besassen die höchste Gewalt in ihren Landen und beim Reich.

342. Aber auch die Fürstenthümer bildeten noch nicht wirkliche Staaten. Denn die Landstände hatten nicht nur als Corporationen an der Landesregierung ihren Antheil, sondern auch noch besondere Rechte und Vorrechte, und jeder Genosse hatte wiederum sein Eigen-Recht und Gesetz, so dass auch jedes Land in eine Menge grösserer und kleinerer, gegen einander abgeschlossener Kreise zerfiel, welche nur durch ihr Haupt mit dem Landesoberhaupt lehnrechtlich verbunden waren, und ein jeder suchte das Seine: (Jeder für sich: Gott für uns Alle!) auch die Fürsten. Allein die Landesherren betrachteten das Ganze: Land und Leute — als das Ihre und erstreckten daher wie ihr Recht beim Reich und im Lande auch ihre Vorsorge über Alles und auf das Allgemeine, sogar auf das arme Volk, denn als Katholischer oder Evan-

gelischer Christ war ihm selbst der Bauer als gleicher Bruder berechtigt. Dadurch aber, dass sie als Anführer und Vertreter ihres Volkes im grossen Glaubenskampfe Leib und Leben, Gut und Land daran gesetzt und den Sieg und Siegespreis: die Gewissens- und Glaubensfreiheit für Alle gewonnen hatten, war ihr Ansehn schon im vorigen Abschnitt bedeutend gestiegen.

343. Als nun im dreissigjährigen Kriege die Kraft und Güter der Ritter erschöpft, und selbst die wohlbefestigten Städte genöthigt waren, um den grossen kriegsgeübten Herren widerstehen zu können, landesherrliche Besatzungen aufzunehmen, da erhielten die Landesherren je länger je mehr das Uebergewicht und die mächtigeren beriefen seitdem (1653) nur den ständischen Ausschuss zur — gewohnten Steuerbewilligung und Beschwerdeführung ob Verletzung altständischer Rechte.

Die Beschwerden der Stände insgesammt und aller Einzelnen wurden freilich je länger desto zahlreicher, grösser und bitterer, denn die fürstliche Landesregierung achtete ihrer nicht, sondern erlaubte sich überall, wo das allgemeine Wohl oder das Recht des geringeren Unterthans und Volks es erheischte, in diese Sonderkreise und Rechte ein- und überzugreifen und beseitigte dieselben immer mehr und gewaltiger, weil sie dem neuen wahren und wirklichen Rechte zuwider und — unrecht geworden waren.

344. Der fürstlichen Landesregierung aber wohnte die höhere Einsicht und die Macht und Gewalt des wahren, allgemeinen Willens und Rechtes bei; weil die S t a a t s b e h ö r d e n aus gelehrten und erfahrenen Räthen bestanden und angewiesen waren, nach ihrem besten Wissen und Gewissen des Landeswohls und des Rechtes zu pflegen. Da sie nun Beides, Gericht und Verwaltung, in den strengen Formen des Rechtsganges hielten, so kam ihren Verfügungen wie ihren Urtheilen die Rechtskraft und -freiheit zu Gute, welche die Reichsgesetze den Gerichten und den Unterthanen sicherte, indem sie ihnen die Berufung an die höchsten Landes- oder die Reichsgerichte und die Beschwerde über Rechtsweigerung oder Verzögerung bei Letzteren freistellte. Ihre Unabhängigkeit von der Willensmeinung und Laune der Fürsten ist der fürstlichen Staatsgewalt oder Souveränetät noch bei weitem förderlicher geworden, als jene förmliche Erklärung des Westphälischen Friedens. Denn, da die Staatsbehörden nach allgemeinen Rechtsgrundsätzen und Gesetzen regierten, den vernünftigen Willen im Namen des Fürsten zur Ausführung brachten, der vernünftige Wille aber wie der eigentlich allgemeine so auch der höchste und schlechthin berechtigte, — weil das Recht selbst ist, so musste dem Fürsten mit der höchsten Macht des Rechts auch das Recht der höchsten Macht oder die Staatsgewalt zuwachsen. Die lezten Vertheidiger der vergangenen ständischen Rechte wurden in einigen Ländern als Hochverräther verurtheilt und hingerichtet, und in anderen forderten die Fürsten von allen Unterthanen unbedingten, blinden Gehorsam. Doch waren dies nur einzelne Uebertreibungen, welche durch das Beispiel ausländischer Alleinherrscher und durch die zur Begründung der Souveränetät aufgestellte Lehre herbeigeführt wurden, als ob jeder Fürst von Gott unmittelbar zum unumschränkten Herrn und Gebieter des Volks und Landes eingesetzt wäre. Indess verhinderten Kaiser und Reich die willkürliche Besteuerung und Misshandlung der fürstlichen Unterthanen.

345. In den andern Europäischen Staaten ward dasselbe Ziel der Staatseinheit und -Gewalt (Souveränetät) und früher auf anderen Wegen erreicht.

Die Dänischen Stände haben in ihrer Entrüstung über das Benehmen des Adels, auf alle Theilnahme an der Landesregierung verzichtet und dem Könige die höchste, ganze und ausschliessliche Staatsgewalt durch das Königs-Gesetz 1664 übergeben.

346. In Frankreich waren die grossen Kronlehen allmählig heimgefallen, den letzten mächtigen Vasallen Kriegsrecht und Rüstzeug entzogen, der Adel überhaupt durch Hoffahrt und Verschwendung planmässig zu Grunde gerichtet und die Städte von königlichen Söldnern besetzt: — das ganze

Land und Volk also in der Furcht des Herrschers. Er konnte thun, was er wollte: — car tel est Notre plaisir! Louis XIV. (oder XV.) sagte daher: der Staat — bin ich. (L'état — c'est moi!)

347. Auch in England mussten die ständischen Rechte, obgleich hier die collegialischen Staatsbehörden fehlten, weichen. Sie schienen seit Heinrich VIII. abgethan und vergessen. Aber der willkürliche Gebrauch der höchsten königlichen Gewalt gegen den allgemeinen sittlichen und religiösen Willen des Volkes riss dieses zur offnen Empörung hin, und, nach der republikanischen Zwingherrschaft Cromwells erhielten die Parliamente: Haus der Lords oder Kron-Vasallen und Haus der Gemeinen, der Aftervasallen und Städte bald wieder ihre frühere und grössere Staatsgewalt; — zumal seit das Hannoversche Haus auf den Thron kam.

348. Spanien erhielt zwar einen französischen König, der von seinem Grossvater Louis XIV. in der Kunst unterwiesen war, den Adel und seine Macht zu verderben; — allein, da die einzelnen Königreiche und Landschaften an ihren alten Rechten festhielten, so gelangte es doch nie zur staatlichen Einheit. Seine Macht beruhte daher nicht in seiner Kraft; sondern auf den indischen Schätzen des Königs.

Dritte Epoche:

von Friedrich dem Zweiten 1740 bis jetzt.

Die selbstbewusste Freiheit.

349. Nachdem der Staat in der allgemeinen Staatsgewalt des Landesherren (inneren Souverainetät) die nothwendige Willens-Einheit und Macht gewonnen, erhebt er sich allmählig zu dem Selbstbewusstseyn seiner Freiheit.

350. Es trat zuerst in dem grossen Könige, Friedrich II. von Preussen mit Wort und That hervor. Er zuerst sprach und führte den grossen Gedanken aus, dass der Staat das Höchste, schlechthin Berechtigte, — Freie sey, alle übrigen Wesen, Dinge und Menschen, auch er selbst, der unumschränkte

König des Volkes und Landesherr, ihm dienen und dem Rechte gehorchen müsse. Darin, in seiner gänzlichen Hingebung an den Staat und sein Recht wurzelte seine wundersame Heldenkraft, in aller Noth und Drangsal auszuharren, und seine Macht, einer Welt voll Feinde zu widerstehen; denn darin war sein ganzes Volk eins mit ihm, darum zu allen Opfern — über Verlangen und schier über Erwarten so bereit wie fähig. — Stolz und stark stand es im staatlichen Selbstgefühl um seinen grossen König geschaart, der sich freiwillig zu ihm unter das Recht gestellt.*) Sein sittlicher Zornesruf aber, dass „vor der Justiz alle Menschen gleich seyn, Prinz und Bauer ohne Ansehen der Person gleich gerichtet werden müssen, weil der geringste Bauer, ja sogar der Bettler ebensowohl ein Mensch ist, wie Sr. Majestät selber"**) — durchtönte die Welt wie eine himmlische Botschaft der Freiheit und erfüllte die Herzen der geknechteten Völker mit Wonne. Denn auch sie fühlten, dass der Staat und das Recht höher und mehr sey, als der Fürst und die fürstliche Willkür.

351. Im französischen Volke, welches seit Louis XIV. unter dem lüderlichen Regenten und seinem würdigen Mündel Louis XV. alle Schrecken und Schmach der Willkürherrschaft erduldet und durch die Law'schen Finanz-Operationen des Hofes um Geld und Gut betrogen, — an den Rand des Verderbens gebracht war, brach das tiefgekränkte Rechts- und Selbstgefühl, sobald der dritte Stand auf dem Reichstag zu Worte kam, in helle verzehrende Flammen aus. Die alten Formen stürzten ein. An die Stelle der königlichen Willkür und Laune setzte sich die des Volkes. Zwar fasste dasselbe im unzweifelhaften Bewusstseyn, dass nicht nur die Vorrechte des schlechten Hof-Adels und der Geistlichkeit, sondern der ganze bisherige Rechtszustand, — ancien regime — schlecht und unrecht sey, den grossen Entschluss sein Leben von vorn zu

*) Die Antwort des Müllers bei Sans Souci: „Ja! wenn das Kammergericht nicht wäre!" ist welthistorisch geworden, — in Preussen natürlich.

**) Protokoll im Müller Arnold'schen Prozess, 11. Dezbr. 1779.

beginnen: einen neuen Staat auf den allgemeinen freien Willen zu gründen. Allein, weil es der christlichen Glaubens- und Gewissensfreiheit seit Aufhebung des Edikts von Nantes gänzlich beraubt, sittlicher Selbstbestimmung und -beherrschung unfähig war, so konnte es wohl die Vorrechte und den Unterschied der Stände aufheben, den König enthaupten und die Kirche und das Christenthum abschaffen, aber zur Selbstregierung mochte sein freier, allgemeiner Wille nimmer gelangen! Denn wegen der grossen Zahl der französischen Staatsbürger konnten nicht Alle Alles und Jedes zusammen und selbst bestimmen und thun, sondern nur das Allgemeine: d. i. Gesetze geben und Beamte zu ihrer Vollziehung bestellen. Und das thaten sie denn auch: die Gesetze, Verfassungen oder Regierungsformen und die Regierungen folgten einander in schwindelnder Eile. Kaum gegeben und versucht, ward ein jedes gleich wieder abgethan. Das Volk mochte das Joch nicht tragen. Denn jedes Staatsgrund- und andere Gesetz bewies sich sogleich als eine Schranke und als Gebot, Bestimmung des freien Volkswillens durch Anderes, und jede Regierung, welche den Bürger zum Gehorsam gegen die Gesetze zwang, erschien als Tyrannei und Hochverrath gegen das souveräne Volk, welches daher diese Schranken immer wieder zerbrach und seine hochverrätherischen Diener mit dem Tode bestrafte; nicht weil jene an sich schlecht oder diese der Ueberschreitung ihrer gesetzlichen Amtsgewalt schuldig waren, sondern der Volkssouveränetät wegen. Es liegt in dem Wesen des nur abstract- oder allgemein-freien oder unabhängigen Willens, jede Abhängigkeit — auch von der eignen früheren Willensbestimmung auszuschliessen, indem der von irgend etwas abhängige Wille sich eben nicht mehr allgemein frei weiss.

352. Aus der allgemeinen Zerstörung und Zerrüttung, welche dieser Fanatismus der Unabhängigkeit also zur nothwendigen Folge hatte, tauchte zuerst das Bewusstseyn der Nothwendigkeit Gottes auf. Es ward beschlossen, dass jeder Franzose an ein höchstes Wesen — Etre suprême — glauben solle.

353. Nachdem sich dann der Sturm nach aussen gewendet und ein ordentliches Kriegsheer gebildet hatte, schlug die Volksherrschaft in die strenge Zwingherrschaft des sieg- und ruhmreichen Feldherrn um; der die Ruhe, die Ordnung, das Recht und die Kirche in Frankreich wieder herstellte und seine Feinde in ihren Ländern heimsuchte, ihre Miethsheere schlug, ihre Reiche zerstörte.

354. Auch das heilige Römische Reich deutscher Nation sank in Trümmer. Die geistlichen Fürstenthümer wurden aufgehoben, viele kleinere untergeordnet (mediatisirt) und der Kaiser Franz II. legte 1806 die Römisch-Deutsche Kaiserkrone nieder. Die deutschen Landesherren wurden dadurch ganz souverän und vereinigten sich zumeist unter dem Schutz und Vorstand des Franzosen-Kaisers zum Rheinbund.

355. Der König Friedrich Wilhelm III. von Preussen aber begann alsbald nach dem Tilsiter Frieden 1807 die wesentlichsten Verbesserungen in den ihm gebliebenen Landen, um durch Hebung des Volks und seines sittlichen Selbstbewusstseyns, seine Erhebung gegen die feindliche Macht und Unterdrückung der Franzosen möglich und erfolgreich zu machen.

356. Den Städten ward 1808 in der Städteordnung die grösste Freiheit und Selbstständigkeit eingeräumt, deren sie ohne Gefahr für das allgemeine und das eigene Wohl irgend fähig sind, und der hintersässige und hörige Bauernstand erhielt nicht blos persönliche Freiheit (wie in Oestreich), sondern auch Grundeigenthum (an 2/3 des erblichen, an der Hälfte des wiederruflich besessenen Gutes) und dadurch wirklich staatliche Kraft und Bedeutung, welche allein in dem sittlichen Selbstbewusstseyn wurzelt.

357. Und in der That erstarkte das Preussische Volk so bald und so sehr, dass es, nachdem die grosse Armee des Französischen Kaisers dem Russischen Winter erlegen, den Vorkampf für die Freiheit Deutschlands beginnen und im Verein mit Russland, England, Oestreich, Baiern und den übrigen Deutschen Fürsten glücklich durchführen konnte.

358. Als nun die verbündeten Mächte den Kaiser Napo-

leon besiegt und zur Abdankung (1814) genöthigt hatten, verpflichteten sie den auf den Thron seiner Väter zurückgeführten König Louis XVIII. seinem Lande eine Verfassung zu geben, wodurch die Rechte des Volks wie des Königs sicher gestellt würden. Er octroirte die Charte von 1814.

359. Die deutschen Fürsten aber vereinbarten sich zu derselben Zeit in Paris und stifteten zu Wien einen Deutschen Bund nach dessen Bundesakte Art. 13. in allen Bundesstaaten eine Landständische Verfassung stattfinden soll.

360. Die Deutschen Mittelstaaten (von einer halben bis von vier Millionen Seelen) erhielten auch alsbald s. g. Constitutionen, nach Art der französischen, mit zwei Kammern, einer von erblichen und einer von gewählten Landständen. In den grossen und Europäischen Staaten wurden die altdeutschen Stände der einzelnen Landschaften oder Provinzen mit berathender Stimme und Beschwerderecht wiederhergestellt; in den kleinen (unter 500,000 Einwohner) erhielten sie ausser dem Mitgesetzgebungs- und Steuerbewilligungsrecht auch ihren Antheil an der Landesregierung zurück; aber jeder Landstand soll Vertreter des ganzen Volks seyn und daher von seinen Wählern keine Instructionen etc. annehmen.

Die vier freien Städte endlich haben verschiedene freistaatliche Verfassungen, welche der Bürgerschaft als solcher auch mehr oder weniger Antheil an der Gesetzgebung und Regierung einräumen.

361. Wie verschieden nun auch hiernach die Verfassungen der deutschen Bundesstaaten sind, so haben doch alle einen und denselben Zweck: Sie sollen dem Volke die Ueberzeugung gewähren, dass nach seinem Rechte zu seinem Wohle regiert wird und damit dem ganzen Staate das vernünftige Selbstbewusstseyn seiner Freiheit, als des allgemeinen, freien und nothwendigen, sich selbst wollenden, setzenden und wissenden Willens geben.

Dritter Abschnitt.

Das geltende, Gemeine Deutsche Recht.

Einleitung.

362. Alle gegenseitigen Verhältnisse der Menschen zu einander sind jetzt durch das Recht, wie es sich aus und mit dem allgemeinen, vernünftigen: freien und nothwendigen Willen der Völker und Staaten entwickelt hat, bestimmt, geordnet und — getragen von seiner allgewaltigen Macht. Seine Macht und Allgewalt aber beruht eben darauf, dass es auch in seinem gegenwärtigen Bestande der allgemeine: — der eigentliche, innerste — vernünftige Wille Aller ist; dass seine Nothwendigkeit und Heiligkeit von allen Menschen und Völkern gefühlt, dass er zum allgemeinen Wohl der Fürsten und Völker schlechthin nöthig und unentbehrlich ist, und dass er daher auch von den Staaten als allgemeines Gesetz erkannt, ausgesprochen und geschützt ist.

363. Für die gegenseitigen Verhältnisse der christlichen Völker und Staaten zu einander und zu anderen Staaten und Völkern gilt das Völkerrecht als allgemeines Gesetz, dass sie sich als Staaten, als freie, sittlich und natürlich selbstgenugsame, höchste Mächte und Gewalten anerkennen, achten und ehren; weil und insofern sie die sittliche Idee der Freiheit, wie in sich, so in den andern verwirklicht sehen.

364. Denn der Staat ist die Wirklichkeit der sittlichen Idee, dies lebendige sittliche Ganze, welches sich selbst, seinen sittlichen, vernünftigen Willen als den freien und nothwendigen, schlechthin berechtigten weiss, will und setzt, indem er seinen Inhalt in Verfassung, Einrichtungen, Ordnungen und Gesetzen auslegt und entfaltet, welche selbst vernünftig, die Vernünftigkeit oder Freiheit seines Willens und Wirkens sichert wie bethätigt. Dieses sein eignes Rechtsgesetz, worin und wonach er besteht, denkt, will und lebt, ist das Staatsrecht. Der Staat ist aber der Quell, Hort und Träger des gesammten Rechtes sowohl des Völkerrechts wie seines eigenen, des Staatsrechts und der in ihm enthaltenen bürgerlichen Gesellschaft und Kirche.

365. Die bürgerliche Gesellschaft d. h. das Volk, wie es die Befriedigung seiner sinnlichen, natürlichen und künstlichen Bedürfnisse sucht und findet, hält er nicht nur in den Schranken des Rechts, dass keiner in dem allgemeinen Ringen nach irdischen Gütern das Recht oder die Rechte der Andern verletze, sondern Jeder seines Leibes und Lebens, seines Hab und Gutes sicher und frei sey — durch Polizei und Gericht — über Verbrechen, Vergehen (nach Strafrecht): und über Irrungen und Streitigkeiten der Privatpersonen — (nach Privatrecht); sondern er fördert auch die allgemeine Wohlfahrt und Glückseligkeit des Volks, mit allen ihm, und vielleicht nur ihm zu Gebote stehenden Mitteln, weil seine Selbstgenugsamkeit und Selbstständigkeit, wesentlich auch auf seiner Macht, diese aber zum guten Theile in dem Vermögen (Kraft und Reichthum) besteht, welches die bürgerliche Gesellschaft besitzt, erwirbt und mehrt und ihm, soviel zu seinen Zwecken erforderlich ist, beschaffen und abgeben muss (Finanzrecht).

366. In gleicher Weise trägt der Staat und noch grössere Sorge für die Kirche, weil er sie als einen wesentlichen Theil seiner selbst und das Christenthum, ihren Zweck und Gehalt als seine eigene Grundlage und Voraussetzung erkennt. Er steht freilich über den verschiedenen christlichen

Kirchen oder religiösen Genossenschaften, wie über der bürgerlichen Gesellschaft und fördert denselben Zweck der Erkenntniss der Wahrheit, des Geistes Gottes und des Menschen und der Natur, — die Wissenschaft überhaupt auch noch durch andere Anstalten: Schulen, Universitäten, Akademien der Wissenschaften und der Künste, wie die Betriebsamkeit und Geschicklichkeit der bürgerlichen Gesellschaft durch Gewerbschulen etc.; allein er vergönnt und gewährt den Kirchen als solchen die vollste Freiheit — ihr eigenes — Kirchenrecht.

Das Gemeine Deutsche Recht.

367. Alles dies gilt, wie von allen christlichen Völkern und Staaten, so auch und besonders von den Deutschen Staaten. Sie haben Staats- und Völkerrecht, Kirchenrecht und bürgerliches und Strafrecht.

Allein, wie jedes Volk sein eigenes, allen seinen Theilen und Gliedern gemeinschaftliches oder allgemeines Recht hat, so muss es auch ein gemeines Deutsches Recht für das ganze in die acht und dreissig Deutche Staaten getheilte Deutsche Volk geben, zumal es tausend Jahre lang auch Ein Gemeinwesen: das heilige Römische Reich Deutscher Nation ausgemacht und sich nach kurzer Zertrennung (von 1806 bis 1815) wieder zu Einem Deutschen Bunde vereinigt hat.

Und in der That hatte und hat das Deutche Volk Ein Gemeines Deutsches Recht.

368. Zur Zeit des heiligen Römischen Reichs Deutscher Nation konnte darüber kein Zweifel obwalten: das beim und im Deutschen Reiche geltende Recht war und hiess das Gemeine Deutsche Recht. Es liess zwar die Rechte und Gesetze, guten Gewohnheiten und Gebräuche der einzelnen Länder und Städte, Stände und Gemeinheiten frei und sich selbst vorgehen, aber in Ermangelung solcher besonderen und eigenthümlichen Gesetze etc. kam das Gemeine Recht allerdings zur Anwendung.

369. Obgleich nun bei der Auflösung des Reiches manche der nun souverän gewordenen Landesherren, sich wie von der kaiserlichen und Reichshoheit so auch von dem ganzen gemeinen kaiserlichen oder Reichsrecht ipso iure oder ipso facto entbunden wähnten und erklärten, so ist man doch nun von diesem Irrthum zurückgekommen. Nicht nur die allgemeine Gültigkeit des Gemeinen Deutschen Civilrechts — wo es nicht ausdrücklich aufgehoben ist — sondern selbst die des alten Reichs-Staatsrechts ist von dem Deutschen Bunde, soweit es mit den gegenwärtigen Bundesgesetzen und Verhältnissen der souveränen Deutschen Staaten noch bestehen und angewendet werden kann, ausdrücklich anerkannt.

370. Der Deutsche Bund kündigt sich zwar an als völkerrechtlicher Verein der souveränen Fürsten und Freien Städte Deutschlands, welche ihn geschlossen haben, zu gemeinsamen Schutz der Freiheit, Ehre und Rechte Aller, allein er bestimmt in seinen Grundgesetzen (Bundes-Acte 1815 und Schluss-Acte 1824) nicht nur die gegenseitigen Verhältnisse der Deutschen Staaten zu einander und zu fremden Staaten, sondern er erlässt auch allgemein verbindliche Gesetze über innere Staats- und Rechtsverhältnisse, so dass das Bundesrecht als das Gemeine Deutsche Staats- und Völkerrecht bezeichnet werden mag, wie sonst das Reichsrecht.

371. Ob es ausserdem noch ein Gemeines Deutsches Staatsrecht gebe, mag billig in Zweifel gezogen werden, da die souveränen Fürsten die Verfassung ihres Landes nach den bestehenden Rechten und Verhältnissen zu ordnen, berechtigt und berufen sind — (nach Bundesgstz. Schluss-Acte Art. 55) und wirklich geordnet und festgesetzt haben. Doch haben nicht nur die verschiedenen Arten von Staaten mit rein einherrschaftlicher — (absolut monarchischer), mit constitutioneller und mit Deutschständischer Verfassung und die drei Hansestädte manches gemein, sondern alle stimmen, und zwar von Staats- und Bundesrechtswegen in der Gerichtsverfassung — mit drei Instanzen, wovon die zweite und dritte ordentlich, mit wenigstens fünf Räthen besetzte Collegia seyn müssen, die

grösseren auch in der Regierungsverfassung überein, dass die verwaltenden Hauptbehörden — Collegia, die Central- und vollstreckenden aber einzelne für Rath und That persönlich verantwortliche Beamte sind, so dass der ganze Beamtenstaat eine Hierarchie von Staatsdienern und Behörden bildet, welche sich von oben und unten und von allen Seiten gegenseitig fördert und treibt, überwacht und berichtigt. In den kleineren, wo eine so vollkommene Gliederung nicht möglich ist, die Macht der Beamten also nicht so in sich selbst abgegrenzt und geregelt ist, haben die Stände nothwendig einen gewissen Antheil an der Regierung und deren Ueberwachung (Controle). Inzwischen ist hier doch in jedem Lande das Landesgesetz massgebend und die Uebereinstimmung keine gemeinrechtliche: ausser in der Kirchenregierung.

372. Die Verfassung, Amtsgewalt und Wirksamkeit der kirchlichen Behörden ist durch das Gemeine Deutsche Katholische und Evangelische Kirchenrecht bestimmt und gehört wesentlich zur Verfassung und zum Rechte der Kirchen; welches sich im Allgemeinen noch jetzt nach den Reichsgesetzen, vornehmlich nach dem Westphälischen Frieden (I. P. O et M) und dem Reichsdeputations-Hauptschluss 1803 und der Bundes-Acte Art. 7. 16 Schluss-Acte Art. 13. 4. richtet. Nur in wenigen Staaten ist in neuerer Ordnung und Weise die (geistliche) Gerichtsbarkeit von der Verwaltung der Kirche getrennt und diese den Consistorien — und dem Minister, jene den Landesgerichten überwiesen; aber es ist auch schon bei der ersten und bei jeder bedeutenden Massregel oder Bewegung in der Kirche das alte Recht und Vertrauen vermisst worden. Da nun die Evangelische Kirche neuerdings wieder zu einem höheren und klareren Gesammt- und Selbstbewusstseyn gekommen und überall auf neue bessere, freiere Verfassung dringt, so lässt sich hoffen, dass die gleichen Bedürfnisse und Bestrebungen wieder ein gleiches und gemeines Deutsches Recht der Evangelischen Kirche hervorrufen; wie die Katholischen Landeskirchen nach dem gemeinen Deutschen und Römisch-katholischen Kirchenrecht, nach Uebereinkunft

mit der Staatsgewalt durch päbstliche Bullen oder durch förmliche Verträge (Concordate) neu geordnet und vom Staate ausgestattet worden sind.

Ungeachtet der einzelnen Abweichungen und Verschiedenheiten, welche durch diese und andere Landes Kirchengesetze eingeführt worden sind, kann jedoch der Bestand und die Gültigkeit eines Gemeinen Deutschen Rechts der Katholischen und der Evangelischen Kirche nicht in Abrede gestellt werden, weil die allgemeinen Grundsätze und Gesetze überall dieselben sind, und jene Besonderheiten nicht nur zulassen, sondern auch begründen.

373. Ebenso nothwendig und wegen der häufigeren Anwendung fast noch dringender und allgemein gefordert ist aber ein Gemeines Deutsches, bürgerliches, Civil- oder Privat- und Straf-Recht. Denn es ist ein grosser Uebelstand, dass jetzt in den achtunddreissig Deutschen Staaten und Gebieten dieselben Rechtsverhältnisse und Verletzungen nach achtunddreissigerlei oder fünfzigerlei Rechten und Gesetzen, — also gewiss nicht immer gleich beurtheilt, entschieden, bestraft werden.

374. Zur Zeit des heiligen Römischen Reichs Deutscher Nation gab es freilich ein Gemeines Deutsches bürgerliches oder Civil- und Straf-Recht; allein es schloss diese vielerlei Rechte nicht aus, sondern kam erst in Ermangelung von Willküren, Dorf- und Stadt- und Standes- und Landesrechten zur Anwendung und mochte, auch wo es zunächst und unmittelbar angewendet wurde, dem Bedürfniss und Anspruch einer gerechten gleichen und schnellen Rechtspflege in keiner Weise genügen. Vielmehr fanden sich gerade diejenigen Landesherren und Obrigkeiten, in deren Gebiete das Gemeine Deutsche Civil-Recht galt, zuerst und zumeist bewogen und genöthigt eigene Landesgesetzbücher abfassen zu lassen und das Gemeine Deutsche Recht gänzlich abzuschaffen und zu verbieten. Es galt aber überall, wo dies nicht geschehen, wenigstens in subsidium wie man sagte, d. h. in Ermangelung einer landesrechtlichen Bestimmung und verhielt sich also zu den Landes-

rechten, wie das Allgemeine und Ganze zu den besonderen oft freilich sehr verschiedenen Theilen. Denn die Landesgerichte selbst und jedenfalls die Reichsgerichte gingen dann auf das Gemeine Deutsche Recht oder genauer auf „des Reichs-Gemeine Rechte" zurück; denn das Gemeine Deutsche Recht ist das beim und im heiligen Reiche geltende Recht

375. Den Reichs-Gerichten aber war geboten: *„Allein Gott und ihren zu den wahren Justitien leiblich geschworenen Eid allezeit vor Augen halten, sodann zuförderst Unsere Röm. Kayserl Wahl-Capitulation, Reichs-Abschiede* (1594, 1600 *und* 1654), *Religion- und Prophan-Frieden und den jüngsten Münster- und Ossnabruggischen Frieden-Schluss nach Anweisung des* 17. *Art* §. 1 *und* 2 *wie auch jedes Stands, Lands, Orts und Gerichts, sonderlich die gebührlich allegirte und probirte Privilegia, gute Ordnungen und Gewohnheiten und in Mangel derselben die Kayserliche Rechten und rechtmässige Observationes und Gebräuch in acht nehmen und nach denselben ihre Decreta, Bescheid und Urtheil richten."* *)

Die kaiserlichen Rechte wurden in Reichs-Kammer-Gerichts-Ordnungen (von 1495, §. 3) auch des Reychs und gemeine Rechte und (1500, §. 17) gemeine geschriebene kaiserliche Rechte genannt und darunter das Corpus iuris canonici und das Corpus iuris civilis (Romani) verstanden. Die Deutschen Reichsgesetze haben diese fremden Rechts- und Gesetzbücher eigentlich nicht eingeführt oder als Deutsche Gesetzbücher verkündigt (promulgirt), sondern sie setzen ihre Geltung überall als gute Gewohnheit voraus.

376. Beim Corpus iuris canonici ist das ganz begreif-

---

*) Reichshofraths-Ordnung 1654, Tit. I., §. 15 ebenso, nur minder deutlich und anders geordnet in der Reichs-Kammer-Gerichts-Ordnung 1555, I. Thl., Tit. 71. 1495, § 3. Item die all (Kammerrichter und Beisitzer) sollen — zu den heyligen schweren — nach des Reychs und gemainen Rechten auch nach redlichen, erbarn und leydlichen Ordnungen, Statuten und Gewohnheyten der Fürstenthumb Herrschaften und Gericht, die für sy bracht werden dem hohen und nydern gleich zu richten.

lich und natürlich; da die Päbste, deren Gesetze darin enthalten und mit dem älteren Rechte verbunden, gesammelt und neu verkündigt sind, im Mittelalter die höchste Gewalt und Weltherrschaft besessen und geübt, die Fürsten und Völker — auch die Deutschen ihnen gehorcht und ihre Befehle, Verordnungen, Urtheile und Gesetze als Recht und Gesetz anerkannt und angenommen hatten.

377. Wie aber das Corpus iuris civilis: die Rechts- und Gesetzsammlung, welche der Römische Kaiser Justinianus I. um die Mitte des sechsten Jahrhunderts für seine Griechisch-Römischen Unterthanen veranstaltet, mit den Langobardischen Libris Feudorum zum Gesetzbuch für die Deutschen des fünfzehnten und sechszehnten Jahrhunderts habe werden können, erscheint auf den ersten Blick unbegreiflich, unnatürlich und wunderbar. Es ist in der Weltgeschichte ohne Beispiel, dass ein freies, verständiges und sittliches Volk sein eignes mit ihm und aus ihm erwachsenes Recht freiwillig aufgegeben und ein fremdes, zumal ein solch altes für ganz andere Zeiten und Völker in einer fremden und todten Sprache verfasstes Gesetzbuch angenommen hätte. Vielmehr haben alle freie Völker ihr eigenes Recht von jeher als die Krone und Blüthe und als Wort und Hort ihrer Freiheit angesehen und mit aller Kraft und Macht, mit Gut und Blut vertheidigt und vertreten, die unterjochten aber gerade darin ihre Knechtschaft am bittersten empfunden, dass ihnen fremdes Recht und Gesetz vom Sieger aufgedrungen worden. Denn jedem Volke ist nur sein Recht, wie es aus seinem allgemeinen, vernünftigen, freien und nothwendigen Willen hervorgegangen und hervorgeht, allein recht, nur in ihm ist es und fühlt es sich frei, nur unter seiner Herrschaft glücklich und wohl!

Wer möchte nun glauben, dass unsere guten, tapferen und verständigen Vorfahren, die sogar das Joch der althergebrachten päbstlichen Weltherrschaft brachen und abschüttelten, sich durch die Thorheit und „verkehrte Lehr" einiger Doctores von der ungeheueren Vortrefflichkeit des Römischen Rechts oder gar durch die wunderliche Vorstellung, dass die Deutschen Kaiser die rechten Nachfolger jener Römischen Caesaren wären, hätten bewegen lassen, ihr gutes, liebes, altes, Deutsches Recht gegen das lateinische Rechtsbuch des Griechisch-Römischen Reichs zu vertauschen oder doch dieses über ihre Landesrechte zu stellen, — wenn nicht andere innere Gründe dazu genöthigt hätten? Welcher Art diese Gründe und Ursachen waren, wodurch die Aufnahme des Römischen Rechtsbuchs möglich gemacht und bewirkt ward und in welcher Art und Maasse die Aufnahme desselben wirklich statt gehabt hat, also warum und wie das Römische Rechtsbuch in Deutschland Gemeines Recht ist, kann nur aus der Darstellung der Geschichte des Deutschen Rechts und der Deutschen Rechtsgelahrtheit richtig erkannt und begriffen werden.

378. Wir haben daher

I. Die Geschichte der deutschen Rechtsquellen, die s. g. äussere Rechtsgeschichte.

II. Die Behandlung und Anwendung derselben in den Gelehrtenschulen und Gerichten darzustellen.

Erstes Hauptstück.

Aeussere Deutsche Rechtsgeschichte.

379. Die äussere Rechtsgeschichte oder Geschichte der Gesetzgebung und Rechtsbildung und der Gesetze und anderen Quellen der Rechtserkenntniss ist eigentlich ein wesentlicher Theil, ja der innerste Kern und Gehalt der inneren Rechtsgeschichte der Völker. Denn das eigentliche selbstbewusste, Rechtsleben der Hellenen und der Römer ist die Gesetzgebung und der Grund und Zweck der inneren Streitigkeiten und Kämpfe ist das Recht der Gesetzgebung, wer es haben und in welchen Formen es geübt werden soll. Ihre s. g. äussere

Rechtsgeschichte mag daher von der s. g. inneren, welche die Rechte, Gesetze und Rechtsverhältnisse darstellt, nie ganz getrennt werden. Allein die Deutsche Geschichte und Rechtsgeschichte hat gerade diese höchste Blüthe des selbstbewussten sittlichen Volksgeistes nicht entfaltet. Zu einer freistaatlichen Selbstgesetzgebung und Regierung ist das Deutsche Volk, weder insgemein noch in den einzelnen Ländern und Städten jemals gekommen. Das Deutsche Recht hat sich von jeher und bis auf die neuere Zeit durch Sitte und Gewohnheit, einzelne Verträge oder Vergleiche und den Gerichtsgebrauch entwickelt. Diese Sitten, Gebräuche, Gewohnheiten und Rechtssprüche sind zwar dann und wann, hier und dort aufgeschrieben und gesammelt und in den Landes- und Stadtgerichten als Richt- oder Rechtbücher gebraucht worden, aber sie sind als solche — zufällige Werke Einzelner dem Staate immer ein äusserliches geblieben; denn nur das Gesetz ist ihm seiner Form wie seinem Inhalt nach also wesentlich eigen und innerlich. Gleichwohl kann das Deutsche Recht doch auch nicht naturwüchsig genannt werden, denn es hat nicht nur diejenigen Rechtbucher, welche aus seinen Sitten, Gewohnheiten und Rechten erwachsen waren, sondern auch fremde gleichsam durch Anwuchs in oder zu sich aufgenommen. Es war aber auch dazu ein Grund vorhanden nicht nur in den Verhältnissen, sondern auch in dem naturwüchsigen Rechte selbst.

Diese Gründe aufzuzeigen ist die nächste und eigentliche Aufgabe dieser äusseren Rechtsgeschichte, welche daher die ausführliche Darstellung und die Schilderung der einzelnen Gesetze und Rechtbücher der „Deutschen Rechtsgeschichte" überlässt, worüber wir auch das grosse klassische Werk von Friedr. Eichhorn (Göttingen 1808, 5. Ausgabe 1845) besitzen.

380. Die äussere Rechtsgeschichte verläuft in denselben drei Zeiträumen wie die allgemeine Staats- und Rechtsgeschichte:

I. Von der Deutschen Urzeit bis zur Auflösuug des Carolingischen Weltreichs 888.

II. Von der Absonderung des Deutschen oder Ost-Reiches

von dem Fränkischen oder West-Reiche bis zum ewigen Landfrieden 1495.

III. Vom ewigen Landfrieden bis zur Auflösung des heiligen Römischen Reichs Deuscher Nation 1806.

Erster Zeitraum.

Von der Urzeit bis zum Zerfall des Carolingischen Weltreichs 888.

Das Ur- und das Getreuen-Recht.

381. Wie in dem äusseren Leben der Deutschen Völker überhaupt ist auch in der äusseren Rechtsgeschichte diese älteste Zeit die bewegteste, die gesetzesreichste und die folgenreichste für die spätere Entwicklung und Gestaltung des Rechts. Denn gleich jetzt ward der Grund zu jener Wahlverwandtschaft des Deutschen Reichs und Rechts zu Rom und zum Römischen Rechte gelegt, welche dessen Zu- und Anwuchs zur Folge gehabt hat.

In der ersten Epoche bis zur Völkerwanderung

382. lebten die alten Deutschen Völkerstämme in den heimischen Deutschen Landen und Gauen nach guten altväterlichen Sitten, als nach göttlichem Recht und Gesetze. Nach der trefflichen Schilderung des Tacitus (de Germaniae situ ac moribus) sind die einzelnen Gebräuche und Gewohnheiten hier und da verschieden, aber Glaube, Sinn und Bildung wesentlich gleich gewesen. Schon zu und bald nach seiner Zeit gewann das Römische Recht einen bedeutenden Einfluss auf die Deutschen Völkerschaften, welche unter Römischer Botmässigkeit und in Römischem Kriegsdienst standen, besonders auf die Grenzwächter, welche an dem Vallum Romanum im Herzen des jetzigen Deutschlands angesiedelt waren.

Die zweite Epoche
von der Völkerwanderung bis auf Chlothars II. Reichstag 615.

383. Durch die Völkerwanderung kamen fast alle Deutschen Völkerschaften in Bewegung. Einige übersiedelten sich

ganz, andere zum grösseren Theil in die eroberten Römischen Länder, und von den übrigen nahmen viele Einzelne an den Kriegszügen und Eroberungen Theil. Als nun die Sieger und Eroberer sich in den Deutschen und Gallischen, Italischen, Spanischen u a. Provinzen niederliessen, welche die Römer Jahrhunderte lang besessen und nach ihrem Rechte geordnet und regiert hatten, behielten sie mit den Gütern, welche sie den Römischen Gutsbesitzern (Possessores) abnahmen, auch die bodenhörigen Bauern (glebae adscripti). Das Recht dieses am Boden haftenden Grundstocks der Bevölkerung, der unter Römischer Zucht, Sitte und Weise erwachsen war, wurde gleichfalls beibehalten und hätte auch schon für sich allein auf die Herren und ihre Genossen zurückwirken müssen. Da nun aber neben und mit ihnen noch viele wohlhabende und angesehene Possessores unter dem Schutze (zum Theil in Truste) des Königs, und ganze Städte (Municipia — coloniae — fora etc.) auch ferner nach Römischem Rechte fortlebten, regiert und gerichtet wurden, so erklärt sich daraus das wunderliche Rechtsgemisch, welches in einigen Gegenden damals entstanden ist. In dem südlichen Gallien, wo die Romanen oder Römischen Provinzialen die überwiegende Mehrzahl bildeten, erhielt auch das Römische Recht je länger je mehr das Uebergewicht. Im Norden dagegen nicht nur Deutschlands sondern auch Galliens, welches die Römer früh und ganz aufgegeben und verlassen, scheint das Deutsche Recht sich reiner erhalten zu haben.

384. Nur die im Innern Deutschlands frei lebenden Völker wurden auch jetzt nicht vom Römischen Rechte berührt. Selbst die Deutchländischen Germanen, welche sich in grosser Menge in dem fränkischen Reich befanden, niedergelassen hatten und aufhielten, wurden vor den königlichen Gerichten in ihren gegenseitigen persönlichen Rechtsverhältnissen und Streitigkeiten nicht nach dem Römischen oder Fränkischen oder sonstigen Landesrecht, sondern wie die Franken und die Römer nach ihrem eignen Volks-Recht beurtheilt und gerichtet: Dies ist das s. g. System der persönlichen Rechte.

385. Die Judicia d. h. Urtheile und was sonst ein rechtskundiger Mann über die Sitten und Gewohnheiten seines Volkes ausgesagt, die Weisthümer, wurden aufgeschrieben und gesammelt. Eine solche Sammlung von Rechtssprüchen aber hiess Pactum oder Pactus von paccare packen: Pack oder Packet. Spätere, — dieses Hergangs unkundige Abschreiber und — Vorredner haben das Wort von paciscor — pactum abgeleitet und einen Vertrag, — pactio — conventio — daraus gemacht, den die Völker über die Geltung dieser Rechtssätze geschlossen hätten, wie sich etwa zu ihrer Zeit König Chlothar II. mit den Geistlichen und Weltlichen Getreuen um ihre beiderseitigen Rechte verglichen und vertragen — müssen.

386. In der That ist die Gesetzgebung der alten Fränkischen Könige ohne Bedeutung. Die wenigen Verordnungen, welche uns unter dem Namen der ersten Fränkischen Könige erhalten sind, sind ganz in dem Stil und Geschmack der Constitutiones der späteren Römischen Kaiser und scheinen ziemlich wirkungslos vorübergegangen zu seyn; da die pacti oder pacta legis Salicae etc., wonach gerichtet ward, sie nicht aufgenommen haben.

387. Dergleichen Pacta oder Sammlungen sind uns aber eine ganze Reihe überkommen. Sie werden bisweilen auch blos „Lex" genannt d. h. Recht. Lex Romana, das Römische Recht z. B. heissen die Sammlungen von Römischen Rechtssprüchen und Sätzen, welche für die Römischen Unterthanen gemacht waren. Diese sollen gleich neben den Legibus Barbarorum *) aufgeführt werden.

1) Der Pactus legis Salicae antiquior und die Lex Salica reformata enthalten — die letztere jüngere reiner-deutsch als der ältere Pactus: — das Recht der Salischen Franken.
2) Die Lex Ripuariorum oder Riboariorum enthält das Recht der Ripuarischen Franken mit Zusätzen aus der Lex Salica.

---

*) Barbarus ist der allgemeine Ehrenname der siegreichen und herrschenden Deutschen.

3) Die Lex Allemannorum, das Recht der Allemannen.

4) Die Lex Bajuvariorum — der Baiern.

5 a) Lex Burgundionum oder Gundobada (Loi Gombette, Loi de Gombet) nach König Gundobald so betitelt, das Recht der Burgunden.

5 b) Lex Burgundionum Romana s. g. Papiani responsum, soll das Recht der Römischen Unterthanen enthalten.

Die drei folgenden

6) Lex Frisionum.

7) Lex Saxonum in Ost-Westphalen und Engen.

8) Lex Anglorum et Verrinorum seu Thuringorum,

werden gewöhnlich für jünger gehalten als Carl d. Gr., der diese Völker erst bezwungen und ihre Rechte aufzeichnen lassen, enthalten aber neben einzelnen Fränkischen Bestimmungen uralte Bestandtheile, — welche auf Heidenzeiten hinweisen.

388. Ausserhalb des Fränkischen Reichs galt das s. g. System der persönlichen Rechte nicht weiter, als dass die Römischen Unterthanen nach Römisch. Rechte gerichtet wurden.

9) Das s. g. Edictum Theodorici sollte wohl eine solche Römische Rechtssammlung für die Unterthanen des grossen Ostgothen-Königs Theodorich abgeben. Doch scheint es kaum möglich, dass in Italien oder irgendwo jemals danach gerichtet worden.

10) Dagegen ist ein Westgothisches Rechtsbuch, welches Alarich II. für seine Römischen Unterthanen aus Römischen Schriften (502) zusammenstellen lassen: — das s. g. Breviarium Alaricianum für seine Zeit und Umstände recht gut.

In der dritten Epoche

389. erst, im Getreuen-Staat mit dem ersten Reichstag Chlotars II. beginnt die eigentliche Gesetzgebung, nicht nur bei den Franken, sondern auch bei den Langobarden und Westgothen, welche sich neben dem Merwingschen Reiche frei erhalten hatten. Denn die Praeceptiones der früheren Fränkischen Könige waren keine Gesetze, sondern willkürliche

Gebote und Verfügungen und wurden daher auf dem ersten Reichstage als Missbrauch bezeichnet und beseitigt Die Beschlüsse dieses Reichstages selbst mögen wohl als ein Abkommen zwischen König und Getreuen zu betrachten seyn, zumal auch in späteren Gesetzen Chlotars der Zustimmung der Getreuen nicht gedacht wird, aber sie sind doch vernünftiger und zum Gemeinen Besten — und gewiss nicht gegen Sinn und Willen der Getreuen, wahrscheinlich mit ihrem Beirath abgefasst. Die unmündigen Könige Dagobert, dann Siegbert standen ganz unter Vormundschaft und Leitung des Getreuen-Hauptes, des Major domus. Karl Martell traf neue durchgreifende Einrichtungen wie die Noth und Zeit erforderte, so den allgemeinen Heerbann.

390. Pipin endlich ward durch Willen und Beschluss der Getreuen auf dem Reichstag zu Soissons 752 auf den Thron erhoben und die Carolingischen Könige erliessen viele neue Gesetze, Capitularia *) mit Beirath und Zustimmung der getreuen Grossen zum Besten des Reichs und des Volkes, welchem einige Gesetze auch zur Zustimmung vorgelegt worden zu seyn scheinen. Die späteren Könige und Kaiser vermochten ohne die Einwilligung der Getreuen keine Gesetze oder Verordnungen zu geben und durchzuführen. Sie ist jetzt verfassungsmässig. Es gibt auch Capitularien über das Recht der Langobarden, seit diese von Karl d. Gr. unterworfen worden.

391 Die Langobarden besassen schon damals ein ordentliches Gesetzbuch, worin die guten alten Sitten und Gebräuche der Langobarden und die Gesetze ihrer Könige nach der Zeitfolge gesammelt waren. Später sind diese nach ihrem Inhalt zusammengeordnet in der s. g. Lombarda, welche noch im späten Mittelalter gegolten hat.

---

*) Capitulare heisst eine in Capiteln verfasste Schrift. Ausser den Königl. Gesetzen gibt es viele andere Capitularien, welche lange für Königl. Gesetze oder Entwürfe oder Auszüge von solchen gehalten worden sind.

392. Noch lebhafter und selbstbewusster war die Gesetzgebung des Westgothen-Reichs in Spanien. Nachdem ihre Vorgänger schon viele Gesetze erlassen, veranstalteten (cc. 649 — 652) König Chindaswinth († 652) und Receswinth (649 † 672) ein förmliches allgemeines Gesetzbuch, Lex Visigothorum in 12. Büchern, welches die guten alten Sitten und Gewohnheiten, Rechte und Gesetze aufnahm, die nicht aufgenommenen Römischen und anderen aber verbot und die Richter, im Fall sich Mangel und Lücken im Gesetzbuch fänden, an den Gesetzgeber verwies. Die späteren Könige haben dies Gesetzbuch ergänzt und vervollständigt, vielleicht auch verbessert und allerdings ein Werk geschaffen, welches ihre Herrschaft viele Jahrhunderte überdauert und als „Forum judicum (Fuero juzgo) bis Alphons X. als allgemeines Recht im christlichen Spanien gegolten hat *).

393. Ausser diesen Gesetzgebungen der Getreuen-Reiche, welche auch die geistlichen Angelegenheiten nach Rath und Schluss der geistlichen Getreuen umfassten, ist hier auch an die s. g. Pseudo-Isidorischen Dekretalen (vergl. 304) zu erinnern, welche in Spanien und Westfranken den ältesten Päbsten untergeschoben und von Benedictus Levita, einem Mainzer Diakon gesammelt worden sind, um die Bischöfe und anderen Geistlichen gegen die An- und Uebergriffe der weltlichen Kläger und Richter und andere Feinde — unter den Schutz des Römischen Pabstes zu stellen, wie sie sonst unmittelbar unter dem Fränkischen König und Kaiser gestanden.

Sobald die Päbste sich dieser neuen, durch diese falschen Dekretalen nicht allein, sondern auch durch die Zeitumstände — namentlich durch die Theilung, Zerrüttung und Auflösung des Fränkischen Weltreichs in ihre Hand gelegten Gewalt bewusst werden und sich ihrer bedienen, beginnt eine neue Zeit: das Mittel-Alter.

*) Alle diese Leges Barbarorum, Capitularia und übrigen alten Gesetze sind gesammelt in F. Walter Corpus iur. Germ. antiqu. Berol. 1824.

Zweiter Zeitraum.

Von der Trennung des Ost- und Westfränkischen Reichs bis zum Ewigen Landfrieden zu Worms: 888—1495.

Das Recht im heiligen Römischen Reich.

394. Im Mittel-Alter war der Pabst das geistliche Haupt der Abendländischen Christenheit und der Kaiser sollte das weltliche Haupt seyn. Allein der Geist und das Recht war in der Kirche, und ihrem Oberhaupt wuchs auch die Macht und die höchste Gewalt je länger je mehr zu. Alle wirkliche Gesetzgebung ist kirchlich und päbstlich

Die Deutschen Könige und Kaiser haben zwar auch einzelne Gesetze erlassen, allein es sind nur einzelne Bewilligungen oder Verfügungen, wozu sie die Kirche oder die Fürsten, die Städte und einzelne Personen vermocht. — Eigentliche Staats- und Rechtsgesetze wagte selbst Otto I. — der Grosse, nicht zu geben, sondern überliess die Entscheidung der Streitfrage, ob die Enkel mit den Söhnen des Verstorbenen erben oder von ihren Oheimen ausgeschlossen werden sollten — einem Gottes-Gerichtskampf! Die päbstliche Gesetzgebung ist dafür desto reicher und durchgreifender, nicht nur in kirchlichen, sondern in allen wichtigern rechtlichen Angelegenheiten, besonders während der ersten Hälfte des Mittel-Alters. In der andern beginnt mit der bürgerlichen Freiheit die Gesetzgebung der Städte und der Stände.

Erste Epoche:

Von Arnulf bis Ludwig IV.: 888—1314.

395. Die Leges Barbarorum kamen selbst im westlichen Frankenreich bald in Abgang, und im östlichen oder Deutschen Reiche erhielt sich das persönliche Recht nur vor dem Reiche; in den einzelnen Landesgerichten dagegen ward nach dem Landes-Recht — namentlich über Besitz, Eigen und Schuldforderung gerichtet. Der Landesrechte aber haben sich zwei

von frühan als wesentlich verschieden herausgestellt und während des ganzen Mittel-Alters erhalten: das Fränkische und das Sächsische Recht.

396. Das Sächsische Recht galt vornehmlich im Lande der Sachsen: von der Helme und Unstrut bis an die salzige See und von der Elbe bis zur Weser; doch findet es sich auch bei den Sachsen in Westphalen bis an die Schwelme, welche die Grenze gegen die Fränkischen Stämme bildet und bis zur Polnischen Grenze.

397. Das Fränkische Recht umfasste eigentlich das ganze übrige Reich: indess wird innerhalb desselben das Bairische und das Schwäbische Recht noch von dem herzoglich-fränkischen unterschieden, obwohl die Abweichungen mehr örtlich als wesentlich sind. Der König der Deutschen — oder Kaiser hatte für seine Person fränkisches Recht, — „weil das Reich von den Franken herkommen ist." Otto I. kleidete sich wie ein Franke und heirathete nach Fränkischem Rechte, obwohl er von Geburt ein Sachse war; und die Streitfrage, ob die Enkel mit den Söhnen erben sollten oder nicht, war der Widerstreit des Sächsischen und Fränkischen Rechts. Das Gottesurtel entschied für das Sächsische Recht, dass die Enkel mit den Söhnen erben sollten; aber das Fränkische Recht bestand doch im Reich fort, die Söhne schlossen die Enkel aus! (weil die vorverstorbenen Söhne bei der Heirath und — Emancipation abgefunden worden).

398. Woher dieser Unterschied gekommen, ist noch nicht ganz aufgeklärt. Ob Karl d. Gr. den Sachsen wirklich, wie die Sage (Saxo Poeta ad. a. 802) erzählt, in einem förmlichen Vertrage zu Salz 803 ihr Recht und ihre Steuerfreiheit gelassen und gesichert, wogegen sie das Christenthum und ihn als König angenommen; oder ob die Sage sich nur dadurch gebildet, dass die Sachsen ihr altes eignes Land-Recht und Steuerfreiheit besassen, kann dahingestellt bleiben; die Sage würde dann um so stärkeren Beweis geben, dass der Unterschied bestand und erkannt ward. Wahrscheinlich beruht er hautsächlich darauf, dass die Sachsen ihr

Recht in ihrer stets freien Heimath frei ausgebildet und festgehalten, während die Reichsländer Fränkischen Rechts in uralter Zeit von den Römern beherrscht und mit den hörigen Ackerbauern besetzt worden waren, welche am Boden hafteten und mit den Gütern von Hand zu Hand gingen und seit Dietrich von Metz (Chlodwig's Sohn) der sich mit den Sachsen in Thüringen (Süd- und Nordthüringen durch Helme und Unstrut) getheilt, den Fränkischen Königen unterthan und Fränkischen Herren verliehen gewesen, — nach Fränkischem Recht regiert und gerichtet worden waren.

399. Es ist dasselbe Verhältniss wie im Westfränkischen Reich zwischen den Ländern Römischen oder Romanischen Rechts südlich und westlich von Seine und Loire und den nördlichen — Fränkischen Rechts; nur, dass das Fränkische Recht zwischen dem Romanischen und Sächsischen die Mitte hält. Die südfranzösischen Länder heissen später pays de droit écrit, weil sie das geschriebene Römische Recht, — Kaiser Justinian's I. Gesetzbuch vollständig auf- und annahmen, sobald es wiedergefunden und bekannt wurde.

400. Im Deutschen Reich aber hatte das Fränkische Recht die nächste Wahlverwandtschaft zum Römischen. Die Städte empfanden sie zunächst und zumeist und wurden früh mit der Libertas Romana von den Kaisern begnadet. Auch Landesherren bewidmeten neu gegründete Städte mit dem Rechte Cölns a. R. — eines alten Römischen Municipiums, namentlich Freiburg im Breisgau und Soest, wovon dann Lübeck Verfassung und Recht, ja selbst Rathsherren erhalten.

401. Im Sachsenlande, wo es noch viele gemeinfreie Gutsbesitzer und Genossen (buren, geburen = cives) gab, bildete sich zuerst das Landrecht aus und ward im Anfang des 13. Jahrhunderts von Eicke von Repgow, einem Anhalt'schen Ritter — in drei Büchern — aufgezeichnet. Aber auch das Magdeburger Stadtrecht ist schon sehr alt.

Das Lehnrecht entwickelte sich in beiden Ländern unter Einfluss des Reichs, wovon alle grossen Reichs-Aemter und Güter zu Lehen gingen, weniger verschieden, obgleich auch hier gewisse Eigenthümlichkeiten nicht zu verkennen sind. Sie haben sich selbst in den Fränkischen (und Schwäbischen) Verarbeitungen der Sächsischen Rechtsbücher geltend gemacht, welche fast ein Jahrhundert später unternommen sind.

402. I. Die Sächsischen Rechtsbücher, welche man unter dem Namen Sachsenspiegel begreift:

1) Das Sächsische Landrecht.
2) Das Sächsische Lehnrecht und Vetus autor de beneficiis.
3) Der Richtsteig Landrechts } Schöffenglosse.
4) Der Richtsteig Lehnrechts }

(Beste Ausgabe von Homeyer, Berlin 1835 u. 1842.)

Dazu kommt noch für die Städte:

5) Das Sächsische, Magdeburger und Hallische Stadtrecht. (Abdrücke aus dem 12. Jahrh. in Tzschoppe und Stenzel, Schles. Urkundenbuch).

403. II. Die Fränkischen Rechtsbücher sind später, aus dem 13. und 14. Jahrhundert.

1) Das — Fränkische — Kaiserrecht, welches Senkenberg erst wiedergefunden und herausgegeben (in Corp. iur. germ. med. aevi), scheint ein vollständiges Fränkisches Rechtsbuch zu seyn. Es enthält schon Römische Grundstoffe, nicht Röm. Gesetze, sondern deren Fortbildung in Fränk. Gerichten.
   a. Landrecht.
   b. Strafrecht.
   c. Dienstmannen (Lehn)-Recht.
   d. Stadtrecht.
2) Der s. g. Schwabenspiegel, eine Ueberarbeitung des Sachsenspiegels zu Fränkischem oder Schwäbischem (?) Recht gibt:
   a. Landrecht.
   b. Lehnrecht.

   (Beste Ausgabe von Frh. v. Lassberg, Tüb. 1840.)
3) Das Rechtbuch Ruprechts von Freysing.
   (Beste Ausgabe von v. Maurer, Stuttg. 1839.)

4) Stadtrechte nach Cölnischem Muster von Freiburg, Soest, Lübeck, Augsburg etc.

404. III. Wo die Bevölkerung gemischt war, wie in Schlesien und auf den Grenzen finden sich auch Gemischte Landrechte, wie der s. g. Vermehrte Sachsenspiegel, oder Das Rechtsbuch nach Distinctionen, herausgegeben von Ortloff, Jena 1836, welcher das „Recht in Sassische Art" und „Recht in des Rikes Steden", wohl von einander unterscheidet und die Stadtrechte von Hamburg, Braunschweig, Goslar u. a.

Die kirchliche Gesetzgebung war um so thätiger zumal seit der Pabst zur höchsten Macht und Gewalt sich erhoben.

405. Nach Jvo v. Chartres und andern gelehrten Sammlern hat Gratianus, ein Camaldulenser Mönch im Kloster St. Felix zu Bologna, die älteren Kirchengesetze aus der heil. Schrift, den Kirchenvätern, den Concilien-Schlüssen und Decretalen, den Römischen und Deutschen Rechtsbüchern und manchen andern Schriften in Concordia discordantium canonum oder Decretum Gratiani um die Mitte des 12. Jahrhunderts zusammengestellt, und, da er und seine Schüler bei der Universität Vorlesungen darüber hielten, so kam das Werk bald zu allgemeiner Kenntniss und Anwendung.

406. Dann folgten sich die päbstlichen Gesetze so schnell und häufig, dass siebenzehn Sammlungen davon schon veranstaltet waren, als Pabst Gregor IX. durch Raimund a Pennaforte dieselben zu einem praktischen Gesetzbuch verar-

---

*) Nach der gewöhnlichen Meinung ist die Verschiedenheit des Sächsischen und Fränkischen Rechts durchaus nicht wesentlich und überhaupt nicht grösser, als etwa zwischen Bairischem und Schwäbischem Rechte, sondern zufällig, örtlich, wie die Autonomie (oder eigentlich die unbewusste Rechtsentwicklung durch die Schöffen) es eben hier so dort so mit sich gebracht. Die hier behauptete Verschiedenheit ist indess nachzuweisen versucht an und in der: Lehre vom Eigenthum von K. Th. Pütter. Berlin 1831.

beiten liess. Es wurde im Jahre 1234 zur allgemeinen Nachachtung veroffentlicht: Decretalium Gregorii P. IX. libri V. *).

406 b. Aber noch vor Ablauf des Jahrhunderts 1298 musste Pabst Bonifacius VIII. eine Nachlese veranstalten lassen. Sie wird der Liber Sextus Decretalium genannt, weil die Doctoren über diese Sammlung, statt sie, wie der Pabst befohlen, Bücherweis den Gregorischen fünf Büchern anzuhängen, eigene Vorlesungen hielten. Bonifacii P. VIII. Decretalium Lib. VI.

407. Schon 1313 gab dann Clemens V. die auf und in Folge des Concils zu Vienne erlassenen Decretalen mit einzelnen älteren Gesetzen — auch in fünf Büchern heraus. Diese Clementinen gehören eigentlich schon der folgenden Epoche an, mussten aber hier des Zusammenhangs wegen genannt werden. Denn diese vier Sammlungen: Das Decretum Gratiani cc. 1150, die Decretales Gregorii P. IX. 1234, der Liber sextus Bonifacii P. VIII. 1298 und die Clementinae 1313 bilden das s g. Corpus juris canonici clausum.

408. Die späteren päbstlichen Decretalen sind nicht auf päbstlichen Befehl gesammelt und nicht als allgemeine Gesetze, sondern nur denjenigen promulgirt, für welche sie gegeben sind; einzelne sind jedoch — zum Theil Vertragsweise von einzelnen Staaten ausdrücklich angenommen.

Dieselben sind indess von Gregor XIII. in seine Ausgabe des Corpus iuris canonici 1583 aufgenommen als Extravagantes Joannis P. XXII. (20 Decretalen in 14 Titeln) und Extravagantes Communes bis Urban V.**) die Institutiones iuris canonici von Paul Lancellot hat Gregor XIII. nicht aufgenommen, weil sie mit dem praktischen Rechte — des Concilii Tridentini nicht übereinstimmten.

409. Die grosse Thätigkeit der päbstlichen Gesetzgebung

---

*) Der Inhalt der fünf Bücher nach der Poenitentiar-Bücherordnung, ist in dem Gedenkvers: „Judex, Judicium, Clerus, Sponsalia, Crimen" angedeutet.

**) Die Extrav. Comm. haben die Eintheilung der grossen Dekretalen-Sammlungen. Für das 4. Buch — Sponsalia — fehlte der Stoff: daher liber. IV, vacat.

ward zwar zunächst und zumeist durch die wesentlichen Veränderungen des kirchlichen Rechtes hervorgerufen, aber wie die Herrschaft des Pabstes sich über die ganze christliche Welt erstreckte, so bestimmten auch die päbstlichen Gesetze über allerlei weltliche Rechtsverhältnisse und Streitigkeiten. Insbesondere haben die Pabste viele Zweifel beseitigen müssen, welche durch die Vermengung des Römischen und des Deutschen Rechts und den Gegensatz der allmählig wiederaufgefundenen Justinianischen Gesetzbücher zu dem geltenden Italienischen und — Deutschen Rechte entstanden.

---

410. In Italien hatte sich nämlich, wie im südlichen Europa überhaupt, das Römische Recht nicht nur in der Kirche, sondern auch bei den Unterthanen neben dem Deutschen Rechte der herrschenden Völker fortwährend im Gebrauch und, wie es scheint, auch in der Schule erhalten. Als daher die Justinianischen Gesetzbücher — die Digesta in drei Stücken: Digestum vetus, — Infortiatum und Digestum novum — wieder aufgefunden und öffentlich erklärt wurden, fand man dieselben um so vortrefflicher, je grösser das Bedürfniss genauer Bestimmungen, namentlich im Handelsverkehr war, der sich seit den Kreuzzügen so sehr und so schnell gehoben und vermehrt hatte.

411. Die ältesten Rechtslehrer (Doctores legum) zu Bologna, welche, weil sie zunächst einzelne Worte durch andere Ausdrücke und Wörter: — Glossen — erklärten, gewöhnlich Glossatoren genannt werden, aber auch schon frühe auf das Kecht selbst, auf den Sinn und Inhalt der Gesetze und ihre Widersprüche gegen einander eingingen, fühlten und wussten das geltende Recht und schlossen die gänzlich unbräuchlichen oder unbrauchbaren Gesetze sogleich von ihrer Erklärung und Mittheilung aus. Sie liessen daher in ihren Vorlesungen über die Pandekten und über den Codex die vom jus publicum handelnden Bücher ganz bei Seite und übergingen ebenso alle Gesetze, wovon sie wussten, dass sie dem in Italien geltenden Recht zuwider waren. Von den Novellen,

deren wir 168 besitzen, haben sie nur 97 glossirt und Auszüge davon unter dem Namen Authenticae in den Codex aufgenommen, welche zum Theil nicht sowohl den Inhalt der Novelle, als das geltende Recht enthalten. Vergl. z. B Nov. 131 c. 12 und Auth: Similiter.

412. Ueber Sinn und Bedeutung mancher Gesetze geriethen sie in langwierigen Streit, weil der eine sich an den Buchstaben der alten Gesetze hielt, der andere sie nach dem geltenden — „billigen" — Recht erklärte. So Bulgarus und Martinus über die Verbindlichkeit eidlich bekräftigter Rechtsgeschäfte mündiger Minderjährigen, für welche Kaiser Friedrich I. nach der Meinung des Martinus (in der Auth: Sacramenta puberum) entschied, wie denn auch der Pabst seine Ansichten billigte und zum Theil gesetzlich bestätigte, während die (römisch-richtigeren) Erklärungen des Bulgarus bei den Schülern und Gelehrten grösseren Beifall fanden. Indess mochten sich auch diese, zumal, wenn sie auch Richter oder Sachwalter waren, dem Einfluss des geltenden Rechts und Rechtsgefühls nicht entziehen. Die Glossatoren haben im Allgemeinen die Römischen Gesetze so erklärt, wie es ihrem praktischgebildeten Rechtsgefühl und Verstand, also dem geltenden Rechte gemäss war, und dadurch deren Anwendung im Gericht möglich gemacht und gesichert. Daher konnte der berühmte Baldus de Ubaldis sagen, er wolle in Foro lieber die Glosse für sich haben, als das Corpus iuris.

Eine Zusammenstellung der Glossen (Apparatus) hat Accursius gemacht, welche später Glossa ordinaria genannt ist.

413. Im südlichen Frankreich hatte das Römische Recht und zwar das Breviarium Alaricianum allgemeine Gültigkeit, doch hat schon am Ende des XI. Jahrhunderts ein sonst unbekannter Rechtsgelehrter, Petrus exceptiones legum Romanorum d. h. Auszüge aus den Gesetzen der Römer hinterlassen, welche aus den Justinianischen Rechtsbüchern geschöpft sind. Er unterscheidet die partes in quibus juris legisque prudentia (Rom) viget von den Aliis partibus ubi sacratissimae leges incognitae sunt: (pays de droit écrit von

pays coutumier.) Natürlich wurde die neue Schule (namentlich Placentinus † 1192 in Montpellier) freudig aufgenommen und fortgepflanzt. Ludwig der Heilige (1226 — 1230) liess die Justinian. Gesetzbücher sogar ins Französische übersetzen. Auf der Pariser Universität dagegen durfte das Römische Recht nach ausdrücklichem Gesetze Pabst Honorius II. (1220 in cap. 26 X. de privil. 5. 33) weil sie im Ducatus Franciae lag, gar nicht gelehrt und nach Königs Philipp des Schönen Privilegium für die Universität zu Orleans 1312 sollte demselben überhaupt ausser den Ländern geschriebenen (Röm.) Rechts keine andere Bedeutung beigelegt werden, denn als ratio scripta (raison écrite) wofür es von den Gelehrten ausgegeben ward.

414. Die Deutschen Kaiser Friedrich I und II. haben das Römische Recht allerdings gekannt und — gegen den Pabs und die Italienischen Städte zu benutzen versucht. — Allein die Aussprüche der vier Doctoren auf dem Roncalischen Reichstage und sonstige Lehren über die höchste allgemeine Gewalt und Weltherrschaft (Dominium mundi) des Kaisers waren und blieben — blosses Theorem, dessen Geltendmachung den beiden gelehrten Kaisern mehr Schaam und Schaden als Nutzen und Ehre gebracht hat. In Deutschland findet sich, obgleich schon viele Deutsche von Adel auf den italienischen Universitäten dasselbe studirt hatten, noch keine Spur von wirklicher Anwendung des Römischen Rechts in den Gerichten. Sogar den Geistlichen Rechtsschulen mochte z. B. der Rath von Augsburg keinen Einfluss auf sein Stadtrecht einräumen.

Zweite Epoche:

Von Kaiser Ludwig IV. 1314 bis zum Ewigen Landfrieden 1495.

Bürgerliche Freiheit und Rechte.

415. Wie sich seit Anfang des XIV. Jahrhunderts auch das Deutsche Volk zur Freiheit erhob, so wurde auch die Gesetzgebung lebendiger und thätiger: zuvörderst in den

Städten ward durch öfters gewaltsame Einführung des Zünftischen Regiments die Verfassung wesentlich verändert, und eine gemeinfreie Gesetzgebung angebahnt und begonnen. Die Städte haben auch zuerst und zumeist und vorzüglich den Kaiser Ludwig gegen den Pabst unterstützt.

416. Dann aber erhoben sich bekanntlich die Churfürsten (zu Rense) und Churfursten und Fürsten auf dem Reichstag zu Frankfurt für das eigne freie Recht des Deutschen Königs und Reichs, und endlich ward mit ihrem Rath und Willen auf den Reichstagen zu Nürnberg und Metz 1356 die Verfassung des Reichs geordnet und die Rechte des Kaisers und der Fürsten und Stände bestimmt. Das allgemeine Reichsgesetz ist unter dem Namen der Goldnen Bulle Kaisers Karl's IV. bekannt.

417. Da in Folge derselben die dadurch gefährdeten Prälaten, Herren, Ritter und Städte sich vereinigten und als Landsstände mit den Landesherren wie über den Landfrieden, so auch über ihre gegenseitigen Rechte, — namentlich die Steuern sich verglichen, so erhielten die Deutschen Reichslande gleichfalls eine Verfassung, welche theilweise verbrieft, Landesgrundgesetz und die Grundlage der Gesetzgebung ward, welche zwar erst im XV. Jahrhundert in den Landesordnungen zu lebendiger Thätigkeit kam, sich aber auch schon früher in Landtagsabschieden über Untheilbarkeit des Landes und dergl. geltend machte. Dagegen enthalten die eigentlichen oder bürgerlichen Rechtbücher dieser Zeit nur das althergebrachte oder Gewohnheitsrecht und wurden nicht einmal unter obrigkeitlicher Aufsicht und Leitung aufgezeichnet. Nur einzelne wie das Bairische Landrecht sind von dem Landesherren von Ludwig dem Baier und von seinen Söhnen bestätigt.

418. Was das Gemeine Reichs-Recht anbetrifft, so hat sich die Einwilligung des Churfürsten von Mainz zu Ludwig's Reichs-Abschied vom Jahre 1342 erhalten:

„Daz man fürbaz vor desselben — des Kaiser's — Hofgericht allermenniclich richten sulle und muge nach Kunig und

Kaiser seiner Vorvarc am Römischen Riche, Gesetzen und ihre geschriben rechte. — Wer ouch, das dhein ir gesetz oder geschribens recht von böser Gewonheit abgangen oder ze einem unrechten worden were, daz sol und mag er bezzern, setzen und machen nach der Kurfürsten und anderer Herren Rat, als es in danne dunket, daz es allermenniclich nutz und gut sei. Doch mit Beheltnizze unser und anderer Kurfürsten Recht, Freiheit und guter Gewohnheit."

Wenn die übrigen Churfürsten, welche auf dem Reichstag 1342 zugegen waren, gleichfalls darein gewilligt, wie nach den Worten des R. Absch. 1342 anzunehmen ist, so wäre damit die förmliche Einfuhrung des Römischen Rechtes — beim Kaiserlichen Hofgerichte erwiesen, und — da dieses allermännichlich nach der Könige und Kaiser Gesetzen und geschriebenen Rechten richten soll, — dessen Anerkennung als Gemeines Reichsrecht.

419. Hierbei ist jedoch zweierlei wohl zu beachten: Einmal, dass die Churfürsten ihr Recht, Freiheit und gute Gewohnheit vorbehalten und dann, dass Appellationen an das Kaiserliche Hofgericht überhaupt selten, aus den Ländern Sächsischen Rechts schwerlich jemals erhoben worden. Die Goldne Bulle aber, welche in cap. 5. §. 2. die Gebiete der Reichsverweser nach der Geltung des Sächsischen und des Fränkischen Rechts abtheilt und bestimmt, schloss cap. X. die Berufung von den Kurfürstlichen Gerichten gänzlich aus und in den Ländern Sächsischen Rechts, welche nicht den Kurfürsten von Sachsen und von Brandenburg unterworfen waren, namentlich in Westphalen hatte und behielt die heilige Vehme, deren oberster Stuhlherr der Churfürst von Köln war, die höchste Gerichtsbarkeit, und sie gestattete dem Römischen Recht den Eingang nicht.

Das Römische Recht galt überhaupt nur als Gewohnheitsrecht, soweit es durch Gewohnheit Deutsches Recht geworden war. Daher hielt Kaiser Sigismund 1417 zwischen zwei Deutschen Fürsten ein Deutsches Fürstengericht, welches nach Deutschem (Lehn) Recht verfahren, erkennen und urtheilen sollte, und, so lange die Schöffengerichte fortbestanden; ward überall in den Ländern Fränkischen Rechtes „nach Landesrecht und Gewohnheit" gerichtet.

420. Darin änderte auch die erste Errichtung der Universitäten in Deutschland *) noch nichts, weil sie vom Pabste nur auf Canonisches Recht gestiftet oder privilegirt waren — wie Paris, und erst im Laufe, gegen Mitte des XV. Jahrhunderts auch Fakultäten des kaiserlichen oder Civil-Rechts erhielten.

421. Seitdem aber vermehren sich die Doktoren der kaiserlichen und beider Rechte, die sonst von fernher zugezogen worden: nur an den Höfen als Rathe der Fürsten, selten als Syndici oder Redner der Städte vorkamen, in den Hof- und Land-Gerichten gar sehr, und alsbald begannen auch die allgemeinen Klagen in allen Reichslanden — Fränkischen Rechts.

So heisst es in der s. g. Reformation K. Friedrichs III., einer verständigen Zusammenstellung der wichtigsten Uebelstände und Beschwerden (Art. 5.):

„Alle Doctores der Rechten, sie seyndt geystlich oder weltlich — sollen — an kaynem gericht, bey kaynen Rechten, auch in kayns Fürsten oder andern Räthen mer gelitten, sunder ganz abgethan werden. Sie sollen auch forbashin vor Gericht oder Recht nicht weiter reden, schreiben oder Rath geben: Deklaration: — darumb, dass sie Stiffväter und nit die rechten Erben des Rechtes sindt. Dann sie nemen ime den Grundt der Warheit und bringen durch iren unordentlichen Geitz das Recht zu aynem sollichen Unglauben, das kain frum Mann sein Vertrawen darin mer setzen mag. Das hat ewer verkerte Lere inner 50 Jahren zu wegen bracht!" **)

---

*) Zu Prag 1348, zu Wien 1365, Heidelberg 1386, Cöln 1388, Erfurt 1392, Leipzig 1408 Rostock 1415, Löwen 1426, Mainz 1441, Greifswald 1456, Basel 1459, Freiburg 1460, Trier und Ingolstadt 1472, Tübingen 1477.

**) Bei Bündnissen und Eynungen 1457—1495 wurden die Do-

422. Kaiser Friedrich III. besetzte (1474 Apr. 21.) das kaiserliche Kammergericht: „da der Churfürst von Mainz Ober-Richter und die Beysitzer alle Doctores gewesen." Es war daher schon eine wesentliche Milderung und Verbesserung, dass in der Kammergerichts-Ordnung von 1495 §. 1. „von den 16 Urtailern — teutscher Nation je der halb tail — der Recht gelert und gewirdigt und der ander halb tail auf das geringest aus der Ritterschaft geboren seyn sollen", wie auch Kurfürst Friedrich I. von der Pfalz 1462 sein neu geordnet Hofgericht mit Doctoren beider Rechte und viel weisen Laien von der Ritterschaft besetzt hatte.

423. Dieser letzten Zeit gehören die Formelbücher: Formulari und Rhetorica an, welche Aufsätze und Anleitung zu rechtlichen Geschäften geben. Obgleich sie viele Beweisstellen aus den Canonischen und Römischen Rechtsbüchern beibringen, so folgen doch die meisten bei den Deutschen Rechtsverhältnissen und Geschäften dem Deutschen Landes- und Gewohnheitsrecht. Sie haben den steifen Ceremonialstiel mit dem Titel und Courtoisie-Wesen „Durchlauchtig, Hochgeboren" für Herzoge und Fürsten Wohlgeborene Herren für Grafen und Herrn etc. „Edle und strenge" und „strenge und veste Herren" für Ritter alten und neuen Adels etc. auf und in Gang gebracht.

424. Die Longobardischen Consutuedines oder libri (II) Feudorum fanden erst im letzten Viertel dieses Jahrhunderts mit den Doctoren und ihrem Corpus iuris civilis, dem sie als X collatio Novellarum angehängt waren, Eingang in Deutschland; vielleicht haben aber Kaiser und Fürsten auch dieses Recht ihrer Macht und Gewalt zusagender gefunden, als das wahre und klare Deutsche Lehnrecht.

---

ctores oder Juristen von Rath und Gericht ausdrücklich ausgeschlossen, wie zu Cicero's Zeiten: Sine dolo malo et Icto!

Dritter Zeitraum

Vom Ewigen Landfrieden 1495 bis zur Auflösung des heiligen Römischen Reichs deutscher Nation 1806.

425. Da durch den ewigen Landfrieden alle Selbsthülfe und Fehde bei hoher Strafe verboten und das Reichskammergericht eingesetzt war, alle Streitigkeiten der Reichsstände und — in höchster Instanz auch die Unterthanen zu beurtheilen und zu richten, so hatte die Bestimmung §. 3 der R. Kam. Ordn. dass K. Richter und sechszehn Urtailer zu den Heyligen schwören sollten, *„nach des Reychs und gemeinen Rechten, auch nach redlichen, erbarn leydlichen Ordnungen, Statuten und Gewonheiten der Fürstenthumb, Herrschaften und Gericht, die für sie bracht werden — dem hohen und dem nydern — gleich zu richten“* eine viel grössere Kraft und Wichtigkeit als die früheren Anerkennungen des Römischen und des Kanonischen Rechtsbuches als Reichs und gemeine Rechte.

426. Es schien nun sofort zur Entscheidung kommen zu müssen, ob im Deutschen Reich und Land fortan Deutsches oder Römisches und Kanonisches Recht gelten solle. Das Gesetz wollte freilich beide: einheimische und fremde Rechte und zwar nicht nur soweit erstere als Landrechte etc. vorgebracht und erwiesen würden, sondern auch im Gemeinen Rechte zusammen und zugleich angewendet haben, indem es acht „der (fremden) Recht gelehrte“ Doctoren und acht Ritter, ohne Zweifel als Vertreter des deutschen Rechts zu Urtheilern berief. Allein der trotz Glossatoren und Commentatoren immer wieder hervortretende Unterschied und Widerspruch des Römischen und des deutschen Rechtes ist zu gross und hart, als dass er durch die gleiche Anzahl der Beysitzer, und deren guten Willen ausgeglichen werden könnte: Dazu bedurfte es vielmehr langer Zeit und vieler mühseliger Arbeit; und — vielleicht ist es nimmer gelungen.

In das Kirchenrecht kam eine noch grössere Spaltung durch die Reformation Dr. M. Luthers, welcher das Corpus juris canonici bekanntlich verbrannte und — aus seiner Kirche verbannte. Sie hat ihr eigenes Evangelisches Kirchenrecht in sich selbst ausgebildet und für die Rechte der Evangelischen Kirche in Deutschland sind die Reichsabschiede und Friedensschlüsse allgemeine Gesetze — Gemeines deutsches Recht.

Nächstdem aber haben die Wahlcapitulationen, welche die Churfürsten den Kaisern seit Carl V. vorlegten, für das Staatsrecht die grösste Bedeutung.

Erste Epoche:

Von Errichtung des Reichskammergerichts bis auf den Westphälischen Frieden 1495—1648.

427. Der natürliche Gegensatz, welcher zwischen dem echtrömischen Rechte, wie es in den Justinianischen Gesetzbüchern enthalten ist, und dem deutschen Rechte stattfindet, trat gleich Anfangs in dem Verlangen des Reichskammergerichts nach neuen Gesetzen zur Abstellung der schlechten (Deutschen) Gewohnheiten und später besonders in den Gelehrten-Schulen und Schriften hervor.

Allein, wenn auch Kaiser und Reich auf einzelne Anträge eingingen, und z. B. das Erbrecht erst der Enkel neben den Söhnen, dann der Geschwister Kinder neben den Geschwistern nach Römischen Rechten anerkannten, so geht doch die allgemeine Richtung unverkennbar auf die Verbindung und Vereinigung beider Rechte hin

428. Die Peinliche oder Halsgerichtsordnung, welche von einem Ungelehrten: Johann zu Schwarzenberg zunächst für das Bisthum Bamberg entworfen und von dem Reichstage nachgesehen und gebessert, von Carl V. als Halsgerichtsordnung des deutschen Reichs publicirt worden, enthält zwar viele selbstständige Gesetze, verweist aber die Schöffen in allen schwierigen Fällen an den Rath der Rechtsverständigen d. h. der Juristen, Doctoren, Universitätslehrer.

Die Universitätsgelehrten kamen durch ihre und andere Anfragen allerdings mit der Praxis in Berührung, vergönnten aber dem geltenden Rechte, welches sie freilich meistentheils nicht einmal kannten, so wenig Einfluss auf ihre Erkenntnisse, dass sie selbst die Halsgerichtsordnung nicht einmal berücksichtigten, weil dies deutsche Gesetz für die schlechten, dummen Laien wäre.

429. Sie legten sich zum Theil sogar auf eignes selbstständiges Studium der Römischen Gesetze und erregten durch deren Anwendung — im Römischen Sinne — immer wieder die heftigsten Beschwerden und Klagen. In Frankreich ist der grosse Cujas in der Erforschung und Erkenntniss des echtrömischen Rechtes am freisten und weitesten fortgeschritten. Er hat aber selbst in seinem Vaterlande keine Rechts-Schule hinterlassen, weil die Ergebnisse seiner Arbeiten — im Gericht — nicht zu brauchen waren.

430. Die Deutschen Rechtsgelehrten, Geschäftsmänner und Richter sowohl als Advokaten, welche zumeist mit deutschrechtlichen Verhältnissen und Geschäften zu thun hatten, wandten sich auch immer wieder auf den so wohl angebahnten Weg der Glossatoren und Commentatoren zurück. Sie legten der Glosse grosses Ansehen bei, grösseres den Commentaren, besonders des Bartolus (de Saxoferato † 1359) und des Baldus (de Ubaldis † 1400) „Dominorum in jure civili;" und schritten noch weiter — in der Ausgleichung des einheimischen und des fremden Rechts fort, indem sie die Deutschen Rechte zum Theil im Corpus juris wiederfanden wie die deutschen Stock- und Stammgüter in den Justinianischen Familien-Fideicommissen etc., andere aber als jura singularia oder für privilegia erklärten und gelten liessen, wie die Ausschliessung der Frauen des hohen Adels von dem Landerbe (ex. Bonif. cap. 2 de Pact. in VI 1. 18).

431. Ungeachtet dessen fühlte das Deutsche Volk schmerzlich den Einfluss der Römischen Gesetze und des Kanonischen Prozesses, dessen weitläuftige Schriftsätze und vielfältige Rechtsmittel die Entscheidung Jahrelang hinzogen und sehr kostbar machten, während das öffentliche und mündliche Verfahren, wie es im ganzen deutschen Land- und Lehnrecht bis dahin üblich gewesen, kurz, bündig und wolfeil war.

432. Weil sich diese Uebelstände alsbald herausstellten, so haben sich die Churfürsten von Sachsen (auch für die Herzogthümer): **1559** und von Brandenburg: **1586**, Erzherzog von Oesterreich: **1530**, Herzog von Würtemberg: **1495** ihr altes Privilegium de non appellando (ex Aur. Bulla c. X.), nachdem vielleicht einige Appellationen vorgekommen, erneuern lassen, — Böhmen blieb stets frei — Chur-Pfalz aber und die geistlichen Churfürsten von Cöln, Trier und Mainz erhielten dasselbe nur bis zu einer gewissen Summe (500 dann 1000 fl.)

Diese süddeutschen Länder — fränkischen Rechts blieben also dem Reichskammergericht und den Gemeinen — geschriebenen Rechten unterworfen, zumal auch die Hofgegerichte darnach urtheilten. Nun beschwerten sich zwar die Stände, besonders die Ritterschaft über die Vernachlässigung und Verachtung ihrer alten Rechte und Gewohnheiten. Allein sie beruhigten sich, als diese, wenn auch unter wesentlichem Einflusse des Römisch-Kanonischen Rechts in Landesordnungen, Landrechten und Gerichtsordnungen, verzeichnet wurden, — um so eher, je unerträglicher die bunte Wirrniss der vielerlei Gewohnheiten, Observanzen etc. in den Rechsstreitigkeiten der Unterthanen jedes Fürstenthums sich erwiesen.

Auch die freien Reichsstädte nahmen daher mit ihren alten Stadtrechten Reformationen vor, wobei durch die Gelehrten ebenfalls mehr Römisches Recht hineinkam. Alle aber erkannten das Römisch-Kanonische Recht als Grundlage und Gemeines Recht an.

434. Schon vorher aber hatte sich die allgemeine Hinneigung dieser Länder fränkischen Rechts — und damit dessen Wahlverwandschaft — zum Römischen Rechte in dem Beifall und Gebrauch kundgegeben, welchen der stark römelnde Laienspiegel von Ulrich Tengler (**1508—1540** fast jährlich neu gedruckt) und sogar Seb. Brand's: Richterlich Klagspiegel, überall gefunden.

435. Im nördlichen Deutschland fanden dagegen die neuen Rechtsbücher weniger Beifall; „der ausgedehnte Gebrauch des Sachsenspiegels, welcher durch Bearbeitung des neueren geltenden Rechts mit Bezugnahme auf dessen Inhalt und durch neuere Stadtrechte, die zu Mittelgliedern zwischen dem ältern Rechte, welches er darstellte und dem neueren Gebrauch dienten *), eine Stütze seiner Anwendung erhalten hatte, möchte als der Hauptgrund hievon anzusehen sein" (Eichhorn: Rechtsgeschichte. §. 443).

Indessen machte sich auch hier, — in den Ländern Sächsischen Rechtes — das Bedürfniss neuer Landesgesetzgebung geltend. Nicht nur war die unendliche Menge und Verschiedenheit der einzelnen Gewohnheiten, Observanzen in Städten und Gerichten höchst beschwerlich sowohl zu beweisen als anzuwenden, sondern auch das Sachsenrecht insgemein war dadurch ungewiss und schwankend geworden, dass der Sachsenspiegel durch die Römisch — gelehrten Glossen — oft ziemlich gewaltsam — mit dem Gemeinen kaiserlichen und Reichsrecht in Uebereinstimmung gebracht worden, die Mehrzahl der Urtheiler aber selbst gelehrte Juristen und nur zu geneigt war, die Bestimmungen desselben ebenso — Römisch kanonischrechtlich zu deuten.

436. So wird es erklärbar, dass Churbrandenburg nicht nur das reichsgesetzlich gebotene Römische Erbrecht der Geschwister-Kinder annahm und die Erbfolge der Ehegatten neu ordnete in der Constitutio Joachimica 1527, sondern auch überhaupt statt des Gemeinen Sachsenrechts das Gemeine Kaiserliche Recht einführte. (Corpus Constitut. Marchicarum ed. Mylius.)

437. Chursachsen aber behielt zwar den Sachsenspiegel für sich und die Herzogthümer bei, setzte diesen jedoch durch Constitutionen und Decisionen (Codex Augusteus) immer mehr

*) Die oben 400 – 404 genannten Land- und Stadtrechte gehören zum Theil hierher: besonders aber auch das Sächsische Weichbild.

mit den Reichsgesetzen und Rechten in Einklang (z. B. im Bergwerksrecht) und nahm die Gemeinrechtliche Gerichtsordnung an. Daher entstand allmählig unter stetem Einfluss der Universitäten, wo Niemand Deutsches oder Sachsenrecht lehrte, und der gelehrten Richter, welche sie bildeten, ein neues sonderbares Recht, welches mit dem Sachsenspiegel nicht mehr gemein hat, als mit dem Corpus iuris civilis, wohl aber mit dem Gemeinen Römisch-Deutschen Civilrecht, wie es in den Pandekten-Vorlesungen gelehrt wurde, im Wesentlichen besonders in den allgemeinen Grundsätzen übereinstimmte.

438. Unter diesen Umständen, da nicht nur die Reichsgerichte und die Juristen-Facultäten, welche immer häufiger Rechtsbelehrungen und Urtheile zu geben hatten, sondern auch die Hof- und Obergerichte der meisten Länder das Gemeine Deutsche Civilrecht ihren Erkenntnissen zum Grunde legten und die Deutschen Gewohnheiten, wo sie sich nicht abweisen liessen, aus und nach demselben deuteten, kann es kaum noch Wunder nehmen, dass am Ende dieser Epoche kein Rechtsgelehrter mehr zweifelte, dass das Römisch Kanonische Recht ganz und allein in Deutschland gelte, das Gemeine Deutsche — Civil — Recht sey. Denn man merkte nicht, dass das Deutsche Recht ein Hauptbestandtheil dieses juris civilis ausmachte, weil man es, soweit es noch galt, in die Römischen Gesetze hineingedeutet hatte; sondern glaubte, Lothar II. habe das Römische Recht gleich förmlich im Reiche eingeführt.

439. Es gehörte der edle gebildete Geist und — von der Praxis unbefangene Sinn eines Herrmann C o n r i n g dazu, den geschichtlichen Ursprung und Entwicklungsgang des Deutschen Rechts zu entdecken und (de origine iuris germanici 1645) zu beweisen.

Schon vor ihm hat Hugo de Groot sein grosses v ö l k e r-rechtliches Werk: H. Grotii de jure belli et pacis libri III 1623 herausgegeben und damit die neue Wissenschaft — des Völkerrechts begründet.

440. Im K i r c h e n r e c h t e aber hatten die Katholischen Ca-

nonisten, da sie das Concilium Tridentinum nicht interpretiren durften, nur wenig, die Evangelischen fast gar Nichts geleistet. Sie mochten sich nicht vom corp iur. canonici losreissen und sind daher mit Recht papizantes genannt worden.

Das grosse kirchengeschichtliche Werk der Centuriatores Magdeburgenses und die Annales ecclesiastici von Baronius sind jedoch auch kirchenrechtsgeschichtlich und daher auch für das Kirchenrecht von grösster Bedeutung.

Zweite Epoche:

Vom Westphälischen Frieden bis auf Friedrich II. 1648—1740.

441. Welch ein wichtiges Gesetz der Westphälische Frieden (I. P. O. et. M.) für das Deutsche Reich und Recht, insbesondere für die Rechte der Reichsstände und Landesherren und für die Rechte der Evangelischen und der Katholischen Landeskirchen war, ist oben (340) angedeutet.

442. Nächst dem ist der Jüngste Reichs-Abschied (R. I. N) von 1654, besonders als ein Versuch zur Verbesserung des Gemeinen Civil-Prozesses zu erwähnen und, dass fortan der Reichstag permanent ward.

443. Wichtiger und erfolgreicher aber ist die wissenschaftliche Thätigkeit der Rechtsgelehrten, welche nun zu dem Bewusstseyn gekommen sind, dass nicht das rein Römische Recht, wie man es durch Cujas kennen gelernt in Deutschland gelte, sondern dass das Gemeine Recht auch und nicht wenig Deutsche Grundstoffe enthalte.

444. So bearbeitete Schilter (Praxis iuris Rom. in foro Germanico) das Römische Recht wie es in Deutschland gelte. D. Mevius in commentariis iuris Lubecensis das Lübische Recht, wie es in den Schwedisch-Pommerschen Städten galt. —

B. Carpzow, auch als Civilist durch seine Praxis rerum civilium berühmt, hat die Halsger.-Ordn. Carl V. bei den Gelehrten zu Ehren und zur Anwendung gebracht gegen die vielen schweren Verbrecher, welche das Deutsche Land in Folge des 30jährigen Krieges heimsuchten. Er soll 24,000 Todesurtheile, die aus ganz Deutschland ihm zur Durchsicht und Billigung vorgelegt wurden, unterschrieben haben und am 30. Aug. 1666 sanft und selig gestorben seyn.

445. Bedeutender noch für das geltende Gemeine Recht war Sam. Stryk: Usus modernus pandectarum, weil darin das wirklich geltende Recht aus seinen Deutschen Quellen geschöpft und daher bei weitem mehr Deutsch als Römisch erschien. Gleichwohl missbilligte und bestritt er den Chr. Thomasius, seinen Zuhörer in Erfurt und spätern Collegen in Halle, welcher dem Römischen Rechte in möglichst vielen Lehren die Gültigkeit absprach und auf ein gründliches Studium des Deutschen Rechtes drang. Schüler von ihm sind:

446. Georg Beyer, der 1707 zu Wittenberg die erste selbstständige Vorlesung über „das Deutsche Privatrecht d. h. diejenigen Stücke des geltenden Rechts, welche in den Pandekten nicht vorgetragen würden“ hielt, und —

447. J. G. Heineccius. Er bearbeitete das Römische und das Deutsche Recht geschichtlich und wissenschaftlich mit so grosser Gründlichkeit, dass seine Lehrbücher noch heute brauchbar und beliebt sind (1718 † 41).

448. Mehr in Stryk's Weise schrieb 1704 J. H. Boehmer ein Lehrbuch der Pandekten, welches ein Jahrhundert lang gebraucht ward. Den grössten Ruhm aber hat er sich durch sein unsterbliches Werk: Jus ecclesiasticum Protestantium, usum modernum juris can. juxta seriem Decretal. ostendens Hal. 1714 etc. fünf Voll. 4., dem das Jus Parochiale 1703 vorangegangen war, erworben, weil er das Evangelische Kirchenrecht gründlich gewusst, begriffen und dargestellt hat.

Dritte Epoche:

von Friedrich I. bis zur Auflösung des heil. Röm Reichs 1806.

449. Ungeachtet durch die obengenannten Rechtslehrer und Schriftsteller eine bessere, richtigere Erkenntniss gewon-

nen und verbreitet war, so lehrten doch neben ihnen noch Viele unter gleichem und grösserem Beifall und Zulauf nach der alten Weise fort, und in den Gerichten verblieb es nach wie vor bei dem Gemeinen Deutschen Civil-Recht, nur dass die neueren Autores, zumal solche, die das Landesrecht hinein verarbeitet hatten, im Zweifel den Ausschlag gaben, d. h., wenn eine communis Doctorum opinio nicht zu erweisen war; denn diese war das eigentliche Gemeine Recht.

450. Indess gab es doch fast keinen Rechtssatz, worüber nicht eine abweichende Meinung auf Grund des echtrömischen Gesetzes oder des Landesrechtes oder des Gerichtsgebrauch oder der Ansicht irgend eines Autors vorgebracht werden konnte (jus controversum von Coccii von Behmer etc.), daher waren die Chikanen masslos, und auch ohne solche die Prozesse schier endlos, denn die Rechtsmittel nicht nur gegen jedes Urtheil, sondern auch gegen alle Zwischenerkenntnisse und Bescheide waren zahllos, der ganze Rechtszustand vollkommen trostlos. Das Recht hatt' eine wächsere Nase! die ein guter Advokat und — ein schlechter Richter nach Belieben drehen kann.

451. Daher war Friedrich II. alsbald (31. Dec. 1746) bedacht dieser Unordnung und Ungebühr zu steuern, und liess schon 1749 das *„Project des Corporis juris Fridericiani veröffentlichen d. i. S. K. Maj. in Preussen in der Vernunft und Landes-Verfassungen gegründete Land-Recht, worin das Römische Recht in eine vernünftige Ordnung und richtiges Systema nach den dreyen Objectis juris gebracht, die General-Principia, welche in der Vernunft gegründet sind, bey einem jeden Objecte festgesetzet und die nöthigen Conclusiones als soviele Gesetze daraus deducirt, alle Subtilitäten und Fictiones, nicht weniger was auf den Teutschen Statum nicht applicable ist, ausgelassen: alle zweifelhafte Jura, welche in den Römischen Gesetzen vorkommen oder von denen Doctoribus gemacht worden, decidirt*

und solchergestalt Ein Jus certum und universale in allen Dero Provintzen statuirt wird." Dieses Project entsprach jedoch den Erwartungen durchaus nicht, und blieb daher, auch als der König nach 30 Jahren wieder auf die Gesetzgebung zurückkam, ganz unbeachtet. Er befahl am 14. April 1780 dem Grosskanzler Graf v. Carmer unter Zuziehung der geschicktesten und redlichsten Männer eine neue Prozessordnung und ein neues allgemeines Gesetzbuch auszuarbeiten, welches allen Unterthanen verständlich — Deutsch und deutlich und so vollständig seyn sollte, dass der Richter für jeden vorkommenden Fall die Entscheidung darin finde. Da nun „der Entwurf eines allgemeinen Gesetzbuches" (1784 — 88) nicht nur den Justiz-Collegien, den Landständen und vielen berühmten Rechtsgelehrten und Praktikern zur Begutachtung mitgetheilt, sondern auch jeder Rechts- und Sachverständige öffentlich aufgefordert und durch Preise angespornt worden, sich darüber zu äussern; dann alle eingegangenen Erinnerungen mehrfach gründlich geprüft und damit das Gesetzbuch neu ausgearbeitet wurde, so konnte dasselbe erst 20. März 1791 publicirt werden. Es ward aber nochmals, ehe die Gesetzeskraft eingetreten, suspendirt und erst nach einer nochmaligen Umarbeitung als: Allgemeines Landrecht für die Preussischen Staaten am 5. Febr. 1794 promulgirt. Nur mit dem ersten Theil dieses Corpus iuris Fridericiani, der Prozess-Ordnung war der grosse König selbst 1781 zu Stande gekommen.

452. Aehnlich erging es seiner würdigen Zeitgenossin, der Kaiserin Maria Theresia von Oesterreich. Sie ordnete 1753 die Bearbeitung des Römischen Rechts zu einem Oesterreichischen Gesetzbuch an und liess den Entwurf 1767 umarbeiten. Aber nur die Allgemeine Gerichtsordnung für die österreich-deutschen Erblande ward 1781 unter Joseph II. vollendet, das Bürgerliche Gesetzbuch erst 1811.

453. In Baiern gelang die neue Gesetzgebung am schnellsten und wohl auch am besten, weil man das grosse Werk Einem tüchtigen so gelehrten als geübten Juristen, dem Freiherrn v. Kreittmayr überwies, der das wirklich gel-

tende, sowohl gemeine als statutarische „Recht aus seiner fast unübersehbaren Weitschichtigkeit und höchst beschwerlichen Unordnung in solche Gestalt und Enge gebracht — dass es auch jeder, — desto leichter begreifen, behalten und befolgen kann, — im „Codex Maximilianeus Bavaricus civilis oder neu verbessert und ergänzt churbairisches Landrecht, München 1756. Schon 1753 war der Cod. Max. Bav. judiciarius und der Cod. Max. Bav. criminalis 1751 erschienen.

454. In anderen Ländern beschränkte man sich auf einzelne Entscheidungen und Gesetze. Allein selbst die besten, wie die Chursächsischen Constitutionen 1572 und Decisionen von 1666 und 1746 — vermehrten den ungeheuren Stoff nur noch, dessen Erlernung und Beherrschung ohnehin schier unmöglich schien.

455. Endlich ist noch des französischen Gesetzbuches, Code civil zu gedenken, welches in den an Frankreich abgetretenen Ländern sofort eingeführt wurde. Es beruhte hauptsächlich auf den Coutumes de Paris, berücksichtigte aber auch das ihnen ohnehin schon beigemischte Römische Recht, welches bis zu seiner Einführung in den pays de droit écrit gegolten. Daher fand seine Einführung in jenen Gegenden des fränkischen und gemeinen Rechts kaum so grosse Schwierigkeit als in den französischen pays de droit écrit; und jetzt wollen sie weder dies bürgerliche noch das Straf-Gesetzbuch, noch das öffentliche und mündliche Gerichtsverfahren wieder aufgeben.

456. In dem übrigen Deutschland galt nach wie vor das Gemeine Deutsche bürgerliche und Strafrecht und Gerichtsverfahren, natürlich nächst den örtlichen und ländlichen Rechten, Statuten und Gewohnheiten und den Landesrechten und Gesetzen.

Inzwischen war es schon längst zweifelhaft geworden, was eigentlich das Gemeine Deutsche Recht überhaupt und das Civil-Recht insbesondere sey, ob Römisches und Kanonisches und Deutsches Recht oder alles zusammen und zugleich als Mischung?

457. Auf den Universitäten ward das Gemeine Deutsche Civil-Recht zwar meist noch nach den alten Lehrbüchern auf die alte Weise — in den Pandekten gelehrt. Allein nur wenige Professoren hielten sich streng an die Ueberlieferung. Man fand die alte Auslegung fehlerhaft und war immer mehr darauf bedacht, das Römische Civil-Recht, welches ja doch anerkanntermassen das Gemeine bürgerliche Recht Deutschland's sey, rein und richtig aus den Quellen zu schöpfen. Den Usus modernus überliess man den Vorlesungen über das Deutsche Privatrecht. Dieses ward jedoch nicht als Gemeines Recht anerkannt, weil die Quellen, woraus es geschöpft ward, nicht die gemeinrechtlichen: nicht die beiden Corpora iuris mit ihren gelehrten und gerichtsgebräuchlichen Auslegungen waren, sondern theils Landes- und Stadtrechte, theils allgemeine Gewohnheiten seyn sollten. Von jenen liess sich aber leicht nachweisen, dass kein Land- oder Stadtrecht, wenn es auch Kaiserlich- oder Reichsrecht geheissen, jemals im ganzen Deutschland gegolten und den anderen ward Bestand und Gültigkeit — siegreich bestritten, wiewohl in der Reichshofrathsordnung von 1654 in Tit. I. §. 15. Die rechtmässigen Observationes und Gebräuch neben den Kaiserlichen Rechten als Gemeines Recht ausdrücklich aufgeführt sind.

458. Da also dieser Grund unhaltbar ist, das Daseyn und die Geltung der rechtmässigen Observationes und Gebräuch oder — allgemeiner Deutscher Gewohnheiten gesetzlich feststeht, so müssen die Deutschen Reichs- und Landesgerichte, welchen Leichtsinn und Staarsinn sonst doch nicht Schuld gegeben werden kann, wohl einen anderen triftigern Grund gehabt haben, dem Deutschen Privat-Recht die Anerkennung und Anwendung als Gemeines Deutsches Civil-Recht zu versagen. In der That hatten sie einen solchen triftigen und — sehr naheliegenden Grund in der augenscheinlichen Verschiedenheit des s. g. Deutschen Privatrechts von den Gemeinen Deutschen Civilrechtsregeln, welche in den Autoribus

enthalten und von den Gerichten seit Jahrhunderten gebraucht und angewandt waren.

459. Aus demselben Grunde verwarf der Gemeine deutsche Gerichtsgebrauch auch die neuen Rechtslehren der Romanisten. Da sie unmittelbar aus dem als Kaiserliches und Reichs-Rechtsbuch anerkannten Corpus juris civilis hergenommen und philologisch-richtig begründet waren, so konnte man jene formellen Gründe noch weniger als gegen das Deutsche Privatrecht geltend machen: man erkannte und erklärte sie daher für — schöne Theorie, die jedoch nicht praktisch sey, weil eben das praktische Recht anders: — heutiges Römisches Recht oder Gemeines Deutsches Civil-Recht war.

460. Die Deutschen Reichs- und Landesgerichte liessen nach wie vor nur die Corpora juris civilis und canonici nebst Glossen, Commentaren und Autoren als Kaiserliches und Gemeines Deutsches Recht gelten und betrachteten die Deutschen Gewohnheiten, welche nicht in den Autoren und im Gerichtsgebrauch feststanden, als Landes-, Standes-, Orts- und Gerichtsobservanzen, welche, wie die Privilegia, „für sie gebracht" d. h angeführt und erwiesen werden müssten. Daher haben die Civilisten, deren Vorträge und Schriften das Gemeine Deutsche Civil-Recht enthielten und überlieferten, wie sie ihre Lehrsätze und Rechtsregeln auch aus den echten Quellen begründen mochten, im heil. Röm. Reich nicht nur beim Reichskammergericht und Reichshofrath, sondern auch bei den höchsten Landes- und anderen Gerichten, wo nicht nach Landesrecht zu sprechen war, allezeit das höchste Ansehen — die Autorität gehabt.

Es ist ein grosser Schaden für die Rechtspflege, dass sich die Civilisten neuerdings immer mehr auf das Civil-Recht Römischen Ursprungs beschränkt haben.

461. Die reichste Sammlung der Gelehrten-Meinungen und Auslegungen der in den Deutschen Gerichten geltenden Römischen Gesetze enthält

Chr. Fr. v. Glück, Ausführliche Erläuterung der Pandekten nach Hellfeld 1790—1831 34 Bände fortgesetzt von Mühlenbruch 1832 vom 35—56 Bande — aber noch unvollendet.

Das beste und angesehenste Lehr- und Handbuch des Gemeinen Deutschen Civil-Rechts — Römischen Ursprungs ist

A. Fr. Just. Thibaut: System des Pandekten-Rechts 1803 — (8. Ausgabe 1834).

Da sie nun nicht das ganze Gemeine Deutsche bürgerliche Recht enthalten, so bedarf es zur Ergänzung noch des Gemeinen Deutschen Privat-Rechts oder Gemeinen Deutschen Land- und Lehn-Rechts.

Ein solches zu schreiben unternahm

Just. Fried. Runde: Grundsätze des allgemeinen Deutschen Privatrechts, Gött. 1791 — (8. Aufl. 1828).

und Andere neben und nach ihm; allein wie verdienstlich ihre Werke auch sind, gemeinrechtliche Geltung — Autorität — haben sie sich im heil. Röm. Reich Deutscher Nation nicht zu gewinnen vermocht.

462. Minder gehemmt durch den Gegensatz und Widerstreit der fremden und der einheimischen Rechte, Gesetze und Gewohnheiten und daher erfolgreicher waren die Arbeiten in den übrigen Theilen des Gemeinen Deutschen Rechts.

Für das Gemeine Deutsche Lehnrecht und für das Gemeine Deutsche Kirchenrecht gab es gar treffliche Lehrbücher von G. L. Boehmer, Principia iuris feudalis 1775 (7. Aufl. 1805.) und Principia iuris canonici 1774 (7. Aufl.).

Im Gemeinen Deutschen Strafrecht hat Ans. (v.) Feuerbach Lehrbuch des gemeinen in Deutschland gültigen peinlichen Rechts, Gött. 1801 (11. Aufl. 1832), eine neue Bahn gebrochen, worauf er und seine Genossen wacker fortgeschritten sind.

Das Deutsche Reichs- und Landes-Staatsrecht ist von J. St. Pütter († 1807) neu begründet und vollendet. Häberlin's Handbuch enthält seine Lehren.

Das Europäische Völkerrecht endlich ist von Emer. de Vattel Droit des gens Londr. 1758 (oft aufgelegt) wesentlich gefördert und fortgebildet, nächst ihm G. F. de Martens

Précis du droit des gens. Gött. 1789. und 2. édit. entièrement refondue 1801.

463. Die äussere Rechtsgeschichte des heil. Röm. Reichs Deutscher Nation entscheidet den oben (457) angedeuteten Zweifel über das Wesen des Gemeinen deutschen Rechtes am sichersten und besten. Sie lässt das Gem. deutsche Recht als einen starken Strom erkennen, welcher aus sehr verschiedenen, zum Theil sehr weit entfernten, zum Theil verdeckten, inneren Quellen zusammengeflossen, als eine Vermengung und Mischung von Deutschem, Kanonischem, Römischem und abermals Deutschem Rechte, deren Grund und Wesen allerdings ursprünglich und eigentlich Deutsch — Deutsche Gewohnheit ist, welches jedoch theils in der Form von Gesetzen und zwar deutschen Reichsgesetzen, Friedensschlüssen und anderen Verträgen und von zwei Lateinischen Gesetzbüchern: dem Corpus iuris canonici nebst dem Concilio Tridentino und dem Corpus iuris civilis nebst den Longobardischen Lehnsgewohnheiten: Libris Feudorum, theils in der Form des Gewohnheitsrechts und zwar des Gerichtsgebrauchs vornehmlich der Reichs- und höchsten Landes-Gerichte und des Juristen Rechts — der communis doctorem opinio erscheint; oder wie es in der Reichshofraths Ordnung von 1654 Tit. I. §. 15. „zuforderst Unsere Kaiserl. Wahl-Capitulation, Reichsabschied (1594, 1600, und 1654) Religion- und Prophan Frieden und den jüngsten Münster- und Ossnabrüggischen Frieden-Schluss nach Anweisung des 17. Art. §. 1 und 2. wie auch jedes Stands, Lands, Orts nnd Gerichts — sonderlich die gebührliche allegirte und probirte Privilegia, gute Ordnungen und Gewohnheiten und in Mangel derselben die Kayserliche Rechten und rechtmässige Observationes und Gebräuch."

Uebersicht der Gemeinen Deutschen und Reichs-Rechtsquellen und Aufführungsweise (Citirart) derselben.

464. I. Von den Reichsgesetzen, Friedensschlüssen und anderen Verträgen des Kaisers und der Stände

sind die wichtigsten in der inneren und der äusseren Rechtsgeschichte vorgekommen; hier mögen einige Abkürzungen bemerkt werden, womit man sie anzuführen, zu citiren pflegt: die Goldne Bulle A. B. oder G. B., die peinliche oder Halsgerichtsordnung Kaiser Carls V. 1532 C. C. C. d. h. Constitutio Criminalis Carolina auch Karoline Art. 20 etc. Der Augsburg. Religionsfrieden 1555, Pax Rel. August. — Der Passauer Vertrag 1562. Pactum Passav.

Der Westphäl. Frieden 1648, I. P. O. et M. d. i. Instrumentum Pacis Osnabrucensis et Monasteriensis.

Die Reichs-Kammergerichtsordnung, R. K. G. O. oder O. C.

Die Reichs-Hofrathsordnung, R. H. R. O

Die Reichsabschiede mit der Jahreszahl, R. A. 1526 etc,

Der Jüngste Reichs-Absch. von 1654, Rec. Imp. Nov. — Sammlungen derselben von Verschiedenen, die wichtigsten in Schmauss Corpus iuris publici S. R. J. academicum und in Emminghaus Corp. jur. publici et privati academicum 1824. (1842).

II. Das Corpus iuris canonici Gregorii P. XIII. jussu editum (1582) enthält vier officielle und zwei Privat-Sammlungen.

1) Concordia discordantium canonum oder Decretum Gratiani (cc. 1150.) hat drei Theile.

a. Prima Pars besteht aus 101 Distinctiones, welche in canones zerfallen.

Man citirt z. B. can. 7 D. XL.

b. Secunda Pars enthält 36 Causae (Rechtsfälle), in welchen die Rechtsfragen unterschieden werden, um sie mit Canones zu beantworten.

Citir: can. 3. C. III. qu. 1. oder 3. III. qu. 1.

NB. Causa XXXIII. qu. 3 giebt einen Tractatus de poenitentia in 7 Distinctiones, die ohne Angabe der C. 33. qu. 3. aber mit dem Zusatz de poen. citirt werden, z. B. can. 3. D. V. de poenit.

c. Pars tertia ist eine Nachlese zu dem Vorigen in 5 Distinctiones, welche nach der Ueberschrift der ersten de consecratione citirt werden: z. B. can. 2. D. III. de cons.

Die Alten, Glossatoren, Commentatoren und viele Autoren citirten bloss mit den Anfangswörtern, die obigen Canones z. B. can. Ante omnia peto, can. Redintegranda, can. Contrarium, can. Rogationes etc., die man dann im Index Canonum Decreti aufsuchen kann, welchen alle Corpp. jur. canonici enthalten ausser Freiesleben Corp. jur. can.

2) Decretalium Gregorii P. IX. libri quinque (1234) gewöhnlich Extra genannt und X. geschrieben, weil sie die extra nicht im decretum enthaltenen Gesetze aufgenommen*).

Die Bücher zerfallen in Titel, die Titel in Capitel, welche bisweilen noch in Paragraphen abgetheilt sind.

Man citirt: Cap. 8. X. de cons. et aff. (IV. 14.) oder c. 8. de cons. et aff.

3) Liber Sextus Bonifacii P. VIII. 1298, hat ebenfalls 5 Bücher, welche ebenso mit Titelrubrik und Capitelzahl aber mit Beifügung in VIto citirt werden, z.B. Cap. 2. de pactis in 6.

4) Clementinarum s. Clementis P. V. Decretalium libri quinque, sind ebenso abgetheilt. Man citirt: Clem. un. de jurej L. II. 9.

Diese vier officiellen Sammlungen bilden das s. g. Corpus iuris canonici clausum.

5) Extravagentes Joannis P. XXII. Zwanzig Decretalus in 14 Titel gebracht.

6) Extravagantes Communes, in den gewöhnlichen 5 Büchern zusammengestellt, wovon jedoch das 4te de Sponsalibus aus Mangel an Gesetzen über Ehesachen — leer ist — vacat.

Beide werden in der Regel wie von den Alten alle Decretales und jetzt noch alle päbstlichen Bullen, die im Bullarium Romanum gesammelt sind, mit den Anfangswörtern cicitirt, z. B. Joann. XXII. Bulla Execrabilis; aber auch

*) Der Hauptinhalt der 5 Bücher ist in einem alten Versus memorialis so angegeben; Iudex, Iudicium, Clerus, Sponsalia, Crimen.

cap. un. Extrav. Joann. XXII. de praeb. (3). Es findet sich auch in Cap. 4. Ext. Com. de praeb. (III. 4).

NB Man unterscheide wohl dies Extrav oder Extr. Joan. und Ext. Com. von dem X (sprich Extra), womit die Decretales Gregors IX. bezeichnet werden.

Die beste Ausgabe des Corpus juris can. ist von Aem. Richter Lips. 1839. 4. 8⅓ Thlr. Demnächst die von J. H. Boehmer Halae 1747. 4., endlich von den Fatres Pithoei. fol.

Die neueste Ausgabe des Concilii Tridentini ist auch von Aem. Richter. 4. 1 Thlr. Die Ausgabe von Gallemart — oft aufgelegt — hat die authentischen Erklärungen der Röm. Cardinalscongregation beigefügt.

466. III. Das Corpus iuris civilis, die Gesetzsammlung Kaiser Justinians I. besteht aus:

1) Institutionum libri quatuor, welche in Titel zerfallen, die Titel in Principium und Paragraphen.

Man citirt z. B. §. 1. J. de patr. pot. I. 9. Im Alterthum mit dem Anfangswort §. Nuptiae J. de P. P.

2) Digestorum libri quinquaginta in Titeln, Fragmenten der alten Jurist. Schriften, welche oft auch in Paragraphen abgetheilt sind.

Man citirt, Lex 5 §. 6. D. de jure dot. (23. 2.) oder L. 5. §. 6. D. de jure dot. oder L. 5. §. 6. *П.* de jure dot. Die Alten oft L. Profectitia §. 1. pater ff. de jure dot. Das ff bedeutet Digest. und scheint ein verzogenes D zu seyn.

Die histor. Juristen schreiben: Fragm. Fr. 5. §. 6. D. de jure dot. oder ohne D. *П.* ff.: Fr. 5. §. 6. de jure dot.

3) Codicis libri duodecim, sind ebenfalls in Titel abgetheilt, welche die Constitutiones enthalten.

Man citirt: L. 22 C. mandati (IV. 35). sonst auch L. Per diversas, C. mandati, jetzt const. 22 C. mandati *).

---

*) Das Citiren mit blossen Zahlen z. B. §. 1. J. I. 9. fr 6 §. 3, D. XXIII, 3 Const. 22. C. IV, 35. wie manche Neuern, auch F. Mackeldey es beliebt, ist nicht zu empfehlen, da die Zahlen leicht zu verschreiben und schwer zu behalten sind.

4) Novellae — haben die Glossatoren in IX. collationes abgetheilt und Authenticum genannt — im Gegensatz zur Epitome Juliani.

Wir citiren nach der Zahl, welche in unsern Ausgaben anders ist, als in den alten glossirten Nov. 118. cap. 1. Die Alten dagegen: Auth. de heredit. ab. ut. §. Si quis Coll. IX. Tit. 1.

Mit dem Worte Authentica oder Auth. bezeichnet man jetzt nur die aus den Novellen Justinians und späterer, auch deutscher Kaiser in den Codex aufgenommenen Gesetze z. B. Auth. Si qua mulier (C. ad SC. Vellej (4. 29)) Auth. Habita (C. ne filius pro patre (4. 13)).

Die Consuetudines oder libri Feudorum duo hatten die Glossatoren den Justinianischen Novellen als decima Collatio angehängt.

Man citirt: II. F. 26 §. 4., sonst auch mit dem Anfangswort, z. B. Si quis.

467. IV. Die Werke der Gelehrten werden in der Regel mit ihrem Titel und dem Namen des Verfassers angeführt. In der Glosse werden die Aussprüche berühmter alter Lehrer oft mit einzelnen Buchstaben, gewöhnlich dem ersten des Namens bezeichnet, z. B. M. für Martinus, seltner des Beinamens z. B. O. A. d. h. Os Aureum für Bulgarus.

Zweites Hauptstück.

Anwendung der gemeinrechtlichen Gesetze, Regeln, Gewohnheiten.

468. Nach Auflösung des heil. Römischen Reichs Deutscher Nation ward zunächst deswegen gegen die Anwendbar-

keit oder fernere Gültigkeit des Gemeinen Deutschen Rechtes Zweifel erhoben, weil dasselbe als Kaiserliches Reichsrecht mit dem Reiche und allem kaiserlichen Rechte über die Länder der bisherigen Reichsstände, — nun souveränen deutschen Fürsten erloschen sey: und dadurch sogar althergebrachte, wohlerworbene Rechte bedroht. Indess erinnerte man sich alsbald nicht nur, dass die wohlerworbenen Rechte fortbestehen, wenn auch die Gesetze, wonach sie erworben sind, aufgeboben werden, sondern auch, dass das Kaiserliche und Gemeine deutsche Recht weder durch Kaiser und Reich eingeführt noch für die Reichs-Verhältnisse allein gesetzliche Kraft und Geltung habe, dass es vielmehr durch Gewohnheit im Reich und in den Reichslanden Eingang gefunden. Aber allerdings hatten die deutschen Unterthanen den kaiserlichen Schutz ihrer wohlerworbenen Rechte und die kaiserlichen und gemeinen Deutschen Rechte ihren stärksten Hort und Träger an dem Reichskammergericht verloren. Dies hatte auf die Behandlung und Gestaltung des Gemeinen Deutschen Rechtes alsbald den wesentlichsten Einfluss. Denn, da die Landesgerichte, auch wenn sie nicht auf eigene abgeschlossene Landesgesetzbücher, sondern auf das Gemeine Deutsche Recht verpflichtet waren, doch immer zunächst nach den ihnen bekannten Landesrechten und Gewohnheiten zu erkennen hatten und pflegten, so fiel die Erhaltung und Fortbildung des reinen gemeinen Rechtes den Juristen-Facultäten anheim, welche nicht blos die künftigen Richter, Sachwalter etc. unterrichteten, sondern auch im Namen und Auftrag aller gemeinrechtlichen Gerichtshöfe urtheilten, wenn ihnen diese aus eigner Bewegung oder auf Antrag der Parteien die Acten zusandten. Sie aber wendeten sich, seit der Widerhalt, welchen das Gemeine Deutsche Recht an den Reichsgerichten gehabt hatte, weggefallen war und, als die alten Civilisten, welche das geltende Gemeine Recht mit jenen in den fremden Gesetzbüchern fanden, allmählig ausstarben, immer zahlreicher und entschiedener der historisch und philologisch richtigen Erkenntniss der alten Rechte und Gesetze zu. Sie lehrten und gebrauchten namentlich die richtig verstandenen Römischen Gesetze, woraus die Civilisten die freilich ganz anders lautenden — gemeinrechtlichen Regeln hergeleitet, als Gemeines Deutsches Civilrecht, indem sie gründlich nachwiesen, dass „die Neuern" diese Gesetze falsch ausgelegt, missverstanden und missdeutet hätten.

469. Auf die übrigen Rechtstheile hatte diese philologisch-historische Kunst und Gelehrsamkeit geringeren Einfluss als auf das Civil-Recht; denn das alte Reichs und Reichsstands und -landsrecht war mit dem heil. Röm. Reich zu Grunde gegangen, die meisten neuen Staaten erhielten neue Verfassungen, Einrichtungen und Gesetze, welche sich nicht sowohl auf das geschichtliche Recht als auch und vielmehr auf die gegenwärtigen Bedürfnisse, Verhältnisse und Befugnisse gründeten. Die historisch philologische Methode konnte also keine recht erfolgreiche Anwendung darauf finden, obgleich der Deutsche Bund seine Schiedsgerichte oder Austrägal-Instanzen angewiesen hat, in Ermangelung anderer Normen auf die ältere Reichsordnung und Weise zurückzugehen.

470. Der Kirchenrechtswissenschaft hat sie auch noch keine erquickliche Frucht gebracht. Die Katholische Kirche hat allerdings ihr altes historisches Recht festgehalten und fortgebildet, allein sie liebt und gestattet die philologisch-historische Erklärung, Entwicklung und Gestaltung desselben nicht, weil sie mit ihrer streng dogmatischen Auffassung und Darstellung der geschichtlichen Thatsachen, Rechte und Ordnungen gar zu leicht in Widerspruch geräth. Die Geschichte des Evangelischen Kirchenrechts ist wie das Evangelische Kirchenrecht selbst, nicht ohne innigen Evangelischen Glauben und nicht ohne wissenschaftliche Bildung darzustellen und zu begreifen. Es harrt noch der Bearbeitung.

471. Aehnlich verhält es sich mit dem Strafrecht. Allein dieses hat schon im Anfang unseres Jahrhunderts seinen wissenschaftlichen Bearbeiter gefunden, der die richtig verstandenen alten Strafgesetze Kaiser Karls V. und des Corpus iuris durch Geschichte und Philosophie mit dem gegenwärtig

geltenden Rechte in Einklang zu bringen suchte und daher sogleich Beifall und Eingang bei den Gerichten und viele Nachfolger fand.

472. Auch den Civil und den Criminal-P r o z e s s hat die historisch-philologische Bearbeitung, welche ihm zu Theil geworden, nicht verändert; weil man die Entwicklung und Umgestaltung des gerichtlichen Verfahrens durch die Kirche im Mittelalter und durch Deutsche Gewohnheit und Gesetze nicht verkennen mochte. Vielleicht aber hat die alte Rechtsgeschichte mit dazu beigetragen, dass man dies geheime schriftliche Verfahren gänzlich abgeschafft und die altthümliche Mündlichkeit und Oeffentlichkeit hergestellt zu sehen wünscht.

473. Gleichwohl ist es eine a l l g e m e i n e Frage, welche durch den Widerstreit der Civilisten und Romanisten angeregt ist, und muss mit und in ihm a l l g e m e i n, für das ganze gemeine Deutsche Recht entschieden werden: „Wie müssen die gemeinschaftlichen Gesetze aus ihren Quellen geschöpft?" oder mit anderen Worten: „W i e m ü s s e n d i e f r e m d e n u n d e i n h e i m i s c h e n G e s e t z e v e r s t a n d e n, a u s g e l e g t u n d a n g e w a n d t w e r d e n?"

474. Die Lage der Sache und des Streites ist nun kurz folgende:

Civilisten und Romanisten sind darin e i n v e r s t a n d e n, dass die Gesetzbücher und namentlich das Corpus iuris civilis unmittelbare Rechtsquellen sind, woraus das Recht und Gesetz ohne Weiteres zu schöpfen und auf die streitigen Rechtsverhältnisse anzuwenden ist. Sie s t r e i t e n aber darüber, w i e dies geschehen müsse, indem die Romanisten den Civilisten Schuld geben, dass sie den Text missverstanden und falsch ausgelegt hätten.

Wenn und insoweit nun die Romanisten den Beweis erbringen, dass die Auslegung und Auslegungsweise der Civilisten wirklich falsch, die ihre aber gut und richtig ist — welches beides wir zu prüfen, zu erwägen und zu entscheiden haben werden, müssen diese selbst sich für besiegt erkennen. Und in der That sind sie aus dem Felde geschlagen und verstummt, aber — nicht überzeugt. Sie halten vielmehr an den alten Rechtsätzen fest, weil sie das unerschütterliche Bewusstseyn haben, dass sie dennoch recht sind. Und sie sind in der Regel wirklich recht und zwar Gemeines Deutsches Civil-Recht; denn die alten Ausleger haben, wie oben erzählt worden, zu allen Zeiten das jedesmal geltende — praktische Recht in die alten Römischen Gesetze hineingelegt Allein, da sie sich nicht auf die Praxis, auf das geltende Recht berufen, sondern auf das Gesetzbuch, so mussten sie verstummen. —

475. Statt ihrer sind neuerdings die Germanisten auf den Kampfplatz getreten. Sie haben in den civilistischen Rechtssätzen, welche jene aus dem Corpus juris civilis oder aus dem Corpus iuris canonici herzuleiten pflegten, echt-Deutsches Recht wiedergefunden, und darauf die Behauptung gegründet, dass das Civilrecht dennoch recht und zwar Gemeines Deutsches Recht sey, dass es daher aus der Deutschen Rechtsquelle nicht aus dem Corpus iuris civilis geschöpft werden müsse und, dass die Römischen Rechtssätze überhaupt nur dann und insofern für Gemeines Deutsches Civil-Recht gelten könnten, als sie in dem Deutschen Volksleben Wurzel gefasst — Volksrecht geworden und nicht blosses Juristen-Recht, gelehrte, bloss auf dem Corpus iuris civilis oder canonici beruhende Meinungen der Civilisten seyen.

476. Die Romanisten sind jedoch weit entfernt sich diese Beschränkung ihres Corpus iuris civilis und echtrömischen Rechts gefallen zu lassen. Sie bestehen darauf, dass das Corpus iuris civilis als solches als Gesetzbuch bei uns eingeführt und seit Jahrhunderten gebraucht sey, so dass die einzelnen Gesetze desselben stets gegolten hätten und gelten müssten, wenn und insoweit nicht bewiesen würde, dass sie gar nicht in Gebrauch oder dass sie in Abbrauch gekommen seyen.

477. Wir haben auch diese Gründe und Gegengründe der Germanisten und Romanisten sorgfältig zu prüfen und zu würdigen und demnächst schliesslich die richtige Behandlung und Anwendung der gemeinrechtlichen Gesetze etc. festzustellen und zu begründen.

Der Gang der Darstellung würde demnach folgender seyn müssen, dass

I. die altcivilistische Auslegungskunst und Begründung,

II. die philologisch-historische oder historisch-dogmatische Auslegung und Anwendung

1) der altrömischen Gesetze

2) der altdeutschen Gesetze

dargestellt, geprüft und gewürdigt und

III. gezeigt wird, dass die historisch-dogmatische oder rechtswissenschaftliche Methode auch auf das praktische Deutsche Civil-Recht angewandt werden muss.

I. Altcivilistische Methode.

478. Um die Auslegungs- und Behandlungsweise der alten Civilisten richtig erkennen und würdigen zu können, muss man sich vor allen Dingen ihrer Bildung und ihrer Stellung zum Recht und zu den Gesetzbüchern und insbesondere ihrer Ansicht von beiden erinnern:

Sie waren zum grössten und besten Theil praktische Juristen, welche von dem geltenden Rechte ihres Landes und Volkes oft vollständige Kenntniss, immer ein unwandelbares Rechtsgefühl oder unmittelbares Bewusstseyn und die Ueberzeugung hatten, dass es so allgemein, wie nothwendig sey. Im Corpus juris civilis fanden sie viele treffliche Bestimmungen, welche mit ihrem — wenigstens theilweise — Römischen oder Romanischen Landesrecht übereinstimmten und für die reicheren und verwickelteren Handels- und Lebensverhältnisse ihrer Zeit besser passten, als die alten Land- und Stadtrechte. Sie meinten aber nicht nur alles Gemeine oder Kaiserliche Recht in der grossen Kaiserlichen Gesetzsammlung Justinian's I. wiederfinden zu können und zu müssen, sondern hielten auch alle seine Gesetze für Gemeines oder Kaiser-Recht, weil er des gegenwärtigen Römischen Kaisers Friedrich, Otto — Vorfahr am Reiche gewesen, seine Gesetze also gelten müssten, sofern sie nicht durch spätere Kaiser aufgehoben oder abgeändert worden.

Freilich lag hier die Gefahr sehr nahe, dass diejenigen, welche das Corpus iuris civilis als gegenwärtiges Recht und Gesetzbuch betrachteten, auch viele solche Bestimmungen desselben als Gemeines Kaiserliches Recht auffassten nnd darstellten, welche dem geltenden Rechte fremd oder gar zuwider waren. Allein, abgesehen davon, dass dergleichen Römische Gesetze in keinem Lande zur Anwendung kommen mochten, wo erweislich anderes Recht galt, haben auch jene alten Glossatoren bereits alles das ausgeschieden, was nach ihrem Rechtsgefühl oder Bewusstseyn unanwendbar auf die bestehenden Verhältnisse war, und, wo sie zweifelten und stritten, haben sich Päbste und Kaiser stets für das wahre — wirklich geltende Recht entschieden und ausgesprochen.

479. Gleichwohl war es sehr schwierig alle Gesetze des Corpus iuris civilis als Gemeines oder Kaiserliches Recht zu erklären, und umgekehrt das ganze Gemeine oder Kaiser-Recht im Corpus juris civilis aufzuweisen. Diess ward nur möglich durch die eigenthümliche Auslegungskunst der alten Civilisten; deren Hauptregeln hier kurz anzugeben sind.

480. A. Das Corpus iuris civilis ist in complexu: ganz, als ein Ganzes, zu Gemeinem Deutschen Kaiserlichen Rechte aufgenommen und eingeführt. Daher gelten alle seine Gesetze! oder „Wer seine Behauptung durch ein Kaiserliches Gesetz beweist, hat sie genugsam begründet — fundatam intentionem; so dass der Gegner, wenn er sie nicht gelten lassen will, seiner Seits den Beweis führen muss, dass und warum dies Gesetz in diesem Falle nicht zur Anwendung kommen könne und dürfe. Er kann sich auf Standes- und Landes-Recht, auf Observanzen und Privilegien berufen: er kann auch beweisen, dass dieses Gesetz überhaupt nicht gelte, indem er darthut, dass es nicht glossirt, von den Glossatoren übergangen und verworfen sey;" denn, *„Quidquid non agnoscit Glossa, — non agnoscitur in foro. s. illud nec agnoscit Curia.*

481. B. Nur die wirklichen Rechtsgesetze, d. h. die Vorschriften für die gegenseitigen Verhältnisse der Menschen

haben Gesetzeskraft und Geltung! Die historischen Notizen, Definitionen, Distinctionen, Auslegungsregeln der alten Römischen Juristen haben keine verbindende Kraft. Es ist das Sache der Gelehrsamkeit und mancher gute Civilist hat sich kühn über die veralteten Ansichten und „Fehler des Papinianus und Ulpianus" erhoben.

482. C. Bei der Auslegung unklarer oder nicht unzweifelhaft deutlicher Gesetze, deren es nur gar zu viel gibt, kommt es vor allen Dingen oder eigentlich allein darauf an, den eigentlichen Willen des Gesetzgebers zu erforschen und festzustellen: sein Wille ist das wahre Recht und Gesetz — nicht der Buchstabe, das Wort, welches er zufälliger — unglücklicher Weise gebraucht hat.

Daher muss allewege, besonders bei auffälligen, von der allgemeinen Regel des Gemeinen Rechts abweichenden Gesetzen auf den Grund und Zweck gesehen werden — *Ratio legis spectanda!* Das absonderliche Gesetz muss ganz besondere Gründe in den Verhältnissen etc. haben, und geeignet seyn, die Absicht des Gesetzgebers zu erfüllen.

483. a) Ist daher der Grund etwa weggefallen, das Verhältniss in solcher Art nicht mehr vorhanden, so muss auch das Gesetz wegfallen: *„Cessante legis ratione, cessat lex ipsa!"*

484. b) Wenn aber auch ein besonderer Grund ersichtlich und erweislich vorhanden ist, so müssen doch alle absonderlichen Gesetze und Rechte immer so erklärt werden, dass sie von dem Gemeinen Rechte möglichst wenig abweichen: *Interpretatio stricta* — der Privilegia und jura singularia und particularia — der Stände, Länder, etc.

485. c) Umfasst das Gesetz mehr, als es seinem Grund und Zweck nach sollte und wollte: etwa auch solche Personen und Verhältnisse, wofür der Grund nicht passt und gilt, so hat die Auslegung dasselbe darnach auf seine Grenzen zurückzuführen: — *interpretatio restrictiva.*

486. d) Ist, umgekehrt, das Gesetz zu eng, umfasst es nicht alle Fälle, Personen, Verhältnisse, welche auf demselben

Grunde ruhen, so kommt die ausdehnende Erklärung: — *interpretatio extensiva*, — zur Anwendung, welche alle gleichartigen Fälle darunter begreift: *„Ubi eadem ratio, ibi eadem legis dispositio!"*

487. Es bedarf wohl keiner weiteren Auseinandersetzung, um es ebenso begreiflich zu finden, dass durch solche Auslegungen nach Grund und Zweck das ganze Gemeine oder Kaiserrecht im Corpus iuris wiedergefunden, und das ganze Corpus juris zu Kaiser- oder Gemein-Recht werden konnte, als dass die Deutungen der einzelnen Gesetze so verschieden waren — nicht nur, wie die Länder und Zeiten d. h. ihr jedesmaliges Recht, sondern, wie die einzelnen Ausleger und ihre Ansichten, — wie eben dieser oder jener in dieser oder jener Lex, dies oder jenes practische Rechtsgesetz gesucht und durch restrictive oder extensive Interpretation — gefunden. Es gibt fasst kein irgend bedeutendes Gesetz, welches nicht wenigstens sechs verschiedene solche Auslegungen erfahren hätte *). Dadurch wurden die meisten Gesetze — streitig — controvers **), das Recht ungewiss. Dieser Zustand war höchst bedenklich und gefährlich, und er hätte ganz unerträglich und verderblich werden müssen, wenn nicht die redlichen und gelehrten Richter die ihrem Lande und ihrer Zeit entsprechende Auslegung herauszufinden und festzustellen gewusst. In der That haben die Gerichte stets und ständig diejenigen Autoren am höchsten gehalten und befolgt, welche ihren Landes- und Gerichtsgebrauch in das Gemeine Recht hineingearbeitet oder -gedeutet hatten und in Ermanglung solcher Landes-Autoren dem neuern vor dem älteren den Vorzug gegeben, wie dem jüngeren und dem besonderen Gesetz vor dem älteren und allgemeinen. Schon der berühmte Baldus sagte, er wolle in foro lieber die Glossa als das Corpus

---

*) Glück, ausführliche Erläuterung der Pandekten.

**) Einen Theil derselben hat D. Gothofredus in den Randnoten durch „Imo" bezeichnet, deren Ausgleichung von Struv: Gothofredi Immo Ffurti 1695. 4. versucht.

iuris auf seiner Seite haben. In gleicher Weise aber geht er, besonders wo auch Bartolus derselben Meinung ist*), der Glossa vor und dem Duaren und Doneau (Donelli Commentar. im Auszug v. Hilger) steht er eben so nach, wie diese in Frankreich dem Pothier, in Deutschland dem Thibaut etc., welche je besser und brauchbarer sie für ihre Lands- und Rechtsgenossen waren, desto weiter von einander abwichen. Es mochte daher kaum noch über irgend einen allgemeinen praktischen Rechtssatz eine communis Doctorum opinio, — welche nun für das wirklich allgemeine Kaiserrecht gelten soll, — stattfinden, und viele Richter, die selbst nicht wussten, was recht war, und für welche Meinung sie sich zu entscheiden hatten, fingen an die Stimmen der Autoren zu zählen und nach und mit der Mehrzahl zu entscheiden. Andere, gewissenhafte und selbst wohlunterrichtete Rechtsgelehrte gingen dagegen auf den Grund, prüften die von den Autoren für ihre Meinung und Entscheidung zweifelhafter Rechtssätze angeführten Gesetze und folgten zumeist denjenigen, welche diese am richtigsten und natürlichsten aufgefasst und erklärt hatten. So arbeiteten sie den jetzt s. g. Romanisten vor, welche durch unbefangenes und zusammenhangendes Studium der Justinianischen Rechtssammlung den echtrömischen Sinn der einzelnen Gesetze erkannt nnd ausgesprochen.

II. Philologisch und historisch richtige Auslegung

a) der Römischen Gesetze.

488 Die Romanisten gehen von demselben Grundsatze aus: dass das Corpus iuris civilis ganz, als Ganzes, als Gesetzbuch in Deutschland aufgenommen, — Gemeines Deutsches Civil-Recht ist; allein sie wollen eben deswegen, dass diese Römischen Gesetze römisch-richtig d. h. so verstanden und angewandt werden, wie der kaiserliche Gesetzgeber sie aus-

---

*) Bartolus et Baldus — Domini in iure civili.

gesprochen und gemeint habe. Wie er sie ausgesprochen und gemeint hat, ist aber nicht anders als bei anderen alterthümlichen Schriften zu erforschen und zu erkennen: aus dem Wortsinn nach damaligem Sprachgebrauch und aus dem Zusammenhang des ganzen Werkes. Denn Kaiser Justinian hat alle Widersprüche zwischen den vielfältigen Gesetzen seiner Sammlung mit grosser Sorgfalt zu beseitigen befohlen und hegt — nicht mit Unrecht — die stolze Zuversicht, dass man dergleichen, wenn man nur fein zu unterscheiden wisse, (si modo eleganter distinguatur), nirgends finden werde. Der Kaiser hat daher die Distinctionen, Definitionen und historischen Notizen der alten klassischen Juristen nicht umsonst in seine Rechtssammlung aufgenommen, sondern, damit sie den Richtern, wie den Lehrern und Schülern zur Richtschnur und zum Muster dienen sollen, — sie bilden einen wesentlichen Theil seines grossen Gesetzgebungswerkes, und gleichsam die Gesetze für die Auslegung scheinbar widerstreitender Gesetze: Wenn man sie treulich befolgt und die Gesetze mit Berücksichtigung ihrer Entstehungszeit und übrigen Geschichte, wie andere Schriften derselben Zeit sprachrichtig auslegt, — übersetzt etc., so bleiben allerdings von den unzähligen Antinomien der alten Civilisten nur eine oder zwei übrig. Ausserdem, dass sie sich und das Kaiserliche Gesetzbuch, also vollkommen rechtfertigen, empfehlen sie sich auch durch ihre allgemeine Wahrheit — zur Auslegung aller anderen Gesetzbücher.

Die Romanisten stellen folgende allgemeine Regeln auf.

489. A. Das Corpus iuris civilis, d. h. die Rechtssammlung Kaiser Justinian's I ist als Ganzes, als Gesetzbuch zu Gemeinem Deutschen Rechte aufgenommen.

Alle seine Gesetze gelten daher, für die bürgerlichen Rechtsverhältnisse und Geschäfte — Römischen Ursprungs Dagegen finden nicht nur alle nichtglossirten, sondern überhaupt alle solche Gesetze keine Anwendung in Deutschen Rechtsstreitigkeiten, welche sich auf die damaligen Staats- und andere eigenthümlich Römische Einrichtungen, Verhältnisse etc.

beziehen, auch nicht auf eigenthümlich Deutsche Rechtsverhältnisse und Geschäfte, welche dem Römischen Gesetzgeber fremd und unbekannt waren.

490. B. In diesen eigentlichen Civilrechtsstreitigkeiten aber kommt das Gesetzbuch in seiner ganzen ursprünglichen Bedeutung und Kraft zur Anwendung, wofern nicht eine allgemeine Veränderung oder besondere Abweichung im Landes-, Standes-, Orts- und Gerichtsgebrauch und Recht oder Privilegium nachgewiesen wird.

491. C. Bei der Erklärung etwa zweifelhafter Gesetzstellen gelten die allgemeinen historisch-philologischen und die besonderen juristischen Auslegungsregeln, deren erste und vornehmste ist; dass

492. a) Non ratio, sed promulgatio facit legem! oder: Rationes eorum, quae constituuntur, inquiri non oportet *). Das Gesetz gilt, weil der Gesetzgeber es befohlen, und was er befohlen, hat der Unterthan und Richter zu thun, weil der Gesetzgeber das Recht hat zu befehlen. Wenn der Sinn und Wille des Gesetzes klar ist, so kommt es auf Grund, Veranlassung, Recht und Zweckmässigkeit oder dergl. nicht weiter an: Lex dura, sed ita scripta est! Der Richter etc. hat die Gesetze auszuführen, d a n a c h zu urtheilen, nicht darüber.

493. b) Insofern aber die Worte des Gesetzes wirklich unklar sind, ist ihr eigentlicher Sinn und Gehalt in und nach dem Zusammenhang und Einklang mit den übrigen Gesetzen und dem ganzen Justinianischen Rechte, — aus dem System desselben näher zu bestimmen und zu erklären.

494. c) Zur richtigen Erkenntniss und Würdigung der Gesetze und des ganzen Gesetzbuchs und Rechts, ist die Kenntniss der Römischen Verhältnisse und Institutionen, Sitten und Gewohnheiten etc. — der gesammten, vorzüglich aber der Rechts-Geschichte erspriesslich und nothwendig. Sie kann auch zur Erklärung einzelner a u f f ä l l i g e r Gesetze dienen, indem sie deren Grund und Veranlassung in den Zeitumständen er-

*) Neratius in fr. 21. D. de legib. I. 3.

kennen lässt. Deren Veränderung kann jedoch an sich keine Befugniss zur Verwerfung, Beschränkung oder Ausdehnung des Gesetzes geben; wie solche denn auch von Kaiser Justinian und von neuern Gesetzgebern sogar bis auf die Analogie verboten ist.*)

495. Durch die gründlichen Forschungen unserer so historisch wie philologisch trefflich gebildeten Romanisten, welche durch die neuerliche Entdeckung der echten Institutiones des Gaius und anderer altklassischer Schriftstücke, wesentlich gefördert und bewährt worden, ist die Geschichte des Römischen Rechts schon so vollständig erkannt, dass sowohl der ursprüngliche Sinn der alten in den Pandekten zusammengestellten Juristischen Schriftstücke und der Kaiserlichen Constitutionen, als auch das System des Justinianischen Rechts und damit die Bedeutung feststeht, welche die einzelnen Bestimmungen seines Gesetzbuches haben. F. C. v. Savigny, Ritter Hugo, Niebuhr, F. Walter u. a. haben sich unsterbliche Verdienste um die richtige Erkenntniss des Römischen Rechts und seiner Geschichte erworben und viele fleissige und tüchtige Schüler gebildet, welche jetzt auf allen deutschen Hochschulen die civilistischen Lehrstühle einnehmen.

496 Wenn nun diese Auffassung und Erkenntniss des Römischen Rechts historisch und philologisch wohlbegründet ist, so muss jede Abweichung in der Auslegung und Auslegungsweise der alten Civilisten fehlerhaft, falsch und unstatthaft erscheinen, und es ist allerdings gewiss, dass die Rechtssätze und Meinungen, welche die Civilisten aus dem Corpus iuris hergeleitet, sowcit sie von den Romanistischen Erklärungen abweichen, in der Gesetzsammlung Kaiser Justinian's I. nicht begründet sind. Da nun kein gelehrter Kenner der Rö-

---

*) Zu dieser historisch und philologisch richtigen Auslegung gibt schon treffliche Anleitung Hermeneuticae juris libri II. Christ. Henr. Eckhard, eloq. et poes. prof. publ. ordinarius iuris — extraordin. Jena 1750. 8. Berühmter noch ist Sammet's Hermeneutik des Rechts. Leipzig 1801.

mischen Sprache, Geschichte und Gesetzgebung sich der Anerkennung der Richtigkeit der letzteren entziehen oder weigern kann, die Civilisten aber darin mit den Romanisten übereinkommen, dass das Justinianische Corpus iuris civilis unmittelbare Quelle des Gemeinen Deutschen Civilrechts sey, so ist ihre Auslegungsweise und deren eigenthümliches Ergebniss das s. g. heutige Römische Recht oder Gemeine Deutsche Civilrecht von der grössten Mehrzahl der Rechtsgelehrten aufgegeben, verworfen, beseitigt. Die letzten Civilisten, welche von der neuen Art nichts hielten noch wissen wollten, und keinen Schriftsteller anführten, der nicht vor hundert Jahren geschrieben, sind auf den Universitäten noch eher, als in den Gerichten ausgestorben. So haben denn die Romanisten das ganze Feld des heutigen Römischen- oder Civilrechtes gewonnen und besetzt.

497. Allein wie glänzend auch der Sieg ist, den sie über die Civilisten davon getragen, so sollen sie doch seine Früchte nicht so ganz geniessen, das Gemeine Deutsche Civilrecht nicht beherrschen. Zunächst erhoben sich Jünger derselben historischen Juristen-Schule, die wie jene dem Römischen sich dem Deutschen Privatrecht und seiner Geschichte zugewandt haben, gegen diese gänzliche Verwerfung des alten Gemeinen Deutschen Civilrechts und gegen seine Ersetzung durch das echtrömische Civilrecht.

b) Die Germanisten

498. können und wollen zwar nicht leugnen, dass die Form oder Methode der alten Civilisten schlecht und unrichtig gewesen; aber den Inhalt mögen sie nicht aufgeben, weil er wesentlich Deutsches Recht, aus Deutschen Quellen entsprungen und meist noch zu schöpfen ist.*) Der Fehler der Civi-

---

*) Nur ein **Beispiel**: Wenn sich mein Nachbar verrühmt, er habe an meinem Hause ein Pfandrecht oder gar Eigenthum, so brauche ich das, wenn es unwahr ist, nicht zu dulden, sondern das Gericht soll und muss mich in dem freien und vollen Genuss und Gebrauch

listen bestehe nicht sowohl in ihrer Methode als auch in ihrem Hauptgrundsatz und Vorurtheil, dass das ganze Corpus iuris civilis in complexu aufgenommen, als Gesetzbuch anzuwenden sey. Vielmehr hätten sie dieses durch jene Methode möglichst wieder gut und unschädlich gemacht, indem sie das Deutsche Recht, welches sie, wenn auch nicht aus den echten Quellen, so doch aus der Erfahrung gekannt und als recht gefühlt, in die alten Lateinischen Gesetze hineingelegt, weil sie meinten, das Gemeine- oder Kaiserrecht müsse in dem kaiserlichen Gesetzbuch stehen, und umgekehrt, was im kaiserlichen Gesetzbuch stehe, müsse Kaiser- oder Gemeines-Recht seyn. Dieses Vorurtheil, welchem auch die Romanisten huldigten, müsse als solches erkannt und verworfen werden, wenn man bedenke, wie das Römische Recht in Deutschland Eingang gefunden habe.

499. Nun ist es eine bekannte Thatsache, dass das Corpus iuris civilis nicht von der gesetzgebenden Gewalt des Kaisers und Reiches als Gesetzbuch verkündigt und geboten, sondern durch G e w o h n h e i t, w e i l und w i e es Gewohnheit war, in den Deutschen Landen und Gerichten Eingang gefunden und dann erst, nach anderthalb Jahrhunderten auch reichsgesetzlich für die Reichsgerichte als Entscheidungsquelle anerkannt oder bestätigt worden. Unter dem — spätern Ausdruck: „geschriebene Kaiserliche Recht" ist zwar das Corpus iuris

meines Eigenthums schützen. Die Civilisten leiteten nun aus der Lex: Diffamari (c. 5 Cod. de ingenuis manumiss. (7. 14)) das Recht des Eigenthümers her, den Andern ad agendum zu provociren d. h. ihn zu verklagen, dass er mich, den Eigenthümer wegen seines angeblichen Rechtes verklage und es beweise — oder verurtheilt werde, die Verrühmung künftig zu unterlassen, Schadenersatz, Sicherheit zu geben etc. Nun schliesst aber das Römische Recht die Provokation zur Klage geradezu aus: Invitus nemo agere vel accusare cogatur: (Rubr. Cod. III. Tit. 7 L. un) — was die Civilisten auch recht gut wussten, — und gibt eine negatoria actio, welche sie auch kannten, aber freilich auf Servitutes beschränkten. Wie kamen sie nun zu einer so unrichtigen Auslegung? Durch das geltende Deutsche Recht, welches diese Form allgemein gemacht hatte!

civilis zu verstehen, allein abgesehen davon, dass die ersten Beisitzer des R.-Kammer-Gerichts (nach d. R. K. G. O. 1495) *„nach des Reychs und gemainen Rechten"* zu urtheilen verpflichtet wurden, ward das ganze Römische Recht nur darum und insofern aufgenommen, weil und als es so verstanden oder gedeutet zu werden pflegte, dass das Gemeine oder Kaiserrecht darin enthalten war. Es gab aber damals und gibt noch heute vielleicht nicht ein halbes Dutzend römische Gesetze, welche in ihrem ursprünglichen, rein römischen oder griechisch römischen Sinne in Deutschland zur Anwendung kämen. Sie sind vielmehr alle mehr oder minder von den Deutschen Sitten und Gewohnheiten, welche sich jedoch zum grossen Theil auch in den Deutschen Rechtsquellen aufgezeichnet finden, verändert, — verdeutscht worden.

500. Die Romanisten mögen diese Verdeutschung und Veränderung ihrer Römischen Rechtsgesetze für eine Verschlechterung ansehen; ihre Berechtigung und die Rechtsgültigkeit derselben für das Gemeine Deutsche Civilrecht dürfen sie nicht in Abrede stellen. Selbst, wenn, wie manche meinen, das Corpus iuris als Gesetzbuch eingeführt wäre, müssten sie die Erklärung der Römischen Gesetze durch Deutsche Gewohnheit, Gelehrsamkeit und Gerichtsgebrauch als die beste, als schlechthin berechtigt anerkennen. Consuetudo optima legum interpres. (Fr. 37 D. de legib (1. 3.)

501. Denn in der That: die Gewohnheit, welche das gute wirklich geltende und daher in aller Herz und Sinn lebende Recht enthält, hat nicht sowohl die guten, wirklich geltenden Gesetze zu erklären; — sie sind klar, — als vielmehr die alten vergangenen oder vergehenden Gesetze ganz oder theilweise umzudeuten, zu verdrängen oder zu verbessern. Dies geschieht in der Wirklichkeit so, dass wenn das alte Recht und Gesetz durch wesentliche Veränderung der Verhältnisse, der Gesittung und Bildung des Volks in Abbrauch kommt, ohne durch ein neues Gesetz verbessert und ersetzt zu werden, es von den Rechtsverständigen, welche das Gesetz, weil es Gesetz ist, nicht beseitigen und es doch auch nicht befolgen dür-

fen, weil es nicht mehr recht — unrecht ist, — meist unbewusster Weise — umgedeutet wird, indem sie das wahre, wirkliche Recht in dem wirklich geltenden Gesetze suchen und finden, ihm einen andern Sinn, das neue Recht, unterlegen.

502. So ist es im alten Rom mit den XII. Tafel Gesetzen geschehen, soweit sie nicht ganz in Abbrauch und Abgang gekommen und das ganze alte jus civile ist so allmählig zur Aequitas umgewandelt, und eben so ist das Griechisch-Römische Gesetzbuch Kaiser Justinian's I. allmählig zu Deutschem Civilrecht geworden. Den alten Römischen Juristen kam freilich das Edictum Praetoris (adjuvandi, supplendi, corrigendi juris civilis gratia introductum *) bei dieser Um- und Fortbildung des Rechtes gar mächtig zu Hülfe; — allein die auctoritas prudentum wird von Papinian selbst neben den wirklichen Gesetzen — legibus — als Quelle des Civilrechts ausdrücklich aufgeführt. **) — Im heiligen Römischen Reich hat das Kanonische Recht und die weise päbstliche Gesetzgebung die Vermittlung des Römischen Rechts und Gesetzbuchs mit dem Germanischen, dem Deutschen Rechte begonnen, indem sie die Streitigkeiten der Rechtslehrer und Gerichte im Deutschen Sinn entschied; und die Klugheit der Autoren — der civilistischen Schriftsteller — hat sie und sich mit solchem Erfolge durchgeführt, dass die auctoritas prudentum wohl nirgends grösser und entscheidender gewesen ist, als im Gemeinen Deutschen Civilrecht. Sie verdanken aber ihr Ansehen und Gewicht nur ihrem Geschick — oder Ungeschick, das wahre, geltende Recht im Corpus iuris civilis zu suchen und zu finden.

503. Das Endergebniss ist also, dass uns die Civilisten den goldenen Apfel des Gemeinen Deutschen Civilrechts in der etwas verbogenen silbernen Schaale der Römischen Gesetze darbieten: dass das Gemeine Deutsche Civilrecht, seinem Grund und Wesen nach Deutsche Gewohnheit und Sitte, in das Corpus iuris civilis wohl oder übel hineingedeutet ist, weil man glaubte,

*) Fr. 7, §. 1. D. de Just. et Jure (I. 1).

**) Fr. 7, pr. eod.

dass das Gemeine- oder Kaiser-Recht in dem Kaiserlichen Gesetzbuch enthalten seyn müsse. *)

504. Nachdem man aber dieses Vorurtheil als irrig erkannt, nachdem die ungeheuere Verschiedenheit der echt Römischen oder Griechisch-Römischen Gesetze von dem Deutschen Rechte klar geworden, darf das Corpus iuris civilis — in seinen echten ursprünglichen Sinn — nicht mehr als Deutsches Gesetzbuch behandelt, sondern das Deutsche Recht muss überall zum Grunde gelegt und zunächst aus seinen Deutschen Quellen geschöpft werden. Dem Römischen Recht ist in keinem Falle mehr Raum und Einfluss zu gestatten, als es bei den alten Civilisten, in Schriften und Gerichten besessen und die einzelnen Lehr- und Rechtssätze, welche sie wirklich aus dem Römischen Rechte geschöpft, sind sorgfältig darauf anzusehen und zu prüfen, ob sie im Deutschen Volk und Rechte Wurzel gefasst, — Volksrecht geworden oder eben nur Römisch-gelehrte Meinung und Ansicht dieses oder jenes oder aller Gelehrten gewesen — blosses Juristen-Recht — sind. Dies letztere muss ausgemerzt und beseitigt werden, mag es nun unmittelbar durch Römisch-richtige Auslegung aus dem Römischen Gesetzbuch geschöpft oder daran geknüpft, daraus gefolgert seyn. **)

505. Was von Seiten der Romanisten bis jetzt dagegen vorgebracht worden, ***) ist nicht erheblich. †) Durch eine allgemeine Theorie des Gewohnheitsrechts oder die Entwicklung des alten Lehrsatzes, ††) dass die Gewohnheit nicht Grund und Ursprung, sondern nur ein Zeugniss und Beweis des Rechtes

*) Pütter: Lehre vom Eigenthum, S. 167, wo S. 153 ff. auch einige civilistische Rechtslehren angeführt sind.

**) G. Beseler: Volksrecht und Juristen-Recht 1843.

***) Puchta: Kritik des Volksrechts und Juristenrechts in Jahrb. für wissenschaftl. Kritik. 1844, Nr. 1—4.

†) Beseler: Nachtrag zu Volksrecht und Juristenrecht 1844.

††) I. H. Boehmer: Jus eccl. Prot. I, 4. §. 13: Observantia non recte dicitur jus ipsum, sed potius est testimonium de jure jam ante vel expresse vel tacite constituto.

ist, lässt sich nicht so unmittelbar darthun, dass die Romanisten mit ihrem echt-römischen Civilrecht berufen und befugt sind, die Oberstelle des Gemeinen Deutschen Civilrechts in unserer Rechtspflege einzunehmen, wenn sie gleich die alten Civilisten besiegt und aus ihrem Felde geschlagen. Sie müssten sich zu diesem Endzweck nicht sowohl als die Besieger, sondern als die rechten Erben der Civilisten erweisen und darstellen, — deren Lehre und Meinung allerdings das Gemeine Deutsche Civilrecht enthielt. Allein diese civilistischen Lehren und Meinungen der Neuern betrachten die Romanisten, weil sie sich auf falsche Auslegung der Römischen Gesetze gründen, als eitel Irrthum und Missverständniss und lassen sie, wie überhaupt nicht für Römisches Recht, so auch nicht für heutiges Römisches Recht gelten, sondern wollen statt dessen ganz andere, nämlich die echtrömischen Gesetze zur Anwendung gebracht wissen. Ihre Erben mögen sie also nicht seyn. Den Sieg über die Civilisten aber haben sie dadurch davon getragen, dass diese ihr Gemeines Deutsches Civilrecht, weil es seit vielen Jahren im Corpus iuris gesucht und daraus — freilich auf sonderbare Weise hergeleitet und begründet worden, für Römisches Recht und das ganze Corpus iuris für Kaiser- oder Gemeines-Recht anzusehen pflegten. Den Civilisten kann man das nicht zum Vorwurf machen, da sie das echtrömische Recht in seiner Reinheit nicht kannten, sondern das Corpus iuris civilis aus Gewohnheit nach der Gewohnheit zum Gewohnheitsrecht umdeuteten. Der historische Jurist aber kennt den Verlauf und weiss, dass das Römische Recht, nur weil und insofern es Gewohnheit geworden, von Reichswegen anerkannt, und dass es unseren Deutschen Vorfahren, wenn sie auch das Corpus iuris civilis im Ganzen als Gesetzbuch auf und annehmen, doch niemals eingefallen seyn würde, die Römischen Gesetze, wie wir sie jetzt richtig verstehen, für Gemeines Deutsches Recht zu halten oder gelten zu lassen.

506. Indess ist es auf der andern Seite doch nicht zu leugnen, dass das Römische Recht in vielen Lebens- und Geschäftsverhältnissen Eingang gefunden und das alte Deutsche

Recht ganz oder theilweise verdrängt hat, und es ist natürlich, dass die Gelehrten der verschiedenen Zeiten und Länder je länger desto weniger in den durch ihr verschiedenes Landesrecht und Rechtsbewusstseyn bedingten und bestimmten Auslegungen, dass sie endlich fast nur noch in solchen Lehrsätzen übereinstimmen mochten, welche rein und richtig aus den Gesetzen geschöpft waren, dass also die communis doctorum opinio, welche stets in hohem Ansehen stand und fast als das Gemeine Civilrecht selbst betrachtet ward, immer römischer werden musste. So erscheint denn der Uebergang zur richtigen Auslegung des ganzen Römischen Gesetzbuchs und die Anwendung der echtrömischen Gesetze auf die entsprechenden Rechtsverhältnisse und Geschäfte, nicht eigenthümlich Deutschen oder neueren Ursprungs, als ein natürlicher und nothwendiger Fortschritt des Rechts — mit der Wissenschaft.

507. Höchst scheinbar! Allein im Grunde ist das reine Römische Recht doch nie und nirgends so ganz und vollständig in das Gemeine Deutsche Recht oder in Gerichtsgebrauch und Leben irgend eines Deutschen Landes übergegangen, dass nur noch ein wissenschaftlicher Unterschied zwischen dem alten echten und dem s. g. heutigen Römischen Recht übrig geblieben und zu beseitigen gewesen wäre. Die Verschiedenheit ist vielmehr w e s e n t l i c h: der Sinn und Inhalt selbst scheinbar gleichlautender Rechtssätze ist verschieden im Zusammenhange des Römischen- und des Civilrechts. Ueber viele gleich anfangs zweifelhafte Römische Gesetze hat schon der kirchliche Gerichtsgebrauch oder die päbstliche Gesetzgebung entschieden, dass das eigentlich Deutsche Recht darin enthalten sey und gefunden werden solle. Andere und noch zahlreichere sind durch unwandelbaren Gerichtsgebrauch und allgemeines Missverständniss ganz oder zum Theil verdeutscht — zu Deutschem Recht umgedeutet; fast kein Rechtssatz ist ganz in rein Römischem Sinne in das Gemeine Deutsche Recht herübergekommen, und, wenn sich auch einzelne rein römische Gesetze darin finden sollten, so haben sie doch in der Ge-

sammtheit des Gemeinen Deutschen Rechts, welche sich im Rechtsgefühl der Civilisten, wenn auch ihnen unbewusst, zur Einheit gestaltete, eine andere Bedeutung und Bestimmung erhalten, als ihnen in ihrem eignen echtrömischen System beiwohnt.

508. Wiewohl sich aber hieraus zur Genüge ergibt, dass das s g. heutige Römische Recht nicht sowohl Römisches als Deutsches Civilrecht ist, so fordern die Germanisten*) doch offenbar zu viel, wenn sie das Römische Recht, welches in unseren Autoren und Gerichten als Gemeines Deutsches Recht anerkannt und angewandt wird, theils als Missbrauch und Verderbung guter deutscher Gewohnheit ganz beseitigt, theils aber dem deutschen Privatrecht, wie sie es aus den echtdeutschen Quellen schöpfen, unter- und eingeordnet .wissen wollen. Denn, wenn es keine oder wenige gemeinrechtlich Deutschen Lehr- oder Rechtsätze gibt, die unmittelbar aus dem Römischen Gesetze geschöpft wären, so findet sich noch viel weniger ein rein Deutsches Gesetz aus irgend einer altdeutschen Rechtsquelle in gemeinrechtlicher Geltung.

509. Die gemeinrechtlichen Deutschen Gesetze und Gewohnheiten haben durch ihre innige Verbindung mit den Römischen Rechtslehren in den s. g. Pandekten-Vorlesungen, in den civilistischen Schriften und Gerichten nicht nur eine römische Form und Färbung erhalten, indem sie zumeist im Corpus iuris civilis gesucht und gefunden wurden, sondern sie sind auch wesentlich, in ihrem Sinn und Gehalt verändert.

Das Gemeine Deutsche Civilrecht kann also ebensowenig unmittelbar aus den echtdeutschen Rechtsquellen geschöpft werden, als aus dem echtrömischen Gesetzbuche, welches doch das alte Herkommen für sich hat — freilich in und mit der herkömmlichen Deutung: — weil das Gemeine Deutsche Civilrecht weder rein Deutsches noch rein Römisches, sondern sowohl Gemeines Deutsches Civil- als auch heutiges Römisches Recht d. h. eine Mengung und Mischung von beiden

*) Welche ihre Stimmen jüngst in Zeitschriften etc. erhoben haben.

mit dem späteren und gegenwärtigen Rechte — ein eigenthümliches Ganzes ist.*)

III. Historisch-dogmatische Rechtsfindung und Begründung.

510. Fragen wir nun: wie uud aus welchen Quellen ist denn das Gemeine Deutsche Civilrecht zu schöpfen? so gibt die Praxis, welche beim praktischen Rechte billig zuerst und zumeist gehört und beachtet wird, eine scheinbar zweideutige Antwort. Sie führte zuerst die Reichs-, dann die Römischen und Kanonischen Gesetze nebst der communis doctorum opinio an, dann die Rechtssprüche der Reichsgerichte und der Juristen-Facultäten und endlich den eignen Landesgerichtsgebrauch nebst den neusten Autoren. Sie scheint damit die Rang- und Folgeordnung zu bestimmen, wie die gemeinrechtlichen Quellen befragt und gebraucht werden müssen. In der That aber ist sie umgekehrt.

511. Die Gerichte entscheiden oder entschieden eigentlich stets nach Anleitung ihres eignen und des Landes-Obergerichtsgebrauchs und des jüngsten ihn rechtfertigenden Autors, der denn auch die anderen höheren oder älteren Quellen geprüft, und, entweder als beistimmend zum Erweise seiner Meinung mit aufgeführt oder als unerheblich, veraltet oder auf Missverständniss der Gesetze beruhend, beseitigt zu haben pflegte.

512. Erst in Ermangelung solcher nächster frischester Quelle ging man auf die allgemeineren zurück, deutete sie aber

---

*) J. St. Pütter: N. V. jur. Encyclopädie und Methodol. XI, § 157, nennt dies „das heutige Teutsche Privatrecht, wie es mit Recht das heutige gemeine Recht genannt wird, heutiges Tages der Regel nach in ganz Teutschland gilt, es sey nun ursprünglich in einheimisch Teutschen oder angenommenen fremden Rechten gegründet; wie dann in dieser Absicht das heutige gemeine Teutsche Privatrecht nicht anders, als auf solche Art vermischt und zusammengesetzt, betrachtet werden kann.

entweder, wenn man das geltende Recht selbst kannte, nach diesem, indem man die dafür sprechenden Autoren zusammenbrachte; oder man entschied sich für die Meinung der Mehrzahl, wenn nicht communis doctorum opinis nachzuweisen war. Dies Verfahren zumal das Stimmenzählen ist oft und mit Recht als geistlos getadelt worden. Allein, wenn die alten Civilisten sich desselben auch nicht bewusst waren, so ermangelte ihre Weise doch nicht des guten Grundes. Es ist nämlich daran zu erinnern, dass, wie oben mehrfach angedeutet, die Autoren jeder Zeit und jedes Landes ihr verständiges oder unmittelbares Rechtsbewusstseyn und damit das geltende Recht, wodurch jenes bestimmt ward, in den alten Gesetzen und anderen Rechtsquellen zu suchen und zu finden pflegten und, dass daher die jüngsten und die einheimischen Autoren in der Regel das wirklich geltende Recht fast ebenso enthielten, wie der Gerichtsgebrauch, mit welchem die wirklich angesehenen Schriftsteller in steter lebendiger Wechselwirkung standen.

513. Demnach wäre das Gemeine Deutsche Civilrecht zunächst aus dem Gerichtsgebrauch und den jüngsten angesehenen Autoren, dann nach deren Anleitung aus den Reichsgesetzen, dem Corpus iuris canonici und Corpus iuris civilis zu schöpfen, denn die Civilisten wissen das Civilrecht; — nur oft nicht, woher es kommt.

514. Der wissenschaftlich gebildete, gewissenhafte Richter mag sich dabei freilich nicht beruhigen, er darf den Gerichtsgebrauch und das Juristenrecht nicht wie Gesetze, welche ihre Kraft und Gültigkeit aus der Form und der verfassungsmässigen Willenserklärung der höchsten und Staatsgewalt schöpfen, zur Anwendung bringen; er muss den rechtlichen Grund und Bestand der rechtsgelehrten oder -gebräuchlichen Regeln nnd Sätze erforscht und erkannt haben, — wissen, dass sie vernünftig- und wirklich- (positiv) recht: wahres Recht sind.

515. Da ist es denn freilich nicht schwer, aber auch nicht genügend, zu sehen und zu zeigen, dass die civilistischen Meinungen und Rechtssätze in dem Corpus iuris civilis meistentheils nicht begründet sind und ihnen die richtige Ausle-

gung entgegenzuhalten. Sondern es kommt darauf an, den wahren und eigentlichen Grund zu entdecken, wodurch die Civilisten, Autoren und Richter — ohne es zu ahnden — vermittelst ihres sehr bestimmten, aber über sich selbst unklaren Rechtsgefühls — Takts vermocht wurden, solche dem Römischen Wortsinn widersprechende Rechtssätze aufzustellen. Denn, dass sie die Römischen Gesetze nicht aus blossem Unverstand oder Unkenntniss der Sprache missverstanden und missdeutet, sollte man von so gelehrten Leuten, welche selbst meist ein ganz gutes Latein geschrieben, billig nicht vermuthen. Es kann auch nicht genügen, die Uebereinstimmung des Autors oder des Gerichtsgebrauchs mit dem Römischen Gesetze aufzuweisen, denn diese kann recht wohl eine blosse Folge des allgemeinen Vorurtheils seyn, als ob das Corpus iuris civilis durch die Reichsgesetze als dies Gesetzbuch Kaiser Justinian's I. im Röm. Sinn und Geist zum Reichsgesetzbuch gemacht worden sey.

516. Der eigentliche Bestand und Grund der Gemeinen Deutschen Civilrechtssätze kann nur die Gewohnheit, die Sitte und das Bewusstseyn des Deutschen Volks von der Nothwendigkeit des allgemeinen Gesetzes seyn, welches sich in derselben bethätigt. Ihre Auffindung und Feststellung würde in jedem gegebenen Falle sehr schwierig, oft ganz unmöglich seyn, wenn man den einzelnen Rechtssätzen nachspüren sollte. Denn die Entstehung der einzelnen Gewohnheiten und Rechtsregeln oder Gesetze ist wie das ganze Recht und seine Entfaltung durch Wohnsitze und Geschichte, die bestehenden Verhältnisse und Umstände, Gesittung und Bildung des Volks bedingt und bestimmt. Wenn es aber auch gelänge Grund und Ursprung eines einzelnen Rechtssatzes in landkundiger Gewohnheit oder in den alten Rechtsbüchern zu entdecken, so wäre doch der eigentliche Gehalt und Umfang desselben nicht ohne dieselbe genauste Kenntniss aller übrigen Rechtsregeln, Gesetze zu ermessen, denn dieser wird wesentlich durch den natürlichen Zusammenhang aller Gesetze eines Rechtes, das System, — ars —, die einiche Gesammtheit jedes

Rechtsganzen — mit bestimmt: derselbe Satz hat in verschiedenen Rechtssystemen oft gar sehr verschiedenen Sinn und Werth.

517. Allein selbst diese geschichtliche Erforschung und Ergründung genügt noch nicht. Sondern, wenn er auf Grund und Ursprung zurückgegangen und den Rechtssatz durch alle Zeiten und ihre Rechtssysteme bis auf unsere Tage herabgeführt hat, so muss sich der gewissenhafte Richter auch noch, — und das ist das wichtigste und schwierigste, — überzeugen und beweisen, dass und in wiefern dieses Gewohnheitsrecht oder Gesetz in seinem ursprünglichen oder allmählig veränderten Sinn, noch heute, für unsere gegenwärtige Lage und Verhältnisse, Gesittung und Bildung — in unserem Rechte statthaft, brauchbar und gültig ist. Er muss also 1) darthun, dass der ursprüngliche Grund ganz oder theilweise fortbestehe; dass die Sitte dieselbe und von demselben allgemeinen Bewusstseyn rechtlicher Nothwendigkeit getragen sey, und 2) den Umfang derselben aus dem System des gegenwärtigen Gemeinen Deutschen Civilrechts bestimmen.

518. Das System des gegenwärtigen Rechts ist aber vernunftnothwendige Gliederung des lebendigen Rechtsganzen, wodurch die Gesammtheit aller Gesetze nicht nur in vernünftigen Einklang mit sich selber gebracht, sondern auch vernünftig begründet, aus der Vernunft als nothwendige Bestimmung des freien Willens des deutschen Volkes erkannt wird, indem aus dem als vernunftnothwendig anerkannten obersten Grundsatz alle übrigen Rechtssätze in vernunftnothwendiger Schlussfolgerung hergeleitet werden.

Dazu bedarf es einer ebenso gründlichen denkwissenschaftlichen oder philosophischen Durchbildung, wie zu jenem der vollständigsten geschichtlichen und statistischen Kenntniss.

Allein wer bei jedem einzelnen Rechtsfall die betreffenden Rechtssätze oder Gesetze des Gemeinen Deutschen Civilrechts auf diese Weise suchen, begründen und bestimmen wollte, der würde, und wenn er auch noch so gebildet und gelehrt wäre, doch selten oder niemals zur Anwendung derselben, zum Urtheilen kommen.

519. Wenn daher einerseits diese Anforderungen genauester Prüfung, Erforschung und Feststellung aller gemeinrechtlichen Gesetze etc. durch das eigenthümliche Wesen des Gemeinen Deutschen Civilrechts durchaus gerechtfertigt, schlechthin unerlässlich erscheinen, anderer Seits aber der gewissenhafteste und fleissigste Richter nicht im Stande ist, sie alle und jedesmal zu erfüllen, so ergibt sich daraus mit Nothwendigkeit, dass man sich diese gründliche, gelehrte und wissenschaftliche Erkenntniss des Gemeinen Deutschen Civilrechts und des Gemeinen Deutschen Rechts überhaupt vorher, ehe man als Richter, Sachwalter etc. zur Anwendung schreitet, — durch rechtswissenschaftliches Studium erwerben müsse. Es kommt also sehr viel auf die richtige Anweisung zu demselben, die juristische Methodologie an, welche daher — im IV. Abschnitte — möglichst klar und vollständig gegeben werden muss.

520. Freilich wird sich die ganz besondere und ausserordentliche Schwierigkeit der wissenschaftlichen Erkenntniss des Gemeinen Deutschen Civilrechts auch bei der besten Methode unter den gegenwärtigen Umständen von dem Einzelnen kaum überwinden lassen, weil die Vorarbeiten dazu noch lange nicht soweit gediehen sind als im Strafrecht u. a.; allein sie ist so unendlich wichtig und nothwendig, dass alle Kräfte dazu aufgeboten werden müssen.

Denn seitdem die echtrömische Erkenntniss der Justinianischen Gesetze sich immer mehr verbreitet und geltend gemacht hat, so dass die jüngeren Räthe in unseren Gerichten dieselben nach ihrem römisch-richtigen Verständniss zur Anwendung zu bringen immer geneigter erscheinen und je länger je mehr das Uebergewicht über die älteren altcivilistischen Mitglieder gewinnen, ist zwar auch manch echtdeutscher Rechtssatz — aus dem Gemeinen Deutschen Privatrecht — herbeigezogen und mit und neben den Römischen Gesetzen zur Anwendung gebracht worden; allein, da dies altrömische Gesetz und der altdeutsche Rechtssatz zusammen und verbunden an sich noch nicht das Gemeine Deutsche Civilrecht sind, sondern dies erst dadurch ergeben, dass sie von der Gewohnheit und dem Gerichtsgebrauch völlig verschmolzen, — ein drittes — geworden, so sichert nur das sie enhaltende unwandelbare Rechtsgefühl unserer alten Gerichtshöfe gegen zufällige und willkürliche Entscheidungen, und die Gleichheit der civilrechtlichen Entwicklung und Rechtspflege bleibt in Zweifel und Frage gestellt, bis jene grosse rechtswissenschaftliche Bearbeitung des Gemeinen Deutschen Civilrechts vollendet ist.

521. In der engsten Verbindung damit steht die Erfüllung eines grossen und allgemeinen Wunsches und Verlangens des ganzen Deutschen Volkes, dass in allen Staaten und Gebieten des Deutschen Bundes Ein allgemeines Gesetzbuch des bürgerlichen und des Strafrechts eingeführt werden möchte, welches nicht wieder wie das alte Gemeine Deutsche Civil- und Criminalrecht erst nach den Stadt- und Landesrechten, sondern überall zuerst und gleich zur Anwendung käme.

Der wackere Thibaut, einer der tüchtigsten Civilisten und schon damals berühmt, hatte **1814** bereits dies Bedürfniss als gross und dringend, das Verlangen als wohlberechtigt, seine Erfüllung als nothwendig und segensreich geschildert. Viele stimmten ihm bei und machten Vorschläge dazu.

522. Dagegen trat der berühmteste Romanist v. Savigny mit der niederschlagenden Auseinandersetzung auf, dass unsere Zeit keinen Beruf zur Gesetzgebung habe, dass die bisherigen Gesetzgebungen und die Vorschläge zur Gemeinen Deutschen Gesetzgebung auf ganz falschen Ansichten beruhen, als ob das Recht durch das Gesetz gemacht werden könnte oder sollte, während es doch gefunden werden müsse, was für uns ganz besondere, für jetzt unüberwindliche Schwierigkeiten habe; — weil die Theorie und die Praxis noch lange nicht in Einklang seyen etc.

So lange dieser Grund fortdauert, bevor nicht das wirklich geltende Gemeine Deutsche Civil- und Criminalrecht geschichtlich und wissenschaftlich ermittelt, geläutert und festgestellt ist, möchte es misslich seyn, an die Schöpfung eines allgemeinen Gesetzbuchs zu gehen, welche doch zunächst und zumeist in der Aufzeichnung des wirklich geltenden Deutschen Rechts und in der Ausgleichung der widersprechenden Landes u. a. Rechte und Gewohnheiten bestehen müsste.

523. Was sonst gegen die Codification eingewandt wird, ist theils unerheblich und irrthümlich, theils äusserlieh.

Irrthümlich scheint es uns, wenn man meint, die Aufzeichnung der geltenden Gesetze würde die wissenschaftliche Thätigkeit ausschliessen uud die rechtswissenschaftliche Bildung verkommen lassen. Denn die wissenschaftliche Thätigkeit besteht ja nicht sowohl in der rechtsgeschichtlichen Erforschung der alten Gesetzbücher, Gewohnheiten, Gebräuche, als auch und wesentlich in der vernünftigen Erkenntniss des Rechtes als eines vernünftigen und nothwendigen: wahren. Und wer diese Erkenntniss und die wissenschaftliche Bildung besitzt, welche sie gewährt, wird sicherlich nicht in die alte Rohheit verfallen, die Gesetze mechanisch — wie ein Richtscheid — anzuwenden. Wohl aber wird er die sonst auf die Gesetzfindung verwendete Zeit und Mühe gewinnen und desto gründlicher über die Rechtsfälle nachdenken und viel mehr aburtheilen können. Der Vorwurf der Unwissenschaftlichkeit, welcher den neueren französischen Juristen, seit Einführung des Code öfters gemacht worden, ist nur insoweit gerecht, als die Wissenschaft im deutschen Sinn des Worts überhaupt den Franzosen nicht eigen ist. Die Advokaten, sonst nicht der geachteste Stand, geniessen in Frankreich und mit Recht des besten Rufes und Ansehens, als ebenso geschickte wie gewissenhafte Vertreter des Rechts, und in neuerer Zeit haben sie auch historisch gründliche und gelehrte Werke geliefert, welche freilich allesammt auf die Praxis hin- und ausgehen.

524. Den Gegensatz zu der französischen Lage und Weise bildet das Englische Recht, welches bekanntlich in

einigen siebzig Bänden alter Rechtssprüche (Praejudicate) und in vielen hundert Gesetzen enthalten ist; aber bei weitem keine solche wissenschaftliche Thätigkeit hervorgerufen, keine so tüchtige Bearbeitung erfahren hat, als das Französische Gesetzbuch.

Frankreich freut und rühmt sich seines Code civil und criminel — de procedure, de commerce, — rural wie seiner Charte als Schutz und Hort seiner Freiheit, ohne der Klagen jener römischgelehrten Richter in den pays de droit écrit auch nur noch zu gedenken. Freilich waren auch in diesen Provinzen grosse wesentliche Veränderungen in den Rechtsverhältnissen eingetreten, welche eine allgemeine gleiche Gesetzgebung für alle 84 Departements bedeutend erleichterte, aber die Civilisten hielten diese gleichwohl für ein Missgeschick und Unglück, für unrecht und verderblich, weil die coutumes und das droit écrit so sehr verschieden wären, nicht vereinigt noch ausgeglichen werden könnten.

525. In Deutschland, wo überdies die Bildung viel allgemeiner ist, die meisten Bürger wenigstens lesen und schreiben können und sich gern über das Recht und ihre Rechte unterrichten möchten, hängen die Völker und Landschaften viel weniger an ihren alten Gewohnheiten etc. als früher, wo die Kreise enger und geschlossener waren. Sie geben sie gern für ein gutes allgemeines Gesetz auf, welches sie selbst lesen und verstehen können.

526. Ein grösseres Hinderniss, welches wir oben ein äusserliches genannt, scheint sich in dem höchsten Gesetzgebungsrecht, der 38, acht und dreissig Deutschen Staatsgewalten aufzuthürmen, indem man fürchtet, dieselben möchten nicht geneigt seyn, ein allgemeines Gesetzbuch nach gemeinschaftlicher Berathung und Beschliessung abfassen und gelten zu lassen bis es nach gemeinschaftlicher Berathung und Beschliessung abgeändert würde, weil darin — ein theilweiser Verzicht auf jenes höchste Souveränitäts-Recht enthalten wäre.

527. Allein abgesehen davon, dass die Gesetzgebung nur in wenigen Deutschen Ländern dem Souverän allein zu-

steht und hier am mühsamsten, mit der sorgfältigsten Berücksichtigung aller Rechte, Ordnungen etc. nach dem Rathe der Rechtsverständigen geübt wird, also mehr eine schwere Last und Pflicht als eine Lust und Willkür ist, haben die Deutschen Fürsten der allgemeinen Sicherheit des Deutschen Vaterlands schon grössere Opfer gebracht als dies für die Wohlfahrt desselben so dringend erforderliche und allgemein geforderte.

Sie werden sich desselben gewiss nicht weigern, wenn das allgemeine Gesetzbuch nur erst entworfen werden kann — von der vollendeten Wissenschaft des Gemeinen Deutschen Rechts. Mögen doch die Landstände schon jetzt keine neue Gesetze über Maass und Gewicht, über Mein und Dein berathen und beschliessen ohne zu wissen, ob und wie die Nachbarstaaten über diese Gegenstände bestimmen werden, — wollen also auf Gemeinsamkeit hoffen und warten.

528. Zunächst wird für den Zollverein ein allgemeines Handelsrecht gefordert und am ehsten gewährt werden können, weil die Bedürfnisse und Verhältnisse ziemlich dieselben und gleichen und die Landesgesetzgebungen und Rechte nicht sehr verschieden sind, der Handelsstand aber überall so gebildet ist, dass er die Kenntniss der neuen allgemeinen Gesetze leicht erwerben und gebrauchen kann. Eine eigene, schnelle und wohlfeile Rechtspflege sucht man sich schon durch vertragsmässige „Handelsgerichte“ zu verschaffen, und diese werden nicht wenig dazu beitragen, das gesammte Deutsche Handelsrecht fortzubilden — zum allgemeinen Deutschen Rechte.

529. Wenn es aber auch noch nicht sobald — oder gar nicht zu einer allgemeinen Deutschen bürgerlichen Gesetzgebung kommen sollte, so ist das Gemeine Deutsche Civilrecht doch immer das Gesetz in den Deutschen Ländern, welche noch keine eigenen Gesetzbücher haben, und diese letzteren beruhen überall so wesentlich auf dem Gemeinen Deutschen Rechte, dass sie ohne genauste Kenntniss desselben kaum richtig verstanden werden können. Der Unterschied der Landesgesetzgebungen von dem Gemeinen Deutschen Rechte ist

nur zum geringsten Theile örtlich, ländlich oder volklich, — selbst das alte Sachsenrecht ist ja im Gemeinen Deutschen Civilrecht unter- oder aufgegangen, — grösstentheils zufällig, durch eben herrschende Ansichten und Meinungen bestimmt. Für den Kern und die Masse des Preussischen, Oestreichischen etc. Rechts bildet das Gemeine Deutsche Civilrecht und seine Geschichte die nothwendige geschichtliche und wissenschaftliche Voraussetzung und Grundlage.

Vierter Abschnitt.

Von der Rechtswissenschaft und Methodologie.

Einleitung.

530. Wenn man die ungeheueren Massen der Gesetze, Einrichtungen, Regeln etc. des Gemeinen Deutschen Rechts und die der geschichtlichen und anderen Hülfskenntnisse überblickt, welche zu deren Verständniss nothwendig sind, so mag es schier unmöglich scheinen, dieselben — in der kurzen Zeit von drei oder vier Jahren so zu erlernen, dass man sie richtig anzuwenden, danach zu urtheilen und zu richten vermag. Und in der That! wenn Jemand alle diese Kenntnisse mit dem blossen Gedächtniss fassen und so stück- oder haufenweis mit und neben einander behalten wollte, der möchte schwerlich zu Ende, zur vollen Erkenntniss des ganzen Rechts und nimmer zum Ziele, zur Anwendung seiner Kenntnisse im Gericht etc. gelangen. Denn diese todte Masse des Gelernten erdrückt den Geist und raubt ihm die Kraft zu der freien Thätigkeit des eignen Denkens und Urtheilens. Von solchen, die es versucht haben die Gesetze etc. auswendig zu lernen, und zu behalten, sind einige wahnsinnig geworden, andere gestorben, die übrigen aber haben, wenn sie die Prüfungen überstanden, den gelehrten Wust und Plunder, — welchen sie Theorie nennen, alsbald bei Seite geworfen und das Recht-

sprechen, Advociren etc. praktisch d. h. durch Uebung und Gebrauch gelernt, wie ein — Handwerk.

Nun lässt sich zwar nicht leugnen, dass Uebung auch im Rechtsprechen etc. wie in jeder Kunst erst die volle Meisterschaft geben kann, allein das Rechtsprechen und Regieren hat wie die Heilkunst und die Kriegskunst eine Fülle geistiger Bildung und Kraft zur Voraussetzung, ohne welche auch die längste Erfahrung (Empirie) nimmermehr zur Erkenntniss und zur rechten Bethätigung gelangen kann *).

531. Wer diese Bildung nicht erwerben und nicht alle seine Kraft daran setzen und aufwenden will, sondern die juristische Laufbahn nur einschlagen möchte, um bald „zu einer anständigen Versorgung" zu kommen, steht in einem grossen gefährlichen Irrthum, der ihm das Lebensglück, welches er wünscht und sucht, wenn nicht gänzlich zu vernichten, so doch wenigstens zu beeinträchtigen droht. Von allen Gewerben, welche so mühsam erlernt werden müssen, ist vielleicht keins minder einträglich und bequem, als die Juristerei **). Denn als Advokat muss man dem Publikum allezeit zu Diensten, aufmerksam und fleissig sein, um sein tägliches Brot zu verdienen, und als Rath wird man meist reichlich mit Arbeit bedacht, welche gut und schnell gemacht werden muss, während das Gehalt oft so gering ist, dass die bis dahin verbrauchten Summen auf Leibrenten angelegt, mehr eintragen würden.

Denn, abgesehen von den Kosten, welche der Aufenthalt auf Gymnasien und Universitäten gemacht, muss man sich in den meisten Ländern, auch nachdem man alle Prüfungen bestanden, viele Jahre aus eignen Mitteln erhalten. In Preussen namentlich „haben die sämmtlichen Königlichen Landes-Justiz-Kollegien bei den Anmeldungen zur ersten Prüfung den Nachweis hinreichender Subsistenzmittel zu verlangen" ***). Und

---

*) Wer da hat, dem wird gegeben!

**) Dat Galenus opes, Justinianus honores etc.

***) Min. Rescr. 19. Oct. 1831 u. 5. Dec. 1839: — auf 10 Jahre.

nun gar, wenn man das Unglück hat, in der Prüfung nicht zu bestehn, was einem leicht geschehen kann, der nur das Nöthige, d. h. was in den Prüfungen gefragt zu werden pflegt, gelernt hat. Die alte Zuflucht, sich dann um ein untergeordnetes (subalternes) Aemtchen zu bewerben, ist jetzt meisten Orts verschlossen, indem diese Stellen, wozu es gelehrter Bildung nicht bedarf, eines Theils solchen, die sich die nöthige Routine, indem sie von unten auf — eine Zeitlang umsonst gedient, ordentlich erworben, theils, namentlich in Preussen, wohlgedienten Unterofficieren verliehen zu werden pflegen.

Ein solcher, der nur nach einer guten Versorgung strebt, thut also wohl, irgend ein anderes Gewerbe zu wählen und sich nicht in das Heiligthum des Rechts und der Gerechtigkeit *) einzudrängen.

532. Den echten, Deutschen Jünger der Wissenschaft dagegen, der für die Idee, für Wissenschaft, Recht und Freiheit glüht, **) kümmern alle diese Schwierigkeiten, Hemm- und Hindernisse nicht. Sie sind für ihn auch gar nicht vorhanden. Er wandelt fröhlich durch die ewig schönen Auen der Kunst und Wissenschaft, durchstreift die Thäler, ersteigt die Berge, durchforscht die Klüfte und erreicht, indem er dem Ewigen nachstrebt, das irdische Ziel eh' er's glaubt. Denn in der Fülle der Wissenschaft, welche er sich im leichten Fortschritt zu eigen gemacht, sind die Kenntnisse, nach welchen in der Prüfung etwa gefragt wird, reichlich enthalten, und einzelne Mängel werden durch die Gesammtbildung des Geistes, welche eigentlich und wesentlich zum Staats- und Justizdienst erfordert wird, ersetzt und gedeckt; da das Einzelne leicht eingeholt und gemerkt werden kann, wenn man des Ganzen und Allgemeinen mächtig ist.

533. Wenn man sich aber auch mit heiligem Ernst und treuster Liebe dem Recht und der Wahrheit weihen, zu ihrer

---

*) Odi profanum vulgus et arceo!

**) Lord Byrons Schwur: Ich bin für die Griechische Sache begeistert, wie ein Deutscher Student.

Erkenntniss alle Kräfte aufbieten möchte*), so führt doch nicht jeder Weg zu diesem hohen Ziel. Gar mancher tüchtige Jüngling ist auf Irrwege gerathen und in der unordentlichen Masse seines Wissens verkümmert und verkommen **).

Es gibt nur Einen Weg, der geradezu und sicher zur Rechtswissenschaft, wie überhaupt zur Erkenntniss der Wahrheit hinführt: der wissenschaftliche.

534. Dieser sichere und nächste Weg zur Wahrheit ist im Eingang dieser Schrift nachgewiesen und stets verfolgt worden: Hier muss nun dargethan werden, wie er beschaffen ist und dass er der rechte Weg ist.

Es ist oben (6) gesagt worden, dass die Wahrheit in der Uebereinstimmung oder Einheit der allgemeinen Möglichkeit des vernünftigen Denkens und Gedankens mit der vernünftigen Wirklichkeit des Dinges bestehe.

535. Von den beiden zu vergleichenden Stücken ist das zweite: die vernünftige Wirklichkeit des Dinges, namentlich des Rechtes und eines Landesrechts im Allgemeinen unschwer darin zu erkennen, dass die wirkliche Vernunft eines Volkes das Recht und Gesetz als sittliche Macht und Gewalt anerkennt, gelten, über sich herrschen lässt. Die sicherste Quelle, woraus die Kenntniss und Erkenntniss geschöpft werden mag, ist die Geschichte und insbesondere die Weltrechtsgeschichte, welche den Geist in seinen wechselnden, immer höheren und edleren Gestalten erscheinen lässt.

536. Aber, um sie zu begreifen, als nothwendig, recht und wahr zu erkennen, dazu bedarf es des vernünftigen Denkens.

Nun sind zwar alle gesunden Menschen von Natur vernünftig und denkend. Allein, welch' ein grosser Unterschied ist zwischen dem Denken und den Gedanken des Kindes oder

---

*) Auch zur Rechtswissenschaft gibt es keinen königlichen Weg, der ohne eigne Muh und Thätigkeit zum Ziele führte.

**) Manche studiren sich stumpf und dumm. Das Volkssprichwort sagt von ihnen: Je gelehrter, desto verkehrter!

des Wilden und des gebildeten Mannes?! In der Weltrechtsgeschichte haben wir die Stufen gesehen, worauf die Menschheit vermittelst des Staats und Rechts von dem unmittelbaren Bewusstseyn und unbewussten Denken, zum verständigen und endlich zum vernünftigen Selbstbewusstseyn emporgestiegen ist.

Dieses selbstbewusste Denken, welches sich selbst erkennt und weiss, nicht nur dass es denkt, sondern auch wie es denkt und warum es gerade so und nicht anders denkt, nennen wir vorzügsweise das vernünftige oder auch das wissenschaftliche Denken.

537. Das dritte ist dann die Uebereinstimmung oder Einheit beider: der allgemeinen Möglichkeit des vernünftigen Denkens und Gedankens und der vernünftigen Wirklichkeit. Sie stellt sich in der wissenschaftlichen Gliederung und Einheit des vernünftig-wirklichen Stoffes, des Inhaltes, im System dar. Denn, wenn aus einem unzweifelhaft vernünftigen Begriff und Grundgedanken als Obersatz die wirklich geltenden und bestehenden oder vernünftig-wirklichen Dinge d. i. gegenständlichen Gedanken hergeleitet werden können, d. h. vernünftig folgen, so ist in dieser innigen Vereinigung des vernünftigen Gedankens und Denkens mit der vernünftigen Wirklichkeit ihre Einheit und damit die Nothwendigkeit und Wahrheit des Wirklichen und Gedachten erwiesen.

538. Inzwischen scheint die ohnehin schon übergrosse Masse des zu Erlernenden durch das Hinzukommen der Denkwissenschaft und ihrer Anwendung auf das Recht noch um ein Bedeutendes vermehrt und erschwert, was um so bedenklicher erscheint, je schwieriger die Philosophie ist. Allein, wenn sich die Vermehrung auch nicht in Abrede stellen lässt, so ist die Erschwerung doch nur scheinbar.

Denn die philosophische Bildung des Denkens wie die genaue Kenntniss der allgemeinen und Rechtsgeschichte wird zunächst nicht bei dem Anfänger, sondern bei dem Lehrer vorausgesetzt. Er soll vermittelst derselben die Natur und das Wesen des Rechts gründlich erkennen lehren und den Schüler mit sicherer Hand in die Wissenschaft einführen.

Dieser wird aber um so leichter verstehen, begreifen und behalten, je wissenschaftlicher der Unterricht ist; denn das Vernünftige wird von der Vernunft am liebsten und schnellsten vernommen: von und zu ihr aufgenommen, so dass sie dadurch wächst und erstarkt, und je länger je mehr ihrer selbst und des Gegenstandes machtig wird, durch eignes Denken und Nachdenken die Wissenschaft sich aneignet.

Um dies klar zu machen, reden wir

I. von der Wissenschaft,

II. von der Rechtswissenschaft,

III. von der wissenschaftlichen Rechtslehre und Erlernung — Methodologie.

Erstes Hauptstück.

Von der Wissenschaft.

Begriff und Wesen.

539. Die Wissenschaft ist das vernünftige selbstbewusste Wissen oder das Wissen des Wissens und Denkens als vernünftigen — nothwendigen, wahren. Sie beruht wesentlich auf der Erkenntniss der Vernunft und der allgemeinen Gesetze ihrer Thätigkeit, welche das Ergebniss langer Beobachtung und Erfahrung ist.

540. Da nun demnach das wissenschaftliche Denken in der treuen Befolgung der als allgemein und nothwendig erkannten Gesetze des denkenden Geistes besteht, so unterscheidet es sich von dem natürlich-vernünftigen Denken nur durch das ihm beiwohnende Selbstbewusstseyn, welches diesem mangelt. Dagegen fehlt es auch der natürlichen Vernunft nicht an einem zwar oft dunkeln aber sicheren unmittelbaren Bewusstseyn der Verwandtschaft alles Vernünftigen mit ihr, — wofern dasselbe nur in einer ihr ein- oder zugänglichen, verständlichen Form erscheint. Eingänglich, begreiflich ist ihr

aber nur das, was nicht über ihrer Bildungsstufe liegt, denn ihre irdische Natur bringt es mit sich, dass sie allmählig und stetig nach dem allgemeinen Gesetze fortschreiten, wachsen, sich bilden muss.

Es ist natürlich, dass die Vernunft auf den niederen Stufen, wo sie noch der Natur und Natürlichkeit hingegeben ist, als s. g. gesunder Menschenverstand, mannichfachen Selbsttäuschungen, Missverständnissen und Irrthümern unterliegt. Wie das natürliche Herz durch das Christenthum zum vernünftigen sittlichen Wollen, so muss auch die natürliche Vernunft, der gesunde Menschenverstand aus dem Geiste durch die Wissenschaft wiedergeboren werden zum vernünftigen, wissenschaftlichen Denken. Wenn sie sich aber erst zu dieser höchsten Stufe des reinen Denkens emporgeschwungen, ist sie der Wahrheit ihres Denkens und Wissens in rein geistiger Weise sich bewusst und froh.

Diese Wissenschaft wird bekanntlich auch Philosophie genannt; nicht unpassend, weil sie Liebe der Weisheit, durch das Wissen selbst vermittelte Einheit des Wissens mit sich selber ist*).

Die Geschichte der Wissenschaft

541. ist, wie die Darstellung der Philosophie nicht dieses Orts. Wir erinnern nur daran, dass die ersten Versuche und Anfänge derselben dem edlen hellenischen Volke angehören und dass sie, wie schon Aristoteles bemerkt, durch den Zweifel hervorgerufen wurden, welcher aus dem Widerspruch des sittlichen Rechtsgefühls wider den unvernünftigen Volksglauben oder Aberglauben an unsittliche Götter entsprungen war, (vgl. 175 ff.) dass aber „der göttliche Plato und sein grösserer Schüler Aristoteles die Denkkunst und Wissenschaft schon zu einer bewunderungswürdigen Tiefe und Klarheit entwickelt und ausgebildet haben.

---

*) Ursprünglich: bei Pythagoras bezeichnete das Wort allerdings mehr die Liebe zur Weisheit, das eifrige Streben darnach.

Aristoteles hat es schon erkannt und ausgesprochen. dass die Wissenschaft des Wahren im Denken des Denkens besteht.

Diejenigen, welche nach ihm kamen, die s. g Dogmatiker haben sich zwar auch dem Denken geweiht, aber nicht um die Wahrheit zu finden, sondern um in dem allgemeinen Verderben bei dem Einsturz der sittlichen Welt des alterthümlichen Freistaats — sich die Unerschütterlichkeit zu bewahren. Gleichwohl haben sich diese Stoiker, Epikuräer und Skeptiker nicht bloss um die Naturkunde und andere Wissenschaften ebenso grosse und grössere Verdienste erworben, als die Peripatetiker, welche an den Aristotelischen Lehren festhielten, sondern auch die Philosophie selbst gefördert, indem sie sich und sie ganz in die Innerlickeit des Denkens versetzten und wie der irdischen Wirklichkeit die Wahrheit, so auch der verständigen Denkkunst, wie sie sie übten, die Fähigkeit ihrer Erkenntniss aberkannten.

542. Zu seiner höchsten Vertiefung und zur Wahrheit gelangte das Denken des Denkens in Christo Jesu und im Christenthum; freilich nicht in der Form der Philosophie, aber als Leben und Liebe der Gläubigen zu Gott und untereinander: als wahrhafte Wirklichkeit in der Gemeinde des Herrn.

Daher ist das Christenthum und zunächst das christliche Gemüth der unerschöpfliche Born der Weisheit und Wissenschaft.

543. Aber zugleich mit den christlichen Weisen und zum Theil noch früher haben die Griechisch-Römischen Philosophen in Alexandria das reine Denken des Denkens nach Anleitung der Platonischen und Aristotelischen Schriften weiter verfolgt und das ewige Gesetz des Geistes in seiner selbstbewussten, selbstgenugsamen Thätigkeit und Selbsterkenntniss so wohl aufgefunden und ausgesprochen, dass sie der christlichen Lehre der heiligen Dreieinigkeit sehr nahe gekommen und daher lange für christliche Philosophen gehalten worden sind *).

*) Die Werke dieser Neu-Platoniker, Neu-Aestoteliker, Neu-Pytha-

544. In Folge der Stürme der **Völkerwanderung** ging die Wissenschaft mit der übrigen Bildung zu Grunde.

545. Allerdings begann im **Mittelalter**, nachdem die Kirche die Herrschaft und Obmacht über die Lebenreiche und ihre ungetreuen Herren und Vasallen gewonnen und nothdürftige Ordnung hergestellt hatte, auch das Nachdenken wieder: allein es ist — bei den s. g. **Scholastikern** auch wesentlich nur ein **Nachdenken** — des Vorgedachten: nicht das vernünftige Denken des Denkens, sondern verständiges Erkennen der Gedanken, — welche in der christlichen oder Kirchenlehre im Aristoteles und im Römischen Rechte enthalten und — ihnen feststehende unantastbare Wahrheiten sind.

Ungeachtet dessen verdienen die Scholastiker den schlechten Ruf nicht, in welchem sie bei denjenigen stehen, die nur von dem Scholastischen Esel gehört haben, der in der Mitte zwischen zwei gleich nahen Heubündeln steht und — stehen bleibt. Sie waren gebildete, im Denken und Reden gar wohl geübte Gelehrte, welche, was sie nicht selbst geleistet, den nachfolgenden Denkern, — namentlich den Mystikern möglich gemacht und vorbereitet.

546. Die **Mystiker** denken in den Scholastischen Formen neben und ausser der kirchlichen Dogmatik über Gott und Menschen nach und suchen — nicht sowohl die Erkenntniss beider und ihres Verhältnisses zu einander als auch die Vereinigung der Seele mit Gott.

Ihre Wirkung auf die Christenheit in Leben und Lehre ist gross und herrlich gewesen. Sie haben die Glaubens- und Kirchenverbesserung heraufgeführt.

547. Die Zeit des s. g. **Wiederauflebens der Wissenschaften** ist der Wissenschaft, der eigentlichen Philosophie, nicht günstig gewesen. Man hatte am Studium der alten Klas-

---

goräer sind leider wenig bekannt und geachtet, weil sie ihre trefflichen neuen Gedanken und Lehren nicht nur in Plato etc. wiederfinden, sondern auch die Götterlehre damit in Einklang bringen wollten.

siker volle Genüge. Doch macht die Wiederfindung und Kenntniss der echten Schriften Plato's allerdings Epoche in der Geschichte; weil man sein Ansehen und seine Ansichten der theilweis missverstandenen, immerhin unvollständigen Lehre des Aristoteles, dessen echte Werke ebenfalls aufgefunden und übersetzt, aber wenig gelesen wurden, entgegensetzte und sie verdrängte. Man liess sich meistens an der Ciceronischen Popularphilosophie genügen, welche freilich leichter zu verstehen und zu erlernen war. Sie mochten die strenge Aristotel. Methode nicht ersetzen, daher konnte das an sich geistlose und scholastische Buch des Petrus Ramus, welches die Zweitheilung und die quatuor causae: efficiens, formalis, materialis, finalis aufstellte, bei den Gelehrten und Schriftstellern so grossen und langen Beifall finden.

548. Als der Anfänger und Begründer der neueren Philosophie wird gewöhnlich der berühmte und berüchtigte Lordkanzler von England Graf Baco von Verulam betrachtet. Er war ein sehr gelehrter, sehr erfahrener und kluger Mann (1561 † 1626), und hat die Erfahrungs-Philosophie aufgebracht. Allein mit demselben und besserem Rechte könnte Jacob Böhm, der 1575 geboren von 1600 — 1624 als Schuhmachermeister in Görlitz gelebt, dieser Ruhm beigelegt werden, wenn er nicht so sehr aller Bildung ermangelt hätte, dass er seine grossen und tiefen Gedanken anders, als in völlig barbarischer Weise und Formlosigkeit hätte aussprechen können. Indess führt er den Ehrennamen Philosophus teutonicus nicht mit Unrecht, da er in ganzer Fülle und Kraft empfunden und zu sagen versucht hat, was in dem christlichen deutschen Gemüthe lebt und glüht.

549. Der Wiederbeginn der eigentlichen Wissenschaft des Denkens fällt in die grosse und schwere Zeit des allgemeinen Ringens und Kämpfens der christlichen Völker, zunächst der Evangelischen um Glaubens- und Gewissensfreiheit, aber auch der Katholischen um die Freiheit des besonderen Rechts und Willens des Volkes oder vielmehr seines Fürsten im Staat, um die Souveränität.

René Descartes (Cartesius), der zuerst wieder vom Denken ausging, es zum Princip machte: Cogito, ergo sum! dachte und schrieb noch während des dreissigjährigen Kriegs, worin er als französischer Officier für die Protestanten mitgefochten.

550. Spinoza in Holland (1632 von jüdischen Eltern geboren † 1677) und Malebranche (1638 † 1715) in Frankreich haben den ausgedehntesten geistvollsten Gebrauch von dem freien Denken gemacht und die Philosophie des Cartesius jeder in seiner Weise ausgebildet und vollendet.

551. Zu ihnen gesellt sich würdig unser grosser Leibnitz (1646 † 1716) und die Engländer Newton (1642 † 1727) und J. Locke, der bedeutendste Gegner des Descartes, insbesondere der „angebornen Ideen." Seine Gedanken und Denkweise haben die grösste und allgemeinste Anerkennung und Verbreitung gefunden.

552. Ausser diesen Heroen nennen wir Thom. Hobbes (1588 † 1679), als Erfinder jenes vermeintlichen (thierischen) Naturzustandes vor Gründung des Staats, dessen Schrecken, weil er ein Krieg Aller gegen Alle ist, die Menschen getrieben die Staatsgesellschaft einzugehen. —

Hugo Grotius (1583 † 1645) den Schöpfer und Begründer der Natur- und der Völkerrechtswissenschaft, und den ersten Professor des Natur- und Völkerrechts in Heidelberg (1661), spätern churf. brand. Geheimen Rath und Historiographen.

Sam. (von) Pufendorf (1632 † 1694). Er gründete den Staat auf den Trieb zur Geselligkeit, wodurch die Menschen vermocht worden den Naturzustand aufzugeben und die Gewissenspflichten zu Zwangspflichten zu machen, indem sie das pactum unionis, — ordinationis und — subjectionis geschlossen.

553. Christian (Frhrr von) Wolf, Professor der Mathematik in Halle, hat das Verdienst die Leibnitzsche Philosophie mundrecht gemacht und ein vollständiges System des Naturrechts: Jus naturae, methodo scientifica pertractatum — in 8 Quartbänden — aufgestellt zu haben. Seine mathematische

Methode und seine Lehrsätze haben wie in der Popularphilosophie so auch bei den Juristen Eingang und allgemeinste Anwendung gefunden.

554. Imanuel Kant warf die wichtige Frage auf, ob durch das Denken das Wesen der Dinge: „das Ding an sich" erkannt werden könne? nnd verneinte sie. Mit seiner: Kritik der reinen Vernunft beginnt eine neue Zeit. Denn, da seine Beweise für die populäre Philosophie und den gemeinen Menschenverstand unwiderstehlich und unwiderleglich waren, die Vernunft aber sich doch nicht dabei beruhigen konnte, dass sie Nichts über die sinnliche Wahrnehmung hinausgehendes — Transcendentes, — also auch von sich selbst Nichts zu erkennen vermöge, so begann das Denken seine Arbeit und den Kampf um die Erkenntniss der Wahrheit aufs neue von vorn. Kant selbst legte den Grund dazu in seiner praktischen Philosophie mit dem kategorischen Imperativ — des Rechts- und Pflichtgefühl's. Seine Metaphysik des Rechts hat schöne Gedanken, kann jedoch nicht für ein Natur- oder Vernunftrecht gelten.

555. Sein grösster Jünger und Gegner, J. Glob Fichte, suchte dem Selbstbewusstseyn die sittliche und natürliche Welt wiederzugewinnen, — ihre vernünftige Erkenntniss zu vermitteln. Er schrieb auch eine „Grundlage des Naturrechts nach den Principien der Wissenschaftslehre" *), seines Hauptwerks. —

556. Es ist dies überhaupt die Zeit der Naturrechte, welche, wenn sie auch nicht die Wissenschaft besonders förderten — dazu mangelte es ihren meist jungen Verfassern zu sehr entweder an Rechtskenntniss oder an philosophischer Durchbildung, — so doch zur allgemeinen Verbreitung der Ueberzeugung beitrugen, dass das Recht vernünftig begriffen werden könne und müsse, und dass nur das Vernünftige als Recht gelten dürfe.

Das beste Naturrecht aus der Kantischen Schule möchte

*) Jena 1796. Hübner besorgte einen Auszug 1802.

das von dem Geheimen Justiz-Rath Prof. Th. Schmalz: „Die Wissenschaft des natürlichen Rechts", zuletzt Leipzig 1831, herausgegeben von Jarke — seyn.

557. Einen weiteren, wesentlichen Fortschritt verdankt die Wissenschaft dem jungen Fr. W. Jos. Schelling, der die Einheit des Seyns und Denkens zum Grunde legte, aber im Endlichen ebenso wenig als im Unendlichen die Wahrheit fand, sondern in der Einheit Beider, die als Prozess als lebendige Bewegung gefasst wird, welche unzertrennbar nur in Gott ist, während das Endliche die Trennbarkeit vom Unendlichen an sich hat, nur in einer beschränkten Sphäre Wahres an sich hat.

Das Naturrecht, welches A. Hummel als ersten speculativen Theil der Einleitung in das gesammte Recht in seiner „Encyclopädie des gesammten positiven Rechts" (Giessen 1804 — 13) aus diesem Standpunkt der Wissenschaft dargestellt hat, scheint noch weniger Beifall und Anerkennung gefunden zu haben, als der Verfasser selbst nur erwartete.

558. Die neuste, Hegelsche Philosophie hat unter den Zeitgenossen bekanntlich noch grösseren Widerspruch, Anstoss und Aergerniss erregt, als die Kantische, Wolfische, Spinozische, und sich gleichwohl noch schnellere und breitere Bahn gebrochen, allgemeineren Eingang gefunden als jene, dem sittlichen, religiösen und rechtlichen Gemeingefühl oft hart widerstrebenden. Denn ihre Form ist untadelig: die Gesetze des Denkens, welche sie aufstellt, unbestreitbar die echten und wahren, und ihr Inhalt, Zweck und Gegenstand ist die Erkenntniss der Wahrheit, Gottes und der Welt, wie sie in Christo und in der vernünftigen Wirklickeit der Geschichte und der Gegenwart, offenbart und mächtig ist *). Dazu kommt noch, dass sie sich auch historisch so wohl begründet: als

*) Wenn Hegel uber den Inhalt der Philosophie von Laien befragt ward oder vor Anfängern einleitend davon sprach, pflegte er zu sagen: der eigentliche Inhalt der Philosophie sey kurz und bündig in Lutheri kleinem Katechismus ausgesprochen.

nothwendiges Ergebniss der ganzen Geschichte des Geistes und des vernünftigen Denkens und Nachdenkens insbesondere erweist.

„G. W. F. Hegel's Grundlinien der Philosophie des Rechts" (1820, 2. Ausg. 1833 v. Gans) mögen in einzelnen Punkten bestritten werden können, im Allgemeinen ist das Werk vortrefflich, der feste Grund und Schlussstein Deutscher Rechtswissenschaft. Denn sie erfasst den Urgrund des Rechts in der wollenden Vernunft oder in dem vernünftigen Willen, welcher ebenso nothwendig als auch frei ist, weil er sich durch das vernünftige Denken nach nothwendigen Gesetzen — selbst bestimmt, und die vernünftig wirklichen oder geltenden Rechtsgesetze erkennt: sie als nothwendige Bestimmungen des vernünftigen Willens eines freien Volks aus und zu sich selbst — zu seiner sittlichen Freiheit im Staate begreift.

Die vernunftgesetzliche Ordnung oder Gliederung der Rechtsgesetze zur einichen Gesammtheit oder Gesammteinheit: das System, ergibt sich dabei ebenso sehr als die eigne Natur und Entfaltung des Rechts, wie als natürliche Folge der Herleitung der Rechtsgesetze aus dem vernünftigen Begriff.

Zweites Hauptstück.

Von der Rechtswissenschaft.

Begriff und Wesen.

559. Die Rechtswissenschaft oder die Wissenschaft des Rechts ist die vernünftige Erkenntniss des wirklichen Rechtes in seiner Nothwendigkeit und Wahrheit: — als des vernünftigen Willens in den gegenseitigen Verhältnissen der Menschen.

560. Zur Erkenntniss der Rechtswissenschaft gehört aber 1) die Einsicht der allgemeinen Möglichkeit des Rechtes im vernünftigen Denken und Gedanken.

Diese gewahrt die allgemeine Wissenschaft, — besonders in dem s. g. Naturrecht oder Vernunftrecht oder der Rechtsphilosophie, indem sie die Gesetze des gegenseitigen Verhaltens und Verhältnisses der Menschen aus der vernünftigen Menschennatur: aus der praktischen, werkthätigen, wollenden Vernunft oder dem vernünftigen Willen, wie er sich selbst bestimmt, setzt, will und weiss, in vernunftnothwendiger Folge herleitet. *)

561. 2) Das Andere ist die Rechtsgelahrtheit oder Rechtsgelehrsamkeit, — die Kenntniss des wirklichen Rechts. Da eine gründliche Erkenntniss selbst des eben jetzt geltenden Landesrechtes ohne Erforschung und Kenntniss seiner Entstehung, Entwicklung und Gestaltung nicht wohl möglich ist, so rechnet man die Rechtsgeschichte jetzt ziemlich allgemein mit zur Rechtsgelahrtheit, während man sonst die Kenntniss der geltenden Gesetze darunter verstand, wie sie eben gelten oder angewendet werden.

562. 3) Die Rechtswissenschaft ist die Vereinigung oder Einheit der Beiden, die vernünftige Erkenntniss des Rechts, als eines wahren, als des vernünftigen Willens eines freien Volks in seinen gegenseitigen Verhältnissen.

Das Naturrecht kann nur die allgemeinsten Rechtsgesetze

---

*) Durch den Namen Naturrecht haben sich Manche verleiten lassen, die Gesetze für die menschliche Gesellschaft aus der natürlichen d. i. nichtvernünftigen Natur herzuleiten, welche sie den Menschen in einem vermeintlichen Naturzustande halbthierischer, halbteuflischer Wildheit beigelegt, indem sie von allem vernünftigen Denken, worin das eigentliche und eigenthümliche Wesen des Menschen besteht, — möglichst abstrahirten und nur die bösen Begierden, Triebe und Leidenschaften übrig liessen.

Andere sind von dem natürlichen, unmittelbaren Bewusstseyn des gemeinen gewöhnlichen Menschen oder von dem eignen Rechtsgefühl als der lautersten Quelle ausgegangen und nach der zufälligen Verschiedenheit des Rechtes, worin sie gelebt und wodurch sie meist unbewusster Weise bestimmt worden, zu gar mancherlei verschiedenen Naturrechten und Gesetzen gekommen, welche nie und nirgends gelten konnten.

aufstellen, welche jedoch in ihrer abstrakten, unbestimmten Allgemeinheit keine Anwendung auf die wirklichen Verhältnisse der Menschen und Völker finden, weil diese besondere, durch die verschiedenen Natur- und Lebensverhältnisse, Schicksale und Thaten der Völker verschieden, oft sehr eigenthümlich gestaltet sind.

Die Rechtsgelehrsamkeit hat diese eigenthümlichen Rechtsgesetze kennen gelernt. Allein sie weiss nur, dass sie so lauten und sind und etwa, wie sie entstanden und verändert sind, aber nicht, dass oder ob und warum sie so, wie sie sind, seyn und werden müssen.

Erst in der Rechtswissenschaft erhält die Rechtsphilosophie den rechten Inhalt und die Rechtsgelahrtheit die rechte Form und das wahrhafte Selbstbewusstseyn ihrer Nothwendigkeit. Denn sie erforscht und erkennt die Entstehung wie des Rechts so auch jedes Rechts aus dem vernünftigen Willen eines jeden freien Volkes und den nothwendigen Fortschritt der Rechte wie der Völker und der Menschheit in und mit der fortschreitenden Vernunftbildung. Sie kann und muss daher jedem Volke und seinem Rechte volle Gerechtigkeit und die Anerkennung widerfahren lassen, dass sein Recht, soweit es wirklich gegolten, sein freier Wille, vernünftig und gut, seiner Vernunftbildung und Gesittung angemessen, ihm damals wahres Recht gewesen.

Die Geschichte der Rechtswissenschaft.

563. Die Rechtswissenschaft ist noch neuerer Entstehung als die allgemeine und Denkwissenschaft. Denn, obgleich das Recht und Rechtsgefühl in seinem Widerstreit gegen den unsittlichen Aberglauben den Zweifel, und dieser die Philosophie hervorruft, so wendet sich doch das vernünftige Nachdenken zunächst nicht auf das Recht, sondern auf Grund und Ursach der Weltordnung und auf sich selbst oder vielmehr auf das Wort und den Gedanken. Erst dann, wenn der vernünftige, allgemeine Wille in seiner Macht und Herrlichkeit hervorgetreten und von der Willkür verdrängt worden, wendet sich

die Philosophie auch auf den Staat, seine Verfassung, seine Gesetze und Einrichtungen.

564. Wie tief und klar die grossen Hellenischen Denker besonders Plato und Aristoteles Natur und Wesen des Freistaats erfasst und dargestellt haben, ist oben (187) gezeigt worden. Sie haben die Staatskunst zur Staatswissenschaft erhoben.

565. Da indess die Staats- oder doch die Staatsrechtswissenschaft bei uns nur ein Theil der Wissenschaft des Rechts ist, der wegen des bisherigen Mangels an staatlichem Leben gegen das Privatrecht entschieden zurücktrat so mochte man die grossen Meister derselben, weil sie dieses ebenso wenig und noch weniger kennen und anerkennen als der Hellenische Staat, gar nicht für Rechtsgelehrte gelten lassen, sondern hat diesen Namen erst den Römischen Jureconsultis beigelegt, welche auch und vornehmlich die gegenseitigen Verhältnisse der Menschen und Bürger als Privatpersonen nach ihrem Römischen Recht und Sinn gar trefflich erörtert haben.

566. Ob aber diese Rechtskundigen, Rechtsverständigen — Juris periti, Juris prudentes, Juris consulti — mit jenen Griechischen Staatsweisen oder Philosophen gleichgestellt werden dürfen, ob ihre Juris prudentia wirkliche Rechtswissenschaft — Sapientia — gewesen, möchte bei aller Achtung vor ihrer Gelehrsamkeit und ihrem Scharfsinn und Fleiss und vor den Ergebnissen ihrer Arbeit — der feinsten Ausbildung des Privatrechts, woran wir uns noch jetzt erfreuen und erbauen, billig bezweifelt werden können.

567. Sie wussten oder fühlten wohl, dass das Recht trotz der Mannichfaltigkeit seiner Bestimmungen, Ordnungen, Gesetze ein einiches, in allen seinen Theilen mit sich selbst übereinstimmendes, gegliedertes Ganze, eine einiche Gesammtheit, ein System: Ars ist. Schon Celsus sagte: Jus est ars boni et aequi,*) und Cicero hielt es für gut und nicht schwer

*) Ulpian in Fr. 1. pr. D. de Just. et Jure I. 1 sagt mit Recht: Celsus eleganter definit. Man darf aber freilich nicht übersetzen:

das bürgerliche Recht in ein System in artem zu bringen. *) Allein, obgleich er wusste, dass ohne gründliche Kenntniss und Einsicht in das Wesen der Dinge und ohne Einigung aller Theile es nicht möglich sey, **) und wiewohl er philosophische Bildung und einen ganz guten Begriff vom Recht hatte: ***) dass es in der Natur der Dinge — Verhältnisse liege, ihr Begriff sey, so ist doch weder von ihm noch von den grossen Römischen Rechtsgelehrten ein wirkliches System oder eine Wissenschaft des Römischen Rechts uns überkommen. †)

568. Ein System der Wissenschaft haben freilich auch Plato und Aristoteles nicht gegeben. Allein, wenn man das auch nicht verlangt, so lässt sich doch wenigstens eine richtige Eintheilung erwarten. Nun theilte aber Sabinus das Recht in Verlassenschaften, Forderungen und Judicia ab: Julian nach den Partes Edicti und der feinste und klarste Denker unter den klassischen Juristen Domitius Ulpianus, einst Praefectus Praetorio d. i. oberster Richter und Grosskanzler des Römischen Weltreichs sagt in seinem Lehrbuch des Rechts — Institutiones††) nachdem er das Recht als ars boni et aequi

„Das Recht ist die Kunst des Guten und Billigen." Sondern Ars ist System (s. Note **) und aequum heisst recht.

*) Cicero de oratore I, 17. Gell. Noct. Att. I, 22.

**) Cicero de orat. I, 20. Artem vero negabat esse ullam, nisi quae cognitis penitusque perspectis et in unum spectantibus et nunquam fallentibus rebus contineretur. cfr. Cic. Brut. c. 41.

***) Cic. de legg. II, 4. Jus oder wie er nach dem Griechischen νομος sagt: Lex est ratio a rerum natura profecta.

†) Cicero Brut. 41, schreibt seinem Freunde Serv. Sulpicius Rufus vor allen Rechtskundigen Wissenschaft zu: artem in hoc uno, quod nunquam effecisset ipsius iuris scientia, nisi eam praeterea didicisset artem, quae doceret rem universam tribuere in partes, latentem explicare definiendo, obscuram explanare interpretando, ambigua primum videre, deinde distinguere, postremo habere regulam, qua vera et falsa iudicarentur et quae quibus positis consequentia, quaeque non essent consequentia. Hic attulit hanc artem — quasi lucem ad ea, quae confuse ab aliis aut respondebantur aut agebantur. etc. Seine Schriften sind uns nicht erhalten.

††) Fr. 1. D. de Just. et Jure I, 1.

und als die wahre, nicht vorgebliche Weltweisheit — veram philosophiam, non simulatam — gepriesen, das Recht habe zwei Theile: öffentliches und Sonder-Recht: — publicum, quod ad statum rei Romanae spectat; privatum, quod ad singulorum utilitatem. Jenes bestehe in den Opfern, Priestern und Obrigkeiten: publicum ius in sacris, in sacerdotibus, in magistratibus consistit; als wenn die Bürger und die Volksversammlung gar kein Staatsrecht hätten, dieser nicht von Rechtswegen die höchste Gesetzgebende und Staatsgewalt gebührte, und als ob ein jus gentium nicht vorhanden wäre: Freilich überwog damals die Bureaukratie schon, allein in einem Lehrbuch gilt Recht und Gesetz. Dann heisst es weiter: das Privatrecht sey dreitheilig tripartitum: collectum enim est ex naturalibus praeceptis aut gentium aut civilibus; also nach dem zufälligen, geschichtlichen Ursprung, statt nach der Natur und Gliederung des Rechts.

569. Diese natürliche Gliederung, welche die Römische Sprache so bestimmt und klar ausdrückt, indem sie das Caput: gesammte Recht des Bürgers: als Privatperson in connubium und commercium: Familien- und Vermögens-Recht oder genauer — Rechtsfähigkeit abtheilt, finden wir auch in der beliebten gewöhnlichen Eintheilung bei Gajus (Institutiones)*) nicht: Omne jus, quo utimur, vel ad personas pertinet vel ad res vel ad actiones. — Freilich bezieht sich alles Recht auf die Personen oder auf die Dinge oder Rechte oder auf die Klagen d. h. den Prozess. Allein in das Privatrecht gehört nächst der Lehre von der Privatrechtsfähigkeit caput — persona standi in judicio — und der Rechtsunfähigkeit der Sklaven —**) nur das Familienrecht: die Lehre von den gegenseitigen Verhältnissen der Verwandten zu einander, also was das connubium umfasst oder gewährt. Aber auch alle übrigen Rechte beziehen sich auf die Personen, sind Beziehungen oder gegenseitige Verhältnisse derselben in Beziehung auf die irdischen Dinge:

---

*) Gaj. Inst. I, 28 und Fr. 1. D. de statu hom. I, 5.

**) Nullum caput habuit servus, § 47, I. de capite minutis I, 16.

Sachen und Schuldforderungen. *) Der Prozess aber, wodurch die Person zu ihren Rechten kommt, gehört mehr dem öffentlichen als dem privaten Rechte an. Auch die übrige Anordnung ist nicht viel besser. Die wichtigsten Begriffsbestimmungen, welche oft nur Beschreibungen nach der äusseren Vorstellung sind, werden gelegentlich, (ad vocem) bei der ersten Erwähnung des Worts gegeben und da, wo sie hingehören, öfters vermisst.

In ihren Handbüchern (Digesta) folgten sie gewöhnlich der Ordnung des Praetorischen Edicts und knüpften die naheliegenden und verwandten Stücke, hier und da an, wie es sich eben schickte; **) — gewiss sehr zweckmässig aber nicht wissenschaftlich!

570. Wenn man von der wissenschaftlichen Form und Eintheilung absieht, so ist die Römische Jurisprudenz bewunderungswürdig.

Die Römischen Rechtsgelehrten verbinden mit der genauesten Kenntniss der Lebens- und Rechtsverhältnisse einen fast unfehlbaren Takt für das Rechte und einen Scharfsinn, wie er nur nach gründlicher, wissenschaftlicher Vorbildung durch tiefes Nachdenken und lange Uebung in den Geschäften gewonnen werden mag. Keiner von Allen scheint bloss Lehrer oder Schriftsteller gewesen zu seyn, die meisten haben sich als Sachwalter und Richter ausgebildet und bewährt, und die drei grössten: Papinian, Ulpian und Paulus in den höchsten Staatsämtern gestanden: einer nach dem andern die Rechtspflege und gesammte Staatsverwaltung als Praefectus Praetorio geleitet. Sie haben das Römische Recht der Vollendung entgegengeführt, worin es als die beste und reifste Frucht des Römischen Geistes noch heute bewundert wird.

571. Nach ihrer Zeit trat aber auch in Folge der Prä-

---

*) Hermogenian in fr. 2. D. de statu hom. I, 5 cum igitur hominum causa omne jus constitutum sit . . .

**) . . . primo de personarum statu ac post de caeteris, ordinem Edicti perpetui secuti et his proximos atque conjunctos titulos, ut res patitur, dicemus. Idem ibid.

torianer-Herrschaft ein fast plötzlicher Verfall der Jurisprudenz ein. Die Richter hielten sich in Ermanglung eigner Rechtskenntniss und Einsicht an die Aussprüche der älteren (s. g. klassischen) Juristen zwischen Hadrian und Alexander Sever, die ihnen eben bekannt waren oder von den Parteien vorgelegt wurden. Denn alle die oft verschiedenen bisweilen einander widersprechenden Meinungen derselben und ihre Gründe zu kennen, — geschweige zu prüfen, — war schon wegen der grossen Menge der Schriften fast unmöglich. Am meisten richtete man sich nach denjenigen der eben (570) genannten grossen Juristen.

Es war daher eine Wohlthat für die Rechtspflege, dass Valentinian III. in dem s. g. Citir-Gesetz (Cod. Theod. I. 4) bestimmte, dass nur die Werke von Papinian, Ulpian, Paulus, Gaius und Modestin im Gerichte angeführt und mit den von ihnen gebilligten Aussprüchen anderer Schriftsteller der Entscheidung zum Grunde gelegt werden sollten

572. Als später Justinian I. seine grosse Gesetzsammluug machte, verbot er alles Commentiren derselben — ne verbositas eorum aliquid legibus nostris adferat ex confusione dedecus, quod et in antiquis edicti perpetui commentationibus factum est.*)

Das Commentiren oder Paragraphrasiren war aber seit Jahrhunderten fast die einzige Art rechtsgelehrter Schriften. Nach Justinian finden sich einige Auszüge aus seinen Rechtsbüchern: Leges militares, nauticae, rusticae. Von selbstständigem Forschen und Nachdenken keine Spur!

Auch die Griechische Verarbeitung der Justinianischen Rechtsbücher nach Materien, welche K. Basilius (867—886) bewerkstelligen liess: Basiliken hat zwar grossen praktischen Nutzen, aber kein wissenschaftliches Verdienst, zumal sie meist aus älteren Uebersetzungen geschöpft ist.

573. Im Abendlande war, wie oben erzählt, mit der gesammten höheren Gesittung und Bildung auch die Rechts-

*) Const. de confirm. Dig. §. 21.

gelahrtheit durch die Völkerwanderung gänzlich zu Grunde gegangen. Nur einzelne Spuren haben sich erhalten, bei Boethius de consolatione phil. Bruchstücke aus den alten Juristen.

574. Ueber den Unterricht der Glossatoren ist oben (411) berichtet. Ausser den Glossen-Apparatus haben sie auch Summae, kürzere Darstellungen des Rechts, und Lecturae, weitläufige Commentarien über Text und Glossen zum praktischen Gebrauch, geschrieben und daneben Casus, Rechtsfalle zum Selbststudium so wie Repetitiones und Quaestiones, Erklärungen und Verhandlungen von Rechtsfragen mit Gründen und Gegengründen zum Gebrauch beim Disputiren. Tractatus, Abhandlungen dagegen waren sehr selten.

575. Desto häufiger sind sie bei den s. g. Commentatoren Seit durch Bartolus de Saxoferrato die dialektische Methode in Gang gekommen, wurden auch die Lecturae oder Commentarien immer weitläuftiger: man bemühte sich durch Anwendung der liberales artes ein System aufzustellen.

576. Dann fanden die historischen und philologischen Studien und damit die Kritik der Quellen-Lesarten auch bei den Juristen Eingang, welche nun in ihren Vorlesungen die Glossatoren und Scribenten immer weniger berücksichtigten. *) Am weitesten ist darin Cujas gegangen, der über die Fragmente eines Juristen z. B. des Ulpian Vorlesungen hielt. Er hatte jedoch praktische Collegen. **)

577. Endlich kam die Ramische Methode auf: Dichotomie und quatuor causae; efficiens, formalis (Erfordernisse) materialis (Object), finalis (Zweck). Matth. Wesenbeck († 1586) ***)

*) Zum grossen Verdruss der Studirenden und der Gerichte, welchen dies historische alte Römische Recht unnütz, das andere nöthig war. Selbst Cujacius hinterliess daher keine Schule, obgleich er zu seiner Zeit grossen Beifall gefunden. Im Kirchenrecht ward die Geschichte wichtiger für das lebendige Recht.

**) Duaren und Donellus sind oben genannt.

***) Matth. Wesenbeck wollte beides: Rechtsgeschichte und das praktische Recht, wie es die vielgebrauchten Schriften der erfahrenen Staats- und Geschäftsmänner enthielten, vereinigt wissen. Er erklärte

hat am meisten zu ihrer Verbreitung in Deutschland und dadurch zur Verbesserung der Lehrweise beigetragen, nächst ihm Lauterbach († 1678).

578. Im siebzehnten und achtzehnten Jahrhundert fand dieselbe überhaupt mehr Eingang. Weil man das praktische Bedürfniss mehr und mehr berücksichtigen musste und auf Baro's Vorschlag in vier Jahren das ganze Civil- und Kanonische Recht lehren wollte, bedienten sich die Professoren jetzt meist der Compendien, welche immer systematischer wurden; in Deutschland besonders des s. g. kleinen Struv bis J. Gottlieb Heineccius die axiomatische Methode aufbrachte und einführte. Daneben fand Wolfs mathematische Methode bei den Rechtsgelehrten mehr Beifall und Eingang. Beide haben jedoch wesentlich die neuere strengwissenschaftliche Methode vorbereitet, welche seitdem mit allen Kräften angestrebt worden ist.

579. Die historisch-dogmatische Lehrweise, welche schon öfters als die jetzige, rechtswissenschaftliche bezeichnet worden ist, pflegt dem Staatsrechtslehrer J. St. Pütter in Göttingen, der damit eine neue Rechtsschule begründet, zugeschrieben zu werden, und in der That hat er sich nicht bloss um das Deutsche Recht, sondern auch um die Rechtswissenschaft überhaupt grosse Verdienste erworben.

580. Grosse, vielleicht grössere Meister sind aus seiner Schule hervorgegangen. Namentlich in geschichtlicher Erkenntniss ist er nicht nur im Römischen Rechte von C. F. v. Savigny, Hugo, Niebuhr, Walter etc., sondern auch im Deutschen von C. Fr. Eichhorn und J. Grimm weit übertroffen.

In dogmatischer Beziehung war der Einfluss der wesentlich antidogmatischen Kantischen Philosophie auf die Rechtswissenschaft und ihr System kein günstiger. Fast jeder Rechtslehrer oder Schriftsteller hatte und hat sein eignes System d. h. eine gewisse, ihm angemessen scheinende oder bequeme

---

daher die Quellen in ihrer — der s. g. Legal-Ordnung nach der Ramischen Methode.

Ordnung und Abfolge der einzelnen Rechtslehren. Da nun hieraus, ausser der Bequemlichkeit und Uebersichtlichkeit keinerlei Nutzen für die Rechtserkenntniss erwuchs noch erwachsen konnte, so ist das System und damit die eigentlich s. g. Wissenschaft gegen die geschichtliche Erkenntniss so sehr in den Hintergrund getreten, dass Manche nicht einmal mehr die Begriffsbestimmungen an die Spitze oder an das Ende ihrer Lehren gestellt und damit ihre höchst gelehrten Werke der Brauchbarkeit beraubt haben.

581. Erst in neuster Zeit hat auch die Form ihr Ansehen wiedergewonnen, indem man allgemein erkennt und anerkennt, dass das Recht nur in und vermittelst derselben vernünftig begriffen, als wahr und nothwendig erkannt werden mag. Wieviel hierzu die Hegel'sche Philosophie beigetragen und beiträgt, ist schon aus dem Obengesagten (558) zu entnehmen. Es sind zwar auch unter den Juristen Viele, welche sie schmähen und verwerfen, aber nur wenige von diesen, zumal den jüngern, die sie kennen und nicht benutzen.*)

582. Es gibt Nichts, wodurch im Unterricht und beim Erlernen des Rechts das System: die vernünftige, schluss- und folgerechte Herleitung der Theile oder Glieder und der einzelnen Gesetze aus dem vernünftigen Begriffe überflüssig gemacht werden könnte, und nur durch jahrelange, fleissige und aufmerksame Uebung in den Staats- und Rechtsgeschäften mag — ohne sie — der Takt und das Geschick erworben werden, welcher den Richtern einigen Ersatz für die mangelnde wissenschaftliche Bildung und Einsicht gewährt.

*) Vituperant et bibunt tamen! wie's in der Fabel von den Verächtern des Weines heisst.

Drittes Hauptstück.

Methodologie der Rechtswissenschaft.

583. Wiewohl nun aber zur Rechtswissenschaft nicht nur das Recht, oder die Kenntniss der Gesetze und anderen Quellen, sondern auch die Wissenschaft, das Wissen vom Wissen des Rechts als dem rechten und wahren gehört und vorausgesetzt werden muss; so wird doch, wie gesagt, von dem Anfänger weder das eine noch das andere, die Denkwissenschaft ebensowenig wie die Rechtsgelahrtheit verlangt; sondern er soll beides erst jetzt auf der Universität sich zu eigen machen.

584. Die wesentlichen und unerlässlichen Erfordernisse zu einem fruchtbaren Studium der Rechtswissenschaft sind aber folgende:

1) Natürliche Sittlichkeit — ist die wesentliche Grundlage aller vernünftigen Rechserkenntniss, wie aller gerechten Urtheile und Thaten. Sie ist dem Menschen nicht von Natur oder Geburt eigen, nicht seine natürliche Natur oder Natürlichkeit, sondern deren Gegensatz, seine andere, aber eigentlich menschliche oder vernünftige Natur, die schöne Gewohnheit vernünftig zu seyn und zu wollen. Der natürliche Wille und (Eigen-) Sinn soll und muss gebrochen, — zur sittlichen Gesinnung umgebildet werden durch die Erziehung in der sittlichen Familie, in Schule und Kirche, im christlichen Staat.

585. 2) Gesunder und gebildeter Verstand: der offne Sinn für die natürlichen und sittlichen Lebensverhältnisse der Menschen, ihrer Gründe und Ursachen, ihres Unterschieds und Zusammenhangs, ihrer Wechselwirkungen und Beziehungen, muss durch die s. g. Schulwissenschaften entwickelt und gebildet werden. Hierzu sind die Geschichte der Völker und Staaten, insbesondere die Thaten und Werke der Alten, der Hellenen und Römer wegen ihrer schönen Einfachheit vorzüglich geeignet. Aber auch die mathematischen und die Sprachstudien

schärfen den Verstand und gewöhnen ihn früh an das gesetzliche Denken.

586. Wenn dazu nun noch, wie es üblich wird,

3) ein zweckmässiger Unterricht in der **Logik** etwa nach Aristoteles*) gekommen ist, so scheint der der Schule entwachsene Jüngling zum Studium der Rechtswissenschaft genugsam vorbereitet, fähig an dem akademischen Unterricht mit Erfolg theil zu nehmen.

I Der akademische Unterricht

587. schreitet vom Leichtern zum Schweren, vom Bekannten zum Unbekannten fort. Er knüpft zunächst, da er historisch-dogmatisch ist, an die bekannte politische Geschichte an, gibt aber, sowohl was er aus dieser entlehnt, als auch, was er von Staats- und Rechtsverhältnissen und Gesetzen neu hinzufügt, in **wissenschaftlicher Form** und gewöhnt den Jünger der Rechtswissenschaft schon bald an das wissenschaftliche Denken, Folgern und Schliessen, dessen allgemeine Gesetze er in den philosophischen Vorlesungen gründlich und vollständig kennen lernen soll und muss. Daneben dürfen die Staatswissenschaften nicht vernachlässigt werden, weil sie die Lebensverhältnisse des Volks in der bürgerlichen Gesellschaft und im Staate kennen lehren, welche bei den meisten Vorlesungen über das gegenwärtige, geltende Recht vorausgesetzt werden.

588. Wenn und weil der Unterricht in der Rechtswissenschaft auf unseren Universitäten wissenschaftlich ist, so muss er nothwendig von dem Begriff des Rechtes ausgehen. Der akademische Lehrgang beginnt daher mit der

I. **Juristischen Encyclopädie und Methodologie**, welche den Begriff des Rechts gemeinfasslich entwickeln und seine Entfaltung im wirklichen Leben der Völker in der Geschichte und Gegenwart kurz aufzuweisen, einen allgemeinen Inbegriff der Rechtswissenschaft zu geben hat. Sie muss

---

*) Trendelenburg: Elementa logices Aristotel. etc. scheint dazu trefflich geeignet.

damit zugleich eine An- und Einleitung zur vernünftigen Rechtserkenntniss oder Rechtswissenschaft seyn und den Anfänger in den Stand setzen, sich über die Reihenfolge und Wahl der Collegia nach eigner Einsicht zu entscheiden.

589. Nach oder neben der Encyclopädie, worin gezeigt worden, dass alles Recht nur in der Gemeinschaft der Menschen, das gute gebildete nur im Staate besteht, pflegt nicht bloss aus alter Gewohnheit und, weil die Familien- und Vermögensverhältnisse einem Jeden aus eigner Anschauung bekannt sind, sondern auch von Vernunft und Geschichte wegen mit dem Privatrecht angefangen zu werden, und zwar nicht mit dem kahlen, allgemeinen Begriff desselben, wie es im Naturrecht erscheint, noch mit seiner ersten, rohsten und dürftigsten Erscheinung in der (Natur-) Geschichte des Rechts als Familie und Eigenthum bei den Horden, sondern mit der ersten weltgeschichtlich bedeutsamen Erscheinung und Gestalt, welche es im Römischen Freistaat gewonnen hat, — mit dem Römischen Privatrecht.

590. Da dieses jedoch sehr umfangreich ist, so hat man den Unterricht in mehrere Vorlesungen vertheilt; deren erste

II Institutiones iuris civilis eine kurze historisch-dogmatische Darstellung des ganzen altrömischen bürgerlichen Rechts mit den nöthigen Erläuterungen aus dem häuslichen, bürgerlichen und staatlichen Leben der Römer enthalten soll. Diese, die Antiquitates Romanae können auch mit der

III. Historia iuris Romani verbunden werden, welche die vollständige Geschichte des Römischen Staats- und Privatrechts von den ältesten Zeiten bis auf Justinian I. Tod darstellt.

591. Dadurch wird denn die ausführliche Darstellung des Justinianischen Privatrechts vorbereitet, welche

IV. die Pandecten gewähren. Man soll daraus aber nicht bloss den ganzen reichen Inhalt des Römischen Privatrechts sondern auch und hauptsächlich seine vollendete Form, die strenge Folgerichtigkeit und Gliederung desselben kennen lernen, wodurch eine vollständige Aufzählung und Zusammenstellung aller einzelnen Bestimmungen über bestimmte Fälle überflüssig gemacht wird, weil und sofern sie nach den allgemeinen Rechtsgesetzen und Regeln von den Kaisern entschieden sind. Da Kaiser Justinian I. alle Widersprüche zwischen den vielen Gesetzen seiner verschiedenen Rechts-Sammlungen beseitigt zu haben mit Recht versichert, so kann das gesammte Recht allerdings in ein System gebracht werden, welches diese Widerspruchlosigkeit oder innere Uebereinstimmung oder Einheit desselben klar hervortreten lässt. Ohne die strenge wissenschaftliche Form und Herleitnng möchte auch die gelehrteste Zusammenstellung der betreffenden Gesetze aus Codex, Pandecten, Novellen etc. deren verschiedene Entstehungszeit und die oft andere, ursprünglich verschiedenen Bedeutung der Pandecten — Fragmente nicht vergessen lassen, wenn man die klassische Jurisprudeuz kennt.

592. Die klassische Jurisprudenz und das Privatrecht, welches sie umfasst und begreift, ist allerdings noch trefflicher und folgerechter; und man thut wohl, ihr ein eignes Studium zu widmen. Eine Anleitung dazu wird durch

V. Exegetica gegeben, in welchen ein Werk eines alten Juristen: Gaius oder Ulpian nicht nur erklärend übersetzt sondern auch seine strenge Folgerichtigkeit aufgefasst und herausgestellt werden soll.

So muss man sich bemühen, in den Geist des Römischen Rechtes so tief einzudringen, dass man das Römische schon im Gefühl von jedem anderen Recht unterscheidet, gleich fühlt, dass es Römisch ist. *)

---

*) Ein ausgezeichneter Römischer Rechtslehrer rieth sogar, man solle sich so lange ausschliesslich mit dem Römischen Recht beschäftigen, bis man dieses Römische Rechtsgefühl gewonnen habe. Dieser Rath ist vortrefflich für alle, welche künftig Lehrer des Römischen oder des Deutschen Rechtes werden wollen. Den künftigen Praktikern möchte, da sie in ihrem Triennium noch so viel Anderes für ihren Beruf Wichtiges zu lernen haben, vielleicht die Zeit dazu fehlen, wenn sie nicht seinen oder einen dem seinen ähnlichen Unterricht im Römischen Rechte geniessen können.

593. Demnächst geht es zum Deutschen bürgerlichen Rechte fort. Der erste Unterricht ist wiederum geschichtlich und zwar nothwendig, weil die Entwicklung des Deutschen Rechts einen so grossen Zeitraum einnimmt und auch in sich und durch fremde Einflüsse erstaunlich reich und mannichfaltig ist (vgl. III. Abschn).

VI. Die Deutsche Staats- und Rechtsgeschichte umfasst nicht nur die Geschicke des Deutschen Volks und Reichs und die natürlichen Veränderungen im bürgerlichen Rechte (Land- und Lehnrecht), sondern auch die Bestimmungen der Kirche und Kirchengewalt darüber und die Aufnahme des Römischen Rechts und dessen Mischung mit dem Deutschen und Canonische Rechte zum Gemeinen Deutschen Civilrecht.

594. Eine vollständige systematische Darstellung des rein Deutschen Land- und Lehnrechts soll das sogenannte

VII. Deutsche Privatrecht enthalten. Wenn es ein vollständiges rein Deutsches Rechtssystem geben sollte und wollte, so dürfte es nicht weiter herabgehen, als bis zur gesetzlichen Anerkennung des Römischen Rechts als Reichs- und Gemeines Recht im ewigen Landfrieden 1493. Und in der That stellen viele Rechtslehrer und Lehrbücher das System des Deutschen Rechts zu Ende des Mittelalters auf. Gewöhnlich aber werden die ursprünglich Deutschen Rechte und Institutionen oder überhaupt das nicht römische Recht, wie Handels- und Seerecht bis auf die jetzige Zeit herabgeführt, wodurch denn die dogmatische Entwicklung des Deutschen Rechtssystems wesentlich gestört, fast unmöglich gemacht wird, ohne dass man den vorgesetzten Zweck erreicht. Man beabsichtigt nämlich im Deutschen Privatrecht die Ergänzung zu dem Römischen Privatrecht zu geben, welches in der Pandekten-Vorlesungen ebenso rein römisch vorgetragen zu werden pflegt.

595. Da nun aber seit langer Zeit nirgends in unserem Deutschen Vaterlande das rein Römische oder das rein Deutsche Recht gegolten hat und gilt, sondern das Gemeine Deutsche Civilrecht, worin jene Beiden nicht so ruhig und rein neben

einander stehen, sondern mit und in einander gemischt und vereinigt und durch Gerichtsgebrauch und Gewohnheit weiter fortgebildet sind, so kann, wie oben gezeigt worden, auch die Summe des rein Deutschen und des rein Römischen Rechts nicht für Gemeines Deutsches Civil-Recht gelten.

VIII. Das Gemeine Deutsche Civil-Recht, worin das heutige Römische Recht und das heutige Deutsche Recht sich zum System des heutigen bürgerlichen Rechts zusammenschliessen, muss besonders studirt werden.

Es bedarf dazu aber ausser der geschichtlichen Entwicklung, welche in der Deutschen Staats- und Rechtsgeschichte von 1495 bis jetzt, oder hier als Einleitung zu den einzelnen Lehren vorzutragen ist, auch einer genaueren Kenntniss der gegenwärtigen Lebens- und Verkehrs-Verhältnisse, welche aus der Cameral- oder Staatswissenschaft, namentlich aus der Nationalökonomie oder Volkswirthschaftslehre — vorher zu schöpfen ist. Zum Civil-Recht gehört

IX. Der Gemeine Deutsche Civil-Prozess: die Lehre von dem gerichtlichen Verfahren zum Schutz der bürgerlichen Rechte. — Beiden können Practica folgen.

596. In gleicher Weise ist die Staatswirthschaftslehre nothwendig, um:

X. Das Deutsche Staats- und Bundesrecht, wozu der Lehrgang jetzt fortschreitet, zu verstehen und zu begreifen Die Staatsrechtswissenschaft hat aber nicht nur das historische, zu Recht bestehende gegenseitige Verhältniss und Verhalten der Fürsten und der Völker und die gesetzlichen Wirkungskreise und Weise der Staatsbehörden in ihrer Gliederung und Abstufung darzustellen, sondern dieselbe auch vernünftig zu begründen.

597. Als wesentliche Grundlage des Deutschen Staats und seines Rechts und Selbstwusstseyns, ergibt sich aber das Christenthum und damit auch das Recht der Kirche oder Kirchen nach ihrem vernünftigen Verhältniss und Verhalten zum Staate und seinem sittlichen und vernünftigen Recht und Selbstbewustseyn.

XI. Das Kirchenrecht ist jedoch von Altersher als ein an und in sich selbstständiges Recht betrachtet und behandelt worden, und allerdings lässt seine Eigenthümlichkeit und Wichtigkeit die besondere wissenschaftliche Behandlung der gegenseitigen Verhältnisse der Christen in ihrer geistlichen Gemeinschaft wünschenswerth und nothwendig erscheinen. Wegen der wesentlichen Grundverschiedenheit des Römisch-Katholischen und des Evangelisch-Deutschen Kirchenrechts ist es zweckmässig und zur richtigen Einsicht und Würdigung Beider nöthig, jedes für sich: in seiner eignen Begründung und Gliederung zu erkennen.

598. XII. Das Strafrecht beruht wenigstens insofern auf dem Staatsrechte, als das Recht zu strafen, d. h. die gerechte Wiedervergeltung für die verbrecherischen: vernunft- und rechtswidrigen Rechtsverletzungen, wodurch der Frieden gebrochen oder wesentlich gefährdet wird, namentlich auch Todesstrafe zu verhängen, nur aus dem Wesen des Staats begründet und begriffen werden kann. Ausserdem erfordert die praktische Strafrechtswissenschaft oder -Pflege eine gründliche Erkenntniss des natürlichen (fleischlichen) und des sittlichen Menschen, der Triebe, Leidenschaften etc der Seele — die Psychologie und Anthropologie, und die allgemeinsten Begriffe und Kenntnisse von der Schädlichkeit der verschiedenen Körperverletzungen — Gerichtliche Medizin. Denn, wenn gleich die Tödtlichkeit oder Gefährlichkeit der Wunden durch Gerichtsärzte als Sachverständige vor besetztem Gericht erforscht und beurtheilt zu werden pflegen; so muss der Richter doch im Stande seyn, grobe Fehler zu erkennen, um im Zweifel auf Revision durch andere, höhere Medizinal-Behörden anzutragen.

Zum Criminal-Recht gehört

XIII. Der Gemeine Deutsche Criminal-Prozess: das gerichtliche Verfahren zur Ermittelung und Feststellung und Bestrafung der Verbrechen.

599. An dieses Gemeine Deutsche Criminal- und Civil-

recht nebst Prozessen schliesst sich dann das Studium des besonderen

XIV. **Landesrechtes und Prozesses** Auf den Universitäten jedes Landes pflegt dessen besonderes Criminal-Recht, wenn die Abweichungen nicht zu bedeutend sind, mit dem Gemeinen Criminal-Recht verbunden zu werden. Das besondere Civil- oder Land- und Lehen-Recht dagegen wird gewöhnlich in eignen Vorlesungen und in seinem eignen Systeme dargestellt. Dem Jünger der Rechtswissenschaft und — Pflege ist jedoch ein eignes, selbstständiges Studium des einen wie des andern zu empfehlen, weil ein ursprünglich gemeinrechtliches Gesetz im Zusammenhang des Landesrechts oft einen ganz anderen Sinn hat als im Gemeinen Rechte. Vornehmlich gilt dies von den neuen Gesetzgebungen über das gerichtliche Verfahren, welche darauf ausgehen den alten, weitläuftigen und schwierigen Gemeinen Deutschen Civil-Prozess, wenn auch nicht überall von Grund aus zu verändern, so doch seine Hauptmängel abzustellen und zu verbessern.

600. XV. Das praktische **Europäische Völkerrecht** ist das allgemeine Rechtsgesetz des gegenseitigen Verhältnisses und Verhaltens des christlichen, vernünftig selbstbewussten Staates gegen die anderen Staaten und Völker. Es hat seinen Grund in dem freien Staatswillen, der, wie das vernünftige Wesen und Selbstbewusstseyn allen christlichen Staaten Europa's und Amerika's gemein, allgemeiner Wille derselben und daher ihr Recht ist. Da nun aber die Staaten keinen Richter über sich erkennen noch haben als Gott allein, dessen Weltgericht die Weltgeschichte ist, so bildet das Völkerrecht die Grenze, wo die Rechtswissenschaft in die allgemeine Weltgeschichte und Weltweisheit oder Denkwissenschaft über- und zurückgeht.

601. Auf manchen, grösseren Universitäten wird endlich auch noch

XVI. **Juristische Litterär-Geschichte** gelehrt, welche nicht nur, wie die Litteratur-Geschichte die wichtigern und einflussreichen juristischen Werke aufzählt und würdigt, sondern auch die wesentlichsten Lebensumstände der bedeutenden Schriftsteller und Lehrer erzählt. Sie ist besonders für das Studium des Gemeinen Civil- und Criminal-Rechts wichtig, da das Vaterland und die Universität, wo ein Rechtsgelehrter sich gebildet, öfters grossen Einfluss auf seine Auffassung und Erklärung der gemeinrechtlichen Gesetze und Grundsätze gehabt. Aeussert sich dieser doch selbst im Völkerrecht.

602. Von den geschichtlichen und philosophischen Vorlesungen und Studien ist bisher nicht die Rede gewesen, um den rechtswissenschaftlichen Lehrgang nicht zu unterbrechen. Es ist indess aus dem Obengesagten leicht abzunehmen, dass die Rechtswissenschaft nicht ohne Geschichtskenntniss und Philosophie erlernt, begründet und begriffen werden kann. Beide müssen mit den juristischen Disciplinen zugleich studirt werden, mit ihnen Hand in Hand gehen. Dann fördert eins das andere. Denn, wenn die Philosophie zur Läuterung und Erleuchtung des Denkens nothwendig ist, so bietet das Recht und seine Geschichte die beste Erläuterung ihrer allgemeinen Lehren und Gesetze dar, weil es die unmittelbarste und mächtigste Bethätigung der Vernunft in der wirklichen Welt: — praktische Philosophie ist.

603. Man thut daher wohl, neben oder gleich nach der juristischen Encyclopädie auch philosophische Encyclopädie zu hören und nach Anleitung derselben zu studiren. In Ermanglung einer solchen mag man mit der einfachen (Aristotelischen) Logik beginnen und dann Philosophie der Geschichte und Geschichte der Philosophie hören, demnächst Psychologie und Anthropologie, Rechtsphilosophie und Religionsphilosophie und endlich zur theoretischen Philosophie übergehen, welche in der Logik (von Hegel) vollendet wird.

604. Auch die geschichtlichen Vorlesungen darf man nicht vernachlässigen. Denn, wenn auch der Inhalt derselben mit den geschichtlichen Vorträgen auf der Schule in den Thatsachen übereinstimmte, so ist doch die akademische

Darstellung und besonders die eigne Auffassung eine andere. Es sind aber vorzüglich die genauen Darstellungen grosser, politischwichtiger Ereignisse und die Culturgeschichte welche für die Staats- und Rechtswissenschaft gleich wichtig erscheinen.

605. Soll nun endlich noch nach althergebrachter Weise eine zweckmässige Vertheilung der sämmtlichen oder der wichtigsten Vorlesungen auf die gewöhnlichen drei Studienjahre vorgeschlagen werden, so mag das nur unter Zurückweisung auf die obige Darstellung des akademischen Lehrgangs und mit der Erinnerung geschehen, dass diese Abfolge der Vorlesungen nur in sofern eine nothwendige ist, als eine Vorlesung die Kenntnisse voraussetzt, welche in der früheren mitgetheilt worden, wie z. B. die dogmatischen oder systematischen immer die Rechtsgeschichte; zwischen den übrigen also freiere Wahl ist, ob man sie früher oder später, — bei einem anderen Lehrer hören will *).

Im ersten Halbjahr:

1. Juristische Encyclopädie und Methodologie in 4—5 Stunden wöchentlich.
2. Antiquitates et institutiones iuris civilis 4—5 St.
3. Römische Staats- und Rechtsgeschichte 4—5 St.
4. Philosophische Encyclopädie oder (— Aristotelische) Logik 3—5 St.

Im zweiten Halbjahr:

5. Römische Pandekten (bis Justinian) 10—12 St.

*) Man soll sich zwar an Stimme, Lebhaftigkeit und dergl. Aeusserlichkeiten des Vortrags nicht stossen, wenn der Lehrer nur einen tüchtigen wissenschaftlichen Unterricht ertheilt; allein, wenn man die Wahl zwischen anerkannt gleich tüchtigen oder noch ungekannten Lehrern hat, mag man von der akademischen Freiheit Gebrauch machen und sich durch dreimaligen Besuch der Vorlesungen, der überall gestattet ist, vergewissern, ob man diesem Lehrer mit Lust und Liebe folgén werde.

6. Deutsche Staats- und Rechtsgeschichte 4 — 6 St.
7. Nationalökonomie 3 — 4 St.
8. Philosophie der Geschichte, Geschichte der Philosophie oder Rechtsphilosophie (Naturrecht) 4 — 5 St.

Im dritten Halbjahr:

9. Deutsches Land- und Lehnrecht (Privatrecht) 8 — 12 St.
10. Römisches Erbrecht 3 — 5 St.
11. Kirchenrechtsgeschichte oder Culturgeschichte 2—3 St.
12. Religionsphilosophie (wenn Zeit dazu übrig oder eine von den unter 8 genannten) 4 — 5 St.
13. Staatswirthschaft 3 — 4 St.

Im vierten Halbjahr:

14. Deutsches Staats- und Bundesrecht 5 — 6 St.
15. Kirchenrecht 5 — 6 St.
16. Psychologie oder Anthropologie (od. eine von 8) 3—4 St.
17. Statistik der Europäischen Staaten 2 — 3 St.

Im fünften Halbjahr:

18. Gemeines Deutsches Civilrecht etwa nach Thibaut's System der Pandekten 10 — 12 St.
19. Strafrecht nebst Prozess 4 — 6 St.
20. Gerichtliche Medicin 2 — 3 St.
21. Diplomatie od. andere übrige Staatswissenschaft 4—5 St.

Im sechsten Halbjahr:

22. Gemeiner Deutscher Civil-Prozess 4—5 St, mit praktischen Uebungen 1 — 2 St.
23. Juristische Litterär-Geschichte 3 — 4 St.
24. Das besondere Landesrecht 4 — 6 St.
25. Praktisches Europäisches Völkerrecht 4 — 5 St.

Anm. Nach einer Verfügung Sr. Excell. des Hrn. Justizministers Uhden d. d. Berlin, d. 16. Nov. 1844 soll vom Ablauf des Wintersemesters 1845 — 46 an kein Rechtscandidat zu der ersten juristischen

II. Von der Benutzung der Vorlesungen.

606. Ueber den Nutzen des lebendigen, mündlichen Unterrichts und seine Vorzüge vor dem todten Buchstaben gelehrter Schriften ist man allgemein einverstanden: Vox viva docet! Der akademische Unterricht insbesondere hat zwar neuerdings mancherlei Anfechtungen erfahren, indem man die Vorlesungen für unlebendig erklärte, weil manche Lehrer nur vor- und ablesen, was sie zu Hause aufgeschrieben haben, und, weil die meisten Zuhörer den ganzen Vortrag Wort für Wort nachzuschreiben bemüht sind. Dies sind indess nur einzelne Missbräuche, welche ohne grosse Veränderungen abgestellt werden können und müssen. Den Namen: Vorlesung, hat der akademische Vortrag jetzt nur noch deshalb, weil er allerdings daheim so vollständig ausgearbeitet und aufgeschrieben seyn soll, dass er nöthigen Falls, — wenn der Lehrer nicht aufgelegt sein sollte frei zu reden, abgelesen werden könnte, und, dass nicht so leicht Irrthümer und Fehler mitunterlaufen können. Denn der akademische Rechts-Lehrer hat nicht nur seine eigne Meinung und Lehre mit ihren Gründen und Beweisen: Gesetzen etc. vorzutragen, sondern auch die abweichenden Ansichten anderer, besonders der angesehenern Schrift-

---

Prüfung von den Königl. Preuss. Oberlandesgerichten zugelassen werden, welcher nicht nachstehende academische Vorlesungen fleissig gehört hat: 1. Logik, 2. Juristische Encyclopädie und Methodologie, 3. Naturrecht (Rechtsphilosophie), 4. Geschichte und Institutionen des Römischen Rechts, 5. Pandekten, 6. Deutsche Rechtsgeschichte, 7. Deutsches Privatrecht, 8. Kirchenrecht, 9. Lehnrecht, 10. Europäisches Völkerrecht, 11. Deutsches Staatsrecht, 12. Kriminalrecht, 13. Gerichtliche Medicin, 14. Preussisches Privatrecht, 15. Gemeinen Civilprocess, 16. Gemeinen Criminalprocess. Endlich nach der Königl. Ordre vom 27. Febr. 46 wenigstens eine allgemeine staatswissenschaftliche Vorlesung.

Ausserdem müssen diejenigen Rechtscandidaten, welche sich für den Justizdienst in der Rheinprovinz ausbilden wollen, auch den fleissigen Besuch der Vorlesungen über das in der Rheinprovinz zur Anwendung kommende Recht und Processverfahren nachweisen.

steller kurz mitzutheilen und zu würdigen. Er weiht somit seine Zuhörer in die neusten wissenschaftlichen Forschungen und Leistungen ein und lässt sie an seinen eignen theilnehmen: die besten, frischsten Gedanken kommen ihm oft plötzlich aus der geistigen Wechselwirkung mit einem aufmerksamen Zuhörerkreise.

607. Um aber wirklich Nutzen aus den Vorlesungen zu ziehen, ist es durchaus nothwendig, dass man sie nicht bruchstückweise, sondern regelmässig und vollständig höre. Da sie nämlich historisch-dogmatisch sind, jeder spätere und Folgesatz den früheren voraussetzt, so ist durch die Versäumniss einiger Stunden und Lehren gewöhnlich nicht nur diese Zeit und Kenntniss, sondern die ganze Vorlesung verdorben und verloren; zumal wenn der Vortrag frei gehalten und gehört, nicht nachgeschrieben ist, also auch nicht nachgeholt werden kann. Es ist daher ein grosser Irrthum, wenn man meint, es sey gleichgut, ob man eine Stunde für sich arbeite oder die Vorlesung höre.

608. Von dem wörtlichen Nachschreiben der Vorlesungen ist schon bemerkt, dass es ein Missbrauch sey. Im Mittelalterthum war es nöthig und fast unvermeidlich, weil man das Material, den Stoff nicht anders erhalten konnte; jetzt wäre es eine übel angebrachte Sparsamkeit sich der kleinen Ausgabe für ein Lehrbuch oder Handbuch dadurch zu überheben, dass man statt eines aufmerksamen begreifenden Zuhörers ein gedankenloser, mechanischer Nachschreiber würde, der von dem Nachgeschriebenen nichts versteht und behält. Und so ergeht's den meisten. Allein der Missbrauch schliesst den vernünftigen Gebrauch nicht aus: Man mag und soll soviel nachschreiben, um die Aufmerksamkeit rege zu erhalten, welche, wenn man mehrere Vorlesungen nach einander hört, leicht erschlaffen kann. Das ist der Hauptzweck desselben. Demnächst kann man sich einzelne wichtige Notizen aufzeichnen, um dem Gedächtniss zu Hülfe zu kommen.

Wichtiger als diese aber ist die Verfolgung und Erfassung des wissenschaftlichen Gedankengangs, der zum Begreifen führen und dem Zuhörer zum Nachdenken und zum Muster dienen soll. Man thut daher wohl sich auch diesen und vorzugsweise zu merken und einzuprägen.

607. Für das Stoffliche gibt es, wie gesagt, Lehr- und Handbücher, welche zum Theil auch eine treffliche wissenschaftliche Form haben. Es wäre gut, wenn jeder akademische Lehrer über ein Lehrbuch läse oder ein solches zum Nachlesen empföhle. Geschieht dies aber nicht, stellt einer ein eignes System auf, welches noch nicht gedruckt ist; so ist es misslich andere Lehr- und Handbücher daneben zu studiren; denn der Anfänger wird dadurch gewöhnlich verwirrt, da er die oft nur scheinbaren Widersprüche nicht zu lösen und die beiderseitigen Gründe nicht abzuwägen vermag, also nicht weiss, ob er sich für die Meinung des Lehrers oder des Schriftstellers zu entscheiden habe. Er muss sich dann auf die Lesung der angeführten Quellen — aber nicht der einzelnen Stellen beschränken, bis die Vorlesung vollendet und ganz zu übersehen ist. Alsdann schadet auch ein abweichendes Lehrgebäude nicht so leicht und nicht so viel; weil man sich nun ganz und allein in dieses vertieft.

III. Vom Selbsstudium.

608. Es versteht sich von selbst, dass Jeder, der etwas lernen, besonders wer sich eine Wissenschaft wie die des Rechtes aneignen will, selbststudiren: nicht nur das nachdenken muss, was ihm vorgedacht und etwa auch mit dem Gedächtniss zu behalten ist, sondern auch selbstdenken, sich frei in die Wissenschaft versenken, selbstständig arbeiten soll. Denn, um das Recht zu erkennen und noch vielmehr, um es anzuwenden, muss man die Gesetze und anderen Rechtsregeln nicht nur innehaben, sondern auch vernünftig zu handhaben wissen.

Dies freie selbstständige Denken und Nachdenken hat daher auch seine nothwendige Stelle im akademischen Studium — in der Nähe des Ziels: d. h. nachdem man sich durch regelmässigen Besuch der Vorlesungen und strenges Nachdenken der darin gebotenen Lehren den Inhalt der Rechtsgelahrtheit und die Form des Denkens genugsam zu eigen gemacht hat. Dann wird es schöne Blüthen und gute Früchte bringen.

Wer aber ohne diese akademische Bildung und Hülfe, auf seine eigne Hand an das Studium des Rechtes geht: mit Verschmähung der Vorlesungen Alles aus Büchern lernen will, der erschwert sich die gründliche und wissenschaftliche Erkenntniss nicht nur gar sehr, sondern er gelangt auch selten an's höchste Ziel. Manche, vorzüglich reich begabte Geister haben freilich ungeachtet alles dessen neue Bahnen für die Wissenschaft gebrochen, allein nicht selten sind sie in manchen wesentlichen Beziehungen hinter den Lehrern zurückgeblieben, deren Unterricht sie hätten geniessen können und sollen; denn diese stehen über ihren Schriften oder gehen über sie hinaus zu grösserer Fülle und Klarheit des Wissens fort. Die Einseitigkeit ist aber nirgends nachtheiliger, als im werkthätigen Staatsdienste.

Im Allgemeinen ist daher ein solches Selbststudium oder Alleinforschen und Denken nicht zu empfehlen; denn es ist eine alte wohlbewährte Regel, dass, wer ein tüchtiger Meister werden will, vor allen Dingen ein tüchtiger Schüler der tüchtigen Meister werden muss!

Berlin, gedruckt bei C. Feister.

FSC
www.fsc.org
MIX
Papier | Fördert gute Waldnutzung
FSC® C083411

Kolibri 360 GmbH
Ferdinand-Jühlke-Straße 7
99095 Erfurt, Deutschland
produktsicherheit@kolibri360.de